あなたは今、輝いていますか。

絆の結び直しの物語

村上 良雄
Murakami Yoshio

風詠社

まえがき

今年（二〇二四年）一月一日、能登半島地震が起こりました。一九九五年一月一七日に起こった阪神・淡路大震災をすぐに思い浮かべました。その当時私たちが携わった、障害のある人たちを対象とした救援活動と同時並行で行った、災害弱者に対する救援活動に関する日米共同研究が脳裏をよぎりました。今回の能登半島地震でもまた、障害のある人たちを始めとする災害弱者の人たちの置かれた状況に対する心配が甦りました。

人生には、いくつものターニングポイントがあります。あの時はこうしておけばよかったと、後で大いに悔やむこともあれば、いい時代を生きていると感じながら至福の時を過ごすこともあります。私が「たんぽぽ運動」に関わって、五〇年を超えました。その中でも、とんでもない大失敗をしてしきりに後悔したこともあれば、こんな経験は他の誰にもできないだろうと感じる喜びを味わうこともありました。

たんぽぽ運動に関わる数多くの人たちもまた、その立場によってさまざまな体験をすることになります。たんぽぽの家のメンバーであったり、役員、スタッフとして深く関わることになった人やその家族の人たちから、たんぽぽの家が催すわたぼうし音楽祭をはじめとするさまざまなイベントで関わる人たちなど、その関わり方はさまざまです。そして、それぞれの人たちが見る風景も千差万別です。

たんぽぽの家づくり運動に関わった人たちは、それぞれが感じた「やらなきゃ」というプロジェクトに深く携わっていきます。そして、それぞれが力を発揮して個々のプロジェクトが成り立っています。それらのプロジェクトの総体が、たんぽぽの家づくり運動として大きく結実することになります。その到達点としての「たんぽぽの家」については、ホームページや個々のプロジェクトについての著作物等がたくさんありますので、そちらを参照していただきたいと思います。

それぞれの人は、自分が関わった側面から言わば大きな「たんぽぽの家づくり運動」という樹を見ていることになります。それぞれがその力を発揮することによって大きな樹は立っていることができます。つまり、私が見ているたんぽぽの家づくり運動は、私が関わった部分から見えている風景として見聞きし感じていることになります。

大きな樹のうちの私が見ている小さな枝に関わる風景をぜひ書き残したいと思ったのが、この本を編むきっかけでした。ですからこの本は、たんぽぽの家づくり運動の活動を記録するのが目的ではなく、あくまでも私が関わって、しかも他のスタッフなどが体験することができなかったであろう事柄について、できるだけ詳しく書こうと試みたものです。私がたんぽぽの家を見る風景を伝えることで、こういうことが起こっていたんだと改めて知ってもらうとともに、運動のおもしろさを一緒に体験してくれる人が次に続いてどんどん現れることを期待しています。関わり方は、人それぞれ違っていると思います。その風景を書き残していって欲しいと思います。それらがつなぎ合わされれば、一つの大きな言わば〝たんぽぽ曼荼羅〟になるのではないかと思います。

この本の構成は、大きく五つの部分からなっています。第一部は、私がたんぽぽの家づくり運動に関わることになったきっかけから、紆余曲折を経て深く関わるようになった物語です。

第二部は、私が主に関わった海外の団体との協働の記録です。たんぽぽの家の活動がいかに多様であるかを理解していただくにはうってつけの内容です。中にはスタッフが同行したり、外部の協力者とともに出かけることはありましたが、大抵は私一人で出かけることが多かったです。理由は、運動体としての力量が限られていたということに尽きます。従って、話を聞くのも不十分、写真を撮るのも不十分、記録をとるのも不十分という状況になることが多くありました。受け入れ団体側が写真を提供してくれるなどさまざまな協力をしてくれたおかげでこの本にまとめることができたことに感謝しています。

第三部は、二〇〇三年四月から二〇〇九年一二月まで、一五八回にわたり奈良新聞に掲載された私のコラム「絆をもとめて」の一三三回分を加筆修正したものです。その時々の話題にスポットを当てて論じたものもありますが、大半はその時々のたんぽぽ運動に関わるホットなニュースを届けることをめざして書いたものです。

第四部は、現在私が関わっている奈良での活動について書いています。いずれも一〇年を超えるものです。たんぽぽの家づくり運動が地域で果たすべき役割について考え、継続して関わるべき活動でその一翼を担う必要があると考える活動ばかりです。

第五部は、これまでさまざまな雑誌等に寄稿した文書を集めました。直接たんぽぽの家づくり運動と関わりがないと思われるものが含まれていますが、私の中ではぐるり回って繋がっています。

このような内容から見てお分かりのように、最初から最後まで一貫して一つの考えを明らかにしたものではありませんので、アットランダムにどの部分からお読みいただいてもいい構成になっています。

私は、常にみなさんに輝いていて欲しいと思います。みなさんが生きがいを見つけてそれに没頭し、内からこみ上げる喜びを感じる瞬間があればいいと思っています。それは何物にも代えがたいものです。まるで通奏低音のように響いているのを感じることができればと願っています。

もくじ

第三部　「絆をもとめて」

第四部　地域との関わりの中で

第五部　絆の結び直し

装幀　松浦孝司デザイン事務所

第一部　多様な生き方を求めた半世紀

たんぽぽの家づくり運動

運動前夜

私は、一九六九年四月に東北大学法学部に入学しました。その年の二月には、東京大学の安田講堂に学生たちが立てこもって大学改革を訴える激しい学生運動が続いていました。結局その年の東京大学の入学試験は中止されるという史上初の出来事があった年です。ちょうど日米安全保障条約が一〇年間の期限を迎え、自動延長を阻止して条約破棄をせまる運動、いわゆる70年安保闘争の真っ最中の時期です。

そんな訳で入学と同時に大学は学生によってバリケード封鎖され、授業は全く行われないという状態になりました。私はぜひ入りたいと思っていた東北大学交響楽団に入団し、憧れのホルンを吹くことになりました。このオーケストラは、春と秋の年二回定期演奏会を開いていました。入学して初めての定期演奏会は、バリケード封鎖されていて使えない学内の松下記念講堂に代わって仙台市中心部にある東北電力ビル内にある電力ホールで開かれました。この舞台に乗ることはできませんでしたが、練習には加わっていて、初めての定期演奏会でわくわくしました。

その年の夏休みには、東北地方への演奏旅行に出かけました。宮城県古川市、秋田県横手市、岩手県盛岡市、北上市、一関市で演奏会を催しました。私は、横手市での演奏会を担当しました。事前の準備で、演奏会のポスターやチラシの配布のお願い、チケット販売の依頼をして回りました。横手市役所にポスターの貼り出し、チケット販売の依頼に行った時、対応していただいた女性職員の方には申し訳ありませんが、言葉が全くわからなかったことを今でも覚えています。オーケストラの演奏に接する機会が少なかったこともあり、総勢八〇名近い団員による演奏は各地で好評を得ました。

そんなことがあって、オーケストラの活動は、卒業まで続くことになります。客演指揮者として山田一雄さんを招いた一九七〇年一二月五日の第七五回定期演奏会では、ベートーヴェンの交響曲第四番第二楽章の高音からピアニッシモで入るホルンのソロがあるのですが、うまくいったのをとても褒められたのもよく覚えています。翌年、三年生の秋の第七七回定期演奏会（一九七一年一一月二六日）では主席奏者となり、ドボルザークの交響曲第九番『新世界より』で一番パートを吹くことができました。

その頃の学生生活は、一年生と二年生のいわゆる教養部の間は川内キャンパスで学ぶのですが、市中心部から広瀬川を挟んだ青葉山麓のなだらかな丘陵地にありました。江戸時代の仙台城二の丸跡、戦前は旧日本陸軍の第二師団司令部が置かれ、戦後は駐留アメリカ軍の居住施設「キャンプ・センダイ」になっていたところです。アメリカ軍が使っていたころの施設がそのまま教室として使われてもいました。

その教養部の間私は、「有朋寮」という学生寮で暮らしました。無理を言って、父親から毎月一万円の仕送りをしてもらって、奨学金八千円を合わせて生活費にしていました。その頃の寮費は確か四五〇〇円程で、朝夕二食付きでした。朝は必ず納豆と麦ごはん、それに味噌汁だけでした。お腹が空くので、好き嫌いは言っていられません。それまで口にしたことがなかった糸引き納豆を食べざるを得ませんでした。奨学金が支給される日には決まって、〝山ちゃん〟のとんかつ定食を食べに行きました。唯一の贅沢でしょうか。

当時、学生寮はいずこも学生運動の拠点となっていました。有朋寮も例外ではありません。新左翼と呼ばれる集団の中の一グループの拠点になっていて、当然のようにその運動に加わって活動し、大きな挫折を味わうことにもなります。高揚した学生運動も、内ゲバや連合赤軍によるリンチ事件や浅間山荘事件を経て、急速に社会の支持を失って下火となっていきます。

現実の生活では本代等もかさむので、もちろんアルバイトは欠かせません。家庭教師はよくやりましたが、それ以外にも力仕事も収入がいいのでやりました。下水道工事のシールド工法で掘り進んで出てきた土を地上に上げる作業や、一週間泊りがけで工場の建設現場に派遣されて、壁のコンクリートパネルを立てていく作業にも従事しました。

教養部の二年間を過ごして三年生になると仙台市中心部にある片平キャンパスに通うことになります。と同時に「有朋寮」をでなければなりません。仕方なく寮の近くの下宿に入ることにしました。私のその後の人生を変えることになる人が二人いますが、そのうちの一人の人とその下宿で出会うことになります。井坂敦実（あつみ）さんです。当時、東北大学文学部の博士課程（哲学専攻）に在学中でした。床が抜けるのではないかと思われるほどの書物に囲まれた和机に和服姿で座って本を読んでいる、というのが私が井坂さんの姿を見る時の常の光景でした。数か国語の読み書きができ、漢籍には特に造詣が深かったです。

その下宿に移って数か月後に、大家さんとのあるトラブルから下宿していた四人全員がその下宿を出ていくという事態になりました。私は、井坂さんと二人で二間の一軒家を借りて共同生活することになります。奨学金が出たら、一か月分の食費を二人でプールし、交代で晩ご飯を作りました。朝は二人とも遅いし、昼は私は授業に出て学生食堂で食べるので、二人が一緒に食べるのは晩ご飯です。と言っても、ご飯を炊いて味噌汁を作って、お惣菜を一品か二品買ってきて皿に盛る程度です。奨学金が出る二、三日前になると、プールしたお金が底をつき、おかずは近くのお肉屋さんで買ってきたコロッケ一つずつになったり、冷奴だけになったりしました。

井坂さんはまた、ヘビースモーカーで上戸でもありました。両切りのピースやしんせいを、黄色くなった人差し指と中指に挟んでぎりぎりまで吸っていました。日に五〇～六〇本は吸っていたでしょうか、和机の脇には青銅製の花瓶が灰皿ならぬ灰壺として置かれていました。お酒は日本酒ばかりで、借家の裏の犬走りには一升瓶が常に一〇～二〇本並んでいるという風でした。

その井坂さんに私がお世話になったのは、ドイツ語でした。その頃には真面目に勉強するようになっていた私は、恩師の広中俊雄先生のゼミにも参加していました。学部の学生だけではなく大学院生も参加する一〇名ほどのゼミです。「ナチスドイツの民法学」の研究書の原書講読です。毎回順番に担当した学生が七～八ページを翻訳して内容を報告し、広中先生が解説するというスタイルでした。私が担当になった時には、四苦八苦です。当たり前ですが、当時のドイツの若手研究者が書いた研究論文ですから難解な単語だらけです。ナチスは、ワイマール共和制時代の民主的な民法典を改正することなくそのまま施行して、裁判ではその民法典を根拠にドイツ社会からユダヤ人を排除していくことになります。それがなぜ可能だったのかを解き明かしていきます。

一応教養部の二年間ドイツ語は学びましたが、そんなものでは通用しません。夜遅くから井坂さんの空き時間に教えてもらうことになりました。その教えがなかったら、おそらくゼミでの発表はできなかったと思います。

共同生活が始まって一年数か月後、井坂さんは博士課程を中途退学して地元の茨城県筑波町（現つくば市）に帰ることになりました。その後井坂さんは、茨城大学の講師を務めた後、筑波町長となり、つくば市となってからは教育長を務めました。郷土史家としても有名で、二〇二一年一〇月には、『万葉集の筑波山』を出版されています。

私はというと、大学院進学をめざして勉強していました。四年生の秋に大学院の刑法専攻を受験しましたが、受かりませんでした。大学院の入学試験に落ちたら奈良に帰ると父に約束していました。受かるつもりで、全く心配していなくて、就職などの活動も全くしていませんでした。一年浪人して大学に入ったこともあり、もう一年大学院のために仕送りを受けて浪人するという選択肢は私にはありませんでした。それで、仕方なく奈良に帰ることにし、それからでも間に合う地元桜井市の職員採用試験を受けて職員となりました。一九七三年四月のことです。

始まりは、ある新聞記事

そもそもの始まりは、ある新聞に載った人物紹介の記事でした。

大学を卒業し、故郷の奈良県桜井市にもどって市役所に勤務することになってすぐのことでした。一九七三年四月二九日に「たんぽぽの会」が発足し、その会長となった上埜（うえの）妙子さんを取り上げた新聞記事が発端でした。どうしてもその記事が気になって、直後の連休の一日に生駒市の上埜さんの自宅を訪ねることにしました。

その記事から受け取った私の印象は、障害のある子どもの生き方をいっしょに考えてほしいという社会への呼びかけでした。助けてほしいという叫びではなく、あなたの問題として共に悩んでほしいというメッセージが込められていました。

日本国憲法第二五条には、「すべて国民は、健康で文化的な最低限度の生活を営む権利を有する」とあります。いわゆる生存権を保障する規定ですが、それが実際の社会では、すべての国民に保障されているわけではありません。それを実現するのが難しい人たちというのはどういう人たちなのでしょうか。

時あたかも、脳性マヒの我が子を介護疲れの末に殺害するという事件が横浜市で起きました（一九七〇年五月）。世間の反応はというと、母親に対する同情から刑を軽くするよう求める運動が起きました。これに対して、脳性マヒ当事者の団体「青い芝の会」が猛烈に抗議する運動が起こり、大きく報道されている時でもありました。

生駒市のお宅で迎えていただいたのは、上埜妙子さんとその娘、英世さんでした。英世さんは重度の脳性マヒという障害があり車いす生活です。自宅での生活ぶりから奈良県立明日香養護学校での様子まで詳しく教えてもらいました。

新たに立ち上げた運動に込めた思いを十二分に聞かせていただくことができました。英世さんの状況からすると、施設を希望すると日常的に医療的ケアを受けることができる「療護施設」に入所することになりますが、奈良県内で空きのある施設はないというのが現実でした。

それならいっそのこと窮屈な生活を強いられる施設ではなく、どんな障害があっても、生きがいをもって生活ができ、いろんな人たちとも交流できる〝家〟がほしいという切実な思いが親たちを動かしました。その問いかけに市民の側はどう答えてくれるのかと問われている気がしました。そこには、それまでの運動にはない、社会性を感じました。ここで私がいう社会性とは、自分たちの問題だと内に抱え込んでしまうのでもなく、問題の解決は政治の責任だと要求するだけでもなく、こういう問題があり苦しんでいるので、一緒に解決のために取り組んで欲しいと、問題を社会の中に持ち込んでいる姿勢のことをいいます。私は、その姿勢に共感しそのまま数時間話し込んで、その場で「たんぽぽの会」の会員になり運動に加わることを伝えました。その時上埜さんから教えられたのは、わざわざ生駒まで来なくても、私が住んでいた桜井市に、運動を牽引する元気なお母さんたちがたくさんいるということでした。

元気なお母さんたちとの出会い

桜井市のお母さんたちとの出会いは、衝撃的でした。福井ふさのさん、土谷信子さん、武田フミエさん、山口アキ子さん、芝美代子さんの五人を中心に強力なチームワークで、一丸となって行動していました。運動に伴うイベントなどでは、その準備からPR、チケット販売、当日の役割分担、後片付けまで全てやり遂げます。その力量は、桜井市で開催し続けた「わたぼうし桜井コンサート」でも十二分に発揮され、チケット販売やパンフレットの広告依頼など地道な活動で、一七回に亘って開催されました。

ところで、桜井市はヤマト王権の中心的な地域とされ、古墳時代前期にかけて栄えたことを裏付ける纒向（まきむく）遺跡や女王卑弥呼の墓との伝説もある箸墓（はしはか）古墳があることでも有名です。そこには、桜井と奈良を結ぶ古道で、三輪山を始めとする奈良盆地の東の山裾に沿うように続く山の辺の道があります。

その道沿いを中心に、多くの文化人の揮毫（きごう）による「記紀万葉歌碑」が立てられています。その歌碑の拓本を取って販売することによって、たんぽぽの家づくりの資金集めの一環にすることを企画しました。

これも、桜井市のお母さんたちが一丸となって、拓本の取り方を学び、手分けして拓本を取りに回りました。五條市で「日本拓本研究所」を設立した平井直（すなお）さんの全面協力を得て、拓本展まで実現しました。

その活躍を陰で支えていたのは、もちろんお父さんたちです。ちなみに、福井利男さんはビデオ撮影が得意で、季節ごとの花の風景などは何回もＮＨＫ奈良放送局で取り上げられ放送されています。その福井さんが、地元の桜井市三輪にある日本最古の神社と言われる大神神社（おおみわじんじゃ）の四季のお祭り等神社にまつわる話題をビデオに収め、神社に提供されてきました。その映像は今も、ご祈禱を申し込む人たちが集う参集殿のモニターなどで繰り返し流れています。

また芝芳雄さんは、二五回にも亘ってチャリティ絵画展を開催し、収益をたんぽぽの家づくり運動に寄附し続けていただきました。さらに、二〇年のブランクを経て二〇二〇年には「子どもと共に生きた画家、芝芳雄94歳のラストチャリティ」という絵画展まで開催していただきました。その模様は、この第一部最後の「芝さんの絵画展」の項をご参照ください。

子どもたちはというと、土谷康文さんは、『お母さん、ぼくが生まれてごめんなさい』の詩を遺して、一六歳で亡くなりました。この詩は最初のわたぼうしコンサートで、向野幾世さんによって朗読されることになります。

福井希至子（きしこ）さん、武田佳子（あつこ）さん、山口広子さんは、念願の「コットンハウス」で生活を送ることになります。

仕事にも好影響

身近なところで運動に関わる人たちがいたことで、桜井市役所の中での動きもやりやすかったのが実感でした。

最初の配属先が総務課で、広報も行う部署だったこともあり、障害者問題を取り上げる特集を組むことができました。運動の関わりで訪れた奈良県立明日香養護学校での取材を基に、タブロイド版四ページの広報誌『桜井市政だより』の見開き二ページ全面を使った特集を年一回行いました。障害のある人たちがおかれた現状を解説し、桜井市から明日香養護学校に通っていた生徒のみなさんの日常生活を紹介し、さらにたんぽぽの家づくり運動の紹介まで行いました。

また、市が所有するマイクロバスを、お母さんたちも加わっていた桜井市肢体不自由児（者）父母の会で申請して借り上げて、年に一度障害のある子どもたちを野外活動に連れ出す試みもできました。東吉野村の丹生（にう）川上神社中社近くの高見川沿いのキャンプ場に出かけて、水遊びに興じたのもいい思い出となっています。

この間、奈良たんぽぽの会の広報の編集にも深く関わりました。『たんぽぽだより』の編集だけではなく、運動を広げるためのチラシや大きなイベントのＰＲやたんぽぽの家建設の資金集めのための広報などを手掛けました。

播磨さんとの出会い

桜井市の元気印のお母さんたちとの出会いとともに、私にとってその後の人生を大きく変えることになるもう一人の人との出会いがありました。播磨靖夫さんです。〝たんぽぽの家〟づくり運動の支柱であることはもちろんのこと、障害のあるなしにかかわらず、人が人として生きることを実現する運動を次々に目に見える形で実現していく、理論と実践の両方を兼ね備えている人でした。しかも、それを言葉にして人を奮い立たせることができる人です。その言葉は洗練されていて、なるほどと周囲を納得させる力を持っています。

新しいことを始めようとするときには、特にその本領が発揮されます。基本コンセプトは、がっちり出来上がっていて、その内容を言い表す、言わばキャッチコピーも出来上がっているのです。つまり、播磨さんの中では、はっきりとゴールが見えていて、そこに至るプロセスもイメージ出来ている、しかも周りの人間をそのゴールに向かって一緒にやっていこうという気にさせる仕掛けが至る所に準備されているのです。このやり方で行き詰まれば、もう一つのやり方でアプローチするということが常に想定されているというのがすごいところだと常に感じています。

播磨さんのすごさについては、私がとやかく言うまでもなく、その著作、次々に生み出されるプロジェクト、国内外での幅広いネットワークなどを見れば明らかになります。さらに、それを裏付ける人々によるあらゆる賞賛に表れています。そして何より、二〇二二年一一月に「文化功労者」に選ばれたことが雄弁にその偉大さを物語っています。私なりにその播磨さんの魅力の一端を表現した言葉があります。播磨さんが二〇一〇年に「平成二一年度芸術選奨文部科学大臣賞」を受賞したことを記念するパーティーでの私のあいさつです。

本日は、私ども財団法人たんぽぽの家理事長・播磨靖夫の「芸術選奨文部科学大臣賞」受賞記念奈良パーティーにお越しいただき、ありがとうございます。

本日お越しいただいたみなさん、さらにお越しになれなくてお祝いの電報やお手紙をいただいた方々の多さからも、また数々お言葉を頂戴しましたみなさんのご挨拶からも、今回の受賞の重みを私もひしひしと感じ、喜びをともにしております。

受賞理由になりました「エイブル・アート」と「わたぼうし音楽祭」についても、みなさんからお話いただきました。今日お持ち帰りいただく袋の中にも、「エイブル・アート」の冊子に播磨がこれまで著した論文を掲載しておりますので、お読みいただければと思います。

ところで、私が播磨と出会ったのは、たんぽぽの家づくり運動が始まってすぐですから、もう三七年のつきあいになります。もちろん人生の半分以上活動をともにしてきております。ですから「エイブル・アート」も「わたぼうし音楽祭」も、その誕生の瞬間といっていい場に居合わせております。

播磨とつきあいのある方ですとおわかりいただけることがあります。話をするうちに、播磨が言ったことは実は自分が言いたかったことはそれなんだ、やるべきことはそれなんだと納得してしまうことがよくあります。話すべき相手を選んで、きっちりとメッセージを届けていることがよくわかります。いつのまにか行動に移してしまいます。乗せられているといってもいいと思います。それが悪い意味ではなく、やっていていい気分にさせてくれる不思議な力があります。

それでいて、播磨が言葉にするときには、持っていきどころというか落としどころを想定していることがあとあとわかってきます。

「わたぼうし音楽祭」も奈良の地で生まれ大きく育ちました。播磨の最初の構想の中にあったかどうかは定かではありませんが、今は二年に一度各都市持ち回りで「アジア・太平洋わたぼうし音楽祭」を開催しています。さきほどビデオメッセージをご覧いただいたのは、その参加団体の一部のみなさんです。経済進出のイメージが強い日本で、文化を発信し続けていると私たちは自負しております。

「エイブル・アート」ではこのネーミングに播磨は慎重でした。一度公にすると言葉は独り歩きを始めます。その最初の発信の重みとその後の展開を想定して、私たちを動かしたことになります。

播磨によって打ち立てられたこの金字塔を、私たちの今後の活動の糧にしてさらなる飛躍をめざしたいと、思いを新たにしております。播磨のリーダーシップのもと、皆様方とともにたんぽぽの歩みを進めていきたいと思いますので、今後ともご支援を賜りますようお願い申し上げまして、閉会のあいさつとさせていただきます。

本日は、本当にありがとうございました。

〝たんぽぽの家〟建設へ

たんぽぽの家づくり運動が始まってすぐに、どんな「たんぽぽの家」を建てることにするのか、具体的なイメージづくりが始まりました。

将来的には、街の真ん中で地域の人たちと共に暮らす〝家〟が欲しい。人はみな個人として尊重され生きる権利があります。どんな重度の障害があっても、誰かに管理される暮らしではなく、助け合って自立した暮らしができる場を確保することをめざしたい。

しかし、まずは毎日通って、家族と離れて生活することを想定した生活訓練、収入を得るためのスキルを身につける、地域の人たちとの交流もできる、「ワークセンター」をめざすことになりました。ワークセンターと言ってもただ働く場という訳ではありません。もっとも、重度の障害のある人たちにとっては生きることそのものが仕事なのですが。障害のある人たちが「暮らし」「仕事」「遊び」を通して自ら生きがいを見い出すことができる場としてのワークセンターです。

そのためには、どんなスペースが必要なのか、どのような機能を備えていれば私たちが考えるワークセンターになるのか、議論が重ねられました。その構想をまとめたのは、大阪大学工学部大学院で「福祉建築」を研究していた家本修さんでした。その構想は、ホール兼用の作業室、和室の作業室、相談室兼応接室、食堂、事務室、宿直室、浴場を備えた延べ床面積五六二・六八平方メートルの建物でした。

「福祉債券」の発行

「たんぽぽの家」の構想がまとまったことにより、さらに資金集めに拍車がかかりました。それまで、資金集めの大きな柱が大神神社での募金活動でした。

ビデオ映像提供等でつながりの深い福井利男さんが大神神社に掛け合ってもらった結果、二の鳥居前での募金活動が認められました。運動当初から今日まで、初詣で人出が多い正月三が日と、毎月の神社の月次祭に合わせて毎月一日に「たんぽぽ募金」に立たせていただくことができました。私も当初から毎回のように立たせていただきました。たんぽぽの家親の会のみなさんやボランティアの人たちがローテーションを組んで、二の鳥居前に立ち続けてきました。毎月の参拝に合わせて募金していただく人などの応援で、五〇年近く続けてこれました。新型コロナウィルスの影響で、ここ三年募金に立てていませんが、たんぽぽの家づくり運動を長年支えていただいている貴重な募金となっています。

さらに建設資金集めの新しい手法が福祉債券「たんぽぽ債」の発行でした。一口一万円、一〇年償還、無利息で建設資金を貸してもらうという、「市民債券」とでも言うべき試みでした。

「たんぽぽの家」の趣旨には大いに賛同するが自ら活動に参加することはできない、しかし、ぜひその活動を支援したいという人たちの思いを形にするのが「市民債券」という考え方です。ですが何しろ初めての試みなので、こうした「市民債券」で資金を募ることを規制する法律があるかどうかを調べました。その際、ひっかかるとすれば「出資の受入れ、預り金及び金利等の取締りに関する法律」(昭和二九年法律第一九五号、いわゆる「出資法」)だということでした。

しかし、次の大きな二つの理由で、出資法にも抵触しないということで、「たんぽぽ債」を発行することになりました。

① 高い利息を約して資金を集めるわけではない。

出資法そのものが、高利を売り物にしてお金を集めて返さない悪質業者を取り締るためにできたものですから当然ですが。利息が目的の人であれば、無利息で一〇年という債券を引き受けるわけがないとの理由です。

② 「業として預り金」をするわけではない。

建物の建設のための資金を募るだけで、常時、業として預り金をするわけではないので、問題はありません。

大学の恩師にも確認し、建設を進める大きな資金の一部となりました。単にお金を預かるというのではなく、私たちの〝夢〟に資金を提供していただいているわけです。当初の目的である〝夢〟の建物が完成し、その建物を利用する私たちの活動がどのように育っていくのかを一〇年間見守ってほしいとの願いが込められています。

大きかった日本船舶振興会の補助金

私たちが構想した「たんぽぽの家」は、当時の身体障害者福祉法が想定する施設の範疇にはなかったものです。重度の障害のある人たちのために準備されていたのは、医療的ケアも受けられる入所型の生活施設として療護施設、訓練と就労の場としての授産施設しかありませんでした。法に基づく施設ではないので、建設費についての国庫補助が受けられません。それでも私たちがめざす独自のビジョンに基づく「たんぽぽの家」を実現したい、その思いを支援してくれるところを探していた私たちに光明をもたらしてくれたのが、財団法人日本船舶振興会（現「公益財団法人日本財団」）でした。枠にとらわれず、斬新な取り組みも応援しようとする日本船舶振興会の、当時虎ノ門にあった事務所に何度も足を運び、夢を語り、共感を得て補助を受けることができたのです。

「たんぽぽの家」の完成

たんぽぽの家づくり運動を始めて八年目の一九八〇年五月二五日、念願のたんぽぽの家の完成式を迎えることができました。

たくさんの人たちの応援で完成した「たんぽぽの家」ですが、そこから手探りの運営が始まりました。障害のあるメンバーの暮らしを成り立たせるには何が必要で、どうしたらそれを実現できるようになるのか、重度の脳性マヒのメンバーの仕事とは何なのか、どういうチャレンジが可能なのか。それを成り立たせるためのスタッフはどうするのか。メンバーやスタッフの給食はどうするのか。そして何より、メンバーが通って来るための送迎はどうするのか。それらを一つひとつ解決していく取り組みが始まりました。

それらの問題を解決するのに大きく貢献したのが、「上海市盲童学校音楽バンド」を最初のゲストとしてたんぽぽの家に迎えたことだと私は考えています。その年の八月二日に奈良県文化会館大ホールで開催した「第五回全国わたぼうし音楽祭」に特別出演してもらうために招待したのです。目の不自由な子どもたちが繰り広げる民族楽器の演奏や歌声は、大きな感動を呼びました。

その音楽バンドは、真新しい「たんぽぽの家」に滞在しました。何から何まで初めてのことばかりで、滞在中の生活を支えたのは、多くのボランティアの人たちでした。滞在中に必要な日用品の確保、スケジュール管理と移動手段の確保、食事の確保などこの時の経験は、その後のメンバーの日常生活を支えるノウハウを得る機会にもなりました。歓迎パーティーは、暖炉のある食堂が会場になりました。日常の〝食〟を支えていただいていた給食ボランティアの人たちの手づくりの料理がふるまわれました。それが大いに受け入れられて、交歓の輪が広がりました。この経験が、それ以降の音楽祭の前夜祭・後夜祭、海外からのゲストの受け入れの基になったと思います。

わたぼうし音楽祭の誕生

フォーク好きの若者たちとの出会い

私たちが、たんぽぽの家づくり運動の一環として一九七四年一一月に奈良市のならファミリーで開催した「チャリティ墨跡・絵画展」の会場に、何か手伝えることはないかとフォークソングにのめり込んでいる若者が現れたのが始まりでした。墨跡展は、古都・奈良の有名寺院の管長、長老、門跡のみなさんに色紙に墨書いただいたものを販売し、その収益をたんぽぽの家建設資金に充てようと企画したものでした。絵画展の方は、前述の芝芳雄さんの最初のチャリティ絵画展となるものでした。

播磨さんは、若者にある詩集を手渡しました。明日香養護学校に通う障害のある子どもたちが書き綴った詩を集めたものです。この詩に曲を付けて欲しいと頼んだのです。フォークソングは、もともとアメリカの民衆の価値観や生活の中から生まれてきた歌です。だったら、日本の民衆、しかも一番弱い立場に置かれている子どもたちの声を歌にして欲しいとの依頼をしたのです。

私は、若者たちの向き合い方にまず感銘を受けました。

障害のある子どもたちの詩を受け取った若者たちは、その言葉の重みをどう受け止めればいいのか整理がつかないという状態でした。次に、このような詩を生み出した子どもたちはどんな生活をしているのかを知りたいと思いました。明日香養護学校や子どもたちの自宅にまで足を運んで、その詩が生まれた背景を実体験しました。

そして、何曲かできたという連絡を受けて、若者たちの練習を見に行くことになりました。桜井市内のある公民館を借りて練習しているところに入って行きました。演奏しているのは、生田善太郎さん、宮崎勝弘さん、中川一夫さんたち「奈良フォーク村」のメンバーたちです。中には、この詩は自分には重すぎて曲をつけるなんてできないと手を止めてしまうメンバーもいたといいます。それもそのはずです。「お便所にひとりで　行けるようになりたいのです　それが私の願いです　たったひとつの願いです」「車いすにすわって　デートができるだろうか」など、若者たちにとって強烈なインパクトを与える内容の詩だったからです。

作曲者の意図を楽譜に忠実に再現するクラシックの世界しか知らなかった私は、それまでと全く違う感動を覚えました。それまで楽譜を読んだことも書いたこともないというメンバーもいる中で、次々と感動のメロディが生まれていきました。

わたぼうしコンサートを開こう

これは人に感動を与えるコンサートができると考え、播磨さんに報告して、コンサートの準備を始めることになりました。まず、市民のみなさんの反応を確認するためのミニコンサートを開くことにしました。桜井市がまだ市になる前の桜井町時代に役場として使われていた木造の建物を借りて、仮設の舞台を組んでコンサートを開きました。集まっていただいた市民のみなさんの反応は上々で手ごたえを感じるものとなりました。

そして運命の日、一九七五年四月二六日がやってきます。奈良県文化会館大ホールで開いた「チャリティコンサートわたぼうし」の開演です。

これが私が作った詩ですとアピールする障害のある子どもたちが舞台に登場し、その詩に曲をつけた若者たちが歌うという、それまでに例のないスタイルで次々と作品が紹介されました。さらに、土谷康文さんの『お母さん、ぼくが生まれてごめんなさい』の詩も向野幾世さんによって朗読されました。

最初で最後の「チャリティコンサート」

この最初のコンサートが生まれるまでには、紆余曲折がありました。障害のある子どもたちの詩を使ったコンサートを有料で開くのはおかしい、なぜ小さい公民館ではなく奈良県で一番大きなホールで開くのか、障害者を舞台に上げるのはよくない、などさまざまな異論がありました。

社会はまだまだ障害のある人たちと向き合う時代ではありませんでした。写真を撮るにしても、車いすの人は真正面からではなく後ろからしか写せませんでした。ましてや、大きなホールの舞台に障害のある人たちが登場するなど考えられない時代だったのです。

しかし私たちは、この詩を書いたのはこの子どもたちですと、このコンサートの主役である本人が舞台に登場すべきだと考えていました。しかも、その舞台は小さな町なかの公民館ではなく、社会への強いメッセージとなる作品の発表にふさわしい大きな舞台、つまり奈良県で一番大きなホールがふさわしいと考えました。しかも、入場料という対価を支払ってでも聞きたいと思うような、内容の充実した舞台にしたいと願っていました。作詩した障害のある子どもたちも、これが私たちが作った詩で、こんな思いで書きましたと舞台からアピールしました。

その舞台は、会場に詰めかけた観客に今までにない感動を与えることになりました。それ以後の「わたぼうし」の発展につながる大きな一歩を踏み出したことになります。

このコンサートがなければ「わたぼうし音楽祭」も生まれることはなかったし、それが「アジアわたぼうし音楽祭」に発展し、「第二部　わくわくの連続」に書いたアジアの国々へ私が出かけて行くことにもならなかったはずです。

そのコンサートの観客の中に、テイチクの社長・南口重治さんが居て、公演が終わると同時に楽屋に来て、自分にできることで協力したい、ぜひこのコンサートをレコード化しましょうと申し出ていただきました。

その後ＬＰレコード化の話はとんとん拍子に進み、その年（一九七五年）の秋には『みんな同じ空の下に生きている』としてテイチクから発売されることになりました。その発売に合わせて、一〇月一日に、二回目となるレコード発売記念「わたぼうしコンサート」が奈良県文化会館大ホールで開かれました。

今度は「チャリティ」は付いていません。慈善活動として同情を集めようとするイベントではなく、社会へのメッセージや生きている証を自分たちの言葉で表現した詩を歌い上げるコンサートには、ぜひ相応の入場料を支払って、この活動を盛り上げて欲しいとの思いが込められています。

「わたぼうし音楽祭」へ

レコード発売記念「わたぼうしコンサート」にも、たくさんの人たちが来てくださって大成功しました。

その打ち上げの席も大いに盛り上がり、話は思わぬ方向に動いて行くことになります。今日発売された

LPレコードに収録されている作品は、明日香養護学校の生徒たちが書き綴った詩を歌ったものだ、同じように社会に訴えたい思いや自分の人生を詩にしたためている障害のある人たちは明日香養護学校だけではなく奈良県内にも、さらには全国にもたくさんいるはずだ、その人たちの思いを伝える全国規模の〝音楽祭〟をやろうと話が盛り上がったのです。

しかし、詩の募集はどうするのか、曲は誰がつけるのか、主役である障害のある人たちは登場するのか、舞台進行はどうするのか、など難題がたくさん立ちふさがっていました。

まず、「作詩の部」として詩を募集する、詩は障害のある人たちが作ったものに限ります。次に「作詩の部」に入選した作品を公表し「作詩・作曲の部」として曲のついた作品を募集します。作曲は障害のあるなしに関わらず誰でも応募できます。もちろん、障害のある人が作詩もし作曲もして応募することもできます。そして、「作詩・作曲の部」に入選した作品の作詩者とその介助者並びに作曲者を奈良に招待し、その際の交通費及び宿泊費は主催者が負担します。当日委嘱した審査員と会場に来ていただいた人の中から選んだ会場審査員によって、最も感動を呼んだ作品に「わたぼうし大賞」を贈ります。

今年（二〇二四年）八月四日、「ＤＭＧ　ＭＯＲＩ　やまと郡山城ホール」で開催された「第四九回わたぼうし音楽祭」にまで引き継がれてきた、この音楽祭の基本型は、一九七六年九月一一日、奈良県文化会館大ホールで開催された第一回となる「全国わたぼうし音楽祭」で編み出されました。

障害のある作詩者に奈良に来てもらうのも一苦労でした。当時の鉄道は、バリアフリー化とは程遠い状況で、エレベーターもないので階段を車いすを抱えて上り下りする必要がありました。奈良市内の宿泊施設でも、階段や段差が大きなバリアとなりました。それらすべてを人力で乗り越えていかなければなりません。また今と違って、携帯電話という便利なものがあるわけではないので、ボランティア同士の連絡にも苦労しました。

また、音楽祭を通してさまざまなドラマが生まれました。例えば記念すべき第一回となる「全国わたぼうし音楽祭」での「わたぼうし大賞」を受賞した『つくし……そして春』を作詩した宇都宮辰範さんは愛媛県宇和島市、作曲した宮崎勝弘さんは奈良県と普段は遠く離れたところに暮らす人たちが、奈良で初めて出会って、以後長い付き合いが始まるなど、それぞれのその後の人生を大きく変えることとなるドラマが数多く生まれました。

その後の「わたぼうし音楽祭」の成長については、「第二部　わくわくの連続」の「アジア・太平洋わたぼうし音楽祭」の項に続きます。

桜井市まちづくり委員会

ところで、大学を卒業して桜井市の職員となった私には、夢がありました。生まれ故郷である桜井市をもっとおもしろいことが起きる、わくわくするところにしたいと思っていました。企画調整課企画係長に配属されたときには、いよいよやりたいことができる環境にきたと思いました。

早速自分の思いを実現する方法を模索し始めました。そこで出会ったのが平仮名の「まちづくり」でした。当時まだまだ新しい概念であった「まちづくり」に着目し、これをキーワードに新しい桜井市を考え始めました。平仮名の「まちづくり」を広めることにつながったのは、まさにこの『まちづくりと景観』という本です。

平仮名の「まちづくり」

「まちづくり」は単にハードの「街を造る」という意味ではない。これまで国家権力によって行われてきた都市計画に代わり、市民やその事務局である自治体を中心に、「まち」を自分たちの手で創る方向へ転換するための言葉である。かつては「街づくり」「町づくり」などの用語も併用されていたが、現在では平仮名の「まちづくり」が主流になった。平仮名の「まち」という言葉は、ハードだけではなくソフトも含む柔らかさがある市民的な用語だからだ。これなら、とくに専門用語を知らない一般市民でも、自分自身が「まち」にかかわりをもっていると実感しやすい。今までの専門家や官僚・役人の手に独占され難しいと思っていたものが、実は自分たち自身の問題であり、自分たちの関われる分野であると感じられるようになった。

（『まちづくりと景観』田村明著、岩波新書）

全員公募の委員会

この考えを桜井市で実現するにはどうしたらいいのかをじっくり考えました。市民自らが「まちづくり」に関わり、自分たちのまちの景観を考える、身近なところから「まちづくり」に主体的に関わることができる仕組みをまずつくることから始めようと考えました。そこで、全国的にもめずらしい、全員公募の委員で「桜井市まちづくり委員会」をつくることをめざしました。

○　自発的に「まちづくり」に関わろうとする市民による委員会
○　すぐれた先進事例に学ぶ
○　自分たちで議論して、自分たちが考える桜井市のまちづくりを市に提言する

がコンセプトです。

予算案を課長、部長の了承を得て市長査定で、意義を強調して認めてもらうことができました。

まちづくり提言

一九八三年（昭和五八年）六月一一日（土）、歴史的な日を迎えました。いよいよ二〇名全員一般公募によるまちづくり委員の公開抽選の日を迎えました。この日、記念講演していただいたのは、中国新聞編集委員の橋岡武さんでした。橋岡さんは、中国新聞の日曜版一面に「都市美を求めて」というタイトルの連載を担当し、全国各地の美しい景観を大きな写真とともに紹介されていました。

委員会は、概ね月一回の会合を開き、「桜井市総合計画」や「桜井駅南口周辺整備」などを学び、「文化行政とまちづくり」と題して『まちづくりと景観』の著者、田村明さんの講演会を開きました。また、まちづくり先進地として、生涯学習都市を宣言し、ユニークな生涯学習センターや駅前の歩道に木レンガを導入した静岡県掛川市と、余熱・廃材利用の清掃センターのある愛知県岡崎市を訪れました。締めくくりに播磨さんにもパネリストとして加わってもらって「地域個性を生かすまちづくり」シンポジウムを開催しました。（肩書きは当時のもの）

○　基調講演

「地域個性を生かすまちづくり」

講師　上田　篤さん（大阪大学教授）

○　パネルディスカッション

「人づくりからまちづくりへ」

コーディネーター　米田清治さん（岐阜経済大学教授）

パネリスト

播磨靖夫さん（財団法人たんぽぽの家理事長）
脇田宗孝さん（陶芸家／奈良教育大学助教授）
山崎正史さん（京都大学助手）
木原勝彬さん（奈良地域社会研究会代表）

そして、委員のみなさんの討論を経て、五項目の提言がまとまりました。

○　古代の道を遊歩道に
○　『つばいち広場』をつくろう
○　木レンガの歩道をはりめぐらそう
○　電線等を地下埋設しよう
○　『桜井市民文化財団』（仮称）をつくろう

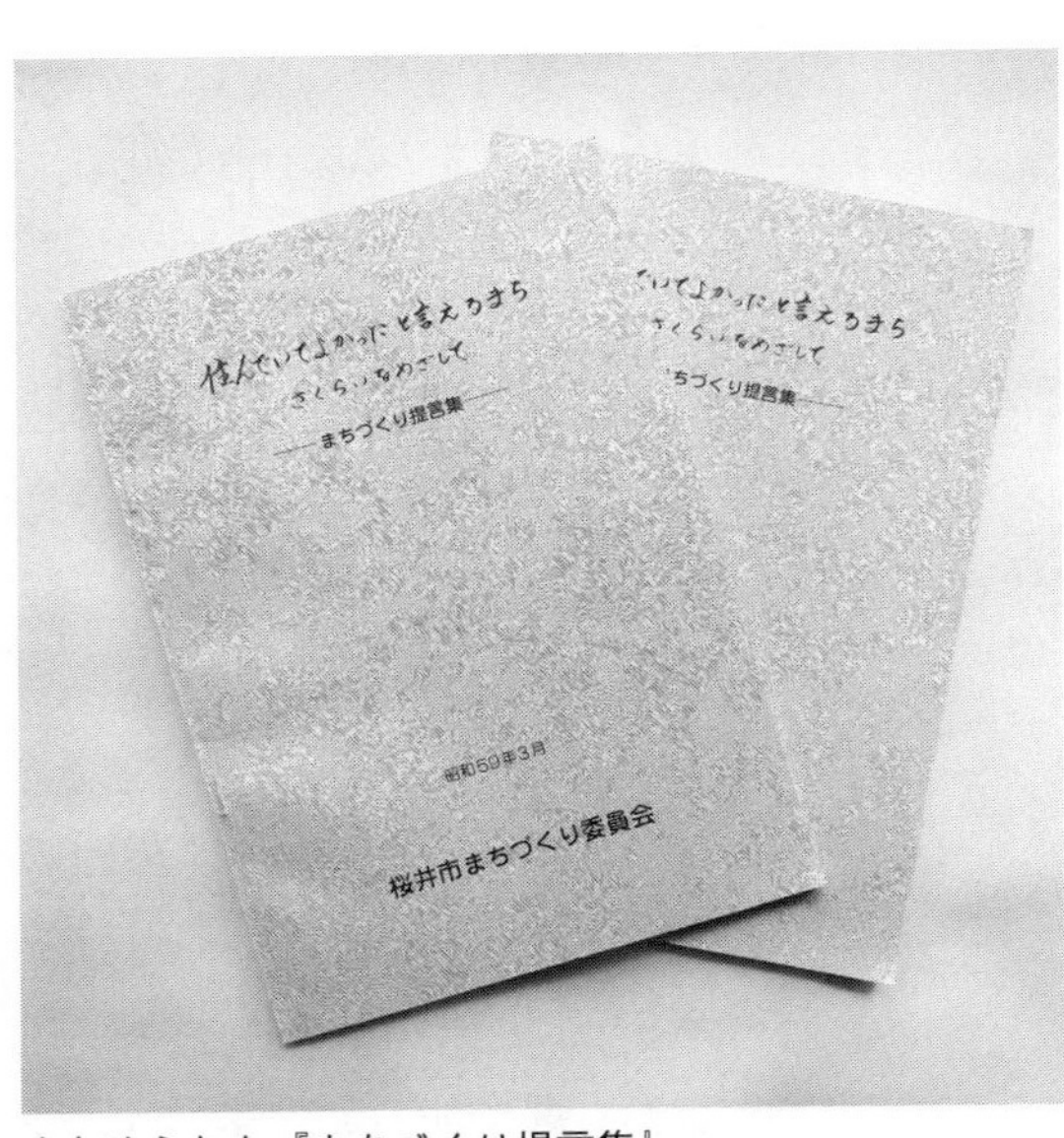

まとめられた『まちづくり提言集』

そして、継続して「まちづくり」を議論していこうと動きました。翌年度の予算は、市長査定まで無事に通り、議会の承認も得ました。二年目も全員一般公募の委員による議論を想定し、公募を始めようとしました。役所ですので、決裁文書を作成し、市長まで決裁を得たのですが、いざ執行となったところで、各部長の合議をもらってくるように言われました。「実現できないような提言がなされたらどうするのか」など、およそ理由にならないような理由で合議の印を押さない部長がいました。結果、残念ですが、委員会そのものが実現しませんでした。

一気にやる気を無くした私は、企画係長をはずしてほしいと要望し、たんぽぽの家づくり運動に関わっていたことも考慮されたと思いますが、福祉課に配属されました。

こうして桜井市役所勤務で大きな転機を迎えていた時機と、たんぽぽの家づくり運動が大きな節目を迎える時期とが重なっていきます。

〝たんぽぽの家〟施設長へ

社会福祉法人化をめざす

念願かなって建設された「障害者自立援助センターたんぽぽの家」だったのですが、その運営は当初から大変でした。国が想定する施設の種別にはないものなので、建設に国庫補助は受けられず、日本船舶振興会の補助を受けました。そうすると、身体障害者福祉法上の施設ではないので、建設後の運営についても、その当時の措置費という運営のための補助金を受けることができなかったのです。それでも、日々の運営には資金が必要で、バザー、福祉市民講座、映画会の開催などを通して資金を得る努力は続けられました。

しかし、それだけでは到底経常的な運営のための資金を得ることは難しかったのが実情でした。

運営の安定化のためには、社会福祉法人化を図り、身体障害者福祉法上の施設にすることによって措置費を得ることを目指さざるを得ませんでした。

わたぼうしの家の誕生

運営を安定化することをめざして〝施設〟にすることになりました。そこで、「わたぼうしの家」建設委員会を設置することになり、私が委員長を引き受けることになりました。それでも、あくまでも私たちがめざしている〝家〟としての運営に近いものとして、その当時一番定員が少なかった「身体障害者通所授産施設」をめざすことになりました。法律上は最低定員が三〇名でした。その当時実験的な二〇名定員のものも厚生省（当時）によって認められるようになってきていたのですが、奈良県には認めてもらえず、規定通り三〇名の施設をめざすことになりました。施設の設置基準があって、それぞれの種別ごとに必要最低床面積も定められています。

そこで、「障害者自立援助センターたんぽぽの家」だけでは足りない床面積分の建物を増築する必要に迫られました。そのための建物を「わたぼうしの家」として建設するプロジェクトが立ち上がりました。そこで、足りない床面積分をすべて「シアター・ポポ」のスペースに当てることになりました。授産施設ということなので、図面上はあくまでも障害のあるメンバーが利用する「作業室」ですが、約二〇〇平方メートルをいろんなイベントが常時開催されて市民が自由に出入りできるオープンなスペースとして運営することをめざしました。

障害のあるメンバーが活動するための「作業室」に加えて、事務所スペースと、通うのが困難なメンバーのための宿泊スペース、それにスタッフ用の宿舎スペースを加えた「わたぼうしの家」の建設をめざすことになったのです。

こうした私たちの構想を、奈良で活躍中の「三井田・松本建築事務所」の三井田康記さん、松本正己さんが形にしてくれました。

ここでも建設資金の問題が持ち上がりました。本来であれば身体障害者福祉法上の施設にするための増築ですので国庫補助が受けられるのですが、最初の建物が日本船舶振興会の補助金を受けていたので、その建物の増築として日本船舶振興会に再び補助を申請することになったのです。

もちろんその補助金だけでは到底建設の費用としては足りないので、新たに「はがきサイズ募金」を始めました。建設のための費用を、一〇センチ×一五センチのはがきサイズで割ると約三〇〇〇円になりました。そこで、建物の床面積のうちのはがきサイズの面積を建てるための費用を寄附していただけませんかと呼びかけることにしました。この呼びかけにもたくさんの人たちの応援が寄せられました。一九八五年から始まったこの募金活動に全国の一六一二人から、四七三五口、利息を含めて計約一四二〇万円もの募金が寄せられました。その人たちの名前を刻んだ金属板が、わたぼうしの家の玄関を入った左側の壁に掲げられています。

〝たんぽぽ憲法〟

わたぼうしの家の完成に合わせて、たんぽぽの家はこういうところでありたい、そのためにはこういう社会をめざしたい、その社会の中では自分たちはこうありたい、という思いを集めることにしました。社会福祉法人になると、どうしても法律上の管理が厳しくなります。しかし私たちは、そのような制約がある中でも、それまでの運動の自由さをぜひ残して活動を続けていきたいと考えました。たんぽぽ運動に関わる障害のあるメンバー、スタッフ、ボランティアの人たちにもアンケートをとり、それぞれがたんぽぽ運動に関わる思いを集約したのが「たんぽぽ憲法」になりました。わたぼうしの家を入った玄関ホールに掲げられています。

たんぽぽ憲法

一　その人が誇りをもって生きる。
二　その人の個性が生かせる。
三　その人のプライバシーが守られる。
四　その人が豊かな人間関係をもつことができる。
五　その人が知識の用い方、精神の導き方を学ぶことができる。
六　その人が挑戦し、あやまちをおかすことができる。
七　その人が未来について計画し、熱中することができる。
八　その人があるがままに、感じたままに生きていくことができ、それが認められる。

憲法とは、その組織が何であるかを示す基本的な文書ということになります。「たんぽぽの家」が何者で、何をめざす組織なのかを明らかにすることになります。これまでも、これからも、「たんぽぽ憲法」が掲げる精神が、あらゆる活動の原点として確認され続けることを願っています。

施設長に

「わたぼうしの家」の構想は、それまでの福祉施設とは一線を画す新しいデザインとなりました。中でも、私たちが強く要望していた「劇的空間」として約二〇〇平方メートルの「シアター・ポポ」が盛り込

完成した「わたぼうしの家」

まれていました。そして、私たちがたんぽぽの家づくりを始めて一六年目の一九八八年七月三〇日に竣工式を迎えることになりました。全国から約六〇〇人の人たちがお祝いに駆けつけてくれました。シアター・ポポはその扉を開ければ外の空間と一体になります。その前に集まった人たちの記念写真がその熱気を今に伝えています。

こうして「身体障害者通所授産施設　たんぽぽの家」として運営がスタートしました。私は、一九八九年三月末で桜井市役所を退職し、四月にたんぽぽの家の施設長となります。

多様な生き方を認め合う〝家〟コットンハウスの実現まで

運営は厳しい状況の中ですが、もともとの第二段計画である障害のある人たちのための〝家〟の建設に向けて動き出すことになりました。

まず、メンバー一人ひとりと話をして、将来家庭を離れて他のメンバーとの共同生活を希望するかどうか確認することにしました。それと同時にメンバーの両親との話し合いのため、各家庭を訪問しました。

完成した「コットンハウス」

たんぽぽの家づくり運動を始めた当初の夢だったメンバーのためのケア付き集合住宅を一緒に作りましょうとの呼びかけをして回りました。その呼びかけに応じた最終一三人の人たちとともに定員一五人の〝家〟づくりが始まりました。

元毎日新聞奈良支局長の山田穣さんを建設委員長にお願いして、構想を練り始めました。車いすを利用する人が、自由に動き回って生活するには、どれだけのスペースが必要なのか、トイレや洗面台、流し台、ベッド、タンスなどの配置はどうするのか、などの議論が進められました。わたぼうしの家の玄関ホールに、部屋の大きさを実寸大にテーピングして、トイレやベッド、流し台等の位置を決めて移動の具合をチェックするなどして、メンバーの希望に沿った部屋のデザインができ上がります。

設計は、わたぼうしの家も担当していただいた三井田康記さんにお願いしました。メンバーやその家族とのミーティングにも辛抱強く付き合っていただきました。その結果がメンバー一人ひとりの部屋の工夫に生かされています。一五室それぞれが個性を主張する構造や内装をもった「コットンハウス」が、一九九八年春に完成しました。

アートセンター化構想

二〇〇三年。たんぽぽの家づくり運動を始めて三〇年経った年のことです。障害のある人たちの自立援助センターとして、たくさんの人たちの応援で最初の建物〝たんぽぽの家〟が西の京に完成してからでも、早や二三年が経ちました。この最初の建物が大改修を必要としたのに合わせて、日本初の障害のある人たちのアートセンターに生まれ変わらせる企画が動き出しました。

当時、三〇人の障害のある人たちが、絵画、陶芸、手織り、書、語りなどの表現活動を中心に個性を生かした仕事に取り組んでいました。重度の脳性マヒの人たちが中心ですが、知的障害だけの人、身体的な障害と知的障害の重複障害のある人など、さまざまな障害のある人たちを受け入れていました。ともすると、何らかの障害があるというだけで、一方的にケアを受けるだけの存在と見られがちです。

しかし、〝障害者〟と十把一絡げに扱われる人たちは、さまざまなすぐれた才能を秘めた人たちでもあります。感性あふれる詩を生み出す人、大胆な構図と原色で絵を描く人、独特なモチーフを織りに表現する人、ユニークな粘土造形を生み出す人、独特なタッチの書を手がける人、人を引きつける語り芸を発揮する人など、枚挙にいとまがありません。

たんぽぽの三〇年は、その才能に触れ、驚き、突き動かされ、その可能性を発揮できる機会をつくり、社会にその存在を知ってもらうための発表の場をつくり続けた三〇年でもありました。いわば、障害のある人たちに学び、導かれてきた三〇年だったと言えます。

障害のある人たちが、誇りをもって地域で豊かに生きて行くためには、表現活動の場を充実させることが重要だとの思いから、思い切ってアートセンター化を図ることになりました。アート作品を生み出すアトリエ、できた作品を展示して見てもらえるギャラリー、作品を収蔵する保管庫などを備えた総合的なアートセンターに生まれかわることになります。たんぽぽの家を利用している障害のあるメンバーにとっての創造の場、発表の場になることはもちろんです。

これまで、エイブル・アート・ムーブメントで交流のある国内外の障害のある人たちのアート作品をデータベース化し、広く世界に向けて発信するインフォメーション・センターの機能も果たします。さらに、障害のある人たちの創作活動を支えるアート・サポーターを養成したり、国内外の障害のある人たちのアートに関わる実践者や専門家と情報を交換・共有し、現場と世界をつなぐグローバル・ネットワークの形成をめざすことになりました。

この夢を実現するためには、一億五〇〇〇万円の資金が必要でした。そのうち、九八四〇万円を、この構想に共鳴していただいた日本財団が助成してくれることになりました。残り約五〇〇〇万円を募金と市民債券で確保したいと考えました。

たんぽぽの家では、それまで障害のある人たちが学び、働く場としての「たんぽぽの家」、地域に開かれたホールや宿泊設備を備えた「わたぼうしの家」、障害のある人たちのケア付き集合住宅「コットンハウス」の三つの建物を実現してきました。

こうした私たちの夢を支えてくれたのは、多くの市民から寄せられた募金と市民債券でした。なかでも、市民債券は注目を集めると同時に多くの人たちの〝投資〟に結びつきました。一口一万円を一〇年間無利息で貸してほしいと呼びかけて、その時までに四回発行し約六七〇〇万円が寄せられました。

一〇年を過ぎた時点で、私たちの活動を評価し、預かった資金を寄附してくれた人、もう一〇年貸してもいいという申し出をしてくれた人がたくさんおられました。一〇年間資金を貸し付けるということには、いろんな意味が含まれています。閉塞感に満ちた社会の中で、自分たちの生き方を根源的に問う運動に共鳴した表れであったり、自分では果たせない夢を自分に代わって実現して欲しいという願いの表れでもあります。また私たちの提案が実現し、大きく育つのを一〇年間見守ってやろうという意志の表れでもあります。

こうした市民の支えが、夢の実現に大きく貢献することがわかれば、たんぽぽの運動だけではなく、さまざまな分野の市民活動を支える原動力となるものと期待されました。

そのリニューアル工事がようやく終わり、二〇〇四年五月一五日に竣工式を迎えることになりました。日本初の障害のある人たちのアートセンター「ＨＡＮＡ」の誕生です。アートセンターの名前を公募していましたが、応募のあった九〇点の中から、松本圭示さんの「華」が選ばれ、それをもとに「ＨＡＮＡ」と命名されました。

日本初の障害のある人たちのアートセンター「ＨＡＮＡ」

「はな」を広辞苑で引きますと、いわゆる花の意味から、桜の花、梅の花の意などが続いていて、次に美しいこと、華やかなことなど、一六もの意味が掲げられています。中には、ときめくこと、栄えることという意味もあるようです。私たちのアートセンター「ＨＡＮＡ」は、これらの意味をすべて含んだネーミングとして、しかも海外の人たちにも、その意味するところを伝えてアルファベットで表記することにしました。

人は誰も、内に秘めた〝花〟をもっています。それをアートとして表現することを通して自己実現していける空間として、地域にも開かれコミュニティ・アートセンターとしても機能します。アートセンター「ＨＡＮＡ」の一階には、スタジオ、ギャラリーとカフェ＆ショップがあります。スタジオは、障害のあるメンバーが、絵画、陶芸、手織りなど多様な表現活動を展開する場となります。ギャラリーは、表現活動で生み出された作品の発表の場です。たんぽぽの家のメンバーの作品のみではなく、全国あるいは世界各国の障害のある人たちの作品を展示する場になります。さらに、地域の人たちにも開かれた文化の発信基地の役割を果たします。

ギャラリーのオープン記念展示は、東京都中野区で活動している「アトリエ・ポレポレ」の作品展「ポレフォニー」でした。障害のあるなしにかかわらず、さまざまな背景をもつ人たちが生み出す作品が展示されました。カフェ＆ショップは、ＨＡＮＡを訪れる人たちの語らいの場になり、ＨＡＮＡに関わる作品やグッズ、書籍などの販売スペースとなります。

二階には、インフォメーション・センターとミーティングルームがあります。インフォメーション・センターは、世界中の障害のある人たちのアート活動に関する情報を収集し、誰でも閲覧できるスペースです。また、障害のある人たちのアート作品はデータベース化され、それらを生み出すアトリエなどの情報とともに、世界に向けて発信されます。

「有縁のすみか」全景

増殖を続ける運動

さらに、コットンハウスの完成以降にたんぽぽの家のメンバーになった人たちを中心に、新しい福祉ホームが欲しいという希望が集まりました。たんぽぽの家の近くの土地を取得し、一二人の障害のあるメンバーが暮らす「福祉ホーム　有縁のすみか」を二〇一六年四月にオープンしました。この設計には、「タカヤマ建築事務所」の高山佳久さんが協力してくださいました。有縁のすみかに関しては、その建設に関する補助金が受けられないことが続き、ようやく奈良県産材の活用を条件として林野庁の補助金を得ることができて、完成にこぎつけました。併設された「六条山カフェ」は、地域の人たちの憩いの場となっています。

そして、二〇一六年九月二三日には、「Ｇｏｏｄ Ｊｏｂ！センター香芝」の竣工式を迎えることになります。障害のある人たちのアートセンターを完成させた私たちは、アートに特化した障害のある人たちの仕事を確立し、安定した収入を得ることをめざしていました。まさに、そのタイミングで土地の提供を申し出ていただいたのが、大阪市在住の吉本昭さん紀子さんご夫妻でした。お二人とも車いすを利用する障害があります。たんぽぽの家のこれまでの活動を評価し、奈良県香芝市にある所有地を活用して欲しいとの申し出を受けました。

吉本さんご夫妻からいただいた二〇一四年（平成二六年）元日の年賀状には、

「難病障害の地を這う如き人生も八十歳に至りました。
遺す土地に同憂の人達の生活文化施設が建設されます。
来世があれば『天馬行空』何よりも自由が願望です。」

とあります。さらに、香芝の移転登記の一日も早からんことを切望しておりますと書き添えられていました。

吉本さんの願いを叶えるべく私たちが取り組んだのが、障害のある人たちが仕事を得、それにふさわしい対価としての収入を得ることができる施設でした。名付けて「Ｇｏｏｄ Ｊｏｂ！センター香芝」。３Ｄプリンターを駆使した工房、ショップ、ワークショップスペースを備え、商品開発から製造・販売までを行うとともに、全国の障害のある人たちの施設で製造されている、すぐれた商品を流通させるためのセンターとしての機能を果たしています。

その設計を手掛けたのは、ｏ＋ｈ／一級建築士事務所 大西麻貴＋百田有希のお二人です。サイン類はＵＭＡ／ｄｅｓｉｇｎ ｆａｒｍの原田祐馬さん、倉庫の棚は吉行良平さん、特注テーブルは木工房ようび、照明は奈良に拠点を置くＮＥＷ ＬＩＧＨＴ ＰＯＴＴＥＲＹ、スピーカーはｓｏｎｉｈｏｕｓｅ（現ｌｉｓｔｕｄｅ）、フラッグは福井恵子さんなど大勢の人たちの協力を得ました。

「Good Job! センター香芝」南館全景　写真：大林直行

もちろん、補助金を交付していただいた日本財団、香芝市、日本郵便株式会社・年賀寄附金には感謝の言葉しかありません。

ちなみに、障害のある人とともにつくる新しいはたらき方をデザインしていく『Ｇｏｏｄ Ｊｏｂ！プロジェクト』が二〇一六年度公益財団法人日本デザイン振興会のグッドデザイン賞の金賞を受賞しました。また、二〇一七年度にはＧｏｏｄ Ｊｏｂ！プロジェクトを実現するための空間としての建物がグッドデザイン賞のベスト一〇〇に選ばれました。

いずれ、これら応援をいただいた人たちの活躍に深く関わった人たちによって、それを跡付ける著述が表されることを期待するのみです。

最近の関わり

新聞ワークショップ

アートセンターHANAでは、二〇年以上前から新聞を読み解く新聞ワークショップを月一回のペースで続けてきました。誰もが、知らないことを学べ、知っていることを教えることができる「たんぽぽ自由学校」の理念に基づいて、地域の人たちにも開かれた「コミュニティ・カレッジ」の講座の一環として始まったものです。

朝のミーティングが終わって二階の会議室にメンバーが集まってきます。準備しておくのは、ノートパソコンとプロジェクター、それに朝日新聞、毎日新聞、読売新聞、産経新聞のその日の朝刊です。

まず、その日の各紙一面の記事を見比べてみます。大きな事件があった時などは各紙とも一面トップで扱うので、まずそれを取り上げることにします。

各紙一面トップが同じニュースを取り上げているときは、とても説明しやすいのですが、それだけ大きなニュースがない日だと、とても困ることになります。各紙一面トップがバラバラで、それぞれ分野が異なるような日は、逐一その記事を取り上げて説明することになります。

とりわけ、障害のある人たちに関わる制度が変更されるというような場合は、詳しく説明することになります。例えば、障害者自立支援法が施行されて、利用したサービスに要する費用の一割を障害者本人が負担することになった時（二〇〇六年四月一日）などは、なおさらです。障害が重い人ほど利用するサービスが多い、なのに収入は障害基礎年金だけという人たちにとっては自己負担だけが増えるということになります。結局は、そのような不合理は長続きせず、自己負担は廃止され、障害者総合支援法（障害者の日常生活及び社会生活を総合的に支援するための法律）の制定に繋がります。

またこの動きが、世界的に見れば障害者の権利に関する条約（障害者権利条約）の批准に向けた動きの一環だということも説明しなければならなりません。障害者権利条約は、障害のある人たちの人権及び基本的自由の享受を保障し、障害者の固有の尊厳の尊重を促進することを目的とする条約です。二〇〇六年一二月一三日に国連総会で採択され、二〇〇八年五月三日に発効しました。日本は、二〇〇七年九月二八日に署名しましたが、二〇一四年一月二〇日になってようやく批准書が寄託されたのです。

条約の採択から八年、発効からでも六年を要してようやく日本が批准することになりました。これは偏（ひとえ）に条約がめざす障害のある人たちの尊厳が日本では実現していなかったからです。条約の批准のためには、障害者総合支援法や、障害者虐待防止法（障害者虐待の防止、障害者の養護者に対する支援等に関する法律）などの国内法の整備が必要だったということです。

このような社会的な背景を説明することも、新聞ワークショップの使命だと考えています。

広い視野を

世界で今何が起こっているかを理解してもらうのも、新聞ワークショップの大きな役割です。たとえば、イスラエルとパレスチナの紛争について、武力衝突が繰り返されていますが、なぜ衝突が起こっているのか、イスラエルが中東で建国するに至った経過についても説明しなければならなりません。さらに、ドイツのヴァイツゼッカー大統領が一九八五年五月八日に連邦議会で行った有名な「荒れ野の40年」という演説にも言及しなければなりません。「――中東情勢についての判断を下す際には、ドイツ人がユダヤ人同胞にもたらした運命がイスラエル建国の引き金となったこと、その際の諸条件が今日なお、この地域の人びとの重荷となり、人びとを危険に曝しているのだということを考えていただきたい」と彼は述べて、ドイツの戦争責任について、はっきりと謝罪の意を表しました。日本の第二次世界大戦に対する戦争責任を語る際の教訓としなければならない言葉です。特に、朝鮮半島の分断については、その歴史的責任を痛感しなければならないと思います。

大きなミス

新聞記事を解説する中では、ミスを犯すこともありました。二〇一六年一一月のアメリカ大統領選挙でのことです。民主党の候補ヒラリー・クリントンがアメリカ初の女性大統領に選出されるとのアメリカ大手メディアの予想をもとにそのように解説していました。しかし結果はというと、ドナルド・トランプの勝利となりました。この結果については、ヒラリー・クリントンの勝利だと解説していたので、参加していたメンバーに謝罪するとともに、ワシントン・ポストやニューヨーク・タイムズといった大手だけではわからないアメリカメディアの深い読み解きが必要だと思い知らされました。

見方が変わる中国

たんぽぽの家としては、一九八〇年の第五回わたぼうし音楽祭に上海市盲童学校音楽バンドを招待して以来のお付き合いがある中国についてのニュースが解説しにくいこともあります。ＧＤＰで日本を抜いて世界第二位になってさらに飛躍をめざす中国についての解説にも苦しみました。どうしても、四〇年を超えるたんぽぽの家と上海市障害者連合会との交流が前提でニュースを見てしまうので困ることもあります。しかし、今の中国の姿勢から見て国際的な動きを解説するとなると、世界地図を見直さなければなりません。私たちがいつも目にするのは、上が北極、下が南極という日本を中心に描かれた世界地図です。しかし、中国から見ると世界は違って見えます。中国大陸が中心で、日本列島は東の海に浮かぶ構図となるのです。

日本の尖閣諸島に中国海警局の艦船が頻繁に出入りしたり、台湾をめぐる中国の動きを説明するに際しても、上が北極、下が南極という日本を中心に描かれた世界地図をもとに第二次世界大戦前後の歴史を説明することになるのです。戦前の日本の版図を示して現在の日本との違いを説明します。日本と中国の現在の緊張関係を理解する上で必要不可欠な情報を提供することに徹した解説を心掛けました。

「Ｇｏｏｄ Ｊｏｂ！ センター香芝」でのワークショップ

「Ｇｏｏｄ Ｊｏｂ！ センター香芝」がオープンした二〇一六年九月から月一回の新聞ワークショップを始めました。その新聞ワークショップは、ちょっと変わっていました。毎回読み合うのは、朝日、毎日、読売、産経の四紙ですが、まずメンバーが自分が気になった記事を選ぶところからスタートします。みんなが選び終わった頃に、その日の司会役のメンバーが、順に選んだ記事の紹介の発表を促します。これがおもしろいのです。メンバーの選ぶ記事がやたらと多彩なのです。

一面トップの記事を選ぶメンバーがいれば、自分の贔屓の球団の勝利記事を選ぶメンバーもいます。地元奈良の話題を提供してくれるメンバーもいれば、新聞一ページ全面広告の商品の説明を選ぶメンバーもいます。いずれもメンバーが「これは」と選んだ記事なので、順に発表してもらってその後に背景の状況などを解説することになります。ぶっつけ本番なので、机上に準備してもらったモニターにパソコンで検索した画面を映し出して記事の背景などを説明することになります。それが全くできないこともしばしばあります。今人気のアニメやアイドルのニュースになるとお手上げです。全面広告の商品を選ぶメンバーもいるので、私などは全く知らない情報が飛び交うことになるのです。解説は、メンバーにお願いすることになります。

最後は、いつも得意のプラモデル持参のメンバーがそのプラモデルの解説をしてくれることになります。もちろん、パソコンの画面ではそのプラモデルの動画が流れることになります。実際のプラモデルが目の前にあるので、みんなその迫力に圧倒されます。

Good Job! センター香芝での新聞ワークショップの様子

この新聞ワークショップを含めて、障害のあるメンバーの学びの場を幅広く設けてきた功績が認められて、「令和三年度『障害者の生涯学習支援活動』に係る文部科学大臣表彰」を受賞しました。

たんぽぽの家とＧｏｏｄ Ｊｏｂ！センター香芝で私が担当して行っていた新聞ワークショップは、二〇二三年三月をもって終了することにしました。

規則等の制定・改廃

いずれの施設でも、面倒なのが規則等の制定・改廃です。新しい制度になってそれを実施するに当たっての規則等が行政によって示されることもありますが、独自に規則等を作らなければならない場合もあります。

社会福祉法人の定款などは、規定しなければならない基本的な事項などを示した定款例が厚生労働省によって示されていますし、個別の事業ごとにその事業を行うにあたって必要な事項を定めた規則等が示され、それに従ってそれぞれの法人で規則等を制定することになるのが通例です。

国・県・市からひな形が示されている場合などは簡単ですが、自分たちで新たな事業を始めようとする場合などは、独自の規則等が必要になります。自分のこなしている仕事を一度外から見るように論理立てて考えて、必要な事項を文書化してみることが求められます。それをまとめて、規則等の書式に則った形に仕上げて理事会で議決を得ることになります。こうしてできた規則等は、一冊の綴りにして保管し、誰もが閲覧することができる状態に保つ必要があるのです。

いずれの場合も、規則等に不慣れなスタッフにとっては、やっかいな仕事になります。そんな際に相談を受ければ、新しい規則等を作って理事会で承認を得るまで関わることになります。

新しい制度が始まる場合や新しい事業を始める場合などは、それを規則等に規定する必要があります。

どういう目的で、誰が誰を対象にして、何をするのか、費用はどうするのかなどを決めていくことになるのですが、自分たちが常日頃やっていることであっても、それを文書化し多くの人たちに理解してもらうようにするのが苦手なスタッフもいます。

さらに、現在施行されている規則等について改正が必要になれば、その改正案を文書化し、理事会で承認を得る必要があります。改正案の作成についてもルールがあるので、それに則って作成する必要があります。慣れればどうということはない作業なのですが、それまでやったことのない人にとっては、厄介な作業になります。それらの文書化に当たって常に相談に乗って文書化することを担っています。

改正案が承認されれば、元の規則等に改正を加えたものを規則集（例規集）に綴じて、元の規則等は廃棄することにより、規則集は常に最新の状態にする必要があります。その附則には、いつ改正が加えられたかがわかるように、改正ごとに施行期日が付け加えられ、その都度の改正の内容は改正案を別綴りで保管することにより、その時々の改正の内容が確認できることになるのです。

これら一連の動きは、何も難しいことではありません。一つひとつの活動（事業）をじっくり見定めて、自分のやろうとしていることを文書化しようという考え方にシフトできれば、問題は一気に解決するのです。活動（事業）を整理して考え、何か抜けていることがないかをチェックする機会にもなります。でも、そうしたプロセスを経験したことがないスタッフにしてみれば、まず自分のやろうとしていることを文書化するという最初の出だしからつまずくことになります。前述したひな形を活用して規則等を作った場合にも、その後独自の運営をしたいなどの状況になったときには、その規則等を改正する必要が生じます。スタッフはちょっと手こずるかも知れませんが、私はそういうことがお手の物です。スタッフがやりたいと考えるものを文書化し、規則等に落とし込むということはいくらでもできます。
それは、私が桜井市役所に勤務することになって最初に配属された部署が総務課だったということにもよります。前述の広報を担当することはもちろんのこと、議会に提案する条例等の議案を作成する部署でもあったのです。法律についての基礎知識はわきまえているので、条例等としての形式が整っているか、必要な項目が網羅されているか、文言が適切であるかなどをチェックすることになります。その後、成案となった条例等は、法令審査会にかけられ、承認を得られたものが初めて議会に提案されることになります。

この法令審査会では、議会に諮る条例等だけではなく、規則、規程、要綱等あらゆる形式での法令について審査し、他の規則等との整合性が取れているか、文書等は適切であるかなどの審査を経て、市の規則等となるのです。私はその法令審査会の委員を、市の職員を退職するまで、いろんな課に配属されましたが、続けることになりました。いかに国や県から流れてきた条例等の改正案（準則）であっても、それぞれの文言までチェックすることに徹しました。感じたのは、国による「寄らしむべし、知らしむべからず」の考え方でした。特に税制については、そうでした。国税はもちろん、県税や市町村税に関する法律、条例は難解にできています。当然、それらの改正案も難解にできています。容易に理解できるものであれば市民からの苦情が殺到するので、それを避けているとでも言わんばかりです。

また、何か新しい制度が創設される場合には、それに関する法律、政令、省令、さらに必要な都道府県条例、市町村条例等の案が流れてくることになります。いわゆる末端の市町村が条例等を制定して、職員がその事業に習熟して問題となる点を把握して改善を国に要望するころには、国は新たな制度に移行することを決めているという具合に、詳しく知られないようにしているとしか思えないことがしばしばありました。

そんな経験があるので、たんぽぽの家で新しい事業を立ち上げるなどの際に、それを文書化し、規則等に落とし込むことには全く問題を感じることはありませんでした。スタッフが論理的な思考を積み上げるのにも一役買ったのではないかと思います。

今も規則等の改正について相談を受けることが頻繁にありますが、快く引き受けています。それは、スタッフが自分のやろうとしていることを論理立てて説明し、なおかつ文書化することになるからです。そうすることによって、自分の行っている事業が社会の中でどういう位置づけになっているか、現在行っていることが最善なのか、まだまだ問題だと感じるところを思い出し、将来の事業改善に役立つと考えるからです。

組織運営

社会福祉法人わたぼうしの会や一般財団法人たんぽぽの家、さらには任意団体の奈良たんぽぽの会についても、その運営は定款、会則等の規定に基づいて行われることになります。その規則等の制定・改廃については前述した通りです。それらの規定に基づいて行われる実際の組織運営についても気を付けなければならないことが出てきます。

それぞれの組織では、他の団体等とのやり取りは契約を含め主に文書で行われることになります。言わば組織と組織との取り決めが文書化されて物事が動いていくことになるのです。ただ、この取り決めを文書化することにスタッフが慣れていないのが実情です。５Ｗ４Ｈに相当する内容を、とにかく自分の役割に応じて確認するということができれば、文書化の八割以上が済んだことになるのですが、そこまで進むのが難しいのが常です。スタッフに寄り添い一緒に考えて、自分たちが実現したいと考えていることを形にする手伝いができればいいと考えています。

芝さんの絵画展

芝さんのラストチャリティ

二〇二〇年一一月二一日から二三日まで、奈良県文化会館一階《特別展示室》でユニークな展覧会が開かれました。その開催を知らせるパンフレットの文書はこうです。

子どもと共に生きた画家、芝芳雄94歳のラストチャリティ

たぎるエネルギー。淡々と走らせる絵筆を支えているのは、亡き次男哲二さん、亡き妻美代子さんへの思いだ。

奈良県桜井市三輪在住の芝芳雄さんは、長年絵筆を握り続けてきた。次男哲二さんは、重い脳性マヒを生きていた。奈良県立明日香養護学校に通っていた哲二さんは、同級生たちと共に生活し、共に働くことができる〝家〟を夢見ていた。その夢を実現すべく1973年に運動を始めたのが、美代子さんをはじめとする同級生のお母さんたちだった。特に結束が強かった桜井市内のお母さんたちは、「たんぽぽの家」づくり運動の中心を担い常にその牽引力となってきた。

お金もない、運動に有力者がいる訳でもない、ただのお母さんたちが始めた運動は、しかし強かっ

た。運動を始めて8年目（1980年）にして、運動の足掛かりとなる障害のある人たちの自立援助センター「たんぽぽの家」が完成する。その18年後の1998年には、念願の生活の場である福祉ホーム「コットンハウス」を完成させた。共に運動を続けてきた障害のあるメンバーが、今暮らしている。

残念ながら、たんぽぽの家の完成を待たず、1977年に哲二さんは20歳で他界してしまう。芝さんは、哲二さんの亡くなる前年、「たんぽぽの家」づくり運動を支援しようと初めてのチャリティ絵画展を開催し、収益を全額、運動を進める奈良たんぽぽの会に寄附する。哲二さんが亡くなっても、彼が夢見た「たんぽぽの家」づくりを応援しようとチャリティ絵画展を開催し続け、それは2000年の第25回にまで及んだ。寄付総額は、3，000万円を超える。

そして、それを支え続けたのは、妻美代子さんだった。芝作品は、地元桜井市内の神社仏閣や奈良市内のならまち周辺、有名寺院を中心とした風景画とともに、ヨーロッパ各地の風景画が大きなウエートを占める。それを可能にしたのが美代子さんだ。哲二さんのケアを続けながら、9度に亘るヨーロッパ取材旅行に快く送り出してくれたから、作品づくりの幅が大きく広がった。その取材旅行のスケッチを基に描かれるヨーロッパの風景画が今でも芝作品の中心をなしている。

美代子さんは1999年、病に倒れ自宅のベッドでの療養生活を余儀なくされた。その美代子さんを芝さんは、88歳で亡くなるまで16年間ケアし続けた。「妻の支えがなければ、今の画家芝芳雄はなかった」と芝さんに言わしめる所以だ。

そして今回20年のブランクを経て、芝芳雄94歳にして今一度チャリティ絵画展を開く決意を固めた。改めて画家としての人生を振り返ったとき、それを支えてくれたのが、哲二さんと美代子さんだとの思いを強くした芝さんは、自分の命が続く限り二人の夢だった「たんぽぽの家」を応援することが自分の務めだと、ブランクを挟んで第26回となる今回のチャリティ絵画展を開くことにした。今回はこれまでの絵画展にはなかった人物画が加わる。芝作品の新しい境地を思わせて、その内なるエネルギーに改めて感心させられる。もちろん、今回のチャリティ絵画展の収益金も全額奈良たんぽぽの会に寄附される。

ぜひ芝芳雄の世界に足を踏み入れていただきたい。

芝さんのチャリティ絵画展のパンフレット

新聞各紙やテレビでも取り上げられ話題を呼び、大盛況のうちに開催することができました。ただし、芝さんは会場に来ることができなかったのです。絵画展のために作品づくりに没頭し体調を崩したためでした。

翌二〇二一年一一月に再び「芝芳雄チャリティ絵画展　～家族とともに生きた画家、芝芳雄95歳のラストチャリティ～」を開催することができました。これは長年の芝さんの功績に報いるために作成した絵画集『芝芳雄　絵画集「家族とともに生きた画家、芝芳雄の世界」』の出版を記念するものでもありました。この絵画集の出版に当たっては、写真の撮影を「柳生写真事務所」の柳生博之さんに、デザインを「松浦孝司デザイン事務所」の松浦孝司さんに大変な尽力をいただきました。記して、御礼申し上げます。

今回は、初日に芝さんも会場に来ることができ、新聞やテレビの取材にも応じていただきました。驚いたのは、テレビの取材の中で「来年もチャリティ絵画展をやりたい」と宣言されたことでした。私たちも、その迫力に押されて次回も絵画展を開くぞと意気込んだものでした。

ところが残念なことに、それから二か月も経たないうちに芝さんは逝去されました。奈良たんぽぽの会では、お正月三が日と毎月一日に、芝さん宅のすぐそばにある大神神社の二の鳥居前で募金活動を行っています。二〇二二年一月一日に募金に立っていたボランティアの方から「芝さんの容態が良くない」と連絡を受け、翌一月二日に芝さん宅を訪問しました。会話は何とかできましたが、衰弱が激しかったのです。その翌日二〇二二年一月三日に亡くなられたとの報を受けました。

私がたんぽぽ運動に関わり始めた一九七三年から親しくお付き合いをさせていただき、五〇年近くなります。自宅にも頻繁にお邪魔し、時には、大きなステレオセットにミラーボールまであった二階の〝カラオケルーム〟で、細い体で高音がきれいな歌声で歌う演歌を聞くのが楽しみだったのを今でもよく覚えています。言わば、たんぽぽ運動の同志を失った思いなのです。

二〇二二年一一月二二日、毎回チャリティ絵画展を開いていていただいた奈良県文化会館特別展示室で『芝さんを偲ぶ展覧会』を開催しました。残された芝さんの作品を展示する中、ゆかりの人たちに集まっていただき、それぞれの芝さんにまつわる思い出を語っていただきました。

改めて、芝芳雄さんのご冥福をお祈りいたします。

第二部　わくわくの連続

貴重な体験

たんぽぽ運動については、これまでたくさんの著作が残されています。運動の歴史についても、またさまざまなプロジェクトについても多くの個別の著作が残されています。たんぽぽ運動の根幹に関わる部分、言わば運動の本筋とも言うべきところについては、それらの著作をぜひ参照していただきたいと思います。(現在、たんぽぽの家に在庫がある書籍については、たんぽぽの家のホームページで「たんぽぽＢＯＯＫ ＳＴＯＲＥ」と検索していただくと見ることができます)。

たんぽぽの家づくり運動を通して私は多くの貴重な体験をすることができました。今や世界規模にまで活動の輪が広がって、頻繁に海外との交流が進んでいます。そんな中で、一九九〇年代から二〇一〇年代までの海外とのやり取りを伴う活動については、そのほとんどに関わることができました。言い換えると、他の人が味わうことのできない体験をしたということにもなります。これを私一人の喜びにしておくのは余りにももったいないと思い、書き残すことにしました。

その当時のたんぽぽの家は、財政的には豊かではなかったこともあり、アジアわたぼうし音楽祭などの大きなイベントを除き、ほとんどの海外派遣が私一人でした。一人なので、対応してもらった人との話に集中せざるを得ないので、写真を撮ることも録音することもままならないという状態での話し合いが大半でした。もう少しじっくり話を聞ければと思ったことが一度や二度ではありません。ましてや、その状況を写真に収めることができなかったという悔しい思いをどれだけしたことか知れません。三〇年以上前のこともあるので、記憶が薄れていることもあります。当時に今のようなスマートフォンのような便利なものがあれば、録音もでき、すぐさま写真を撮って残すこともできたでしょう。

さらに私の英語力のなさで、話の内容を正確に伝えることができなかった悔しさは数えきれないくらい体験しました。それでも曲がりなりに、こちらの意思を伝え、趣旨に賛同していただいて、協力を得ることができたことには、対応していただいたみなさんに感謝するほかありません。

第二部では、その海外とのやり取りの中でぜひ聞いていただきたい物語について書き残したいと思います。あくまでも私の主観でピックアップしたので、もっと深く関わる体験をされた方がおられるかも知れません。その方々のお叱りを覚悟して、ぜひ残したいものを国別に書くことにします。

アジア・太平洋わたぼうし音楽祭

シンガポールで第一回開催

一九九一年夏、アジアの元気がシンガポールに集まりました。アジアわたぼうし音楽祭の始まりです。障害のある人たちの思いを綴った詩をメロディーに乗せて歌うわたぼうし音楽祭がアジアまで広がった瞬間でした。

日本委員会の委員長を務めた松兼功さんが舞台から開会のアピールを行いました。

私たちは、それぞれ別々の言葉、人種、国家を持って生きています。
でも、ハンディに立ち向かう勇気は、アジアを結び、世界に広がる地球のメロディです。
いまこれから、アジアの11の国と地域の仲間によって、そのメロディが声高らかに歌い上げられます。
そこにはきっと、さまざまな違いやこだわりを超えた人間同志のかたい絆が芽生えるはずです。ここで歌われた感動は、友情の風に乗って、さらに世界のいたる所に飛んでいき、新しい、いのちの花を咲かせるでしょう。

アジアわたぼうし音楽祭日本委員会　委員長　松兼　功

その第一回アジアわたぼうし音楽祭までの歩みをまとめ、より多くの人たちに元気を伝えるために、

『はじまりの歌声　―第1回アジアわたぼうし音楽祭の全て―』という冊子を一九九二年二月一日に「第一回アジアわたぼうし音楽祭」日本委員会が作りました。その中で、どのようにしてアジアわたぼうし音楽祭が生まれ、どのような紆余曲折を経て実現したのか、何が起こっていたのかを「地球のハーモニー―アジアわたぼうし音楽祭開催への道筋―」という文章にまとめて掲載しました。この文章は、もともと財団法人日本障害者リハビリテーション協会が発行する『障害者の福祉』一九九一年一〇月号に私が報告したものに加筆修正したものです。以下にその文章を転載します。

カラン劇場で開会のアピールをする松兼功さん（中央）、左が私。

『はじまりの歌声』の冊子

地球のハーモニー
―アジアわたぼうし音楽祭開催への道筋―

アジアわたぼうし音楽祭　日本委員会事務局長　村上良雄

わたぼうしコンサートの誕生

一九七五年四月、奈良県文化会館でひとつのドラマが幕を開けました。障害のある人たちが、日頃生きる証として書き綴った詩にメロディーを付けて歌う「わたぼうしコンサート」の始まりでした。みずみずしい感性で切り取られた障害のある人たちの生活の一断面がメロディーに乗って会場に流れました。障害者と言われる人たちの文化に新しい光が当てられた瞬間でもありました。生きる喜び、哀しみ、生きる強さや優しさにあふれた詩は、日々障害と向き合って生活せざるを得ない人たちの、社会に対するメッセージでもありました。今まで味わったことがない感動に、会場に集まった人たちは舞台に引き付けられました。

まさにその名のとおり、野に咲くたんぽぽのわたぼうしのように「わたぼうしコンサート」は日本全国にそのドラマを広げ続けました。一六年後に、その輪がアジアにまで広がるとは誰も予想していなかったに違いありません。

わたぼうし音楽祭へ

第一回の「わたぼうしコンサート」は、奈良県立明日香養護学校の生徒たちの詩を取り上げたコンサートでしたが、翌年にはその輪が全国に広がりました。同じ思いをもって詩を書き綴っている障害のある人は、明日香養護学校だけではなく、奈良県内にも、いや全国各地にもいるはずだ、その人たちの願いを伝える「音楽祭」を開こうという熱い夢が若者たちの間に広がったのです。そして翌年から始まったのが、「全国わたぼうし音楽祭」です。一九七六年に第一回を開催し、今年（一九九一年）八月四日には第一六回の音楽祭を開催することができ、奈良の夏の風物詩としてすっかり定着した感があります。

入選した作詩者を奈良に招待することを第一回から続けており、「音楽祭に入選して奈良に行こう」を合言葉に、毎回のように応募してきてくれるハンディをもつ人たちが全国にたくさんいます。

わたぼうし音楽祭がアジアへ

この「わたぼうし音楽祭」の感動のステージが、今年はアジアにまで広がりました。

カラン劇場を埋め尽くした一八〇〇人の聴衆は、いままでに体験したことのない興奮の渦に巻き込まれました。国籍も違い、言葉も違う、しかも障害のある人たちが主役となって次から次へと繰り広げられるステージに圧倒された感がありました。一九九一年八月二一日、アジア一一か国・地域の代表が参加して「第一回アジアわたぼうし音楽祭」がシンガポールで開催された瞬間です。

車いすの人、杖をつく人、目の不自由な人たちのグループ、耳の不自由な人たち、障害はそれぞれ違っていても、その人の思いをぶつけた歌は、そのまま聞く人々の心に染み込んで行きました。ハンディをも

カラン劇場の舞台、フィナーレ

つ人たちが、日ごろ書き綴った詩にメロディーをつけて歌う「わたぼうしコンサート」がアジアにも深く根を下した瞬間でもありました。

“歌はこころとこころのかけ橋”を合言葉に、ハンディをもつ人たちの作品を携えてシンガポールに集まってほしいという私たちの呼びかけに応じていただいたのは、中国、韓国、香港、台湾、スリランカ、タイ、インドネシア、フィリピン、マレーシア、シンガポール、日本のアジア一一か国・地域の人たちです。中国、シンガポール、日本が二曲ずつ、他の国・地域からは一曲ずつの計一四曲が披露されました。合間には、イヨ・チュウ・カン・ガーデン・スクールの知的障害のある子どもたちによるパフォーマンスもあり、ダウン症の男の子たちが舞台いっぱいに飛び跳ね、小さな女の子が魚の飾り物を身にまとってよちよち登場するに及んで、観客の大きな拍手が沸き上がりました。

日本の代表曲は、埼玉県川口市の山下富美雄さんが作詩・作曲した『わかりあえる日まで』と、奈良市の熊野ゆかりさんが作詩、奈良市の小園優子さん作曲の『祈り』の二曲です。昨年八月、奈良市で開催された「第一五回全国わたぼうし音楽祭」において「わたぼうし大賞」並びに「文部大臣奨励賞」に輝いた作品です。

フィナーレは、出演者全員が舞台に登場し、「わたぼうしコンサート」のテーマソング『わたぼうし』が英語と日本語で大合唱されました。午後七時三〇分スタートの予定が少し遅れて始まり、すべてのパフォーマンスを終える頃には午後一一時になっていました。

地球のハーモニー

このアジアわたぼうし音楽祭を開催するきっかけは、今から一年一〇か月前にさかのぼります。今回、シンガポール側の受け入れをしていただいたボランティア活動開発センター（ＶＡＤＣ）の理事長である、タン・エン・ロクさんがたんぽぽの家を訪れました。彼は学生時代にも日本を訪れたことがあり、「わたぼうしコンサート」活動を続けながら、たんぽぽの家づくり運動に取り組んでいた私たちとの出会いがありました。一〇数年前のことですから、今のたんぽぽの家は影も形もありません。一九八九年一一月に再訪したたんぽぽの家は、二つの建物をもち、障害のある人たちが自立を目指す砦として機能していることにまず驚いたと言います。そして、次に彼は、たんぽぽの家づくり運動の原動力になっている「わたぼうしコンサート」をぜひシンガポールでやりたいと言い出しました。この申し出に、私たちはこう答えました。毎年奈良で開催している「全国わたぼうし音楽祭」をそのままシンガポールに持っていっても余り大きな社会的インパクトを与えることにはつながらないのではないか。私たちは、国際障害者年であった一九八一年には、アメリカ、イギリス、中国、韓国、香港、フィリピン、インドネシア、スリランカ、シンガポール、日本の世界一〇か国・地域から障害のある人たちを日本に招待して「世界わたぼうし音楽祭」を開いた経験があります。今年は、ちょうどそれから一〇年目になります。できれば、アジア各国から障害のある人たちを招いてアジア規模の音楽祭にしてはどうかと。タンさんは、一も二もなくこの案に賛成しました。日本側は財団法人たんぽぽの家が、シンガポール側はＶＡＤＣが母体となって、その時から準備がスタートしました。一九九〇年二月には、財団法人たんぽぽの家の理事長播磨靖夫が、シンガポールを訪れ、今回の音楽祭の大筋を決定しました。

アジアエイド・キャンペーン

この音楽祭は、日本の多くの人たちに支えられて実現しました。開催が決まった一九九〇年四月、その開催を実現するための資金集めを「アジアエイド・キャンペーン」として展開することになりました。貧困と障害という二重のハンディをかかえたアジアの障害児たちに、日本の私たちが、今何ができるのかを共に考えてほしいとの呼びかけにこたえて、全国各地から募金が寄せられました。

このため「アジアに元気を」という白抜きの文字が見えるオレンジ色の募金缶を二万個用意し、全国に協力を呼びかけました。毎日小遣いの一部を入れていっぱいになった募金缶をたんぽぽの家に届けてくれた小学生、会社ぐるみで募金活動に取り組んでいただいた労働組合のみなさん、いくつかの企業や助成財団のご協力もあって、ようやく開催までこぎつけることができました。

日本から二五〇名の参加

この歴史的な音楽祭にあなたも参加しませんかと、「アジアわたぼうし元気組」なるツアーを組んでシンガポールに行く企画を立てて参加者を募集しました。

独自にシンガポールの障害のある人たちとの交流をしたいと加わった宮崎からのグループ、シンガポールの高校生の家に一泊ホームステイしたいという静岡のグループなど元気組のツアーに参加したのは、日本代表団も含めて二二二名。そして、長年シンガポールとの交流を続けている栃木のわらしべの里のグループを加えて、車いすの人たち三八名を含む約二五〇名の人たちが日本からカラン劇場へやってきました。元気組の人たちは、前日行われた各国・地域代表団の歓迎パーティーにも参加することができましたし、音楽祭の翌日には、シンガポールのボランティアの人たちとの交流プログラムにも参加することができました。障害のある人たちとの交流、青少年グループとの交流、老人ホームを訪ねての交流などに八四名の人たちが参加しました。

大きな影落とす政治

私たちがシンガポールのチャンギ空港に着いたのが八月一九日夕方。そして飛び込んできたのが、ソ連でのクーデター、ゴルバチョフ大統領失脚のニュース。世界を揺るがす大事件の最中、私たちはアジアでの大きな一歩を踏み出すことになったのです。モスクワで共産党解体に至る自らの墓穴を掘ることになった保守派の最後のあがきを民衆の大きなうねりが押し止めている頃、シンガポールでは、国や言葉の違いを超えた人と人とのつながりを模索する試みがなされていたということになります。

ここに至るまで、私たちが抱えた頭の痛い問題がありました。中国と台湾の参加問題です。たんぽぽの家とは一二年にも及ぶ長いつきあいを続けてきた上海市障害者連合会の代表団にも参加してもらいたいし、シンガポール側が呼びかけた台湾のグループ「ウッドペッカー」にも参加してもらいたい。その呼び名について中国側は「台湾」はだめで、「中国台湾」あるいは「中国台北」とし、自らは「中華人民共和国」あるいは「中国」とするようかたくなな主張をしていました。上海とのＦＡＸでのやり取り、シンガポールとのこの問題についてのFAXでのやり取りは延べ一七通にも及びました。最終的には、中国は"PEOPLE'S REPUBLIC OF CHINA"（中華人民共和国）、台湾は"CHINESE TAIPEI"（中国台北）で合意し、パンフレットにもこの表記が使われました。中国チームも台湾チームも共にカラン劇場の舞台に立った時の感動には、ちょっと違った重みが加わりました。

第二回はソウルで

音楽祭の翌日、八月二二日には、ネットワーキング会議が開かれました。机、いすが取り払われ、じゅうたんの上に思い思い車座になった各国・地域の代表団。簡単なゲームで、各チームがかたまらずにばらばらにグループを作って打ち解けたところで、いくつかの代表からの提案がなされました。

日本からは、①「アジアわたぼうし音楽祭」を二年に一度、アジア各国・地域持ち回りで開催する。第二回は一九九三年に韓国ソウルで開催、②アジアの障害のある人たちの現状を知り合うためのスタッフの交流、③地域に根差したリハビリテーション（CBR）を学び合うワークキャンプの開催、を中心に提案、承認されました。

さらに私にとっても大きな収穫であったのは、シンガポールに集まった代表団の人たちとの交流ができたのはもちろんのこと、以後継続して情報交換していく個人的なグループができたことです。フィリピンのヘンリーさん、マレーシアのセレーンさん、インドネシアのサシトさん、韓国のソンさん、シンガポールのジョンさんたちとの交流がスタートすることになりましたが、アジアの人たちとのこうした顔と顔が見えるつながりが今後一層重要になってくると思います。

以上が「地球のハーモニー　―アジアわたぼうし音楽祭開催への道筋―」で述べた文章になります。

二年に一度各都市持ち回りで継続開催

その後この音楽祭は、アジア各都市持ち回りで二年に一度開催されることになり、シンガポールからソウル、上海、バンコク、奈良と続き、第六回となる二〇〇一年の高雄（台湾）からブリスベン（オーストラリア）が加わり、「アジア・太平洋わたぼうし音楽祭」となりました。その後ブリスベン（オーストラリア）、上海、ジョホールバル（マレーシア）、スウォン（韓国）、バンコクとこれまでに一一回開催されましたが、二〇一二年のバンコクでの大会が最後の開催となりました。

障害者権利条約への流れ

ベングト・リンドクヴィストさんとの出会い

一九九二年三月、「国連障害者の十年」最終年を記念して大阪で開かれた「とっておきの芸術祭」の特別シンポジウムに参加したり、徳山、長野、東京、北海道で講演を行うなどのために、スウェーデンのベングト・リンドクヴィストさんが妻のグンさんと共に日本に招かれました。講演では、日本で国際障害者年（一九八一年）頃から叫ばれだした「ノーマライゼーション」が、スウェーデンでは一九五〇年代から徐々に進められてきた模様などスウェーデンの福祉状況を詳しく語りました。

ベングト・リンドクヴィストさんは、一九八五年から一九九一年まで、スウェーデンの家族問題及び高齢者・障害者問題担当大臣をつとめました。彼は、福祉先進国のスウェーデンはもちろんのこと、ヨーロッパでも初の視覚障害のある閣僚となったことにより、一躍注目を浴びることになりました。

ハンド大学及びストックホルム大学で言語学を学び、教師となり、スウェーデン・ラジオで言語プロデューサーとして働く一方、一九七五年から一〇年間、スウェーデン視覚障害者協会の議長をつとめました。一九七七年には、障害者中央委員会議長となります。同委員会は、約三五万人もの会員をもつ三〇からなる障害者団体の中央組織です。その彼を、平和主義者で民主的なことで有名だった、時のパルメ首相が閣僚に抜擢したのです。

私は、そのベングトさん、グンさんと、大阪、広島、徳山（現周南市）、京都、長野、東京を巡る旅を約二週間共にする機会を得ました。

彼は、また、ジャズ・ドラマーとしてもプロ並みの腕を持っていました。現役の大臣の時期にも、ジャズ喫茶に出かけて気軽にドラム演奏をしては、人々を驚かせたといいます。そんな訳で、日本に来てからも滞在する都市ごとにジャズの生演奏が聞けるブルーノート等に通いジャズの生演奏を楽しみました。同じ時期、財団法人たんぽぽの家がスウェーデンから日本に招待していた知的障害のある人たち中心のロックバンド「エコー」と徳山市で行われたコンサートでジョイントし、好評を博しました。

さらに、彼は好奇心旺盛で日本の状況を詳しく知りたいと、毎朝、ホテルで朝食後に新聞を読みました。私が各ページの見出しを順番に読み上げていって、気になる記事については、内容まで読みました。

夜寝る前には、毎晩ベングトさんの部屋に招かれて、その日にあったことについて話し合いました。私から、その日の出来事について説明することもありますし、ベングトさんの質問に答える形の日もありました。最後は、ベングトさんがスウェーデンから持ってきたウィスキーでナイトキャップ（寝酒）をして、おやすみなさいとなりました。

広島市の平和記念公園で。左がベングト・リンドクヴィストさん、右が私。

長野市では、善光寺を訪れました。本堂のお戒壇巡りを体験しました。当たり前ですが、ベングトさんは難なく進んで行きますが、私の方は一寸先は闇の中で「極楽の錠前」を探るのに四苦八苦しました。

また、長野県立美術館東山魁夷館に行って、初めて視覚障害のある人に絵画の説明をする経験をしました。長野県茅野市にある御射鹿池（みしゃかいけ）を描いた有名な『緑響く』などの東山魁夷の世界を伝えることができたかどうかについては、いささか不安ですが、一緒に鑑賞することはできたのではないかと思います。

金閣寺で。中央がベングト・リンドクヴィストさん、左が妻のグンさん、右が私。

「障害のある人の機会均等化に関する基準規則」

そして、私が最も興味をそそられたのは、ベングトさんが熱心に取り組んでおられた「障害のある人の機会均等化に関する基準規則」についての話でした。

一九八九年の第四四回国連総会に、スウェーデンは「障害者の権利に関する条約」案を提出します。しかし、加盟各国は、法的拘束力のある条約に対しては反対意見が多数を占めていて採択されませんでした。

そこで、反対意見の多い条約ではなく、法的拘束力のない最低基準の原則であれば賛同を得られると考えたスウェーデン代表のベングトさんが各国代表との折衝を行うことになります。

基準規則では、「障害をもつ人がその権利と自由を行使するのを妨げ、障害をもつ人が各自の社会の活動に完全に参加するのを困難にしている障壁が世界の全ての社会に未だに存在している。政府の責任は、このような障壁を取り除くことである」と謳(うた)います。

その上で、医療、リハビリテーションなどの前提条件、アクセシビリティ、教育、就労、文化、レクリエーションとスポーツなどの目標分野を掲げ、立法、経済政策などの実施方策を示した二二項目の規則から成り立っているのが基準規則です。正式の条約にはならないものの、国連加盟各国は機会均等がどの程度進んでいるのかを国民に報告する義務を負うなど、ある程度拘束力のあるものになるとのことでした。

私が話を聞いたのは、正にその内容を決める最終段階だったことになります。基準規則は、翌年一九九三年一二月の第四八回国連総会で採択されました。

そして、ベングトさんが目指した障害者権利条約は、二〇〇六年一二月、「障害者の権利条約」として第六一回国連総会で採択され、二〇〇八年五月に発効しています。

いのちを守る安心システム

新しい社会システムに関する日米共同研究

一九九五年一月一七日未明に発生した阪神・淡路大震災は、六四三四人もの犠牲者を出し、神戸市を中心に阪神地区と淡路島に甚大な被害をもたらしました。

こうした危機に遭遇した際に、障害のある人たち、高齢の人たちが被る困難は、想像を遥かに超えるものがあります。私たちは、直ちにスタッフやボランティアの人たちを派遣し、収集した情報をもとに「ＨＥＬＰ　ＮＥＴＷＯＲＫ」という組織を立ち上げ、被災した障害のある人たちに対する長期的な支援を開始しました。

その一方で、このような自然災害の際に障害のある人たちや高齢の人たちといった社会的に弱い立場にある人たちにどのような対策を講じればいいのかを、私たち市民の立場で考え研究していく必要があると考えました。

そこで、一九八九年一〇月一八日のロマプリータ地震、そして阪神・淡路大震災のちょうど一年前の一九九四年一月一七日のノースリッジ地震の経験を持つアメリカ・カリフォルニア州の経験から学び共同研究することを企画しました。

当時京都大学防災研究所助教授だった林春男さんにまず相談し、共同研究のカウンターパートとなり得る四人のアメリカ人を紹介してもらいました。

CARDとの出会い

阪神・淡路大震災から二か月後の一九九五年三月、林春男さんに紹介してもらった四人の人を訪ねる旅に出ました。同行するのは、今回の研究の委員にもなってもらった斎藤清明（毎日新聞大阪本社科学部副部長・当時）さん。

最初に訪ねたのは、カリフォルニア州オークランドにある「地震防災研究所」のスーザン・ベシングさんとマジョーリー・グリーンさんでした。この研究所は、州政府と協力して地震災害についての防災研究を行っていました。訪ねた時点ですでに、阪神・淡路大震災の様子が詳しく写真入りで立派な報告書になっているのには驚きました。私たちの調査研究の趣旨を説明しましたが、直接的には障害者や高齢者向けの対策は考えていないとのことでした。同席した州政府災害対策本部のサラー・ナースさんはそういう問題に取り組んでいる組織があると紹介してくれたのが、“Collaborating Agencies Responding Disasters”（NPO防災協議会。以下「CARD」という。）で、その場で電話をして翌日のアポイントメントを取ってくれました。

マジョーリーさんもサラーさんも協力的で、資料も大量にもらうことができました。さらに、サラーさんは、自分のネットワークでいろんな人を紹介してくれました。また、ワシントンD．C．まで行くことを告げると、ぜひ会った方がいいという人と連絡を取って、ホテルにFAXすると約束してくれました。

災害時に行政が役立たないという私たちの指摘にも、その通りとの返事で、民間団体との連携を図ることの大切さを強調しました。

翌日、湾岸高速鉄道（ＢＡＲＴ）の列車に乗り、サンフランシスコ湾を海底トンネルで横断してオークランドに向かいました。「19番通り」駅を降りて徒歩三分ほどのところにある何の変哲もないビルの二階の一室を事務所にしているのがＣＡＲＤでした。

応対してくれたのは、ＣＡＲＤのプロジェクト・マネージャーのキャロル・ロペスさんでした。小柄ながらバイタリティー溢れる女性で、ＣＡＲＤの成り立ちからめざすものまでを詳しく説明してくれました。

ＣＡＲＤを一口に言えば、サンフランシスコ湾を挟んで東に広がるアラメダ郡内において災害時に特別な支援を必要とする人たちを救援するために、日頃からさまざまな分野で活躍している草の根団体のネットワーク組織ということになります。

私たちがそのＣＡＲＤに着目したのは、以下のような点においてです。

①　災害時以前から何らかの治療を受けている人、車いす利用者、低所得者、視覚障害者、ホームレスの人たち、子どものいる家族や子ども、高齢者、聴覚障害者、薬物やアルコール問題者、英会話のできない移民の人たちなど、私たちが〝社会的弱者〟と呼んでいる人たちを対象としていること。

②　地域に根ざした活動をさまざまな分野で展開しているＣＢＯ（Community-Based Organization）をネットワークしている組織であること。

③　市レベルのみならず、郡レベル、州レベル、連邦政府レベルの行政とも協力関係をもっていること。

こうして出会ったＣＡＲＤと以後地震災害時の防災・救援対策について共同研究を進めることになりま

した。

ＣＡＲＤから学ぶもの

当初は五〇団体でスタートしたＣＡＲＤが、一九九六年一月現在一二〇の団体が参加するまでに成長していました。

その一二〇団体が、以下の四つの分野に分かれて、いざという時に活動することができるよう日頃から組織されています。

①　医療・保健関係に携わるグループ
②　住宅や避難所に携わるグループ
③　救援物資の提供に携わるグループ
④　生活支援に携わるグループ

このＣＡＲＤから学ぶべき点は数多くありますが、これだけは見落とせないという点を挙げると次のようになります。

①　災害時に救援を受ける人たちが、計画段階から参加し、意見が反映されるプロセスをもっていること。

実際に救援を受ける人たちの意見を生で聞く。その意見をもとに計画を立てる。それによって、地域に住む人、地域に根ざした、地域主導型の活動を行うことができる。

② 日頃から地域に密着した活動団体がネットワークしていること。

震災前から、つながりを築いておくことで、震災が起きた後もそのつながりを生かすことができる。

こうしたＣＡＲＤの有効性は、各方面から注目を集めており、今後アラメダ郡だけではなく、カリフォルニア州北部六郡にもＣＡＲＤと同様の組織をつくっていこうという動きが、アメリカ赤十字のバックアップで進められていました。

「緊急対策ハンドブック」

私たちの調査研究の目的のひとつである〝社会的弱者〟のための防災・救援マニュアルづくりに直接役立つものとして、ＣＡＲＤによって作成され、配布されている『緊急対策ハンドブック』があります。

このハンドブックには、正に具体的に地震の際の対策が提言されています。

① 地震発生時どうしたらいいか

② 地震の直後どうしたらいいか

③ 地震の前にやっておくこと

④ 避難の際の優先順位リスト

⑤　重要書類と家族の情報
⑥　緊急物資
⑦　災害から立ち直るために
⑧　隣近所での備え

について各自が災害に備えてどうすればいいかを提言しています。

具体的にというのはどういうことかと言えば、「地震の前にやっておくこと」として挙げられている筆頭が「家族が落ち合う段取り」について書かれています。地震は、得てして家族がばらばらの時に起こるものだから、あらかじめ、落ち合う場所を決めておくことが大事だといいます。そのため、近所の人の家、近所に住む親戚の家、教会、公民館等を例示して、三か所をあらかじめ決めて書き込むための空欄が設けてあります。さらに落ち合う予定場所に行けなかった場合のため、少なくとも一〇〇マイル離れた所に住む親戚を家族の連絡のためのキーステーションとするよう提言しています。ここにも名前や電話番号を記入するための空欄が設けてあります。

これなどは、あらゆる人があらかじめやっておくべきことであって、しかも『人』の安全が最優先であることが端的に示されています。

また、高齢者や障害者のための準備プランとして、これも具体的に提言しています。例えば、補聴器を使っている人は、できればもう一台の補聴器と電池を用意して、少し離れた場所、例えば車の中に置いておきましょうとか、体が不自由で緊急の際迅速に動けない場合は、そのことを近所の人に知らせておいて、様子を見に来てくれる人を決めておきましょうと提言しています。ここでも、生き延びるための工夫がされています。

もし自分の家から避難しなければならなくなったらどうすればいいかについても、具体的に書かれています。

① 行き先を知らせるものを掲示しておく。

② 重要書類、非常用品、医薬品を持って行くこと。

③ 避難時に備えて車のガソリンはいつも満タンにしておくこと。車は避難場所になり、暖かく、明かりもあり、ラジオからは重要な緊急情報が聞けます。

④ 地震の際、ペットは地下室か、ガレージか、浴室に入れておくこと。この時、水を十分用意しておいてください。（赤十字の避難場所にペットは持ち込めません）

という具合です。もちろん重要書類とはどういうものをいうのか、持病のための医薬品などについても、書き込み式に空欄があって、リストアップできるようになっています。

さらに、地震災害を想定した備えのためのワークシートも付いています。

作業日

本棚や食器棚のように上の方が重たく、固定されていないため、地震で倒れやすい家具を見つける。

壁に取り付ける。

という具合に点検してすぐさま実施できるように工夫されています。

非常食として備えておくべきものについても、具体的にリストアップされています。ツナかチキンか七面鳥の缶詰を三個、開けてすぐ飲める（水を加えなくてもよい）スープの缶詰を三個というように、救援を受けられるようになるまでの三日間を生き延びるのに必要な食品を上げています。

しかも、「年に二回はチェックして中の物を取り換えましょう。例えば、元日と七月四日の独立記念日がいいでしょう」と付け加えています。

「⑦　災害から立ち直るために」の項では、心のケアや災害後の子どもに対する対応についても触れています。

最後に、地震に備えてのリスト、被災した際の被害状況報告用調査表、緊急時連絡先リストまで付いているという念の入れようです。

ＦＥＭＡ訪問

サンフランシスコで共同研究のカウンターパートとなるＣＡＲＤを見い出した後、私は斎藤さんと別れて、ワシントンＤ．Ｃ．に向かうことになりました。翌年、聴覚障害のある若者たちとギャローデット大学に演劇ワークショップに行くことになっていたので、学長さんにごあいさつとそのお願いをさせていただく予定を入れていたのです。

その途中フィラデルフィアに一日滞在していたホテルに、カリフォルニアでお世話になった州職員のサラー・ナースさんからＦＡＸと電話があり、ワシントンＤ．Ｃ．に行くならぜひＦＥＭＡに行ってアラン・クライブさんという方に会った方がいいと教えてもらいました。早速ホテルから電話で、翌日訪ねたいとアポイントメントを取りました。

翌日ワシントンＤ．Ｃ．に着いてすぐにＦＥＭＡを訪ねました。ＦＥＭＡとは"Federal Emergency Management Agency"といい、連邦緊急事態管理庁と訳されています。大災害の際にいち早く駆けつけて、国、州、郡などの機関の業務を調整して復旧・復興を支援する政府の機関です。

阪神・淡路大震災の直後ということもあって、日本政府もＦＥＭＡに関心を寄せているようで、日本人の背広姿の人たちを多数見かけました。厳しいボディチェックの後、受付でアラン・クライブさんにアポイントメントを取っている旨を伝えると玄関まで出迎えに来てくださいました。私はそこで驚くことになります。出迎えていただいたアラン・クライブさんが全盲の方だったからです。

部屋に通されて、あいさつの後来意を伝えると、そのプロジェクトを記したペーパーはあるか、それは日本語で書かれているかを尋ねられました。いやいや企画書も持ってきているし英語で書かれていると言って手渡しました。アラン・クライブさんは、その企画書をプリンターのような機械に載せました。びっくりしている私を尻目にアラン・クライブさんは、その機械が早口で読み上げる企画書の内容を理解して、自分たちのセクションが行っているプロジェクトについて話してくれました。

今では日本語の文章でもちゃんと読み上げてくれる文書読み取り装置が当たり前になっていますが、当時はそんなものは見たことがなかったので大変驚かされました。

大災害が発生したらすぐに現場に駆けつけるＦＥＭＡの職員、州政府の職員、警察、消防などの職員向けの研修を担当していると言います。被災地で障害のある人たちにどう接すればいいのかをビデオを使って学んでもらう研修を全米で展開していると言います。障害のある人たちに対する災害時の対応については、障害のある当事者が担当するということが徹底されていることに驚きました。関連する資料を準備するからと待っていると、何冊もの資料がスタッフによって運ばれてきました。いやいや旅の途中でこれだけの資料は持って帰れないと言うと、後で送ってやると言われて、約一か月後に大きな段ボール箱一つ分の資料が送られてきました。

アメリカで感じたことは、こちらが一民間人であっても、国でも州でも来意を告げればその担当者はきっちりと自分たちが担当している仕事について説明してくれるということです。日本であれば、都道府県や市町村の職員であっても政府の各省庁に行くにしても事前の依頼文書が必要であったりして、前日に電話でアポイントメントを取るなどはよっぽどの関係を築いていないと面会は実現しないのではないでしょうか。ましてや、一民間人が突然電話で会いたいと申し込んでも取り合ってもらえないでしょう。

しかし、私が訪ねた役所では、相手がどんな立場の人間であっても、直前のアポイントメントであっても、気軽に応じてくれて、詳しく話を聞かせてくれるし、サラーさんのように会う人を紹介もしてくれました。その姿勢は、私の役割はこういうことで、それを社会に説明する責任があると言っているように思えました。裏を返せば、私は与えられた仕事としてここまではしています、その内容は全部説明します、と言っているように見えます。逆に言えば、これ以上の仕事を求めるのであれば、それに必要な予算をつけてください、ということだと感じました。どちらが優れているかということは一概には言えませんが、少なくとも市民に対する説明責任を果たそうとする態度からするとアメリカの方が一歩前を行っていると感じました。

アメリカ赤十字社本部訪問 ―過去のあやまちを公開し、教訓にする―

もう一か所ワシントンD．C．で訪問したいところがありました。アメリカ赤十字社（American Red Cross）の本部です。カリフォルニア州でもらった資料の中に気になることが書かれていたからです。

今回の共同研究で手に入れた資料の中に、カリフォルニア州政府リハビリテーション部が作成した「障害者に影響を与えた問題／ノースリッジ地震」と題した文書があります。この中には、私たちにとってちょっとショッキングな内容が含まれていました。

アメリカでは、災害発生時に被災地に設置される避難所の運営は、アメリカ赤十字社が担うということですが、ある災害の発生の際に開設された避難所に脳性マヒの人が避難してきました。その避難所の運営責任者であるアメリカ赤十字社の職員がその人の入所を拒否したというのです。「二人の脳性マヒの障害者が、その話し方から酔っ払っていると所長が判断したという理由で避難所への入所を断られた。」「目の不自由な男性が〝盲導犬の衛生上の問題〟という理由で避難所への入所を断られた。」「車いすの女性が介助なしにベッドへ移動できないという理由で避難所から退去させられた。」などと報告されているのです。

この資料に書かれていることが事実なのかどうか、どうしても担当者に確認したくてアメリカ赤十字社の本部に立ち寄ったのです。応対してくれた担当部長は、はっきりと事実だと言いました。そして、その資料は同じ過ちを二度と繰り返さないように、全米の赤十字社の支部に教訓として徹底するようにとのことで作成されたものでした。

日本であれば、こういう不都合なことが起これば、都合の悪いことには蓋をして公表は絶対にしないし、組織を挙げて隠そうとするのではないでしょうか。その点、事実は事実としてどういうことが起こったのかを明らかにし、再び同じ過ちを繰り返さないためにはどうすればいいかを討議する姿勢が大事だということをつくづく感じさせられました。

『いのちを守る安心システム』

そして、改めて私は一九九五年九月に二週間近くサンフランシスコに滞在し、CARDの活動を詳しく調査しました。同時に私たちが阪神・淡路大震災で経験したことを伝え、お互いの経験をもとに、災害時の弱者支援について議論しました。そのCARDとの共同研究の中間報告として、一九九六年一月に全国三か所で「社会的弱者のための防災救援システム」をテーマに日米市民フォーラムを開催しました。

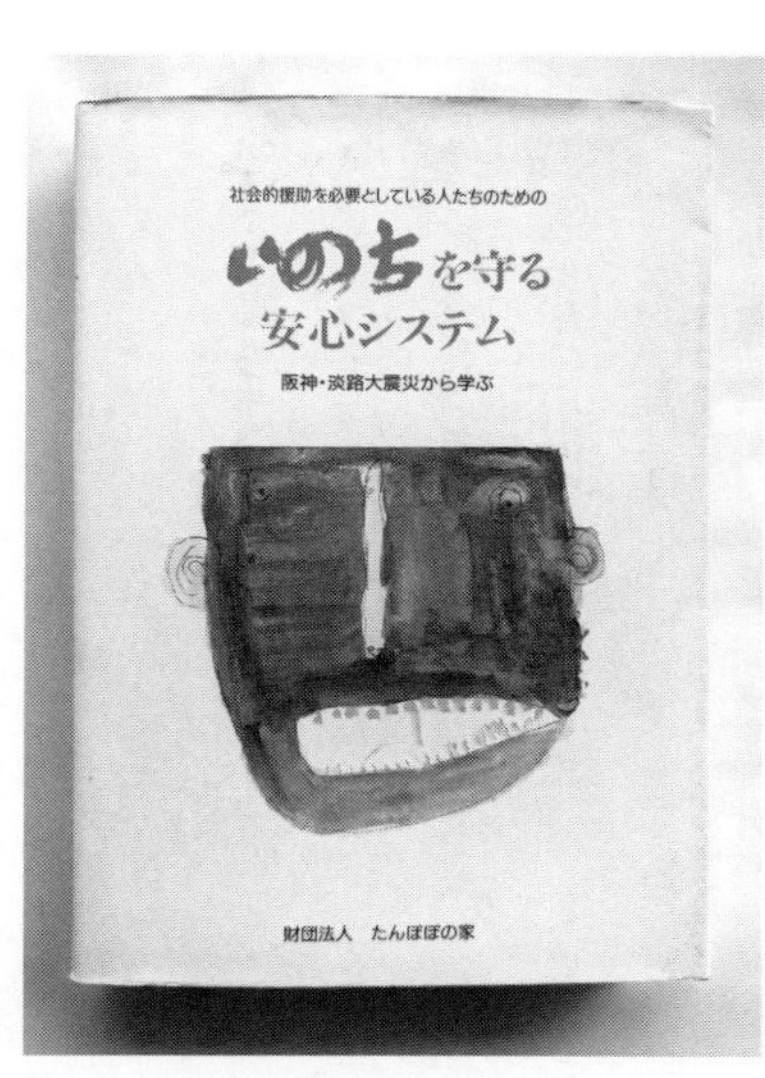

『いのちを守る安心システム』

そして、それらの成果をまとめて一九九六年一一月三〇日に、『社会的援助を必要としている人たちのための　いのちを守る安心システム　阪神・淡路大震災から学ぶ』として出版しました。その中で私が書いた、「インターネットワークの推進」「学校のバリアフリー化を」の二つの提言を一部修正して再録します。

【インターネットワークの推進】

◆注目を集めたボランティア活動

阪神・淡路大震災をきっかけにして、ボランティア活動が大きな注目を集めている。私たちが特に注目しなければならないのは、犠牲者の過半数が高齢者であったという事実に加え、障害をもつ人たちや高齢者、子どもや外国人といった、いわゆる社会的弱者と呼ばれる人たちが、救援の情報からも物資の補給からも一番遠い存在だったということだ。そして、その社会的弱者を実際に救援したのが、ボランティアの人たちの活動だったということだ。本来、私たちの生活の安全を守るべく機能するはずであった行政や既存の組織が全くと言っていいほど機能しなかったことになる。私たちは、どのようなシステムを構築しておけば、阪神・淡路大震災のような大規模な災害時に有効に機能するのかを考えねばならない。これを考えることは、実は今私たちが生活している地域で、私たちがより安全で豊かな暮らしを確保する方策を考え出すことにつながるのだ。

◆既存の団体の限界

今回の震災で安否確認などに威力を発揮したのは、例えば障害者の場合、障害種別ごとに組織された団体だった。それぞれの障害者団体がそのネットワークを生かして、いち早く安否確認や救援物資の提供活動を行った。ただし、その際問題となったのは、救援の対象が、その団体の加盟者が中心であったという限界を伴ったことだ。その結果、救援活動においても、それぞれの障害者種別の人たち向けの対応に終始し、他の種別の障害のある人たちには何ら対応できていなかった。実に排他的で、自分たちのことばかり主張する団体が多く、いざという時に連携して活動するということが全くなかったということである。

つまり、当事者のネットワークは、内向きに閉じた運動で、日頃から外向きの展開がないため、他の団体とつながっていこうという動きが取れない。そのため、いざという時、障害種別を越えた救援という点では全く機能しないという状態に陥ってしまった。

◆インターネットワークの推進

阪神・淡路大震災のような大規模な災害に備えるには、ある分野のネットワークだけではとても対応できるものではない。さまざまな分野で活動する団体がそのグループの枠を超えてつながりあうというインターネットワークが求められている。

これまで、まちづくり、環境、人権、健康、女性、子ども、若者、障害者、高齢者など、問題分野ごとに、さまざまなボランティア団体が活動してきた。それらの団体が分野を超えて情報交換しながら、ゆるやかにネットワークして活動の質を高めていく、インターネットワークを推進する必要がある。今まで、個々の団体として、社会を暮らしやすいものに変えていく力となり得なかったものが、がっちりとした横のつながりを築いていくことによって、社会全体をも変えていく力となることができる。

◆地域に根ざしたインターネットワーク

その際、最も重要なことは、日頃から地域に根ざした活動を展開している団体のネットワークであるということだ。また、大きなシステムは、結果として機能しないというのが、今回の大震災の教訓でもあった。小さくシンプルな組織で誰もがアクセスしやすいインターネットワークづくりが求められている。

このインターネットワークを考える時に参考となるのが、アメリカ・カリフォルニア州のＣＡＲＤという組織だ。ＣＡＲＤをひとくちに言えば、カリフォルニア州北部アラメダ郡内において災害時に特別な支援を必要とする人たちを救援するために、日頃からさまざまな分野で活躍している草の根団体のネットワーク組織ということになる。

◆行政との協力関係

さらに、ボランティア団体と行政とがいかに関わっていくかを考えることも重要だ。これまで、行政はいい活動だとなれば、行政に取り込み、市民の側も安易に行政に寄り掛かってきたところがあった。それぞれの持味をいかして、いい意味での緊張関係を築いていく必要がある。そうすることによって初めて、地域で生活する市民が安心で豊かな暮らしを確保することができるようになる。

【学校のバリアフリー化を】

阪神・淡路大震災で、障害をもつ人たちや高齢の人たちにとって、避難所となった学校がいかに使い勝手の悪いものであったかが、随所で指摘されている。

まず、物理的に障害者や高齢者にとって、利用しにくいものであったことが指摘されている。障害者用のトイレがない、階段や段差があるため移動が制約され、行動範囲が限られる。また、各学校にベッドが備えられているわけではないので、寝たきり状態の高齢者にとっては、床の上での長期の寝たきり生活の持続は、身体機能を著しく低下させ、精神状態をも低下させる危険があった。

知的障害をもつ人たちにとっては、周りの人たちの無理解が大きなバリア（障壁）になった。大きな体育館での共同生活の中で、大きな声も出せないし、動き回ることもできない状態でストレスがたまっていた。もちろんプライバシーが守れる状況でもなかった。

さらに、情報のバリアが大きかった。それぞれの障害に応じて理解できるメディアで情報が提供されなかった。視覚障害のある人たちにとっては、音声による情報、聴覚障害のある人たちにとっては文字による情報が必要である。しかも、いずれかの情報にのみ頼らなければならない障害者にとっては、それが得られないことによる不安は計り知れないものがある。ＦＡＸが各学校に完備されていなかったことも不安の一因であった。

また、同時に避難した周りの人たちにとっても、日頃から障害をもつ人たちと接する機会をもっていなかった人たちが多いため、障害者がそばにいても、無視するか無関心の態度を取る人が多かった。

このため、一旦避難した学校から、電気や水道が止まったままで倒壊寸前の自宅にもどった障害者や高齢者が数多くいた。

なぜ、こういうことになったのであろうか。これは、学校に限らず災害時に避難所として利用することが予定されている公共施設がバリアだらけであることを如実に物語っている。①物理的バリア②制度のバリア③文化・情報のバリア④意識のバリアの四つのバリアに満ちている。

車いすの行く手を阻む階段や段差、狭いトイレなどの物理的バリアが障害者を学校から自宅に帰らせてしまった。障害者であるために、日頃から教育や就職などの機会を奪われてきた。障害に応じた情報伝達手段が欠けていた。そして何よりも、障害者だから何もできない、食べることから着替えやトイレの介助まで必要な、かわいそうな人という意識からどうしても抜けきれない。障害をもつ人たちであっても、残された能力を生かして、さまざまな面で自分の生き方を追及し、自己実現していく存在だという意識が育っていない。

このようにみてくると、少なくとも、学校が日頃から地域に密着した施設としての役割を果たすことが求められていることがわかる。学校が所在する地域には、その学校の主役である子どもたちはもちろんのこと、障害をもつ人たちや高齢の人たちも生活している。それらの人たちが災害時に避難することが想定されている学校は、障害者・高齢者にとっても使いやすい構造や設備を備えたものにする必要がある。いわゆるバリアフリーの考え方に立ってそれらの建物を点検し、早急に改善する必要がある。最低限、車いすの人が利用できるようなスロープ、トイレ、エレベーター、それに聴覚障害者向けにＦＡＸ等の設備が必要である。

これらの設備は、通常の学校運営にも有効に利用できるものである。さらに、地域支援の情報ネットワークの拠点としての機能も求められている。音声、文字、映像などあらゆるメディアを利用した情報システムを備えて、地域で生活する人たちに必要な情報を日頃から提供する情報ネットワークの拠点としての機能も備える必要がある。このネットワークが災害時にも有効に機能し、視覚障害や聴覚障害の人たちにも必要な情報を提供することができる。

いずれにしても、学校が教育の場としてのみならず、地域の中で障害をもつ人たちや高齢の人たちを含め、あらゆる人たちにとって必要な施設として位置付けられ、日頃から活用されることが望まれる。そのためには、学校が真っ先にバリアフリーの拠点となって、共に生きるシステムの中核になることがぜひとも必要である。

日米聴覚障害者交流

ギャローデット大学訪問／一九九五年三月

アメリカ赤十字社本部とFEMA訪問という予定外のスケジュールを入れたことで、肝心のギャローデット大学（Gallaudet University）に着くのが二〇分近く遅れることになりました。ギャローデット大学を訪れるのは、一九九七年夏に日本の聴覚障害のある若者たちを演劇ワークショップに連れてくる計画をしていて、それを受け入れてもらえるようにキング・ジョーダン（King Jordan）学長にお願いするためでした。ギャローデット大学は、ワシントンD．C．にある世界で唯一の聴覚障害者のための大学で、一八六四年創立という歴史のある大学です。

その訪問をアレンジしてくれたのが、ある企業の日本人の方でした。その方が、大学本部の建物前で待っていてくださったのですが、開口一番「あなたは誰を待たせていると思っているのですか」と叱責されました。平身低頭お詫びして、学長室に通されました。

まず来意を伝えるとともに面会の時間に遅れたことをお詫びして、遅れた理由を説明しました。すると、キング・ジョーダン学長は日米共同研究の方に興味を示し、企画書にも目を通されました。さらに私は、カリフォルニア州で会ってきたエネルギッシュに活動する車いす女性ドナ・ヤーガーさんが制作しているケーブルテレビの番組〝On The Move〟の話をしました。この番組は、スカイダイビングをしたり、スキーやスノーボードをしたり、とにかく元気印の障害のある人たちを紹介するものです。私もスタジオに

ドナ・ヤーガーさん（右）の CATV 番組“On The Move”でのインタヴューを受ける。中央が私。

学長室で。左からキング・ジョーダン学長、私。

招かれ、ドナ・ヤーガーさんと対談する形で出演したと話すと、学長はいつもその番組を観ているということで、大いに話が盛り上がりました。

そんな訳で、一〇分程度の表敬訪問の予定が一時間以上話し込んでしまいました。帰りには、紹介してくれた女性は一言も発しませんでした。

ちなみに、学長との会話では聞き取りやすい英語を話していただいていたのですが目の動きで、途中から私の後ろに立っている手話通訳の人に気付きました。キング・ジョーダン学長本人も中途失聴の方だったのです。後から分かったことですが、前年に行われた学長選挙の際に、もうそろそろ聴覚障害のある当事者が学長になるべきではないかというううねりが起き、その当時で一三〇年以上の歴史のあるギャローデット大学で初めて聴覚障害のある学長として選ばれたのが、キング・ジョーダンさんだったのです。

日本の聴覚障害のある若者をギャローデット大学に派遣

日米聴覚障害者芸術文化交流プロジェクト「ギャローデット・パフォーミングアーツ・ワークショップ」は、一九九七年七月二三日から八月一一日まで行われました。オーディションで選ばれた聴覚障害のある日本の学生一六名と、団長には、日本ろうあ連盟の大槻孝さん、私が副団長、たんぽぽの家からはもう一人森口弘美さん、そして聴力障害者情報センターの土谷道子さんが加わって合計二〇名の団体でした。

最初の一週間は、アメリカの雰囲気に慣れるためという大学側の気遣いからか、ホワイトハウス、ワシントン記念塔、アメリカ合衆国議会議事堂、スミソニアン博物館の見学などのスケジュールが組まれていました。

その後は、大学が招いたティム・マッカーシーさんなどプロのパフォーマーなどが指導に当たって厳しい演技のワークショップが始まりました。その期間中は、全員が大学の学生寮に泊まり込んで、ネイティブ・アメリカンのナバホ族の民話を基にした『モンスター・スレイヤー』というパフォーミング・アートを作り上げることに挑戦しました。

帰国前には、出来上がった『モンスター・スレイヤー』を大学のホールで上演、帰国後も日本国内で公演を行いました。

期間中、演劇ワークショップだけではなく、さまざまなプログラムを用意してくれていました。その一つがチュービング。大きな浮き輪に乗って、ワシントン郊外からボルチモア近郊まで川下りを楽しむという一日がかりのレクリエーションでした。それから、当時ケネディセンターで上演されていた『オペラ座の怪人』の鑑賞プログラムが入っていました。本番の鑑賞だけではなく、舞台装置を見て回るバックヤード・ツアーにも招待してくれました。

また滞在中には、大学キャンパス内にあるキング・ジョーダン学長公邸にメンバー全員が招待されました。学長も気さくに応じていただいて、記念撮影にも収まってくれました。

私は、若者たちがワークショップに取り組んでいる間を利用して、私たちの受け入れを担当していただいたマイゼガイヤー教授の研究室のパソコンを利用させてもらって、その年の一〇月に予定されていた「第四回アジアわたぼうし音楽祭バンコク大会」の参加都市の団体とのやり取りを行っていました。毎日のように研究室に行くので、マイゼガイヤーさんやスタッフともすっかり仲良くなりました。

団長を務めていただいた大槻さんは、長年の聴覚障害者活動、手話普及活動等が評価され、全日本ろうあ連盟から二〇〇七年度厚生文化賞を受賞されました。ちなみに、おしどり夫婦とされる妻芳子さんは、長年全日本ろうあ連盟事務所長を務められました。

ギャローデット大学のホールでの練習風景

キング・ジョーダン学長宅の玄関前で。参加者全員。

インドネシア障害者芸術団

来日が実現するまで

二〇〇九年八月二日に開催した「第三四回わたぼうし音楽祭」にゲストとして花を添えてくれたのが、「インドネシア障害者芸術団」です。リース・ケスビオノさんを団長に一六名で来日しました。この芸術団は一九九三年に設立され、視覚障害、聴覚障害、知的障害、身体障害など、さまざまな障害のある人たちで構成されており、伝統舞踊や音楽などのアート活動に取り組んでいます。

初来日は、一九九七年です。この年が日本とインドネシアの国交樹立四〇周年に当たり「インドネシア・日本友好祭'97」としてインドネシアの幅広い文化が日本に紹介されることになりました。その一環としてインドネシアの障害者芸術を日本に紹介するために「インドネシア障害者芸術団」の日本派遣が計画されました。

インドネシア政府文化省の担当者並びにジョグジャカルタ芸術大学の教授がたんぽぽの家を訪れ、話し合いが行われました。渡航費、日本滞在中の宿泊費、交通費などの経費全額をインドネシア政府が負担するということで、たんぽぽの家が日本国内での公演をアレンジし随行することが決まりました。それまでのわたぼうしコンサートなどで交流のある長野と東京の団体に受け入れを依頼して、奈良を加えた三か所での公演を予定し、準備を進めました。

しかし一九九七年七月、タイのバーツ暴落に端を発した通貨危機が瞬く間にアジア全域を襲いました。

インドネシアも例外ではなく、ルピアの価値がそれまでの三分の一にまで下がる事態となりました。その結果、全額インドネシア政府負担の派遣計画は頓挫します。どこの国でも、まず削られるのは障害者関連予算です。「インドネシア障害者芸術団」の派遣はできないとの一方的な通知がきます。すでに私たちは、奈良、長野、東京での公演のＰＲ、チケット販売、ホテルの手配などの受け入れ準備を進めていました。慌てて私たちは、来日の可能性を探るべくインドネシア政府文化省との交渉を繰り返しました。

ＦＡＸでのやり取りでは埒が明かないと判断し、最終的には、インドネシア政府文化省の担当者に直接電話をしました。インドネシア国営のガルーダ航空があるのだから往復の航空券を準備してほしい、日本に来れば滞在経費はこちらで持つと提案。人数も三〇人から一八人に減らしてようやく芸術団の来日にこぎ着けました。一一月に行われた来日公演は、そのレベルの高さから各地で絶賛されました。それ以後、インドネシア障害者芸術団とは長いお付き合いが始まることになりました。

私が国内外を問わずこれまでに受けた唯一の賞状としてインドネシア政府文化省から感謝状を贈られることにもなりました。

二〇〇九年も、聴覚障害のある人たちのダンス、車いすダンス、伝統歌謡、全員によるアチェ州の獅師の伝統舞踊やバンブー・ダンスなど多彩な演目を披露しました。限られた人数で、さまざまな障害のある人たちが協力し合って一つの演目をこなす、しかも一糸乱れぬ公演は、観客を大いに魅了しました。ガムランをはじめ小道具、演目ごとに違う衣装などを運び込んでの公演を支え合う障害のあるメンバーたち、舞台を演出するプロデューサー、それを支援する若いダンスインストラクターが一丸となって作り上げる舞台が感動を呼んだのです。

音楽祭に先立って「インドネシア障害者芸術団」は、七月三〇日には斑鳩町のいかるがホールで、七月三一日には大和高田市のさざんかホールで、「平城遷都１３００年祭」のプレ公演を行いました。このプレ公演には、インドネシア国立芸術大学に留学して伝統舞踊を学んだジャワ舞踊家の佐久間新さんも応援に駆けつけ特別出演してくれました。

クロンチョン・フェスティバル

その後、インドネシアの首都ジャカルタを訪問する機会を得ました。二〇〇九年一二月三日に行われたクロンチョン・フェスティバルに「インドネシア障害者芸術団」が出演するので、その公演を観るためです。

クロンチョンというのは、インドネシアを代表する大衆音楽のジャンルで、日本でも有名な『ブンガワン・ソロ』も代表曲のひとつです。フルート、ヴァイオリン、チェロ、ギター、ベース、それにクロンチョン・ギターと呼ばれる弦三本の小さなギターが加わるオーケストラが伴奏し、男性あるいは女性の歌手がゆったりとしたリズムで歌います。フェスティバルの会場は、グラン・メリア・ホテルの大宴会場で、約一〇〇〇人の人たちで埋め尽くされ、インドネシア政府の観光大臣や日本大使も出席していました。食事のあと、クロンチョンやコメディ、仮面舞踊などが三時間以上続きます。クロンチョンの名曲が有名歌手と有名オーケストラの演奏で続くなか、「インドネシア障害者芸術団」のメンバーによるバンブー・ダンスが披露され、大きな拍手を浴びました。私たちと長い交流のある芸術団がこうした大きな会場で、しかも政府の要人も出席するイベントで公演するのは誇りだしうれしい限りでした。

代表団を求める旅・ベトナム

代表団見つかる

最初にベトナムを訪れたのは、一九九六年二月二三日から二八日のホーチミン市訪問でした。私たちが開催している「アジアわたぼうし音楽祭」に、ぜひベトナムからも代表団を迎えたいとの思いからでした。当時奈良大学教授で、国立シンガポール大学での在外研究を終えたばかりの桂良太郎さんに相談し、「ホーチミン市障害児教育研究センター」を紹介してもらいました。首都ハノイ市よりもベトナム最大の都市で経済発展著しいホーチミン市の方が代表団を派遣しやすいのではとの思惑もあったと考えられます。

ホーチミン市到着翌日、紹介してもらった「ホーチミン市障害児教育研究センター」を訪問しました。センターは市政府の教育部門に属する組織の一つで、対応していただいたのは、センター代表のフン・チ・タン・ビンさんでした。ビンさんは温厚な方で、たんぽぽの家の活動から「アジアわたぼうし音楽祭」に至るまでの私の話をじっくり聴いてくれました。そしてビンさんは、代表団を送り出してくれそうなところとして、ヌエン・ディン・チュウ盲学校を紹介してくれました。

ビンさんがアポイントを取ってくれていて、この盲学校での話し合いはスムーズに進みました。「アジアわたぼうし音楽祭」の趣旨を説明し、快く代表団を派遣してもらえることになりました。

翌一九九七年一〇月一八日（土）にタイで開催した「第四回アジアわたぼうし音楽祭バンコク大会」（主催／タイ国障害児のための財団）に、無事代表団を派遣してもらうことができました。

社会主義国のこと、ましてや発展途上国のベトナムから、しかも障害のある人たちの代表団をホーチミン市からバンコクに送り出してもらうには多くの人たちの協力が不可欠でした。特にビンさんは、私たちの意向をよく理解して、全面協力をしていただきました。

そのおかげで、ベトナムからの代表団を、「第五回アジアわたぼうし音楽祭奈良大会」（一九九九年一一月一三日（土）、奈良県文化会館国際ホール、主催／財団法人たんぽぽの家）、「アジア・太平洋わたぼうし音楽祭２００１高雄」（二〇〇一年一〇月三一日（水）、高雄市文化センター、主催／台湾バリアフリー推進協会）、「アジア・太平洋わたぼうし音楽祭２００３ブリスベン」（二〇〇三年一一月二二日（土）、パワーハウス、主催／アクセス・アーツ）、「アジア・太平洋わたぼうし音楽祭２００５上海」（二〇〇五年一一月一一日（金）、上海音楽ホール、主催／上海市障害者連合会）と五大会続けてベトナムから代表団を受け入れることができました。

ところが、九回目の開催となる「アジア・太平洋わたぼうし音楽祭ジョホールバル」（二〇〇七年一一月二五日（日）、ペルサダジョホールバル国際会議場、主催／同組織委員会）には代表団は来ませんでした。

再び代表団を求めて

そこで私たちは、二〇〇九年に開催予定の一〇回目となる韓国・スウォンでのアジア・太平洋わたぼうし音楽祭には再びベトナムから代表団を迎えたいと動き出しました。

立命館大学・大学院国際関係学部教授になっておられた桂良太郎さんに再び相談しました。その結果、桂さんを通してビンさんとメールのやり取りが再びできるようになりました。第四回から第八回まで代表団を送り出してくれていた「ホーチミン市障害児教育研究センター」の代表であったフン・チ・タン・ビンさんがセンターを定年退職し、連絡が取れなくなりジョホールバル大会に代表団が来なかったことがわかりました。

ビンさんとのやり取りが復活したことによって、新しいベトナム代表団を探すことになりました。ヌエン・ディン・チュウ盲学校に替わる民間団体を探すことにしました。しかも、障害のある人たちのアート活動を通じた長期的な交流ができる団体を探したいとビンさんにも伝えました。

そしてビンさんとの打ち合わせを経て、二〇〇九年四月に再びホーチミン市を訪れることになりました。

知的障害のある子どもたちの学校

まず訪れたのが、〝Mai Linh School For Intellectually Disabled Children〟（知的障害のある子どもたちのマイリン学校）でした。訪問したのは、私とビンさん、それにベトナム語の通訳をお願いした江崎智里さんの三人です。応対していただいたのは、校長先生のフンさんでした。

ホーチミン市中心部から車で二時間はかかる郊外に立地していて、ビンさんが最初に代表を送り出せる団体として紹介してくれた学校です。校長のフンさんは、ハノイ大学で障害児教育を学んだエリートです。生徒は五歳から一六歳で三六人、先生は九人。キリスト教会が設立した学校で、社会主義政府は支援しません。運営費の大半を教会が負担しています。フンさんの教育方法を大学で教えることも認めません。教会が運営する幼稚園に隣接していて、机、いすなどの設備はきれいなものが整っています。学芸会に使う舞台などは、幼稚園と共用になります。

普通の学校では、給食は無く、午前中で子どもたちは帰宅するのですが、この学校では、給食を出して、食事の仕方も教育の一環にしているとのことです。なので学校は、朝七時頃から親が送ってきて、迎えに来る午後五時くらいまで開いています。

子どもたちが自力で通うか、親が送り迎えをします。フンさんを慕って、都市で暮らす両親が学校近くに家を借りてメイドを雇って生活させ通ってくる子もいるとのことです。知的障害のある子どもたちの養護学校ですが、車いすの子どもたちも五人います。

先生たちは、さっぱりした制服を着ていて子どもたちの教育だけではなく、掃除や校舎の修理、家庭菜園での野菜の栽培、学芸会での子どもたちの衣装づくり、給食の調理など、あらゆることをこなします。フンさんの方針が貫かれているのか、子どもたちはのびのび自由で、私たちにも気軽に話しかけてくるし、先生もそれをとめません。

その日の給食は、バランスのとれたメニューで野菜炒め、サラダ、牛肉の煮物、エビフライ、香草、ご飯、豆腐と野菜のスープというメニューで、子どもたちに給食を食べさせ、昼寝をさせてから、先生たちも同じものでご飯を食べます。私たちも同じ給食をごちそうになりました。上記のメニューに大きな川魚のフライも出てきました。

フンさんは、おだやかな語り口ですが、指導の仕方は自信にあふれていて、他の先生の信頼も厚そうで、ビンさんとは親しい間柄のようです。「わたぼうし音楽祭」の話にもすごく興味を持っていただきました。知的障害のある作詩者・脇坂純一さんの『おかあちゃんがぼくにいいました』が一九九二年の第一七回わたぼうし音楽祭でわたぼうし大賞を受賞した話にはすごく関心を持った様子でした。その詩は、こうです。

おかあちゃんが　ぼくに　いいました
ぼくが　しぬまで　しなへんと　いいました
ぼくが　百まで　生きたら
二百まで　生きたるといいました
ぼくが　二百まで　生きたら
三百まで　生きたるといいました
おかあちゃんが　ぼくに　いいました
ぼくが　しぬまで　しなへんと　いいました
おかあちゃんが　ぼくに　いいました
ぼくが　しぬまで　しなへんと　いいました
おかあちゃんが　ぼくに　いいました
ぼくが　しぬまで　しなへんと　いいました

フンさんが日々接している知的障害のある子どもたちとそのお母さんの情景が重なって見えていたのではないでしょうか。

ビンさんが最初に推薦してくれたところだというだけあって、一人ひとりに対する個別の対応にも、専

ホーチミン市郊外の知的障害のある子どもたちのマイリン学校で。左から江崎さん、ビンさん、フンさん、私。

門スタッフを置くなど障害のある子どもたちへの対応がすぐれていました。しかし今回は、ビンさんからの突然の参加要請ということもあって代表団の派遣には至りませんでした。

その日の夕刻、ビンさんの自宅に招かれました。中庭で、日本の七輪ともいうべきコンロで鍋料理を振る舞ってくれました。聞けば、ビンさんはホーチミン市教育委員会を退職し、後任の人が障害のある人たちの芸術文化にあまり関心がなく、アジア・太平洋わたぼうし音楽祭に代表を派遣できなかったとの話をじっくり聞くことができました。

ＤＲＤとの出会い

次の日にビンさんが連れていってくれたのが、ＤＲＤという団体でした。“Disability Resource and Development”（障害者能力開発センター）と言います。訪問したのは前日と同じく、私とビンさん、それにベトナム語の通訳をお願いした江崎智里さんの三人です。応対していただいたのは、代表のイェン・ボーさんでした。

ＤＲＤは障害者関係の情報提供、障害者の就職のためのトレーニング、障害児教育を行う学校やセンターのネットワークづくり、スキルをもつ障害者の雇用を広げる活動、障害者への奨学金の支給などの活動を行うＮＰＯでした。ＮＰＯがベトナムで単独で活動するのは難しいので、“HCMC(Ho Chi Minh City)

Open University"の傘下で活動しています。事務所もHCMC Open Universityから有料で借りているとのことです。

その日の夜、障害のある人たちの芸術祭「ベトナム障害者デー・ホーチミン市障害者フェスティバル」に招かれました。障害のある人たちのまさに芸術祭というべきイベントでした。

四〇〇人収容のホールでしたが、会場に入れるのは招待状を持つ人だけで、ＤＲＤは一五〇人分、青年団が二五〇人分招待状を出したとのことです。青年団がどこに招待状を出したかは全くわからない、ＤＲＤの分は出演者とその家族などの関係者が大半だとのことです。

ＭＣは、有名な芸能人の男性と車いすの女性、それに手話通訳がつきました。まず、市政府の担当者のあいさつ、ＤＲＤからの奨学金の贈呈式などのセレモニーがあって、いよいよ本番です。

出し物は、聴覚障害のある人たちのダンス、ダウン症の子どもたちのファッションショー、下肢障害がある男性のエレキギターの口での演奏、右腕のない男性が左手だけでギターを弾きハーモニカでエレジーを演奏、視覚障害の男性二人が掛け合いで一人が歌うともう一人が口で伴奏と、多彩な内容だったのです。

DRD事務所で。左から代表のイェンさん、江崎さん、ビンさん、私。

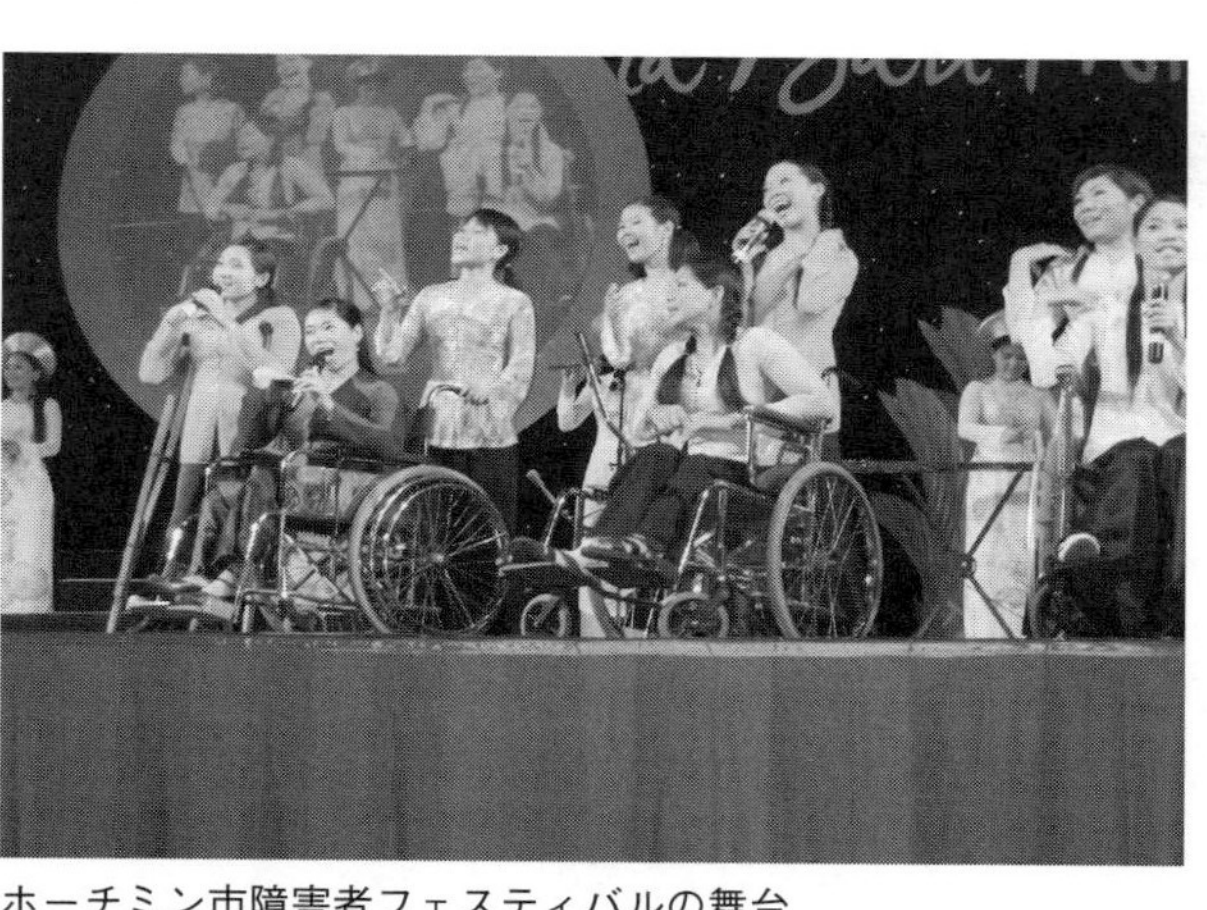

ホーチミン市障害者フェスティバルの舞台

ＤＲＤが実質的に主催しているのですが、しかし社会主義国のこと、ＤＲＤというｉわばＮＰＯが単独で開催することは難しく、共産党青年団との共催の形をとっていました。だから招待された外国人は、私とアメリカ領事館の副領事と係官の三人だけということになりました。最前列に案内され、写真も自由に撮っていいといいます。繰り広げられたのは、私のイメージしていたものを遥かに超えるステージパフォーマンスでした。

私が感心したのは、そのような状況下でも、したたかに障害のある人たちの芸術祭を仕掛け、ホーチミン市政府にそれを認めさせ、当日のテレビ生放送を実現しているＤＲＤの力量でした。

翌日、代表のイェンさんとのミーティングで、アジア・太平洋わたぼうし音楽祭の説明をし、代表団を派遣してもらうよう依頼し、快諾を得ることができました。ビンさんも、やっと役割を果たすことができてほっとした様子でした。

第一〇回となる「アジア・太平洋わたぼうし音楽祭２００９スウォン」には、無事にベトナム代表団が参加することができ大いに盛り上がりました。ホーチミン市教育委員会を退職していたので、もう関わる必要もなかったビンさんが、私たちの熱意に応えていただいて代表団の派遣につながりました。ビンさんには感謝しかありません。

ちなみに、ベトナム代表団がスウォン大会に参加したことが、ベトナムの有力紙に取り上げられました。さらに、イェンさんがその年の第一三回糸賀一雄記念賞を受賞しました。

輝く日本人女性

今回、通訳をしていただいたのがホーチミン市在住の日本人女性、江崎智里さんでした。知的障害のある子どもたちの養護学校を訪問した際も、障害のある人たちを支援する活動をしている「ＤＲＤ（障害者能力開発センター）」の代表イェンさんとの話し合いの際も、流暢なベトナム語で通訳してくれました。ベトナムの社会情勢にも精通していて、大変わかりやすく通訳していただきました。

彼女は、大学時代にホーチミン市を訪れたのがきっかけで、ベトナムの障害者福祉に関心を持ち研究を続けてきました。当時三四歳という若さでしたが、ホーチミン市オープン大学と東北福祉大学で講座を担当していました。私がホーチミン市を訪問する五年前には知的障害のある人たちの働く場「サクラカフェ」を開設し、そのオーナーでもあります。

私が日本に戻ってちょうど一週間後の四月二六日、京都で彼女と再会しました。ドクさんなどをベトナムから招いて開かれた「世界へとどけ愛と平和のつどい　～ベト・ドクからのメッセージ～」という催しに、アオザイ姿で通訳を務めました。

結合双生児として生まれたベトちゃんドクちゃんのことは、覚えておられる方も多いことでしょう。日本の「ベトちゃん・ドクちゃんの発達を願う会」などの支援で、分離手術が行われて成功したことでも、よく知られています。二〇〇七年に残念ながら兄のベトさんが亡くなりましたが、ドクさんは結婚し、もうすぐ赤ちゃんが生まれるということでした。

二〇〇八年一〇月四日にホーチミン市で行われた分離手術成功二〇周年の記念式典でも、彼女が通訳を務めました。その式典でのベトナム側、日本側の講演、発言をまとめた『ベト・ドクが教えてくれたもの—分離手術成功20周年と平和へのメッセージ—』が「クリエイツかもがわ」から出版されています。

マジェスティック・ホテル

余談ですが

ホーチミン市では常にマジェスティック・ホテルに宿を取りました。かの著名な作家・開高健がベトナム滞在中の定宿としていたことで有名で、現在も宿泊していた部屋には記念のプレートが貼られています。

このホテルの魅力の一つは、何と言ってもそのロケーションです。サイゴン川を臨む好立地が好きで屋上テラスで朝食を食べるのが何よりの楽しみでもありました。

河岸まで散歩に出るには、目の前の幅広の道路を横断しなければなりません。これが厄介です。まず信号がない。自動車の流れを読んで、適当な切れ目を見計らって横断することになります。日本ではさしずめ、阿吽の呼吸ということになるのでしょうが、車の切れ目を読んで素早く渡ることになります。

ただし、走ってはだめ。適度の速さで渡ると車の運転手も人の横断を前提に運転してくれ、無事に渡ることができるというわけです。

ところで、私の自宅の壁には、大きな円形の飾り物があります。ホーチミン市で購入したもので、ベトナム北部の山岳地帯に住む少数民族モン族の女性が身に着ける巻きスカートで円形のアクリル板に貼り付けてもらったものです。その色鮮やかなデザインに魅了されて、ホーチミン市の土産物店で購入したものです。いつも眺めながら、ビンさんや通訳してくださった江崎さんのことを思い出しています。

ＡＯＬの夢支援・フィリピン

反貧困文化祭への参加

アジア・太平洋わたぼうし音楽祭に毎回のように参加してもらっている団体に、フィリピンの"AMBASSADORS OF LIGHT, INC."（以下、ＡＯＬ）があります。代表のアンダーソン・ゴーさんは全く視力はありませんが、抜群の歌唱力でチームを牽引しています。

そのアンダーソン・ゴーさんから、マニラに来て欲しいとの依頼がきました。"KALAHI CULTURAL CAREGIVING"—反貧困文化祭—にぜひ参加してもらいたいとのことです。その依頼を受けて、二〇一〇年三月九日から三月一五日までフィリピン・マニラを訪問しました。

"KALAHI"はタガログ語で「反貧困のこぶし」の意味だとのことで、日本語にすると「反貧困文化祭」ということになると思います。政府の反貧困対策の柱が雇用の創出で、その人材開発の一環の行事とのことです。フィリピン政府教育省に属する「文化芸術庁」（ＮＣＣＡ）が主催し、三月一〇日から一三日までの四日間行われ、ルソン島、ヴィサヤ島、ミンダナオ島の三島からパフォーミング・グループが参加、ＡＯＬも出演しました。

三月一〇日午前のイベントのオープニングで、海外からの来賓としてあいさつをさせていただきました。主催者である「文化芸術庁」（ＮＣＣＡ）議長とは、あいさつの後ずっと最前列で同席することになり、たんぽぽの家の活動についても詳しく説明することができました。午後からは、施設内で行われているワークショップの会場を見て回りました。

翌三月一一日の午前には、再び会場に行き、歌謡コンテストの審査員を依頼され、それぞれの歌唱にコメントする役割を引き受けました。

反貧困文化祭であいさつ

反貧困文化祭で。左から二人目が文化大臣、その右が私、その右がアンダーソン・ゴーさん、その右がNCCA議長。

反貧困文化祭のフィナーレ

ちなみに、この「反貧困文化祭」の模様は、政府の広報番組で二時間に亘ってテレビ放映されました。うれしいことに、そのテレビ収録の際にＮＣＣＡ議長が、ＡＯＬに対しフィリピン政府教育省から二〇〇万ペソの補助が決まったと明らかにしました。当時の為替レートで約三八〇万円になるでしょうか。

その補助対象になるのは、その年の八月に奈良で開催する「第三五回わたぼうし音楽祭」のゲストとしてＡＯＬを派遣する費用並びにマニラで「アジア・太平洋わたぼうし音楽祭」を開くことができるかどうか話し合うための会議の開催費用でした。その補助金を得るための一助になったのであれば、「反貧困文化祭」への私の参加も意義があったものと思います。

ＡＯＬの来日

ＡＯＬは、二〇一〇年八月一日（日）奈良県文化会館国際ホールで開催された「第三五回記念わたぼうし音楽祭」のゲストパフォーマーとして招かれました。その後日本各地四か所でも公演しました。私も通訳として、その公演ツアーに同行することになりました。

アライアンス・ミーティング

翌年の二〇一一年二月に再びフィリピン・マニラを訪問することになります。将来、マニラで「アジア・太平洋わたぼうし音楽祭」を開催することができる環境づくりについて話し合う会議に出席するためでした。今回は、酒井靖さんと二人での訪問となりました。酒井さんは、わたぼうし音楽祭、全国を巡るわたぼうしコンサート、アジア・太平洋わたぼうし音楽祭を担当するとともに、すぐれたシンガーでありギタリストでもあり司会者でもあります。現在は、一般財団法人たんぽぽの家のエグゼクティブディレクターを務めています。

二月六日夜、「リーザルパーク・オープンエア・オーディトリアム」という野外ステージで行われた“CONCERT AT THE PARK”―公園でのコンサート―に招かれました。「国立公園発展委員会」と「国立放送ネットワーク」との共同文化企画で「フィリピン国際芸術フェスティバル２０１１」の一環として開催されました。その舞台にＡＯＬも出演しました。ＡＯＬが奨学金を支給してアンダーソンさんが歌唱指導し、現在はプロの歌手として活躍しているラーニ・ロザダさんもゲスト出演しました。全容は、政府の広報番組でテレビ放映されました。翌二月七日、私たちが滞在していたベイ・ビュー・パーク・ホテル

『CONCERT AT THE PARK』に出演するＡＯＬのメンバー

の会議室で"Alliance Meeting"（アライアンス・ミーティング）が行われました。アライアンスとは、異なる企業や組織が戦略的な提携を組み、共同の目標を達成するために協力するビジネス戦略として使われます。今回私たちの場合は、いろいろな立場の人たちに集まっていただいて、マニラで「アジア・太平洋わたぼうし音楽祭」を開けないかを話し合う会議でした。集まったのは、韓国からチャン・ビュン・ヨンさん（Able Art Korea）、タイからサワン・スリソンさんとソンポン・サイクリンさん（タイ・障害のある人たちの音楽とアートのネットワーク（ＮＭＡＤ）代表）、地元フィリピンからコラソン・アルマ・Ｇ・デレオンさん（フィリピン赤十字理事会理事兼事務局／元社会福祉相）、アルバレスさん（文化芸術庁（ＮＣＣＡ）事務局長）、視覚障害のある男性（障害問題国民会議（ＮＣＤＡ）理事長）、ネリア・Ｒ・デジェススさん（障害問題国民会議（ＮＣＤＡ）技術協力部主任）、ＡＯＬからアンダーソン・ゴーさん以下五名、それに日本から私と酒井さんの計一四人の人たちです。

会議は、友好的な雰囲気で行われ、二時間以上に及びました。韓国のチャンさんは、スウォンの音楽祭について、ＤＶＤを使って概要を説明してくれたので、音楽祭のイメージを全員で共有することができました。タイのサワンさんは、その年の一一月にバンコクで開催予定の音楽祭について概要を説明してくれました。フィリピンＡＯＬのアンダーソンさんは、二〇一五年にマニラで音楽祭を開催したい旨表明し、賛同を得ました。私からは、たんぽぽの家の活動と、わたぼうし音楽祭の歴史について説明するとともに、なぜ各都市で「障害者音楽祭」ではなく「わたぼうし」を冠した音楽祭を開催してきたかという「わたぼうしスピリット」に言及しました。それとともに、順位を争うコンペティションではなく、アジア・太平洋から集う障害のある出演者たちの祭典、フェスティバルだということを強調しました。さらに、一般の人たちに対する、障害のある人たちへの理解と共感を広げる努力と方策についても考えてほしいと念を押しました。

開催のための資金集めにもいろいろな意見が出て、その後ＡＯＬも相当努力したのですが、政府からの補助の見込みが立たず、民間からの資金援助の見通しもないことから、残念ながら「アジア・太平洋わたぼうし音楽祭」のマニラ大会は実現しませんでした。

第三部　「絆をもとめて」

二〇〇三年四月から二〇〇九年一二月まで、奈良新聞に「絆をもとめて」と題して二週間に一度コラムを連載しました。

二〇〇三年は、たんぽぽの家づくり運動を始めてちょうど三〇年になる年です。一九八〇年にオープンした「たんぽぽの家」をリニューアルして日本初の障害のある人たちのアートセンター「ＨＡＮＡ」として生まれ変わる時期と重なります。障害のあるメンバーが本格的にアート作品の制作に取り組むアトリエ、作品を展示して見てもらえるギャラリー、作品を収蔵する保管庫を備えることになりました。

さらに、二〇〇七年には、障害のある人たちのアートを仕事にするプロジェクトとして全国展開する「エイブルアート・カンパニー」を組織するという飛躍の時期でもありました。

その間約六年九か月のたんぽぽの家の動きを追っています。一五八回の連載でしたが、第二部及び第五部で引用した回があり、それらを割愛して一三三回分を転載します。

「よりよく生きる」福祉

どういう社会をめざすのかが問われる、時代の大きな転換点に、今私たちはいます。確かに、物も情報も私たちの周りにあふれています。しかし、何か満たされない思いとともに将来に対する漠然とした不安が広がっています。それは、経済が行き詰っているというだけではなく、戦後長らく続いてきた社会的な枠組み全体が機能不全に陥っていることの表れでもあります。

さらに、グローバリゼーションの波が押し寄せ、あらゆる場面で市場原理が導入され、競争を余儀なくされています。その競争は、誰もがよく見ることができ、よく聞くことができ、手足をよく動かすことができ、歩いたり走ったりできて、情報を読み解くことができ、読み書きができ、計算ができる人たちを前提としています。いわゆる〝弱者〟といわれる人たちは、初めから排除されてしまっています。この前提にあてはまらない人たちは、経済活動の主体とは見なされないよけい者、やっかい者扱いされ、疎外されてしまっています。

しかし、これらの指標は経済効率最優先で競争する際に都合のいいものだけです。いわば、ものの豊かさを求めるための指標だといえます。その指標ですべてのものごとを判断してしまうところから問題が生じています。「福祉」の分野にもこの競争原理が導入され、ビジネスとしてサービスが提供されることになります。高齢の人たちや障害のある人たちなど、ケアの必要な人たちに定期的に食事を提供し、入浴やトイレの介助を効率よくこなすことが求められます。その際、その人が生きてきた人生そのものは度外視されてしまいます。サービスを提供する側と受ける側という一方的な関係が成り立つのみです。しかし、人が人として生き、人と触れ合って生きるところから、私たちは心の豊かさを感じ幸福を実感することができます。経済的価値に優るものの再評価から、新しい社会のありようが見えてくるはずです。

「福祉」ということばは、弱い立場の人たちを支えることを意味することばとしてのみ使われています。しかし、その語源となっている“welfare”は、まさに「よりよく生きる」ことを意味しています。「福祉」が、高齢であってもなくても、障害があってもなくても、一人ひとりが、それぞれの生き方が認められ、その人の生きがいが実現できるような社会のありようを指し示す指針になればと思います。

（二〇〇三年四月八日）

奈良の新しい風物詩に

四月六日夕方、たんぽぽの家のホールは、異様な熱気に包まれていました。集まった二〇人の人たちが、全国から寄せられたテープやＣＤを聞き、「親守唄（おやもりうた）・歌会（うたかい）」に発表する曲を選ぶ「作詩・作曲の部」の選考会が八時間を超える長丁場の末に大詰めを迎えていたからです。

子守唄はありますが、「親守唄」というのは、初めて耳にされるのではないでしょうか。いろんな人生経験を積み重ね、老いとともに人生の完成期にある親に対して、子が愛をこめて感謝の唄を贈ろうというものです。長年、介護を必要とする状態が続き、素直に親への感謝を表せない人もいるでしょう。「親孝行、したい時には親はなし」で、早くに親をなくした人もいるでしょう。

いろんな立場の人たちが、自分を愛し、育ててくれた親を想い、深い感謝を「うた」に託しました。親と子の関係を結びなおすきっかけになればと思います。そして、それは個々の親と子の関係を超えて、家族の関係性を見つめ直すことにもつながります。

今回が初めての試みでしたが、作詩の部には、五二〇編もの詩が寄せられました。その中から、入選詩八編が選ばれ、公表されました。その詩にメロディーをつけてほしいとの呼びかけに応じた人、あるいは詩も曲も自分でつくるという人から募集した「作詩・作曲の部」には二九五作品の応募がありました。

この催しには、奈良の多くの個人や事業者の方々にも応援していただいています。例えば、この日の選考会には、「市民選考委員」として一五人の方が選考に加わってくださいました。また、入選した作詩者とその親を歌会当日奈良に招待することにしていますが、その際の宿泊の部屋を提供していただくホテルがあります。入選した人たちに、奈良のおみやげを持って帰ってもらおうと、いろんな商品を提供していただくお店があります。

その他、この新しい試みを影で支えてくださる多くのボランティアの方々がいます。奈良が、入選した人たちをはじめ、親への愛を味わうために奈良を訪れる人たちをあたたかく迎えることができるまちになればと思います。こうした盛り上がりが原動力となって、子から親への愛を贈る「親守唄・歌会」が二回、三回と続いていく、新しい奈良の風物詩になればと期待しております。

この日選ばれた八編の作品が、五月二四日（土）午後、なら一〇〇年会館大ホールで開催される「親守唄・歌会」で発表されます。ぜひ、たくさんの方々にお越しいただきたいと思います。

（二〇〇三年四月二二日）

心を結び直す初の試み

前回の「親守唄・歌会」の続きです。

親に対するさまざまな思いが詩になり、メロディーがつけられ歌われる、日本で初めての試みです。発表される八編の曲と二編の朗読が決まり、今月二四日の本番に向けて舞台での発表の仕方について、連日のように話し合いが進められています。

舞台に設置する大道具や小道具はどうするのか。それぞれの作品のもつイメージをふくらませ、詩が伝える思いを最大限表現するためには演奏はどうするのか、照明は、など越えなければならない壁がまだたくさんあります。何しろ、すべてが初めてのことばかりですから、これから歴史をつくっていくという気概とともに、初回の出来が次回以降に影響するという緊張感が入り交じります。

「誰かが犠牲になったり、苦しんだり、嫌だと思いながらの介護でなく、心の持ち方かも知れませんが、みなが幸せな関係でいられる介護であってほしい。お互い助け合って、必要として、大切に思っていけたら最高だと思います」。入選した『生きる？　黄昏の瞬間？』を作詩した百瀬美佳さんのことばです。

それぞれの親子が向き合い、助け合ってきた中から、深いところでつながっている、その絆から見えるものが言葉を得て、詩となって表現されているのがよくわかります。年とともに介護が必要となり、親子であっても、いや親子であるがゆえにドロドロとした格闘となることがあっても、それを通り抜けてきたものたちの言葉が、同じ思いをもつ人たちの胸を打ち共感を広げているといえます。

曲をつけた人たちにも、やはり親と向き合ったことが背景にあり、詩に突き動かされるようにメロディーが付けられています。詩に共感し、自分の人生を重ね合わせ、周りの人たちにも共感の輪が広がっていく、そんなつながり、ドラマが生まれています。

入選した詩をこの欄で紹介することはできません。どうぞ、これらの詩に出会ってください。これらの作品が、なら一〇〇年会館に集う人たちを突き動かし、大きなうねりとなって広がることでしょう。あらゆる関係が分断されている時代にあって、私たち一人ひとりの人をつなぎ合わせる絆が結び直されることを願っています。

（二〇〇三年五月一三日）

「支援費」制度の光と影

障害のある人たちに対する福祉サービスの制度が今年四月から大きく変わりました。行政が必要なサービスを決定する「措置」制度から、障害のある人たち自身がサービスを選択する「支援費」制度になりました。市町村が認めた範囲内で、サービスを提供する事業者と直接契約することになりました。

障害のある人たちの自己決定を尊重し自立につながり、「施設から地域へ」というノーマライゼーションの考えが浸透することが期待されています。しかし、問題の方が大きいのです。実施主体となる市町村間で相当な格差が生まれています。

たんぽぽの家では現在、「身体障害者通所授産施設　たんぽぽの家」と「身体障害者福祉ホーム　コットンハウス」という二つの施設を社会福祉法人わたぼうしの会が運営しております。

今回の支援費制度で問題になるのは、コットンハウスの方です。支援費制度への移行に伴って、ここで生活する一四人の人それぞれが個々に支援費の判定を受けて、必要なホームヘルパーの派遣も個々に受けることになります。

問題は、その際、判定も支援費の支給も、それぞれの障害のある人たちの出身市町村が行うことになっていることです。

コットンハウスで生活する人は、奈良市を含め八つの市町村から受け入れています。たとえば、この八つの市町村で、障害の種別や程度の差があるにせよ、重度の脳性マヒの人たちに対して認められているホームヘルパーの派遣時間数が月二〇〇時間から一二五時間までと大きな差があります。

その背景には、国の補助基準の問題が潜んでいます。全身性障害者の場合、月一二五時間という国庫補助基準があります。国はこれが「上限」だとは言っていませんが、市町村はそれを上回る時間数は単独負担になるということで、実質的な上限になっています。

高齢者向けの介護保険でも、市町村間の格差が問題になっていますが、支援費制度でも提供できるサービスに大きな格差があります。障害のある人たち一人ひとりが自分の人生をデザインし、生きがいのある生活を送れることに、この支援費制度が有効に機能することを願わずにはいられません。

（二〇〇三年六月二四日）

勇気と希望を与える舞台

また夏がやってきました。夏と言えば「わたぼうし音楽祭」です。今年で第二八回となる音楽祭が、八月三日に迫ってきました。

障害のある人たちが書き綴った詩をメロディーに乗せて歌い上げる音楽祭は、すっかり奈良の夏の風物詩となりました。「歌よ、未来を照らせ」が今年のテーマです。

障害のある人たちの日常の喜び、悲しさ、社会へのメッセージが曲を得て、聴く人の心に共感の輪を広げる新しい力を身に付けます。それまで援助の対象でしかなかった障害のある人たちが生み出す詩が、人々を励まし、生きる勇気や希望を与えてきたのです。偏見と差別に悩まされてきた障害のある人たちも、自分の可能性を評価され、誇りを取り戻すきっかけとなっています。

また、この音楽祭では毎年のようにドラマが生まれています。奈良にまつわる一つを紹介します。二〇〇一年の第二六回に『オレンジ色の街』で入選した、すぎたちよこさんです。車いすを使う彼女は、前年の音楽祭に初入選を果たし、それまでほとんど出たことがなかった静岡から奈良にやってきました。不安いっぱいで訪れた奈良のまちで、接する人ごとに親切にされ勇気づけられました。カメラを持って来るのを忘れて記念の写真を撮れなかった彼女は、奈良での印象を詩に託しました。

初めてのガタゴト道は
細く　青く　光る
本屋さん　レストラン
薬屋さんも素敵に見える

たくさんの人のなみが
こわくて閉じた心
出会えた瞳やさしくて
とけていく

あー　生きてて　よかったナ
心から　おもった

やわらかな　夜の空気
静かな水の上に
ろうそくの光がゆれる
オレンジ色の街

一部だけ紹介しましたが、奈良はオレンジ色の街だったのです。奈良も捨てたものではありません、奈良の人のやさしさが、この詩を生みました。
当日もたくさんのボランティアの人たちが音楽祭を盛り上げてくれます。みんな、障害のある人たちが発するメッセージに突き動かされて、エネルギーを一つの舞台に注いでいきます。私の言葉では伝えきれない感動をみなさんも会場で共に味わっていただきたいと思います。

（二〇〇三年七月八日）

歌よ、未来を照らせ
障害のある人たちが書き綴った詩をメロディーに乗せて歌う「わたぼうし音楽祭」も今年で二八回目に

なります。今回は、私たちにとってはちょっと嬉しいことが起こりました。一〇編の入選作品の中に、奈良県在住の障害のある人の作品が三編も選ばれたのです。

橿原市の川島寛子さんの『大切な君へ』、奈良市の竹内信人さんの『にらめっこ』、同じく奈良市の水原一さんの『笑顔にたどりつく日まで』です。

自然を守り　自然を愛そう
花々に水をやり　手入れして
美しい花々　咲かせたい
ごく自然なことまでＩＴ化されて
淋しい世の中になってるね
失いつつある　涙と笑顔
今こそ　取り戻そうよ
勇気を持って　胸張って
輝く命に　光浴びせ
「命」の重さと　にらめっこ

「平和への願い、命の尊さを伝えたい。イラク戦争や同時多発テロなど、市民が犠牲になっていく姿を報道で見て、『生』の喜びを感じ、死の恐怖、悲しみ、怒りが沸き起こりました」という竹内さんのメッセージは、きっとみなさんの心にも届くことでしょう。このように、さまざまな思いが込められた一〇編が、音楽祭当日発表されます。

その一〇編には、奈良県ふるさと賞や奈良市長賞、文部科学大臣奨励賞などの賞が贈られますが、さらに最も共感を呼んだ作品に、わたぼうし大賞が授与されます。大賞受賞曲は、一一月にオーストラリアのブリスベンで行われる、アジア・太平洋わたぼうし音楽祭の日本代表曲にノミネートされます。

アジア・太平洋わたぼうし音楽祭は、一九九一年にシンガポールで開催したのが始まりで、以後二年に一度、アジア・太平洋各都市持ち回りで開いています。障害のある人の思いをメロディーに乗せて歌うというコンセプトに共鳴したアジア・太平洋地域の団体が、作詩した障害のある人を含む代表団を送ってきます。

一方的に介護を受ける障害者というイメージを払拭し、障害のある人たちの可能性を追求し、芸術文化の分野で活躍の場を提供するという「わたぼうしスピリット」は、今やアジア・太平洋の合言葉にもなっています。

今年は、どんなドラマが展開されるのか、八月三日（日）一四時から奈良県文化会館国際ホールが注目されます。

（二〇〇三年七月二二日）

自分で人生をデザイン

大西照彦さん（四三）は、ケア付き集合住宅コットンハウスに住み始めて六年目になります。重度の脳性マヒで、車いすを使っています。手も足も思い通りには動かせません。

たんぽぽの家の当初からのメンバーである大西さんが、大きな転機を迎えたのは、一三年前に電動車いすを使うようになってからです。それまでは、どこへ行くにも車いすを押してもらわないと移動できません。もちろん食事にも寝起きの際にも介助が必要です。トイレもひとりでは行けません。介助してもらわないと一日として生活ができないという、受け身の生活を強いられ、何事にも消極的な考え方になっていました。

しかし、電動車いすを使うようになって、それまでの生活が一変しました。段差さえなければ、どこへでも自分の意思で行くことができます。手足が思うように動かない大西さんは、あごで電動車いすを操ります。小さなバックミラーも付いていて、バックもうまく、メンバーの中では優良運転者のひとりです。

その大西さんが、コットンハウスでひとり暮らしを始めて、またまた大きな転機となりました。それまで、奈良市内の実家からたんぽぽの家に通っていました。コットンハウスでは、家族以外の人のケアを受けないと生活できません。自分の意向をはっきり言わないと生活が成り立たないということになります。逆に言えば、自分のやりたいことを提示すれば、それに必要なケアが準備されることになります。今年四月から始まった支援費制度が、それを後押しします。

パソコンが得意の大西さんは、口にくわえたスティックでキーボードをたたきます。毎月のメンバーの給料計算は、大西さんの重要な仕事になっています。

また、車いすのローアングルからの写真を撮り続けている大西さんは、昨年一二月奈良市内のギャラリーで、いっしょに写真を撮っていたアートサポーターの嶺倉崇さんとふたりの「ＰＯＰＯＦＬＡＰ?

ゆっくりとはばたくたんぽぽの家Ａｒｔ　Ｌｉｎｋ」と題した写真の作品展を開きました。

大の阪神ファンである大西さんは、甲子園球場の三塁側にしか車いす席がないのが残念で、五年前には、一塁側にも車いす席を設けてほしいという署名を五〇〇〇人分以上集めて要望したこともあります。今もってそれは実現していませんが、優勝マジックが点灯した今年の阪神の応援には一段と熱がこもります。

まさに、たんぽぽの家がめざしている「障害があっても、生きがいをもって、自分の人生を自分でデザイン」することを大西さんは着実に実現しています。

（二〇〇三年八月一二日）

彼女の運命変えた語り

上埜英世さん（四二）は、たんぽぽの家の敷地内に建つケア付き集合住宅コットンハウスの住人の一人です。

彼女は、重度の脳性マヒで、車いす生活です。ごく最近まで、電動車いすを日常的に使っていました。唯一自由に使える口にコントローラーをくわえて動き回ることができました。パソコンも口にくわえたスティックで操作します。

しかし、長年それを続けてきたため、首を痛めて、今は電動車いすを使うことを控えています。代わりに自分の体形にぴったりの車いすを特注して、それを使っています。電動ではないので、誰かに押してもらわないと移動はできません。

アテトーゼ（思いどおりに手足が動かせない、不随意運動の一種）がひどく、自分で自分の顔をたたいてしまうこともあります。気をつけていないと介助する人も、いきなり髪の毛を引っ張られたり、ひっぱたかれたりしてしまいます。

ですから、近づくときは、彼女の右手が、車いすの肘掛に結んだ布をつかんでいるかどうかを確認する必要があります。つかんでいなければ、近づくと彼女の意思と関係なくひっぱたかれる可能性があります。

家族と離れ、コットンハウスで生活し始めた一九九八年に、彼女が一人暮らしを実感した体験がありま す。部屋の冷蔵庫に入れていたおかきを袋から出して一人で食べることに成功したのです。ケアスタッフたちがガサゴソ変な音がするので犬でも入ってきたのかと確かめにきて、必死の形相でおかきと格闘している彼女を発見しました。

そんな彼女の得意技は、語りです。童話や民話、創作物語などを語って人々に聞いてもらう語り芸が彼女の仕事になっています。言語障害のある彼女が、何とか自分の意思を自分のことばで相手に伝えたいと始めた発声練習がきっかけでした。「お母さんの語り部」神田幸子さんとの出会いが彼女の運命を変え、本格的に語りと取り組み始めました。二四年前のことです。

わたぼうし語り部学校の校長にもなっている俳優の沼田曜一さんとのジョイントで語りの公演を行ったことが大きな飛躍につながりました。これまで全国各地に招かれて、北は八戸から南は福岡まで公演に出かけています。最近は小・中学校に呼ばれて、子どもたちに自分の日常生活の話を織り交ぜて、語りを披露する機会が増えました。

それまで脳性マヒの人と接する経験のなかった子どもたちは、最初好奇な目で迎えます。しかし、彼女がことばを発するにつれ、それがすぐさま驚きに変わり、語りに引き込まれて感動の面持ちに変わります。

彼女が紡ぎ出す語りの世界は、私たちに生きることの意味を考えさせてくれます。

（二〇〇三年八月二六日）

（「必死の形相でおかきと格闘」するというエピソードを基にした演劇作品が作られました。たんぽぽの家アートセンター「HANA」で行っている演劇プログラム「HANA　PLAY」の一環で、『贅沢な時間』という作品として二〇一一年にわたぼうしの家シアター・ポポで上演されました）

「ムーさん」は私の勲章

「ムーさん、元気?」。これが、福岡左知子さん（四〇）の私に対するあいさつです。「元気。さっちゃんは?」「元気」これで、一日が始まります。彼女に名前を覚えてもらうのは、至難の業です。たんぽぽの家のスタッフの中にも、まだ名前を呼んでもらえない人がたくさんいます。

歩行器で移動する彼女は、たんぽぽの家の敷地に建つケア付き集合住宅コットンハウスの住人です。身体障害と知的障害の重複障害があります。

「ムーさん、見て」と彼女が持ってくるのは、書家の南明容さんがカードに書いたその日の書の課題の字です。「上手?」と聞かれて私は、「よし、さっちゃんの書いたのを見に行くわ」と答えます。

彼女は、一文字書きに取り組んでいます。毎週木曜日の書の時間が終わって、私に報告に来てくれる時に持ってきてくれるのは、南さんがその日選んだ字が書き込まれた、はがきサイズのカードなのです。彼女の書いた字を見て、これまで失望するようなことは、一度もありません。常に彼女の書の世界に引き込まれます。やわらかいタッチで書かれた字は、その字の持つ本来の意味をも見る人に感じさせてくれます。

たとえば「盃」、私の好きな彼女の書のひとつです。まず、紙全体の中で、書かれた字の配置が絶妙なのです。そして、幾千年も経た妙薬を口にする仙人が酔っ払ってよろけたといわんばかりの字なのです。お酒を盛る器としての盃にふさわしい書が生み出されています。

果たして、彼女がその漢字の意味するところをきちんと理解して書いているかというと、はなはだ疑問です。しかし、そんな周りの人間の思惑など知らんかのように、魅惑的な書を彼女はどんどん生み出していきます。

彼女の芸術的なセンスは、書だけではなく、陶芸や手織り、また絵画にも発揮されます。大柄な彼女が描く絵は、顔また顔のオンパレードです。周りの人にはどの顔も同じに見えるのですが、彼女は「これがムーさん、これが誰、こちらは誰」と個別の名前がすぐに出てきます。手織りでは、糸の塊をあちこちに織り込むのが特徴で、そのデザインの大胆さには、常に驚かされます。

たんぽぽの家に来たころの彼女を知る人は、その変化の大きさに一様に驚きます。何といっても、口数が増えたのには誰もがびっくりします。最初のころは、誰かに声を掛けられたら、恥ずかしくて隅のほうで小さくなっているのが、さっちゃんだったのですから。

そんな彼女に「ムーさん」と呼んでもらえるのは、私にとっての勲章です。

（二〇〇三年九月九日）

「大切な君へ」伝えたい

一一月二二日、オーストラリア第三の都市ブリスベンで開かれる「アジア・太平洋わたぼうし音楽祭2

００３」に参加する日本代表曲が決まりました。今年の第二八回わたぼうし音楽祭で、わたぼうし大賞を受賞した『大切な君へ』が選ばれました。

作詩したのは橿原市の川島寛子さん、作曲は愛媛県の歯科医師・能智星悟さんです。「生まれてからずっと同じ時を過ごし育ってきた我が子同然の二人の甥に、元気な間に何かメッセージを残してやりたいと思って」生まれたのが『大切な君へ』です。

君が生まれた日の
飛び上がるほどの喜びを
今も鮮やかに覚えてる
君は人を愛し愛されるため
生まれてきたんだね
この世ではつらいこと悲しいことも
いっぱい君を待っているでしょう
でも忘れないで
いつもどんな時でも
君は一人ではないことを
どんなに離れていても
いつも私の心には君がいることを

障害のある人たちの思いをメロディーに乗せて歌うわたぼうし、その種は着実に広がっています。毎年夏に奈良で開催する音楽祭以外にも、全国各地で年間約五〇か所でわたぼうしコンサートが開かれます。

その輪がアジアにまで広がったのは、一九九一年です。障害のある人たちのメッセージが、いろんな言葉で、独特のアジアのメロディーや楽器で演奏された「第一回アジアわたぼうし音楽祭」は、シンガポールに一一か国・地域の代表を招いて開かれました。それ以後二年に一度、アジア各都市持ち回りで、ソウル、上海、バンコク、奈良と引き継がれました。

新しい世紀を迎えた二〇〇一年には、オーストラリアの代表が加わって「アジア・太平洋わたぼうし音楽祭」として台湾・高雄で開催されました。そして今年、その種がブリスベンに飛びます。

一方的に援助を受ける側と見なされてきた障害のある人たちが発するメッセージが、音楽の力を借りて共感の輪を広げています。その精神は、「わたぼうし」を冠することによって、アジア・太平洋へと広がっているのです。ブリスベンでは、受け皿となる「アクセス・アーツ」という団体が、音楽祭に併せて、ビジュアル・アーツの展覧会やパフォーミング・アーツの公演なども行う一大フェスティバルにしようと意気込んでいます。

このブリスベンの音楽祭とアート・フェスティバルに参加する「わたぼうし応援ツアー・ブリスベン」が企画されました。音楽祭にも、展覧会や公演にも参加する、さらに観光もありという欲張ったツアーにみなさん行きませんか。

（二〇〇三年九月二三日）

気配り人間、福井さん

障害のある人が必要なケアを受けながら地域で生活することができる、ケア付きマンション「コットンハウス」の住人、福井希至子さん（四五）の話をします。福井さんは、重度の脳性マヒで、日頃は電動車いすを利用しています。言語障害もはげしく、彼女のことばを正確に聞き取るまでには、何回も聞きなおすことが多い。

そんな福井さんが、両親から離れて一人で生活を始めたのは、コットンハウスができた五年前。それまでは、何から何までお母さんにしてもらっていた生活から、自分で何事も決め、処理していかなければならない生活となり、人生が一変しました。

たんぽぽの家づくり運動が三〇周年を迎えた今年四月二九日、長年の感謝の気持ちを地域の人たちに伝えようと「スペシャル・サンクスデー」が催されました。この日、「たんぽぽの家って何をしているところ?」と見て回ってもらうフリーツアーがありました。もちろん、コットンハウスを地域の人たちにも見てもらう見学ツアーもあり、その一環で、福井さんが電動車いすで近くのスーパーに買い物に出かけるところがビデオで紹介されました。最初は、買いたいものや、お金の出し入れの仕方を紙に書いて、店員さんにそれを見せて買い物をしていました。それが今では、店員さんとさり気なく普通に会話ができ、手助けしてもらえるまでになりました。この五年間でつくり上げた福井さんの人間関係です。今では、「今度○○曜日が仕事の日だから買い物に来てね。声をかけてね」と言ってもらえるから、安心して行くことができると言います。

また、福井さんの気配りから生まれた、コットンハウス生活者へのサービスがあります。「バースデー・

ディナー」がそれで、一人ひとりの生活者から、誕生日に何をしてほしいかを聞き取り調査しました。そして、生活者に食事を提供している楽食サービスの人たちと連携して、一人ひとりの誕生日に「やってほしいこと」が実現できるように気を配っています。ステーキという人もあれば、とんかつとキムチという人、刺身がほしいという人、それぞれの望みの品が、ワインとともに花で飾られたテーブルに並びます。華やかな食卓に、生活者たちは大満足です。

手織りの作品づくりが日頃の仕事になっている福井さんは、得意のパソコンを生かして、娘との会話のために最近メールを覚えたという両親とのメールのやり取りを楽しんでいます。地域でともに生きる空間づくりをめざしてきた私たちにとって、福井さんの伸びやかな生き様は、うれしい光景です。

（二〇〇三年一一月一一日）

注目される「脱施設」の動き

昨年秋に発表された、宮城県福祉事業団の「施設解体みやぎ宣言」は大きな反響を呼んでいます。県立船形コロニーという大規模収容施設を運営してきた当事者である事業団が、利用者を長らく施設に留め置いたことを率直に謝罪し、より豊かで幸せな生活を保障する環境を地域社会に整えることを約束したうえで、施設の解体を宣言したことは、知的障害者福祉の歴史において画期的なことです。

これは、どんなに重い障害の人でも普通に地域で暮らしたいという知的障害のある人たちの願いを受け止め、二五年間にわたって脱施設に取り組んできた、長崎県の社会福祉法人「コロニー雲仙」の理事長・田島良昭さんを、宮城県の浅野史郎知事が事業団の理事長に招いて実現したものです。

障害のある人たちを社会から隔絶した施設の中に一生涯収容することの不合理がようやく是正されようとしているのです。地域には、受け皿としてのグループホームを準備する必要があります。五人程度の障害のある人が、世話をする人と共同生活する「家」です。

さらに、必要な時には、すぐにヘルパーを派遣できるような支援センターを設ける必要があります。そうした受け皿があってはじめて、地域での生活が実現することになります。しかし、そのほうが、障害のある人たちの望む生き方を実現する近道であると同時に、大規模収容施設にかかる費用と比較しても、安い費用で実現可能です。

一方長野県でも、県立大規模施設「西駒郷」の解体縮小プロジェクトが進みつつあり、国も国立高崎コロニーを同様に大幅な縮小あるいは解体へ導こうとしています。障害があろうがなかろうが、身近な地域社会でともに暮らせる社会に一歩でも近づける動きとして歓迎したいと思います。今年度から始まった支援費制度は、こうした流れを加速し、地域社会の新たな未来を描くために有効に機能することが期待されています。

障害のある人たちは、単に手助けを受けるだけの存在ではありません。個性や潜在的な能力を生かすことによって、生きがいをもってより豊かに生きる可能性を秘めています。その環境を整えるのが、周りの人間の役割だといえます。

ヨーロッパでは、ソーシャル・インクルージョン（社会的包括）が、社会のキーワードとして大きく注目されているといいます。社会的弱者や少数者が社会から排除され、疎外されてきた反省から、すべての人を包括して豊かな社会をめざすという新しい動きです。私たちも、ソーシャル・インクルージョンを地域社会の課題解決のキーワードのひとつにしたいと思います。

（二〇〇三年一一月二五日）

ケアする人のケア

バーンアウトということばを聞かれたことがあるでしょうか。たとえば、福祉施設や病院、自宅で寝たきり状態の高齢の人たちを介助してきた介護職のスタッフや家族が、介護に疲れ果ててしまってやる気を失ってしまうことを意味します。それが自分の使命だと一生懸命介助する人にこそ起こりやすい、文字通り「燃え尽き」てしまう状態に陥ることをいうのです。高齢社会を迎えて、高齢の人たちをケアする人を養成しなければ、今後増え続ける高齢者に対応することができないと、ホームヘルパーの養成などケアする人の数を増やすことが急務だとばかり、叫ばれてきました。

しかし、その陰でケアする人たちの悩みや痛みは置き去りにされてきました。ケアする人の数を増やすことだけが求められて、ケアする人の質を高めることは、議論の外に置かれてきたということになります。どこまで介護を続ければいいのか、自分には介護はもう無理なのではないか、と真剣に悩む人ほど心身ともに絶望的な疲労にさらされていきます。その悩みを受け止めてくれる人がいない、せめてその苦しさを吐き出しても聞いてくれる人が身近にいたらどれだけ楽になることか。ケアする人がこのように病んでいては、ケアされる人も幸福にはなれません。

また、ケアとは、ケアする人とケアされる人という、一方通行の関係ではないということも見落とされてきました。ともすると、ケアしてやる立場の人と、ケアをしてもらう立場の人がいるというふうに考えられがちなのです。ケアする人を養成する際に、ケアの技術の習得だけを教えて、ケアの基本となる人間関係については、ほとんど注目されてこなかったといえます。ケアする側の人も、ケアを受ける人の人生の歩みを共有することによって、自分の人生を豊かにしていくことができる相互作用だということです。

たんぽぽの家が一九九九年に始めた「ケアする人のケア・サポートシステム研究」で、介護に携わる人たちの置かれている実態が少しずつ明らかになってきています。ケアする人の悩み、苦しみを聞き取り、普遍化することによって、ケアの現場で何が起こっているのか、何が問題となっているのか、その解決のためには何がもとめられているのか、が次第に明らかになってきました。

その成果は、『生命(いのち)に寄りそう風景 ―ケアする人のケア』(〇一年)、『生きなおしの物語を紡ぐ ―ケアする人のセルフケア』(〇二年)という報告書にまとめられました。

(二〇〇三年一二月二三日)

アートを通した癒し

病院のベッドで死を迎えるのが当たり前になったのは、いつのころからでしょうか。私の小さいころ、母方の祖母の死を自宅で身寄りの者が集まって迎えたのを今でも鮮明に覚えています。子ども心にも、人は死ぬものだということが何となくわかったものです。身近なところで人の死を看取る習慣が失われるようになってから、人の死を受け入れることが、むずかしくなったような気がします。

以前は、自宅での通夜、告別式、野辺送りと続き、四十九日を経て人の死を受け入れていきました。以後も、お盆やお彼岸には亡くなった人を偲ぶことを繰り返すことによって、身近な人の死を受容していきます。身近な人であればあるほど、その死を受け入れるのに時間がかかります。死による精神的な打撃とともに、「あの人が死ぬわけがない」と死を認められなくて、パニックになることだってあります。周りの人に八つ当たりしたり、あるいは自分のせいであの人が死んだのではないかと罪の意識にさいなまれることだってあるかも知れません。葬儀などが一段落して、脱力感とともに独りぼっちの孤独感と寂しさが押し寄せてきます。やがて、あきらめとともに、愛する人がもうこの世にいないということを受け入れていきます。そして忘れていた微笑がもどり、将来への希望をもつに至るまでには、長い時間が必要です。

人は誰も、配偶者の死や子どもの死、親の死など、人さまざまに深い絆をもった人の死に直面します。もちろん、医療や福祉の現場でケアに携わる人たちも、自らが関わる利用者の死に直面することは避けられません。それまでのケアの関わりが深ければ深いほど、その悲嘆は大きくなります。

その悲しみをどのように癒していったらいいのでしょうか。たんぽぽの家が行っている「ケアする人のケア・サポートシステム研究」では、アートのもつ癒しの力が報告されています。二〇〇二年に行ったアメリカのデューク大学メディカルセンター（ノースカロライナ州）の視察です。亡くなった患者の遺族の思い出にまつわる布を持ち寄ってアーティストとともに大きなキルトを制作したといいます。遺族が患者の思い出を語り合い、悲しみを分かち合った作品は、現在も病院の壁を飾っているといいます。また、ジョージタウン大学病院ロンバーディーがんセンター（ワシントンD．C．）では、妻をがんで亡くした夫がアーティストとともに妻の遺品を使って制作したコラージュ作品が観る人の心を打ったといいます。悲しみの心をアートを通して表現することによって癒されていく過程が報告されています。

（二〇〇四年一月一三日）

『半落ち』が問う人の生き方

『半落ち』という映画を観ました。妻を殺した現職警部梶聡一郎が自首するところから始まります。県警本部捜査一課の敏腕刑事志木の取り調べに対し、若年性アルツハイマー病の妻啓子を扼殺したことを詳細に供述しますが、殺してから自首するまでの二日間については、全く話さない。だから、事件の全容を自供する「完落ち」ではなく「半落ち」です。啓子は、二年ほど前から物忘れがひどくなり、アルツハイマー病が急速に進行し、しきりに死なせてほしいと梶に懇願するようになります。七年前に急性骨髄性白血病で亡くした一人息子俊哉の命日に夫婦連れ立って墓参りに出掛けたことすら忘れてしまい、夜になって墓参りに行かなかったと半狂乱になり、死なせてほしいと梶にせがみます。息子のことを覚えているうちに死にたい、せめて俊哉の母親として死にたいと請われるままに梶は啓子を絞め殺してしまいます。

梶は起訴され裁判になります。地裁刑事一部の部長判事は、単純な嘱託殺人として早期に結審を図ります。しかし、自分が判決を起案することになる左陪席の若い藤林裁判官は、結審の前の被告人質問で自ら質問します。元裁判官の父がアルツハイマーで日ごろ世話をしてくれている妻の苦労が身にしみている藤林は、「人間が壊れていくのを見るに忍びなかった」という梶の発言に「人間が壊れていっては生きてはいけないのか」と、「それを裁くのはあなたにも私にもできない」と言い放ちます。

判決は、執行猶予がつくとのおおよその予想に反して、求刑通り懲役四年の実刑になります。拘置所にもどる梶を乗せた車が途中で停車します。外には、梶がドナーとして骨髄を提供した青年が立っています。その口を読めば、「生きてください」と告げています。空白の二日間に梶は新宿歌舞伎町へ行っていました。そこで、小さいラーメン店で働く青年の姿を一目見ようとしたのです。それを知った志木が、青年を探し出し連れてきたのです。梶が自分の骨髄によって救われる命がひとつでもあればと、ドナー登録が切れる五〇歳までは生きることを選び、登録抹消と同時に死を決意していることを知る志木の計らいです。

観終わって大きな感動を味わっていました。警察と検察の駆け引き、それを追う新聞記者などで物語がつづられていますが、底流では人の生き方を問うています。端的に「あなたは誰のために生きていますか」と問う梶がそれを象徴しています。

今度、横山秀夫さんの原作を読んでみようと思います。

（二〇〇四年一月二七日）

ひと・アート・まち

神戸の元町商店街が、三月二日から二九日の間エイブルアートで彩られています。エイブルアート・ストリート・ミュージアムとして二・五m×二・五mのタペストリー二〇枚がアーケードのところどころに吊り下げられています。買い物客がふと見上げると、圧倒的な迫力のアートと向き合うことになります。また、店のイメージに合わせて、アーティストや芸術大学の学生たちによってつくられた「アートな看板」七五枚が店をPRしています。商店街の中にある、みなせ画廊や神戸市立こうべまちづくり会館でも、「アートリンク２００４」という展示がされています。

同時に、「まほろば・すぐれもの工房展」として商店街の中の一五店で障害のある人たちがつくったアート＆クラフトが展示即売されました。全国の障害のある人たちがつくった作品の中から、商店主の人たちが自分の店に置いて販売してもいいと思う作品を選んでもらうための展示会が事前に開かれ、売れると思われるものが選ばれて本番に臨んだということになります。それだけに質の高い作品ぞろいで九日間で五〇万円の売り上げになりました。

三月九日から一四日までは、そごう神戸店で、「カレイドスコープ　―6人の個性と表現―」展と題した、六人の障害のある作家のビジュアル・アートの作品展が開かれました。カレイドスコープとは万華鏡のことですが、大胆な画面構成や、豊かな色彩感覚などが、万華鏡をのぞくようにきらめく展覧会でした。

この他、「カレイドスコープ」展を昨年、世田谷美術館で開催したキュレーターの高橋直裕さんを招いたフォーラムなど、多彩な催しが同時並行して行われています。

この「ひと・アート・まち」と名づけられた一連のイベントは、近畿二府四県を巡回して催されており、二〇〇〇年に奈良から始まり、京都、大阪に次いで開かれているものです。まちを丸ごとミュージアムにして、アートな空間が広がり、人々の表現活動の発表の場となり、人々が観照し、元気づけられていく。コミュニティの再生にアートのもつポテンシャルが生かされていく。障害のあるなしにかかわらず、自己表現したアートを社会に持ち込んで、それに触れた人たちが癒されたり、勇気づけられたり、また自ら表現活動に取り組むきっかけとなったりすることがめざされています。

この催しは、準備段階から数え切れないボランティアの人たちによって支えられています。その上、今回は元町商店街のみなさんをはじめとする神戸の人たちの力が加わって、地域を活性化する催しともなりました。

（二〇〇四年三月二三日）

美と用のあいだ展

　四月七日から一一日まで、イトーヨーカドー奈良店五階にある奈良市美術館で「美と用のあいだコンクール２００４」入選作品展が開かれました。聞きなれない名前の展覧会ですが、障害のある人たちが生み出す不思議な世界の物語り展でした。私たちは「美」を追求した芸術作品なのか、実用性を追求したクラフト作品なのか、どうしても分類したくなるものです。しかし、芸術性が高いというわけでもないし、機能性が高いというわけでもない〝もの〟、しかし何か気に入ってそばに置いておきたくなるような不思議な魅力にあふれたものがあります。人によっては「大いなるムダ」だと思われるかも知れない〝もの〟でも、人のこころを暖かくしてくれるもの、そんなものにスポットを当てた作品展でした。

　この展覧会には、今年たんぽぽの家が初めて募集した、障害のある人たちが生み出す「美」と「用」、そしてそのあいだにあるものを対象としたコンクールに全国から応募のあった二三二作品が展示されました。「美」と「用」のあいだと呼びかけてどんな作品が集まるのか、募集する側としての期待もありました。ビニール傘全面に使用済みの切手を貼り付けたアートなど、日常ありふれたものを利用して、私たちが発想できない組み合わせの作品が数多く寄せられました。その中から一〇五作品が入選作品に選ばれ、「匠（たくみ）認定証」が贈られました。また特に優れた作品には金賞、銀賞、銅賞としてメダルと賞金も贈られました。金賞に輝いたのは、京都府在住の前田真之介さんの作品「さかな」です。紙粘土でつくられた無数のユニークな「さかな」が銀色に光り輝いて、カーテンのようにつるされている作品です。買い物の合い間に、障害のある匠が生み出す巧（たくみ）に出会われた方々は、しばし幸せな時を過ごされたのではないでしょうか。

また、四月三日から一一日までは「第九回まほろば・楽市・楽座」が奈良町界隈で開かれました。こちらは、全国の障害のある人たちがつくった〝すぐれものアート&クラフト〟を展示販売するイベントです。五か所の町屋などをギャラリーとしてお借りして、全国七五か所の授産施設や作業所などでつくられている作品が展示即売されました。奈良公園の桜を楽しんだあと、奈良町にも立ち寄って、障害のある人たちが生み出すＨＡＮＡ（花）を楽しまれた方も多いのではないでしょうか。そして気に入ったものを身近に置いてくださっている方もおられることでしょう。

（二〇〇四年四月一三日）

「家族の絆」の物語

人は、さまざまな絆で結ばれて生きています。子どもから大人になるにしたがって、社会とのつながりが深くなって、ネットワークが広がっていきます。しかし、いくつになっても強い絆で結ばれているのが親子の間です。親の愛が、窮地に陥った子どもを救う例は枚挙にいとまがありません。そうして育んでくれた親が年老いて人生のたそがれ時を迎えたときに、子がそれまで口に出しては言えなかった親に対する感謝の気持ちを詩に託した作品が、たんぽぽの家に寄せられています。

昨年、初めて奈良で開いた「親守唄（おやもりうた）・歌会（うたかい）」を今年も開催しようと全国に呼びかけたところ、親への愛情が込められた詩が、三二九人の人たちから四〇七点寄せられました。その中から選ばれた入選詩八編を公表し、メロディーをつけてほしいと改めて呼びかけた作詩・作曲の部には、一七〇人の人たちから二〇七点の応募がありました。その中から最終的に選ばれた八曲が、五月二二日（土）一三：三〇から、やまと郡山城ホールで開かれる「第2回親守唄・歌会」で発表されることになりました。北は福島県郡山市から、南は鹿児島県国分市（現霧島市）までにわたる全国から入選した作詩者とその親が奈良に招待されます。残念ながら今回は、奈良の人の作品は選ばれませんでした。

その中のひとつを紹介したいと思います。堺市の三上成子さんが作詩した『母の服』の一部です。

母のたたんだ洋服を
広げるのも　いとおしく
母が手をそえ　順々に　たたんでいったと
思いおこすとなかなか広げることが出来なくて

母がその中に居るようで
広げてしまうと　もういない
広げたくない　そのままずっとおいておきたい

詩はまだまだ続きますが、お母さんがたたんでくれた洋服の中に、いっぱいいっぱいお母さんの思い出が詰まっているのですね。それを広げてしまうと、中に居るお母さんがいなくなってしまうように感じる思いは、よくわかります。この詩に、横浜市の中嶋徳顕さんが作曲したメロディーがついて当日発表されます。

すべての作品を紹介することはできませんが、八編がそれぞれの表現で、親への愛情を歌い上げています。そのときは何とも感じなかった親の振る舞いが、長い年月を経て、親が見せた愛情表現だったのだと鮮明によみがえるものがあります。当日は、ぜひたくさんの方々にお越しいただき、それぞれのドラマと出会ってもらいたいと思います。

（二〇〇四年四月二七日）

地域生活を支えるセンター

どんな重い障害があっても、入所型の施設で生活するのではなく、地域で普通に生活したいと望む障害者が増えています。その人たちを支えるために、障害者生活支援センターという制度があります。生活支援だけではなく、療育等の支援や就業の支援を行うセンターもあります。

たんぽぽの家にも、一九九九年から「たんぽぽ生活支援センター」を設けています。障害のある人とその家族が、地域の中で暮らしていくためのサービスを提供しています。さまざまな生活上の相談ができる「相談支援サービス」と、利用者のニーズに合わせたケアサービスを提供する「生活支援サービス」があります。

「生活支援サービス」では、介護を必要とする人たちの自宅を訪問して、お風呂やトイレの介助、食事や洗濯、そうじなどの日常生活に必要なケアを行います。

たんぽぽの家と同じ敷地内にありますが、さまざまな障害のある人たち一五人が自分の人生をデザインできる空間として六年前にできた福祉ホーム「コットンハウス」のメンバーの日常生活を支えているのも、たんぽぽ生活支援センターです。

在宅の障害のある人が利用するサービスで多いのが、外出の際の移動介助と入浴介助です。外出する機会の少ない障害のある人たちが、プールに行きたいとか、映画やショッピングに出かけたいというようなときに利用されます。海遊館に行きたいとか、ハイキングに出かけたいといった要望にも応えています。中には、普段バスに乗ったことがないので、ぜひ乗りたいという希望をかなえることもあります。車いすがそのまま乗り込める低床バスはまだまだ少ないため、運転手さんに手伝ってもらって、座席まで抱えていくことになります。そうでもしないと、バスに乗れた喜びを味わう機会がないということです。また、入浴は、家族の人がいても大変な仕事です。入浴介助は、その負担を軽減することにつながっています。

ちなみに、コットンハウスの一五人を除いて、地域ケア事業のサービスを受けている人は、現在八四人です。サービス提供時間数にすると、コットンハウスのメンバー向けが、年間延べ約二万時間、在宅の人たち向けが延べ約一万五千時間、合計延べ約三万五千時間になります。

相談支援サービスでは、自分の障害に合った、どんなサービスがどこで受けられるのかといった相談を中心に、年間約千件程度あります。近い将来、まちの中心に、気軽に立ち寄って相談できる窓口をもつことを計画しています。

このセンターが、地域で生活する障害のある人たちを物心両面から支える核になることを願っています。

（二〇〇四年五月二五日）

「食」を支える楽食サービス

たんぽぽの家の「食」を支えているのが、「たんぽぽ楽食サービス」です。たんぽぽの家を利用する障害のあるメンバー、スタッフ、ボランティアの人たちの昼食、障害のある人たちのケア付き集合住宅コットンハウスの生活者への食事提供、地域の高齢の人や障害のある人たちへの配食サービスなどを行っています。

「おいしく　楽しく　安全に」すべて手づくりを貫いています。遺伝子組み換え食品、農薬、食品添加物、最近では牛肉のBSE問題、鳥インフルエンザなど、食をめぐる不安材料が増える中、生産者の顔が見える食材を選び、旬の食材をふんだんに盛り込んだ料理を提供するよう心掛けています。特に、野菜については、生産者との関係づくりに力を入れ、無農薬有機栽培にこだわる生産者の野菜を多く購入することにしています。

メンバーの健康状態を常に意識し、体調に合わせて、お粥や刻み食にするなど、臨機応変に対応します。コットンハウスに暮らすメンバーには、お誕生日に希望の料理を提供するなど、きめ細かく対応しています。

配食サービスでは、登録している利用者一一五人の人たちに一日平均八五食のお弁当を自宅に届けています。大半が高齢の人たちですので、単にお弁当を届けるだけではなく、変わった様子はないかなどの安否確認も行っています。今後は、せめて二、三か月に一度は、生活の様子などをじっくり聞けるような体制が取れればと考えています。

さらに、夏のわたぼうし音楽祭の前夜祭の時などは、パーティー料理を提供しますし、要請があれば、イベントの際の会食やパーティー料理を提供するケータリングサービスも行っています。

この「食」を支えているのは、常勤のスタッフが三人、調理のパートスタッフ九人、配達のためのパートスタッフ九人、それに登録ボランティアの人が約一二〇人います。大きな力を発揮しているのが、このボランティアの人たちで、曜日ごとに五、六人のチームを組んで、一〇時から一四時まで、昼食と配食のお弁当をつくり、配膳し、食事の後の片付けまでこなしてもらっています。近くの西の京高校の生徒約一五人も、コットンハウスのメンバー向けの夕食づくりのボランティアとして加わってもらっています。

今後は、「スローフード運動」に共感し、日本の伝統食を見直し、生産者との直接的なつながりを広げ、「食卓を囲」んで共に食べる「事」に重きを置いて、「食」を通した人とのつながりを広げ、深めていくことをめざします。

（二〇〇四年六月八日）

『こんな夜更けにバナナかよ』

何というタイトルかと思われたかも知れません。実は、「第三五回大宅壮一ノンフィクション賞」を受賞した本のタイトルなのです。著者は渡辺一史さん。二年前に四二歳で亡くなった、全身の筋力が徐々に衰えていく難病の進行性筋ジストロフィーを患う札幌市の鹿野靖明さんと介助のボランティアとのやり取りが克明に綴られています。

鹿野さんは、肺の周りの筋力も低下し、自発呼吸が難しくなって、気管切開して人工呼吸器を付けるようになってもなお、病院や施設の管理生活を拒否し、公営住宅での生活を選びます。食べることも、歯を磨くことも、着替えることも、寝返りを打つことも、自分ではできない。人工呼吸器を付けると、痰の吸引という「医療的なケア」も必要になります。

そんな状態になってもなお、自宅での生活を主張します。何時に起きて何時に寝てもいい、新聞を読んだり、テレビを見たり、たまにはレストランで食事をしたり、友だちと飲みに行ったり、泊りがけで旅行に行ったりという、普通の生活を望みます。それを実現するためには、二四時間体制でケアする人がいるというローテーションを維持しなければなりません。そのために割く鹿野さんの労力は、想像を絶するものがあります。苦労して集めたボランティアの人たちとの葛藤が日々繰り返されることになります。

ある日の深夜に、チリチリと鈴の音で起こされたボランティアの国吉さんは、鹿野さんから「腹が減ったからバナナ食う」と言われます。「こんな真夜中にバナナかよ」と、国吉さんは内心ひどく腹を立てます。無言で鹿野さんの口にバナナを押し込んで、もう寝かせてほしいと思う国吉さんに向かって「国ちゃん、もう一本」と鹿野さんが告げます。何ぃ！　という驚きとともに、鹿野さんに対する怒りは急速に冷めていったと言います。この「バナナ事件」が本のタイトルになっているのです。

渡辺さんが指摘するように、この「ワガママ」の問題が実は、一日二四時間すべての介助を他人に委ねる重度身体障害者の自立生活を語る上で避けて通れない問題であり、重要な核心部分なのです。

強烈な自己主張を貫き、気に入らなければボランティアにも「帰れ」と叫ぶ鹿野さんの振る舞いが「ワガママ」なのか、「普通に生きたい」という当然の欲求なのか。介助のボランティアの人たちが鹿野さんと向き合い格闘する中から自らの生き方を見つめていく姿を追ったすぐれたドキュメンタリーです。

（二〇〇四年六月二二日）

メモリアル・アート　いのちの絆

たんぽぽの家にこの五月オープンした、アートセンターHANAのギャラリーで今「メモリアル・アート　いのちの絆」展が開かれています。奈良市に住む山下秀さんが描いた絵画一六点と、夫で昨年亡くなられた二茂さんが撮った写真九点が展示されています。

六年前に病に倒れた二茂さんを介護しながら、二人で営んでいた飲食店「梵」を秀さん一人で切り盛りすることになりました。肉体的にも精神的にも疲れ果てた秀さんが、自分を取り戻すことができたのは、店を閉めてから絵を描くひとときでした。刻々と変化する表情を見せる「琵琶湖」や、雨上がりの那須の山々、神秘的なまさに瑠璃色を見せる裏磐梯の瑠璃沼など、いずれも多彩な色づかいの中に深い味わいのある作品です。

そして、展示の中には、北京の街角で二人を写した写真が含まれています。二茂さんにとって懐かしい街を、八年前に半世紀ぶりに秀さんを伴って訪れた時のものです。二茂さんは、第二次世界大戦中、終戦までの三年間北京に駐留していました。ゴビ砂漠に派遣された二茂さんは、砂嵐の中でソ連軍に追われて九死に一生を得る体験をしました。その記憶から、二茂さんの写真は砂漠をモチーフにしたものが中心です。

たんぽぽの家では、海外の団体との障害のある人たちの芸術文化交流を続けてきていますが、最初の相手国が中国でした。一九八〇年の「第五回全国わたぼうし音楽祭」に、中国の民族楽器を演奏する「上海市盲童学校音楽バンド」を招待することになりました。中国への思い入れが強かった二茂さんは、この話を聞いて、音楽バンドのメンバーに昼食をごちそうしてくれました。

それ以来、上海市でわたぼうしコンサートを開いたり、上海市の障害者芸術団を日本に招待して全国各地で公演して回ってもらうという交流が始まりました。日本に芸術団を招く都度、奈良に滞在中の一夜、二茂さんは必ず食事会を開いて招待してくださいました。

その二茂さんが病の床につき、介護を続けることになった秀さんが描いてきた絵画を展示することになったのです。「介護している人にとって本当に大切なのは、自分の時間。没頭する何か。私の場合は、それが絵だった」と秀さんは言います。そして何よりHANAが、障害のある人たちのアートセンターであると同時に、地域に開かれたコミュニティ・アートセンターとしての役割を果たす初の試みとなります。

展覧会初日の六月三〇日には、オープニングパーティーも開かれ、秀さんを支えてきた友人など約五〇人がお祝いに駆けつけました。展覧会は、七月二五日（日）まで、一一時から一九時まで（月曜休み、最終日は一六時まで）開催中ですので、ぜひお越しください。

（二〇〇四年七月一三日）

歌の力、無限大

ぼくは大きくなったら　おっきなバイクに乗る
カッコイイ　ヘルメットかぶって
妹を迎えに　行ってあげるよ
だから　お母さん

腰が痛い日も　忙しい日でも
心配しないで　ぼくがいるから大丈夫

河野望君一一歳の夢です。タイトルは『ぼくが大きくなったら』。障害のある人たちが書き綴った詩をメロディーに乗せて歌う、第二九回わたぼうし音楽祭の作詩作曲の部に応募し、奈良県内から唯一入選しました。曲をつけたのは、お母さんの由実さん。脳性マヒで車いす生活の望君は、奈良市立伏見小学校の六年生。

ダンディな望君は、ほどよい感じに髪が伸びているようにと、音楽祭の二週間前に散髪に行きました。バリカンがいやで、ハサミで刈ってもらう。「カッコよくしてな」と頼んで、好みの髪型にしてもらいました。さらに、鼻を広げて目をつぶって歌ってしまうので、サングラスをかけます。

音楽祭当日は、お母さんが歌いますが、望君ももちろん舞台に上ります。妹の泉美さん、それに、入選を聞いた同級生の友だち一〇人とお母さんたち四人も、いっしょに演奏に加わってくれることになり、演出に工夫を凝らしています。

そして、この音楽祭をカゲで支えているのが、たくさんのボランティアの人たちです。準備は昨年一一月から始まっています。キャッチコピーを考え、募集要項をつくり、全国の施設や養護学校、地域で生活する障害のある人たちに送ります。応募のあった作品を整理し、選考会に配布できるようにパソコンで詩を入力します。ポスター貼りに出掛けたり、当日パンフレットの編集や入選作品の演出を手がけることもあります。そして、音楽祭当日は、会場整理、チケットもぎり、出演者の接待、車いすの人たちの介助など、二〇〇人を超えるボランティアの人たちが活躍します。そのまとめ役である「総チーフ」を担当するのが、岡田直子さん。大和郡山市在住で、幼児教育を専攻する奈良教育大学三回生。昨年、音楽祭のボランティアを募るイベントで聞いた、わたぼうしソングに感動し、その日のうちにボランティアとして参加することを決意したといいます。

昨年の音楽祭では、ポスター貼り、前夜祭の準備、当日会場内の車いす介助を担当。舞台そでで音楽祭を体感し、昨年一一月、オーストラリア・ブリスベンで開かれた『アジア・太平洋わたぼうし音楽祭』の応援ツアーに参加するまでに、のめりこみます。そして、今年第二九回の音楽祭には、最初の実行委員会から関わり、「総チーフ」を務めることになりました。「まだまだ未知の世界。もっと知りたい。いろんな人と出会い、刺激を得たい」と張り切ります。

彼女のような人たちが音楽祭を支えています。音楽祭は、八月一日（日）奈良県文化会館国際ホールで一四時から開催されます。全国から応募のあった五六六点から選ばれた一〇曲が披露されます。サングラスをかけ、カッコイイ髪型できめた河野望君に、ぜひ会いに来てください。

（二〇〇四年七月二七日）

アートは人間を幸福にする

たんぽぽの家が、アートセンターＨＡＮＡとしてリニューアルして約三か月が経ちました。ギャラリーでは今、千葉県の中学生たちがイラク戦争をテーマに雑誌・パンフ・新聞などを貼り合わせて平和メッセージにしたコラージュ作品が展示されています。アートを通して生命の有り様を問う作品であれば、作者の障害のあるなしにかかわらず、地域の中のアートセンターとしてギャラリー展示をしていきます。

さて、たんぽぽの家のような障害のある人たちの施設で、アートを取り上げる活動が広がっていって欲しいと、二年前から「福祉施設における『アート化』セミナー」を開催してきました。今年も九月一八日から二〇日までの三日間、奈良市男女共同参画センターあすならとたんぽぽの家アートセンターHANAを会場に第三回のセミナーが開かれます。

たんぽぽの家では、障害のあるメンバーがアートを通して自己実現することを常に模索してきました。アート活動に必要な仕組みをどう作っていったらいいのか、アート活動のためにはどのようなスペースを確保したらいいのか、どのような人に関わってもらえばいいのか、展覧会を開き作品を社会に売り込むにはどうすればいいのかなど、試行錯誤してきました。同じ悩みを抱える全国の施設のスタッフの人たちに、たんぽぽの家の経験を伝えるとともに、アートに取り組む施設を全国に広げていきたいとの想いから、セミナーが始まりました。

第一回・第二回では、全国各地でアートに取り組んでいるユニークな施設の報告、海外の先進的な取り組みの紹介を通して、福祉施設にアートを持ち込むことの大切さとアート化に必要な仕組みについて考えてきました。第三回となる今回は、まさにアートに特化した福祉施設としてのたんぽぽの家アートセンターHANAを舞台に実践講座を行います。

前回のセミナーに参加した人のアンケートの中に、こう記されていました。「三日間を通して感じたことは、障害のある人をサポートする者として、まず自分が自分について考えていないのではないか。自分の存在の価値について認めていないのではないかと強く思いました」。

アートの社会化、社会のアート化をめざす中では、障害のあるなしを超えて、すべての人がアートを通して自分が自分になっていくことが目指されているのです。まさに「アートは人間を幸福にする」ものなのです。セミナーに参加して、その思いを一人でも多くの人たちに感じ取ってもらいたいと思います。

（二〇〇四年八月一〇日）

ケアを学び、ケアから学ぶ

「ケア」が大きな注目を集めています。高齢社会を迎え、二〇二五年には四人に一人が六五歳以上の高齢者になると言われています。それに伴って、ケアの必要な人の数も増えることになります。ところで、ケアという言葉ですが、介護保険などで言われる身体介助だけを指す言葉ではありません。あえて「ケア」と書いているのは、単に介助が必要な障害のある人や高齢の人たちに、食事や入浴、トイレなどの介助を行うことだけを意味するのではないからです。ただ手助けが必要な〝もの〟として扱うのではなく、気遣いや思いやりをもって接し、その人が歩んできた人生に思いをいたし、お互いが人としての尊厳をもって相対する行為です。ですから、介護の技術だけを磨けばケアの達人になれるというものではありません。人として、どう生きたらいいのかという深い根源的な問いに答えていく営みでもあります。苦しみや悩みを抱える人たちに寄り添い、ともに苦しみ、ともに悩みながら、人の生き死にのあり様を学ぶことでもあるのです。

こうした人生の哲学を学び〈ケアの文化〉をつくっていくための試みとして「コミュニティ・カレッジ奈良」を開校することになりました。すでに、開校プレ企画として二回の特別講座が開かれ、いよいよ九月からは、さまざまな連続講座が開かれます。「ケアを学び、ケアから学ぶ」コースでは、「ケア学」基礎講座全五回がスタートします。▽ケアの文化と慈しみの心（播磨靖夫／財団法人たんぽぽの家理事長）▽地域社会の変化とケアをめぐる課題（桂良太郎／奈良大学教授）▽老いの心とそのサポート（藤掛永良／奈良県臨床心理士会理事、元奈良大学教授）▽介護家族とケアする人のケア（森口弘美／財団法人たんぽぽの家スタッフ）▽ケアにおけるアートの役割（森下静香／財団法人たんぽぽの家スタッフ、芸術とヘルスケア協会事務局）です。

並行して、「賢く、楽しく、健康に生きる」ためのコースとして、「食卓に花を、心に華を」「百歳まで元気に生きる」「自然の色を染める」「私だけの私の世界　～パッチワークでつくるコラージュ～」が開かれます。さらに、来年一月～三月には「聴くことのレッスン」が予定されています。ケアに関わる際に、相手の言葉を理解するだけではなく、どれだけ相手のことを受け止めることができるかが重要になります。聴くことの意味を考え、聴く態度の基礎を学びます。

（二〇〇四年八月二四日）

初の海外アーティストの作品展

にわとり、いぬ、ねこなどを大胆にペンでかたどってクレヨンで彩色した作品。ペンで大きなJを画面半分に描き、小さなアルファベットの単語を書き連ねて、水彩絵の具で彩色した作品。たんぽぽの家アートセンターＨＡＮＡで九月二六日（日）まで開催されている「Ｂｉｐｐｅｔｔｙ　Ｂｏｐｐｅｔｔｙ　Ｂｌｕｅ！アメリカの障害のある人の作品展示と販売」の展示作品の一部です。

今年五月にオープンしたＨＡＮＡで、初めての海外のアーティストの作品展となります。アメリカ・カリフォルニア州にある「クリエイティブ・グロース・アートセンター」と「クリエイティビティ・エクスプロード・オブ・サンフランシスコ」の二つのアートセンターで活躍する一九人の障害のあるアーティストの作品六九点が展示されています。

それぞれのアーティストごとに独特のモチーフと自由奔放な筆遣いで、さまざまな画材を駆使して描き出される世界は、圧倒的な迫力をもって私たちに迫ってきます。カリフォルニアでは、障害のある人が生まれた場合、個々人の成長段階に応じて、医者やソーシャルワーカーなど専門家のチームが決めた支援方法が実行に移されます。その中核にあるのがリージョナル・センターと呼ばれるＮＰＯ（民間非営利組織）で、障害のある人を発見し、面接を通して個別支援計画を作成し、必要なサービスを提供するところまで行います。この個別支援計画に基づいて、芸術的才能をもつ障害のある人たちのデイサービスセンターとして機能しているのが、前述の二つのアートセンターということになります。

クリエイティブ・グロースのミッション（使命）は、「アートの制作過程を通して成長するために安全な環境を提供し、身体障害、知的障害、精神障害のある人たちの作品を社会に広め、市場をつくることです」。はっきりと、作品を商品として市場に売り込む販売戦略まで考えた打ち出し方をしています。

クリエイティビティ・エクスプロードでは、「障害のあるアーティストは異なる言語を話し、話すことができない人もいます。言語を用いたコミュニケーションが困難な人もいます。しかし、ビジュアル・アートはすべての人が使える言語で、それぞれの文化、経験、感情を共有することができるものだと考え」られています。

私たちのアートセンターＨＡＮＡのめざすところと共通の理念を感じる展示となりました。作品は即売もされています。七千円から五万二千円までで、額の注文も受け付けています。

（二〇〇四年九月一四日）

変革の時代と人権

「変革の時代と人権　～『人権と共生』のまちづくり～」をテーマに、九月一一日と一二日の二日間、香芝市モナミホール他を会場に「第三一回奈良県人権・部落解放研究集会」が開催されました。約一三〇〇人の人たちで埋まった一二日の全体会で、記念講演に立った作家の吉岡忍さんは、二〇〇一年九月一一日のアメリカでの同時多発テロの取材から話し始めました。私が感動したのは、約二八〇〇人の犠牲者の遺族が、誰一人としてアフガニスタンやイラクへの報復攻撃を支持していないと強調されたことです。自らの身に降りかかったのと同じ悲惨なことが、アメリカ軍のミサイルや爆弾の下で引き起こされることを思い起こすことができるからなのです。報復によっては、決して悲しみは癒やされないことを遺族の人たちが一番よく知っているのです。

この研究集会の副実行委員長でもある私は、午後の第四分科会のコーディネーターも引き受けました。テーマは「障害者・高齢者の『脱施設』」です。パネリストとして加わっていただいたのは、社会福祉法人相楽福祉会常務理事の廣瀬明彦さん、社団法人奈良県手をつなぐ育成会副理事長の小西英玄さん、サークル90主宰の尾崎功さん、ＮＰＯ法人信貴山やすらぎ会グループホームやすらぎ施設長の宮崎勝弘さんの四人です。

廣瀬さんは、統合失調症や知的障害のある人たちとともに生活することを通して、グループホームを制度化してきた体験を話されました。小西さんは、知的障害のある子どもの親の立場、そして認知症の親を施設に預けざるを得ない立場から、施設のあり方を問う話しをされました。尾崎さんは、進行性筋ジストロフィーを患いながら、地域で生活することを選んで多くのボランティアの人たちの手助けを受けながら暮らす実態を話されました。宮崎さんは、認知症の高齢者のグループホームを運営する中から見えてきた、高齢者施設の問題点を話されました。

「脱施設」というと、今すぐにでも施設をなくして、そこで生活する障害のある人たちや高齢の人たちを地域にもどすようにイメージされるようですが、そうではありません。どんなに重い障害があっても、どんなに高齢になっても、施設に隔離してしまうのではなく、住み慣れた地域社会で安心して暮らすことができるように工夫しようということです。親や家族にだけ介護の責任を押し付けるのではなく、医療や福祉に携わる人たちや地域の人たちがネットワークを組んで、誰もが生きがいと尊厳をもって生きられる地域社会をつくっていこうという宣言でもあります。

（二〇〇四年九月二八日）

上海との交流深まる

先月一九日から二二日まで、中国・上海市を訪問してきました。目的は二つです。一つは、財団法人たんぽぽの家と上海市障害者連合会との四半世紀にわたる交流が、上海市の発展と海外との友好交流に貢献したとして、理事長播磨靖夫が、上海市人民政府から表彰され、その賞状を代理受領することでした。

これまで、上海市障害者芸術団を日本に招いて全国各地で公演してもらったり、こちらから上海に出掛けて、わたぼうし音楽祭を開催するなど、民際交流の大きな流れをつくってきました。播磨が受けた賞は、「白玉三紀念奨(MAGNOLIA SILVER AWARD)」、日本語にすると「モクレン銀賞」になるのでしょうか。私たちの交流の相手方である上海市障害者連合会の理事長徐鳳建さんも、この受賞を大いに喜んで、誇りに思うと話してくれました。

もう一つの訪問の目的は、来年秋に予定されている「アジア・太平洋わたぼうし音楽祭2005上海大会」の打ち合わせでした。コンセプトは、私たちが奈良で毎年開催している「わたぼうし音楽祭」と同じです。障害のある人たちが日頃の思いを詩に託し、その詩をメロディーに乗せて歌います。

参加するアジア・太平洋の都市それぞれの言葉で、ギターやピアノの弾き語り、民族楽器や開催都市が提供するバックバンドの演奏に乗せて歌い上げられます。一九九一年にシンガポールで開かれたのが、アジア規模では最初の音楽祭でした。それから二年に一度ずつ開催してきて、数えて八回目になる来年の上海大会では、少なくとも一二の都市から障害のある人たちのグループが集います。

これまでの開催都市では、テレビで生中継されることが多く、それぞれの国・地域で、優れた才能を発揮する障害のある人たちに注目が集まりました。前回の一九九五年の上海大会でも、上海電視台がテレビで生中継し、一億人の人たちが見、ラジオでも放送され五千万人の人が聴いたと言います。

まさに日本の全人口を超える人たちが、障害のある人たちが繰り広げるパフォーマンスに接したことになります。年内にも、期日と会場を決定してもらうよう依頼してきましたので、来年の音楽祭が今から楽しみです。

十二年前に訪れた上海は、まだ自転車が主流だったと記憶しています。しかし、今は車社会に変身し、一〇世帯に一台の割合で車が普及していると聞きました。高速道路も発達していますが、それでもすでに激しい交通渋滞が起こっています。

また、上海では至る所でマンションの建設ラッシュになっています。アジアの大国・中国の、しかも最先端を走る大都市、東京都を上回る人口を抱える上海の〝元気〟に触れる旅でもありました。

（二〇〇四年一〇月二六日）

財源に悩む支援費制度

昨年四月からスタートした障害者向けの支援費制度が、財源不足から来年四月にも改革する方向で、厚生労働省が検討を進めています。明らかとなったその骨子は、①これまで支援費制度の対象ではなかった精神障害者も含め、身体障害者、知的障害者向けのサービスを一元化する。②支援費制度を、高齢者向けの介護保険制度に統合し、介護保険料の負担者を二〇歳以上に広げる、というものです。

まず、精神障害のある人たちが支援費制度の埒外に置かれていたこと自体が問題ですから、支援費の対象者とすることに異論はないと思います。また、これまで障害種別ごとにバラバラだった施設やサービスの利用について、どの障害の人も等しく利用できるように一元化することにも賛成です。むしろ遅きに失したと言ってもいいくらいです。

問題は財源です。支援費については、現在全額を税金で賄っているが、サービス利用が急増していて、制度発足から二年続きで財源不足に陥っているのを抜本的に解消したいという思惑があります。介護保険については、来年四月が、制度発足時に被保険者の範囲と給付対象者を見直すと定めた改革時期で、将来増え続ける要介護者のニーズを満たすためには、どうしても保険料の負担世代を拡大したいという事情があります。ただ単に拡大するだけでは若年層の反発が大きいため、六五歳未満の障害者も介護保険のサービス対象者とすることで、理解を得たいと考えているようです。

そこでは、障害のある人たちに必要な施策は何かという根本的な議論がなおざりにされています。「脱施設」をめざし、どんなに重い障害があっても、どんなに高齢で介助が必要になっても、施設に隔離してしまうのではなく、住み慣れた地域社会で安心して暮らすことができるようにするための議論が抜け落ちているのです。

ようやく、自分の人生を自分でデザインできるとサービス利用を始めた人たちが、地域で生活する条件を整えるのが先決です。そのために国に求められるのは、スタートして二年にもならない制度をまた改変するのではなく、今増え続けるサービス需要をきっちりと受け止め、必要なサービスを十分提供できる体制を市町村が整えられるようバックアップすることです。市町村も、誰もが生きがいと尊厳をもって生きられる地域社会をつくろうという気概をもって、障害のある人や高齢の人たちに相対してもらいたいと思います。制度はそのために利用するものなのですから。

（二〇〇四年一一月九日）

衝撃の肉筆

親指世代とでも言えばいいのでしょうか。若い人たちの友人とのやり取りは、携帯電話のメールで済ませてしまうのが現代風なのでしょうか。つい一〇年前であれば、携帯電話でしゃべったりメールをやり取りしたりということなど考えられなかったことです。五〇年もさかのぼれば、電話ですらめずらしいものだったはずです。鉄道などを使っても、顔を合わせる機会が少ない時代であれば、手紙が唯一お互いの無事を確かめ合い、近況を知らせる手段だったはずです。行間を読む想像力を働かせなければ、相手の想いを汲み取れなかったかも知れません。

今では、若い人に限らずビジネスの世界でも、情報のやり取りはインターネットを通じて行われるようになりました。私たちが唯一毛筆を使う機会になってしまった年賀状ですら、毛筆タッチの印字がプリンターから出てくるようになっては、ますます手書きで手紙を書くなどということが少なくなりました。

そんな時代に、和紙に絵を描き、そこに時候のあいさつから始まる毛筆で書き綴られた手紙をやり取りしている人たちがいます。今、たんぽぽの家アートセンターHANAギャラリーで開催されている「美しく老いを生きる・絵と文・展」で、それらの絵手紙に出会うことができます。

奈良市在住の前川ヤエ子さん（八七）が書き送った絵手紙を中心に、お友達から前川さんに寄せられた絵手紙など、四六点が展示されています。季節の草花、人物画、挿入されている和歌の登場人物などが色鮮やかに描かれ、その絵の周りを縫うように手紙がしたためられています。『かくことは生きること　生きることはかくこと』のタイトル通り、前川さんは毎日のように手紙を書くと言います。書くことを通して生命の灯火を明るく輝かせています。

こうした肉筆の手紙が日常的にやり取りされていること自体驚きですが、この人たちの絵手紙が、メール世代の若者たちにどう受け止められるのか、非常に興味のあるところです。たまたま、私の担当している、奈良教育大学の学生を対象とした「非営利組織論実習」に参加している三人に、これらの絵手紙を見せました。まず何通かを読んで、そのまま書き取ってもらいました。

メールの活字に慣れた若者たちの目に、肉筆の絵手紙はどのように映ったのでしょうか。悪戦苦闘しながら読み取ったうえで書いてもらった感想も展示されています。展覧会は、一二月四日（土）まで。

（二〇〇四年一一月二三日）

みんなで見る夢現実に

たんぽぽの家アートセンターHANAでは、今、枡を使ったアイデアいっぱいの作品展「クリスます・チャリティ・オークション２００４」が開かれています。コミュニティに開かれたアートセンターとして今年五月にオープンしたHANAの今年最後のギャラリー企画が始まりました。

お米やお酒を量る木の枡に直接絵を描いた作品もあれば、枡の中に小さな陶芸作品が入っているものもあります。よくこんなに小さな鶴が折れるなと思うような極小の折り鶴を一合枡に並べたもの、クリスマスツリーを植え込んだ枡もあります。何本もの切り込みを入れた枡の中に電球を入れて、小さなランプにしたり、枡に突き刺された四本の試験官が、中の電球の灯りをほのかに外に伝える作品もあります。中央には、枡から生えた樹が天井まで達する大きなオブジェが据えられています。

「一人で見る夢はただの夢　みんなで見る夢は現実になる」。これは、たんぽぽの家アートセンター基金のキャッチコピーです。一人ひとりの小さな夢を実現していく場として機能させていくために、今回の「クリスます」はすべてチャリティーとして寄贈されました。

たんぽぽの家のメンバーやボランティアの人たち、スタッフ、それにアーティストやデザイナーも加わって、一〇〇点以上の作品が並んでいます。これらの枡の作品は、たんぽぽの家を応援してくださる人たち、奈良・大阪・京都など近畿圏を中心に、遠くは東京・神奈川・岩手、またオーストラリアからも送って欲しいとの声をいただき、「クリスます」となってアートセンターＨＡＮＡに戻ってきたものです。楽しい作品がオークション形式で販売されます。

一二月二五日（土）までの会期中に、希望金額を入札してもらい、一番高い額の人がお気に入りの作品を手にすることができます。会場には、同時にたんぽぽの家のメンバーの作品と、滋賀県にある知的障害のある人たちの施設、やまなみ工房のメンバーの絵画や立体作品も展示即売されています。

楽しみな企画がもう一つ。「ますます・おいしく・楽しい！　クリスマス・バイキング＆コンサート」が一二月一九日（日）に開かれます。昼の部（一二時～一四時）では、アンサンブル奈良の人たちの木管五重奏と一〇種類のランチバイキング（一人三五〇〇円）、夜の部（一八時～二〇時三〇分）では、ザ・グッド・トゥ・ブルーの人たちのブルーグラスの音楽と一二種類のディナーバイキング（一人五〇〇〇円）です。ちょっと趣向を変えたクリスマスをお楽しみください。

（二〇〇四年一二月一四日）

奈良を白いリボンで真っ白に

来年一月一七日、阪神・淡路大震災からちょうど一〇年の節目の年となります。六四〇〇人を超える犠牲者を出すことになった震災は、同時に、ボランティア元年と呼ばれるように、その後の日本を象徴する新しい市民活動のうねりを引き起こしました。そのうねりは、一九九八年の特定非営利活動促進法（いわゆるＮＰＯ法）の制定へとつながり、二〇〇四年末には二万を超える団体がＮＰＯ法人としての認証を受けるまでになっています。その意味で、今日、新しい公共の担い手として注目を集めるＮＰＯを生み出すきっかけになったといえます。

その震災から一〇周年を迎える来年、また一つ新しい運動が起ころうとしています。「白いリボン運動」がそれです。自らも被災した「関西学院ヒューマンサービスセンター」では、犠牲者に対する追悼、支援してくれた方々への感謝、そして再生の決意という三つの意味を込めた白いリボンを胸につけてお互いの気持ちを確認する「白いリボン運動」を震災翌年から二〇〇二年まで続けてきました。震災一〇年を期に、この流れを引き継ぎ、被災地のＮＰＯが中心となって、地域再生やコミュニティの担い手であるＮＰＯを支援する募金運動として再スタートを切ることになったのです。

「祈念、感謝、創生」をコンセプトに、来るべき災害に備えるには、「普段から支えあい、助けあう社会」が必要だとの考えから、日常的な人々の自治の営みと人と人とのつながりを強化するために、ＮＰＯ法人を中心とする新しい市民社会セクターに対する幅広い民間募金運動にしようとするものです。震災の月である一月を毎年「白いリボン月間」として、街頭募金を行い、ＮＰＯに対する大きな資金の流れをつくろうとしています。集まった募金は、「防災、障害者・高齢者など災害弱者の支援を重視しつつ、幅広い領域のＮＰＯ法人を中心とした市民活動団体」に配分されます。本年度は、新潟中越地震、台風二三号などによる被災者を支える救援活動を行っているＮＰＯへの支援も重視されます。

奈良では、私が関わるＮＰＯ法人奈良ＮＰＯセンターが地域実行委員会を組織し、一月六日、一六日、三〇日の全国統一行動日に、近鉄奈良駅前、大和西大寺駅前、学園前駅前を中心に街頭募金に取り組むことになっています。ぜひ、みなさんにも、この趣旨にご賛同いただき、募金にご協力いただきたいと思います。毎年一月は、白いリボンで奈良を真っ白にしたいものです。

（二〇〇四年一二月二八日）

（「関西学院ヒューマンサービスセンター」は、関西学院大学（兵庫県西宮市）のボランティアグループ）

スマトラ沖地震・津波被災者支援を

新しい年をみなさんどのようにお迎えでしょうか。

もうすでに、みなさんも新聞等でご存知のことと思いますが、インドネシア・スマトラ島沖地震並びに津波によるインド洋沿岸各国の死者が一五万人を超えました。未曾有の大災害となったこの巨大地震を前にして、自然に対するおそれとともに、それに立ち向かう人々の動きの重要性を改めて感じております。

折りしも、昨年末の本欄で書きましたように、私たちは、この一月を期して、ＮＰＯ・ＮＧＯを支える新しい資金の流れをつくるべく、「白いリボン運動」に取り組もうとしております。二〇〇五年に限っては、二〇〇四年一〇月に発生した台風二三号並びに新潟県中越地震の被災地で活躍するＮＰＯ・ＮＧＯに対しても募金を配分することにしていました。

しかし、二〇〇四年一二月二六日に発生したスマトラ島沖地震は、その規模においても、津波による犠牲者を含む死者の数においても、私たちが歴史上経験した最悪の災害であることは、間違いありません。この未曾有の大災害による死者はまだまだ増え、二〇万人に達するのではないかと私は憂慮しています。家を失った人たちは、今わかっているだけでも五〇〇万人を超えるといいます。呆然とするばかりです。私たちが二年に一度各都市持ち回りで開催している「アジア・太平洋わたぼうし音楽祭」の参加国が被災した国々に数多く含まれています。その国々の人たちがおかれている状況に思いをいたす時、何らかの行動を起こすべき衝動にかられます。

被災した国々の復興を考えると、気の遠くなるような長い道のりが待っています。今、阪神・淡路大震災を経験した私たちにできることはと考え、すでに始まっている「白いリボン運動」による募金を、今年度に限り、急遽その支援に振り向けることができないかと提案しています。少なくとも奈良で寄せられた募金は、私たちがめざすNPO・NGOへの資金の流れを考えて、被災国で活動する日本のNPO・NGOに限って資金援助するための募金にしてはどうかと考えています。

「白いリボン運動」に共鳴して、全国統一街頭募金の日になった一月六日には、近鉄奈良駅前に鍵田忠兵衛奈良市長が、近鉄大和西大寺駅前には、馬渕澄夫衆議院議員が私たちといっしょに募金に立っていただきました。もう一度みなさんに呼びかけたいと思います。この趣旨にご賛同いただき、募金にご協力ください。毎年一月は、白いリボンで奈良を真っ白にしたいものです。

（二〇〇五年一月一一日）

福祉における「グリーン化」セミナー

環境への負荷を限りなく「ゼロ」にすることが企業にも求められる時代です。省資源、省エネルギー、省排出量の実現で、企業イメージのアップにもつながります。家庭でも、ごみの少ない買い物術やガスや電気を節約する省エネ料理法が活用されるようになりました。さらに、廃食油を利用してディーゼル燃料として車を走らせることまで実現しています。いずれも、地球環境の保全と身近な自然との共生が念頭に置かれています。

福祉の分野でも、花や緑などの園芸や自然を生かすことが注目されています。自然に触れることで、障害のある人や高齢の人の五感を刺激し、感覚を呼び覚まし、生きる力を育むことにつながるからです。人と自然が共生する新しい福祉のあり方を模索する「福祉における『グリーン化』セミナー」が、二月一九日と二〇日の両日奈良市内で開かれます。園芸療法を医療や福祉施設、まちづくりに持ち込んでいる専門家や、福祉の現場で先駆的に自然を取り入れている実践者たちを招いて、自然と共生することによる心身のケア、さらには人間として豊かに生きる環境をつくっていくことについて学びます。

たとえば、NPO法人たかつきの代表理事の石神洋一さんが、街かどデイハウス「晴耕雨読舎」の取り組みを報告します。介護保険を利用していない高齢者を対象とした介護予防施設で、一人ひとりが社会の一員として必要とされている実感をもち、生きがいをもった人生を送れるよう、自然の中での活動を通して心の自立をサポートしています。自分たちが育てた花はドライやアレンジメントとして楽しみ、販売もします。収穫野菜はお昼ごはんのみそ汁の具になったり、持ち帰って家庭の食卓に上ったりします。木工でつくる木の名札は地域の病院の寄せ植え鉢に使用され、わら細工でつくった縄は畑で支柱を縛ったりするのに使われます。必要なものは自分たちでつくることに徹しています。何よりすばらしいのは、スタッフが高齢の人たちがつくりだしたものをきっちりと地域社会につなげていく努力をしていることです。

この他一日目には、園芸療法士の浅野房世さんの「コミュニティにおける癒しの空間づくり」と、早稲田大学理工学部教授の三輪敬之さんの「植物のコミュニケーション　～人間にとって植物はどのような存在か」の基調講演などがあります。二日目は、箱庭園芸「ガーデンシアター」、自然の素材を生かしたクラフトづくりなどのワークショップがあります。

（二〇〇五年一月二五日）

パソコン再利用広がる

使われなくなったパソコンを再利用して、必要とする人たちに無償で提供しようという運動が奈良で広がっています。名付けて「ＰＣリユースネット・なら」。その呼びかけをしたのは、生駒市に事務所を置く有限会社アーチの代表取締役、倉持寛さん。パソコンサポート、データ復元、ネットワークＬＡＮ構築、ホームページ制作などを通して、企業のコンピュータ環境をトータルサポートするのが本業の会社です。

その事業活動の中で倉持さんは、無駄に捨てられるパソコンに心を痛めます。まだまだ使えるパソコンが、性能の高いパソコンに買い換えられて捨てられていきます。何とか、それらを有効利用する方法はないかと倉持さんは考えました。そして、周りの人たちに呼びかけて立ち上げたのが「ＰＣリユースネット・なら」です。

すばやく呼応したのは、奈良県社会福祉協議会ボランティアセンターと地域情報ネットワーク株式会社でした。倉持さんの友人であった地域情報ネットワークの大下さんは、『マイタウン奈良』の誌面で、パソコン寄贈と贈呈先の募集を呼びかけました。また、この話を持ち込まれた県社協は、事務局役を買って出ました。こうして、不要となったパソコンを回収して、再利用できる状態にして、必要とする非営利団体に提供するサイクルが出来上がりました。

パソコンの急速な普及は、高齢の人や障害のある人たちの社会参加の機会を広げ、また、ボランティア・ＮＰＯ等の活動をより活発にさせる等、私たちの生活にさまざまな可能性をもたらしています。市民活動団体にとって、パソコンはなくてはならないものになっています。そうした状況のなか、昨年、第一回として、五団体に計一〇台のパソコンが提供されました。

現在、第二回の寄贈先を募集中です。対象は、奈良県内に事務所、または活動拠点を置く非営利団体です。団体内の事務事業にとどまらず、広く地域へ還元できる事業に活用してほしい、など五つの活用条件があります。二月一五日まで受け付けていますので、自分たちの活動にパソコンが欲しいけれど予算がないというような団体は、ぜひ応募してください。私も役員をしている、特定非営利活動法人奈良ＮＰＯセンターなどによる選考会を経て寄贈先を決定します。まだ間に合いますので、ぜひ問い合わせてください。もちろん、使わなくなったパソコンをお持ちの方もぜひご連絡ください。あなたのパソコンが市民活動団体の運営に生かされます。

（二〇〇五年二月八日）

日韓フォーラムを開催

今年は、日本と韓国の友好をより深める「日韓友情年二〇〇五」です。～進もう未来へ、一緒に世界へ～をキーワードに、両国国民の友情と相互理解を深めることがめざされています。戦後六〇年、また日韓国交正常化四〇周年にも当たります。二〇〇二年のサッカー・ワールドカップの日韓共同開催が、両国間の相互理解を深める契機となりました。また昨年は、『冬のソナタ』が流行し、ヨン様ブームに沸き、韓流ブームが大きな流れになっています。

財団法人たんぽぽの家では、この記念すべき年に当たり、「『障害者アート』日韓フォーラム」を開催することになりました。三月一三日（日）一三：〇〇～一八：〇〇、奈良市男女共同参画センターあすなら大会議室で、「ｐｏｔｅｎｔｉａｌ　ポテンシャル　～発見されていない可能性～」をテーマに開かれます。日韓両国における障害のある人たちのアート活動が報告されます。

共催団体になってもらったのは、韓国の「パラダイス財団」です。障害児の教育、治療、福祉の向上を目的として一九九四年に設立された財団で、障害児教育用ソフトウェア開発及び無償配布、教育・福祉関係専門家海外研修、障害児・者福祉関連製品の普及・販売のためのショッピングモール「アイソリモール」の運営など、障害関連の研究と支援事業を行っています。

フォーラムでは、韓国から五人、日本から三人のスピーカーが報告します。まず、韓国側からは、韓国における障害者福祉や教育の現状の概略が報告されます。続いて、特にＩＴを生かした障害のある子どもと家族向けの教育用ソフトウェア開発など、パラダイス福祉財団の活動が紹介されます。その後、「文化アクセスとソーシャル・インクルージョン」「パフォーミングアーツの可能性」「新しい価値の提示」の三つのテーマで日韓双方のスピーカーがそれぞれの取り組みを報告します。

たんぽぽの家では、これまでさまざまなジャンルのアートを通して、障害のある人たちが自らの潜在的な能力を発揮する場を設けてきました。それが障害のある人たちが生きがいをもって、自己実現しながら豊かに生きていくことにつながると考えているからです。そしてそれは、国の違いや民族の違いを超えて共感されるものであることを、世界の国々の障害のある人たちと活動を共にすることによって確認してきました。

このフォーラムを通して、日本と韓国における障害者アートがさらに発展し、日韓の文化交流がより深化することを願っています。

（二〇〇五年二月二二日）

「なら地域ケア研究会」発足

「なら地域ケア研究会」という組織ができました。三月六日に奈良市のならまちセンターで設立総会を開き、活動を開始しました。この研究会ができるきっかけになったのは、昨年九月香芝市で開かれた「第三一回奈良県人権・部落解放研究集会」です。その第四分科会は、私がコーディネーターとして加わりましたが、テーマが「障害者・高齢者の『脱施設』」でした。どんなに重い障害があっても、どんなに高齢であっても、施設に隔離するのではなく、住み慣れた地域社会で安心して暮らすにはどうすればいいのかを話し合いました。それをきっかけに、じっくりと「脱施設」を支える地域づくりについて考えようという気運が生まれました。障害のある人の親や介護を必要とする高齢の人たちの家族だけに介護の責任を押し付けるのではなく、医療や福祉に携わる人たちの智恵を生かし、地域の人たちがネットワークを組んで、誰もが生きがいと尊厳をもって生きられる地域社会をつくっていこうと考えています。

設立総会の記念講演を引き受けていただいた、相楽福祉会常務理事の廣瀬明彦さんも、自分の経験を踏まえ、まさに地域のケア力が試される時代であることを強調されました。

私と奈良女子大学の澤井勝さんが代表をつとめることになったこの研究会が、奈良の地域ケアを考える一助になればと思います。

事務局は、「特定非営利活動法人　八木一男福祉会」に置くことになりました。残念ながら、もう八木一男と聞いてすぐにわかる人は少なくなりました。しかし、奈良県が生んだ偉大な人物の一人であることは忘れることができません。旧社会党の奈良県選出で八回当選した衆議院議員であり、「社会保障の八木、部落解放の八木」と称された人でした。「同和対策事業特別措置法」の生みの親としても知られています。

とはいえ、研究会は発足したばかりです。月一回の例会での学びを通して地域ケアについての提言ができるところまでもっていきたいと考えています。ちなみに、これからの例会ですが、毎月第二木曜日の夜に開催して行くことにしています。四月一四日は「介護保険制度の改革について」、五月一二日には「障害者福祉の制度について」をテーマに、いずれも県の担当者を招いて、一八：三〇～二〇：三〇、奈良県女性センターで開きます。興味のある方は、ぜひお越しください。いっしょに地域ケアについて考えていきましょう。

（二〇〇五年三月八日）

障害のある人とガムラン

みなさんは、「ガムラン」をご存知でしょうか。インドネシア、マレーシアを中心に発達した、伝統的な合奏音楽の総称で、その主な楽器は、青銅製の板を並べた鍵盤打楽器です。特に芸能の島として有名なバリ島のガムランは、バリ・ヒンドゥー教の寺院の祭礼には必ず演奏されます。最近は、観光客向けのショーである舞踊の伴奏音楽としても盛んに演奏されます。

低音楽器から高音楽器までそろった一大オーケストラで、大きい楽器は、低音でたたく回数も少なく、小さい楽器は高音でたたく回数も多くなります。そこでは、演奏技術がそろっていなくても演奏が成り立ちます。いわばベテランも初心者も、同時に演奏に加わることができるのです。しかも、通常は二台一組のペアで演奏され、合わせて鳴らした時に心地よい「うなり」を創り出すよう、ずらして調律されています。この二人の「会話」から始まり、それに合わせるように音域の違う楽器が加わり、指揮者がいなくても、お互いがコミュニケーションしながら、呼吸を合わせて演奏が進みます。

このガムランという不思議な合奏音楽が、障害のある人たちの表現活動にぴったりだと感じた人がいます。「マルガサリ」(「花の道」の意)というガムラングループ代表の中川真さん(大阪市立大学大学院教授)です。「常識を破った音や身体の動きを、いとも易々と障害のある人たちは見せてくれたのです。……明らかに障害のある人たちが師匠なのです」と中川さんは言います。

昨年一一月から、たんぽぽの家で続けてきたワークショップの成果が、障害のある人たち九人を含む、総勢二六人による、『さあトーマス』と題されたガムラン公演として披露されます。中川さんによると、『さあトーマス』は、赤レンガ倉庫の広大なスペースを使い、ガムラングループ『マルガサリ』が障害のある人たちとともに作り上げる前代未聞、奇想天外な舞台作品です」。

障害のある人たちがもつ潜在的な可能性、特に芸術文化のさまざまな分野で発揮される能力には驚かされるばかりです。今回も、即興で繰り広げられる音楽や舞踊が、私たちにどんなインパクトを与えてくれるのか、今から楽しみです。

四月二三日（土）一九時からと、四月二四日（日）一五時からの二回公演、会費は二千円。会場は、大阪市営地下鉄中央線「大阪港」駅下車、徒歩三分にある「築港赤レンガ倉庫」。お申し込みとお問い合わせは、ＮＰＯ法人大阪アーツアポリアへ。

（二〇〇五年三月二二日）

子育て応援ブックの出版

世は少子化時代で、日本の人口が減少に転じようとしています。子どもを増やすための対策がいろいろ議論されていますが、安心して子どもを生んで育てられる社会になっているかどうかが問われる時代です。子どもは欲しい、でも仕事をしながら育てられるか心配、養育費や教育費を考えると二の足を踏んでしまう。子どもを授かっても、子育て支援の体制が十分かといえば、そうとはいえない。そうした不安にきっちり応えることなしには、子どもが増えることはないでしょう。

ましてや、待望の我が子に何らかの障害があるとわかった時の親たちの不安と苦悩には、計り知れないものがあります。子どもの障害を受け入れて、障害のあるこの子とともに生きていこうとするまでにも、かなりの時間がかかるのが通例です。ようやく我が子の障害を受容できるようになっても、残された能力を伸ばしていくにはどうすればいいのか、どこに行けば療育相談にのってくれるのか、学齢期が近づけば、受け入れてくれる学校はどこか、といった悩みはつきません。

一方、障害のある子どもを育ててきた家族や専門医、療育施設、養護学校、生活支援センターといったところでは、それぞれに障害のある人が生きていく上で必要とされるたくさんの情報をもっています。しかし、今はそれらの情報は、個々の家庭、施設、学校などでばらばらに蓄積されています。従って、子育て中に困ったことができた時に、タイムリーに最適な情報にたどり着くのが困難な状況にあります。

そこで、いろんな立場の人や施設や学校などが蓄えてきたノウハウを収集・整理して一冊の本にまとめようとする動きが始まっています。地域の生活支援センターの相談員、福祉施設の職員、養護学校の先生、大学や専門学校の研究者などが集まって、『障害のある子どもとその家族のための子育て応援ブックｉｎ奈良』として、来年三月に出版することをめざしています。本にまとめることで、「障害児を育てるって大変！」と混乱状態にある家族の不安を解きほぐし、子育てが楽しいものになる一助になるのではと期待されます。この企画に興味のある方は、ぜひ力を貸していただけないでしょうか。①本の作成に関われる、②ニーズ調査に協力できる、③障害のある子どもと一緒にレストランに取材に行ける、④意見・情報だけなら提供する、といった方々を募集しています。ご協力いただける方は、たんぽぽ生活支援センターまでご連絡を。

（二〇〇五年四月一二日）

絆の結び直し 親守唄

我が子を虐待して死に至らしめたり、実の親をあやめるといった事件が新聞紙上をにぎわせています。新聞に現れるのが氷山の一角だとすると、子殺しや親殺しにまでは至っていないにしても、潜在的に親と子の絆が断絶してしまっている社会の状況が見えてきます。親と子の絆が断絶しているということは、家庭そのものも崩壊の危機に瀕していることを意味しています。ということは、社会全体が病んでいるということでもあります。

その社会を病から一遍に救い出す頓服薬はありません。やはり、一から一人ひとりの人間の絆を恢復していくことが、時間はかかりますが、じわじわ効いてくる特効薬になるものと思います。

その一つの試みとして二年前から始まったのが「親守唄・歌会」です。日ごろ口にすることもなく過ごしてしまって、感謝の気持ちを表したいと気付いたときには手遅れになってしまっているというのが、親に対するそれではないでしょうか。全国に「親への愛と心からのメッセージを詩に」託して送ってほしいと呼びかけたところ、今年は一七九人の人たちから二六〇編の詩が寄せられました。その中からすぐれた八編が選ばれ公表されたものに、メロディーをつけてくださいと改めて呼びかけました。そして、作詩・作曲の部に寄せられたのは、八九人から一一〇点の作品でした。その中から最終的に選ばれた八作品が、五月二〇日（金）午後一時三〇分から、やまと郡山城ホールで開かれる「第三回親守唄・歌会」で発表されます。今回は、奈良から応募された杉本加代子さんの詩に奈良市の河野由実さんが曲をつけた『そっとささやく〝ありがとう〟』が入選作に選ばれました。

野良仕事の手を休め
白つめ草の冠を菜の花レンゲ草の
花束を作ってくれた　お母さん
冠載せて　花束持って
クローバーのジュータンの上を
気どって歩いて
笑いころげた　幼い日
とってもとっても幸せだったと
今気がついた

杉本さんの詩の一節です。この詩にどんな曲がついて発表されるのでしょうか、楽しみです。また、大和郡山市在住のマリンバ奏者、松本真理子さんもゲストパフォーマーとして出演してくださいます。

（二〇〇五年四月二六日）

ガムラン公演『さあトーマス』

一辺が二〇メートルはある、しかも天井が高い正方形の空間を二つイメージしてください。第一の空間には、天井からリプトンのピラミッド型ティーバッグの大きなデコレーションが二〇あまり吊り下げられていて、一つの角にガムランの楽器一揃えが並び、一つの角には「リプトンハウス」と名づけられた、まさにリプトンのティーバッグのケース同様に黄色に彩られた木製のコンテナが陣取っています。

第二の空間には、いたるところにガムランを構成する青銅製の鍵盤打楽器の板やドラなどが並べられていて、天井からは映像を映し出すスクリーンとしての布が何枚も吊るされています。場所は大阪港の赤レンガ倉庫、四月二三日と二四日に行われた『さあトーマス』と題されたガムラン公演の会場です。

この空間で、障害のある人たち九人を含む、総勢二六人が即興でパフォーマンスを繰り広げました。観客は二日間で三五〇人。常に底流に流れるガムランの、大河のような、時には激しく時にはゆったりと奏でられる演奏に乗って、会場の中を出演者が動き回ります。たんぽぽの家のメンバーも、日頃の生活をそのままパフォーマンスにぶつけています。会場の床にはクッションを敷いてあちこちに観客が座り込んでいますが、その間を縫うように走り抜けます。誘われた観客が何人も踊りの輪に加わります。不思議な熱気が空間を満たしていきます。二つの空間をフルに使って、出演者も観客も自由に行き来します。

台本のない即興性をリードしているのは、障害のある人たちなのです。それに触発されて、スタッフが新しい音と踊りを編み出していったと言えます。関わったスタッフの間では、「とにかく、どれもいままで一度たりとも体験出来なかった良いパフォーマンスでした。ぼくは興奮しました」といったメールが飛び交っています。構成・演出を担当した中川真さんは言います。「『障害者と健常者』という枠組みでくくることは無効です。特にアートという現場ではなおさらです。その人らしさの最上のアーティスティックな表現が、この場でできることをめざします。人はみな個性的です」。

この公演は「エイブルアート・オンステージ」の一環として行われました。エイブル・アート・ジャパンと明治安田生命が共同で、障害のある人たちの舞台表現活動を支援しようとする試みです。「さあトーマス」の公演がきっかけとなって、障害のある人たちの潜在的な能力に驚かされる体験をする場が広がればと思います。

（二〇〇五年五月一〇日）

今こそ日中友好の輪を

四月の毎週末に中国各地で反日デモが吹き荒れ、驚かされました。上海では、日本総領事館だけではなく、飲食・小売などのサービス業二五店も被害を受けたと伝えられました。一九七二年の国交正常化以来、日中関係は最大の危機を迎えたと言われています。

今回の中国での反日デモでは、領土問題と歴史問題に加えて、日本の国連安保理常任理事国入り反対と日本製品ボイコットが前面に出てきています。戦後六〇年の節目の年に、私たちには唐突だと思われる今回の反日デモですが、新聞や雑誌では次のような原因が上げられています。一つには、一九九四年から始まった、いわゆる「愛国反日教育」の影響です。理屈抜きで「日本＝悪」という記号化された反日感情を、今の中国の若者たちが抱いているという指摘です。もう一つが、インターネットの急速な普及です。反日デモの呼びかけがインターネットを通じて行われたからです。世界のメディアは、日中双方の器量と指導力に大きな疑問符をつけ「日本は、いつまでも過去を克服できない独りよがりで、懲りない国。中国は、統治のためならデモも反日も歴史も操作する無慈悲で怖い国」と映ったようです。

いずれにせよ、私たちが取るべき道は一つしかありません。中国を含めアジアの国々との長期的な平和友好関係を築いていく以外に、日本の生き延びる道はないからです。

こうした中、財団法人たんぽぽの家理事長播磨が、四月二五日から四日間、上海市を訪問しました。今年一一月に上海市で開催する「アジア・太平洋わたぼうし音楽祭２００５上海大会」の打ち合わせのためです。直前の週末に上海市でも大規模な反日デモがあったばかりなので心配はありましたが、こうした時期だからこそ私たち民間の交流の輪を広げる必要があるという判断で、予定どおりの訪問となりました。上海市障害者連合会との会合は、四半世紀を超えるたんぽぽの家との交流を反映した友好的なものとなりました。また、五月二〇日から二一日にかけて、上海市障害者連合会の徐鳳建理事長以下五名のメンバーがたんぽぽの家を訪れました。一一月の音楽祭に向けて、いよいよ大きく動き出しました。

今年八月七日には、日本での「わたぼうし音楽祭」が三〇周年を迎えます。この記念すべき年の一一月に、アジア・太平洋地域の一二を超える都市から障害のある人たちが自ら作詩した歌を携えて上海市に集います。また一つ障害のある人たちの芸術文化の大きなネットワークが広がることが期待されます。

（二〇〇五年五月二四日）

究極の愛のかたち

『ミリオンダラー・ベイビー』という映画を観ました。『ローハイド』のカウボーイや『荒野の用心棒』

のガンマンのイメージが焼き付いているクリント・イーストウッドもすでに七五歳。そのイーストウッドが監督し主演します。

貧しく家族愛にも恵まれない三一歳のマギー（ヒラリー・スワンク）が名トレーナーのフランキー（クリント・イーストウッド）のいるボクシング・ジムにやって来ます。「女性ボクサーは取らない」と最初はすげなく追い返しますが、練習熱心さに負けて、トレーナーになることを引き受けます。「何も質問するな。泣き言は聞かん」というフランキーのことばにマギーは素直に従い、瞬く間に試合に出られるまでに腕を上げ、連続一二試合ＫＯ勝ちを収めます。

事情はわかりませんが、絶縁状態にある娘に出して送り返されてくる手紙が靴箱いっぱいになっているところに、また一通入れ足すことになったのを機に、フランキーはそれまで断り続けていた英国チャンピオンとの試合を引き受けます。イギリスに乗り込んだフランキーは、「モ・クシュラ」というゲール語の刺繡を施した試合用ガウンをマギーにプレゼントします。英国チャンピオンに快勝したマギーは、帰国後いよいよ一〇〇万ドルのファイトマネーを賭けたタイトル・マッチに臨みます。対戦相手は、ドイツの〝青い熊〟ビリーです。会場はラスベガス。ここで、マギーはラウンド終了直後、相手の卑怯なパンチを浴び、コーナーに出されていた木製イスに頭から倒れこんでしまいます。

頚椎を損傷したマギーは、体の自由を奪われ、気管切開して人工呼吸器がつながれた状態でベッドに横たわる生活を余儀なくされます。床ずれから壊死を起こし、片足を切断されたマギーは、舌を嚙み切って自殺を図ります。その様子からフランキーは重大な決断をするに至ります。

私が大変興味を引かれたのは、フランキーが毎日のように教会に通っていることです。そこで牧師に

「三位一体」などに対する素朴な疑問を投げかけては、胡散臭く思われています。尊厳死という重すぎるテーマに葛藤するフランキーに、牧師はつれなく「汝殺すなかれ」の教義を紋切り型に繰り返す姿が印象的です。人間の心の深いところに働きかけて心の平安をもたらす宗教の役割が全く果たせていない現実が象徴的に描かれています。

観る人それぞれに、あなたならどうしますか、という根源的な問いが突きつけられています。「モ・クシュラ」の意味は、ぜひみなさん自身で確かめてください。

（二〇〇五年六月一四日）

大和西大寺駅にエレベーターを

尾崎功さんを訪ねる機会がありました。尾崎さんは、近鉄学園前駅北側に広がる鶴舞団地に住んでいます。進行性筋ジストロフィー（「筋ジス」と略されます）という難病で、国立西奈良病院（現国立病院機構奈良医療センター）パンダ病棟に長らく入院していましたが、一九九三年一二月から地域で暮らしたいという願望を実現し、鶴舞団地に居を構えました。筋ジスとは、身体中の筋力が徐々に衰えていき、歩けていた人が歩けなくなり、手足を動かすことができなくなり、全面的な介助が必要となり、車いすとベッドでの生活を余儀なくされる進行性の病気です。四九歳になる尾崎さんも、全面的に車いすに頼る生活で、二四時間体制で介助の人を確保しないと一日として生活できません。

今、障害のある人たちの生活は、支援費制度で利用できるサービスで支えられています。尾崎さんが利用できるのは、身体介助一二〇時間、日常生活支援一六〇時間の月二八〇時間のサービスです。尾崎さんは、夜も寝返りをうつこともできませんから、誰かいっしょに寝泊りしてくれる人を確保しなければなりません。すべてを有償のヘルパーの人に頼むとして支援費でのサービスを使うと、単純計算で約一二日間しか介助が受けられないことになります。ですから、多くのボランティアの人たちの支えがないと生活が成り立ちません。有償のヘルパーの派遣を受ける時間とボランティアの人が入る時間をうまく組み合わせて、一か月のローテーション表をつくり上げます。現在、社会人中心に約三五人のボランティアの人がいます。そういう苦労をしてでも、施設や病院での管理された生活よりも、自分らしく生きがいのある暮らしがしたいと地域での生活を選びました。

そんな尾崎さんは、とてもアクティブです。自身の介助のボランティアの人たちの集まり「サークル90」を主宰するのはもちろん、今年四月に設立された障害のある人たち当事者の集まりである「奈良障害者ヘルプネット」の代表も引き受けました。

尾崎さんの今一番の関心事は、近鉄大和西大寺駅のエレベーター設置です。最寄り駅の学園前駅にも近鉄奈良駅にもエレベーターはあります。奈良市中心部へ出掛けるのには問題ありませんが、例えば高の原駅に行こうとすると、大和西大寺駅での乗り換えが必要になります。大和西大寺駅で車いすの人たちのホームの移動がどれだけ大変か想像してみてください。近鉄の主要駅である大和西大寺駅に早急にエレベーターが設置されることを期待しています。

（二〇〇五年六月二八日）

（現在の近鉄大和西大寺駅には、エレベーターが設置されています）

三〇周年を迎えるわたぼうし

また「わたぼうし音楽祭」の夏がやってきました。すっかり奈良の風物詩として定着した音楽祭も、今年は三〇周年の記念の年になります。

三〇年の間には、障害のある人たちの想いがどれだけ社会に向かって発信されてきたことでしょうか。まず障害があるということで、何らかの手助けが必要だと思われてきた人たちが、詩を通して人々に大きな感動を与える主役となって舞台に登場します。しかもさまざまなメロディーを得ることによって、詩のインパクトが何層倍にもなって聴く人たちの共感を呼び、〝同じ空の下に生きている〟ことを実感させてくれます。障害のある人たちに対する社会の矛盾や差別を糾したり、理念を押し付けたりするのではなく、会場に足を運んだ人たちの感動の輪が、まさにたんぽぽのわたぼうしのようにあちこちに飛んで行って根を下ろしてきました。人々の共感の輪が社会を変えていく原動力になることを学んでもきました。

いつもの音楽祭のように、障害のある人たちが書き綴った詩をメロディーに乗せて歌う一〇編の作品が発表されます。それに加えて三〇周年を記念して、オープニング・ソングも募集しました。福島県の金子美智さん作詩、京都府の生喜将之さん作曲の『新しい風に乗って』が、公募の約一〇〇人の合唱団によって披露されることになっています。

いのちの詩（うた）がひびいてこないか
心から語りかける詩（うた）が
新しい出会いを風が運んできた

私たちの歴史を刻むため
ここにやってきた
（Ｍｙ　Ｓｏｎｇ）私の歌が
（Ｙｏｕｒ　Ｓｏｎｇ）あなたの歌が
新しい風に乗って伝わる
未来の夢をここにはじめよう

世界中の人たちに、このメッセージが届けられることでしょう。

一〇編の中には、奈良県からは大和郡山市の中山和也さんが作詞し東京都の遠山修平さんが作曲した『Ｉ　Ｌｏｖｅ　Ｗｏｒｌｄ』が選ばれています。

また、アジア・太平洋地域にまで広がったわたぼうしは、今年一一月には、二七年に亘る交流を続けている中国・上海市で「アジア・太平洋わたぼうし音楽祭」が開催されます。アジア・太平洋の一二の都市から障害のある人たちが、自らのメッセージを携えて上海市に集います。その大会に向けたアピールが、上海市障害者連合会副会長の龔伯栄さんから奈良の舞台で発表されることにもなっています。

三〇周年記念わたぼうし音楽祭は、八月七日（日）奈良県文化会館国際ホールで一四時から開催されます。


（二〇〇五年七月一二日）

「イーハトーブ」に出会う

宮沢賢治の世界をガラス絵で描いた、児玉房子ガラス絵展「イーハトーブ」が、たんぽぽの家アートセンターHANAで開かれています。賢治の理想郷「イーハトーブ」をテーマに、彼の作品世界や思想、岩手の風土などがガラス絵四八点で紹介されています。

そのひとつ、童話『虔十公園林』。雨の中の青い薮を見ても、青空をどこまでも翔けてゆく鷹を見つけても、風でゆれるぶなの葉がチラチラ光るのを見ても、虔十はうれしくて笑いがこみ上げてきます。でも周りの人たちは、そんな虔十をばかにします。ある日、虔十は家のうしろの野原に杉林をつくることを思いつきます。土地は粘土質で、とても杉など育たないとまた皆からばかにされます。しかし虔十によって育てられた杉林は、周りの田や畑に工場や家が建ち並ぶようになっても、唯一昔から変わらない、子どもたちが集う場所となります。杉林は「虔十公園林」と名づけられ、いつまでも人びとに、「ほんとうのさいわいが何だか」を教え続けました。この物語が九枚のガラス絵で表現されています。

ガラス絵とは、透明なガラス板の片方の面に絵を描き、裏返して反対の面から見るものです。描くときと見るときでは、左右が逆になりますし、他の絵画では最後に描くところを、ガラス絵では最初に描かなければならないことになります。

児玉さんのすごいところは、その飽くなき探究心です。ガラス絵に進む決意をすれば、その技法をいろいろ試みるのはもちろんのこと、スペイン、フランス、イタリア、ユーゴスラビア、ルーマニア、オーストリア、ドイツ、チェコを旅してガラス絵を見て歩きます。スペインでは構図を、フランスでは線を銅版画のように削る方法を、ルーマニアではデカルコマニー（移し絵法）を、スペインでは陶器の線を学びます。さらに、墨絵の線を学んでガラス絵表現の可能性を広げていきます。

その児玉さんが、ひとり旅の末にたどり着いた岩手県遠野で、賢治と出会います。賢治の「世界がぜんたい幸福にならないうちは個人の幸福はあり得ない」（『農民芸術概論』）ということばがいつまでも色褪せないのと同じく、児玉さんのガラス絵も「何年も前に描いたガラス絵を磨くと、絵が生き返ってくる。今塗ったような艶やかな新鮮さで」（『ガラス絵に魅せられて』）。

展覧会は八月二一日（日）まで（一三、一四、一五日は休館）、一一時から一九時。

（二〇〇五年八月九日）

メンターとして参画を

メンターとは、よき指導者、よき相談相手のことをいいます。配偶者や家族とは違う立場で、仕事や人生の上でより効果的なアドバイスをしてくれる相談者のことを指します。企業では、部下や後輩を指導・教育し、仕事やポストを与え引き立てる役割を果たす人を指して使われます。ギリシャ神話で、トロイ遠征の留守中、オデッセウスが我が子テレマキュウスの教育を託した親友メントールの名に由来します。

財団法人たんぽぽの家では、メンター会員を募集しています。メンターとして、たんぽぽの家の活動を応援していただくとともに、みなさんの智恵や経験を生かして、活動全般に参画していただくことができます。参画の仕方は以下のとおりですが、もちろん経営責任はありません。

○　財団法人たんぽぽの家の活動を向上するための議論をする、メンターミーティングに出席していただくことができます。

○　活動方針や各種事業の実行に関して、提言・助言をいただきます。
○　活動の財源確保、広報活動、新たなネットワークづくりを援助していただきます。
○　事業の実施運営に参加していただきます。
○　情報誌をお送りします。
○　財団法人たんぽぽの家が主催する各種催し物に、優待参加していただけます。

年会費は、一口一〇〇〇〇円です。この会費は、「エンパワメント基金」として積み立てられ、たんぽぽの家の活動をさらに充実・発展させていくために活用されます。

財団法人たんぽぽの家は、一九七六年の設立以来、社会的に弱い立場にある人の側に身をおきながら、誰もが人間として豊かに生きることのできる社会をめざしてきました。アートと人間、アートと社会の新しい関係を築いていく市民芸術運動「エイブル・アート・ムーブメント」を提唱しています。また「わたぼうしプロジェクト」として、障害のある人たちの詩をメロディーにのせて歌うコンサートや音楽祭、障害を個性として生かした「わたぼうし語り部」、また二年に一度「アジア・太平洋わたぼうし音楽祭」を開催し、共感のネットワークを広げています。さらに、誰もが人との関わりあいの中で豊かに生きていくことのできるコミュニティ、ケアリングソサエティをつくっていくための調査研究やプロジェクトを「ケアの文化プロジェクト」として展開しています。

こうした、財団法人たんぽぽの家の活動に、みなさんもメンターとしてぜひ参画してください。

（二〇〇五年八月二三日）

エイブル・アート・パビリオン

「自然の叡智」をテーマに開かれている愛知万博「愛・地球博」長久手会場の「遊びと参加ゾーン」内に「地球市民村」という一角があります。世界各地で活動するＮＰＯ／ＮＧＯが集まり、持続可能な社会づくりに向けた多様な交流の場となっています。六か月間の会期中、毎月五団体ずつ合計三〇団体がさまざまなテーマを持ち寄って、展示やワークショップを繰り広げています。

会期の最後の月であるこの九月に、財団法人たんぽぽの家が「みんなが同じ生を受け、みんなに違う生き方がある」というメッセージを伝える「エイブル・アート・パビリオン」を展開しています。

まず、「世界の空　~Ｓｋｙ，Ｓｍｉｌｅ，Ｓｔｏｒｙ　空と笑顔の物語」と題して、日本、香港、アメリカ、オーストラリアの一〇病院の一一八人の子どもたちから寄せられた展示です。小児病棟に入院する子どもたちが病室から見える「空Ｓｋｙ」と、自分を「笑顔Ｓｍｉｌｅ」にしてくれるモノやコトの写真、そして笑顔にまつわるメッセージ「テキストＳｔｏｒｙ」を送ってくれました。それがパビリオンいっぱいに展示されています。会場を訪れた子どもたちが、空の写真を見ながら、その空の下の街の様子を想像し積み木の街をつくってくれています。積み木の街は、写真を送ってくれた子どもたちへの返事として、各国の小児病棟の子どもたちにプレゼントされます。

さらに、オーストラリアからやってきたアクセス・アーツという団体の一三人による「サウンドサークル　~響きあういのち」というパフォーマンスがあります。サウンドサークルとは「コーラスともパフォーマンスとも言いきれません。それは、心と精神と身体と声が出会う場」だといいます。音楽やパフォーマンス、さらには人の輪づくりの専門家であるファシリテーターが、参加者の中に隠れている才能や表現を見出し、共に育ててくれます。

そして圧巻は、地球市民村を取り巻くように掲げられたフラッグアートです。入り口を飾るシンボルフラッグと、エイブル・アート・パビリオンの回りに掲げられたスネークフラッグがみなさんを迎えます。言語や文化の違いを超え、未来の普遍的なコミュニケーションの可能性を広げる道具として、フラッグアートが「地球市民村」を彩ります。

九月二五日までの会期中に愛知万博に行かれる方は、ぜひエイブル・アート・パビリオンをお訪ねください。

（二〇〇五年九月一三日）

浮世絵を超える創造力

骨太の墨の輪郭線に縁取られ、顔や着物はパステル調の岩彩で描かれた人物画。大胆な構図とデフォルメされた姿かたち。浮世絵に想を得た作品が並ぶ、たんぽぽの家アートセンターHANAで開催中の「千変万化～生色　武田佳子(あつこ)展」に出展されている作品群の特徴です。

鮮やかに描き出された顔、目鼻、口、無駄なものをそぎ落として、必要なものだけが的確に縁取られた女性像。中には、肌をあらわにした女性を描いた作品もあります。妖艶な雰囲気を漂わせる女性は、まさに浮世絵から抜け出した人物そのものですが、浮世絵のもつ細かいところまで描き出す繊細な美とは一味も二味も違った、全く新しい境地を創り出しています。

武田さんは、たんぽぽの家づくり運動が始まって以来のメンバーで、重度の脳性マヒがあり、電動車いすでの生活です。言語障害もあり、文字盤の字を一文字一文字指差して、意思を伝えています。そんな武田さんは、二〇年前に絵画と出会います。油絵を続けますが体力的に難しくなりパステル画などにも挑戦し、試行錯誤の末に墨と出会います。アートサポーターの前田美直子さんと出会い提案された浮世絵と向き合います。「浮世絵から、人間の命の尊さや生きる素晴らしさを学びました」と武田さんは言います。前田さんは「モチーフをいろいろ変え、人間へたどり着き、浮世絵を描くようになってからは魂を刺激したのであろうか、何かに押されるように体力、気力を超えたものとのつながりを感じさせ、短期間に二〇もの作品を描きあげています」と話します。

私は、武田さんとは三〇年以上の付き合いになります。すごい作品を生み出す武田さんの原動力は、彼女のもつおおらかな性格だと感じています。御三家（年代がわかるかも知れませんが、郷ひろみ、西城秀樹、野口五郎ではありません。橋幸夫、舟木一夫、西郷輝彦です）のコンサートにも付き合いましたし、植木等のワンマンショーにもいっしょに行きました。彼女は、今たんぽぽの家の敷地内にある福祉ホーム・コットンハウスで暮らしています。その部屋には、舟木一夫のアルバムが並んでいます。そして、焼肉と焼酎の好きな武田さんだからこそ、これらの作品を生み出しているのだと実感しています。

「武田佳子展」は、一〇月二日（日）まで。一一：〇〇～一九：〇〇（日曜日は一七：〇〇まで、月曜日は休館）。

（二〇〇五年九月二七日）

こころの原風景をほる

「こころの原風景をほる　～アメリカ・ACMHSの版画作品」と題した展覧会が、たんぽぽの家アートセンターHANAで開かれています。ACMHSとは、アジアン・コミュニティ・メンタルヘルス・サービスの頭文字をとった略称です。一九七四年にサンフランシスコのベイエリアにあるオークランド市のチャイナタウンに設立され、アジア人コミュニティのための精神衛生保健センターとして、三千人にも及ぶクライアントを抱えています。低所得のアジア系移民の人たちを対象に、精神障害者の治療、ケアマネジメント、リハビリテーションなどを行っているNPOで、スタッフを約一〇〇人かかえ、アラメダ郡からの委託事業を中心に運営されています。

一九九七年からは版画教室を開き、精神障害のある人たちに対して、アートを通した支援活動を行っています。その中心となって活躍しているのが、アメリカ在住三一年の稲垣典子さんです。稲垣さんは、カリフォルニア州公認臨床ソーシャルワーカーで、ACMHSではクリニカル・スーパーバイザーとして、中国人、ベトナム人、フィリピン人の乳幼児から高齢者までの幅広い年齢層の人たちから相談を受け、診断や治療にあたっています。一九九七年から、自身も患者であり回復者であったアーティスト、清美プライスさん（故人）と版画教室を主宰してきました。

展覧会初日の一〇月二二日には、稲垣さんや精神科医、版画教室アーティストたちを招いて、「精神障害のある人たちの自己実現とアート活動」というテーマで、講演会とパネルディスカッションがたんぽぽの家で開かれ、その活動が詳しく紹介されました。

今回展示されている版画は、一〇人の作者の約五〇点です。いずれも韓国、フィリピン、カンボジアなどアジアの国々から、貧困の中、自由の天地を求めてアメリカに渡った人たちです。言語も違い、文化も違う地で、思うような職にもつけず、精神を病んでACMHSにたどり着いた人たちが、そのアートセンターで版画と出会うことによって、自己を表現していきます。描かれるのは、彼らのふるさとでの体験から記憶に残る原風景です。

作品は販売もされます。また印刷されたカードも同時に販売されています。それが作者の収入として還元されます。この展覧会は、一一月一三日（日）まで、一一時から一九時まで。月曜休み、日曜は一七時まで。

（二〇〇五年一〇月二五日）

世界をこの手で切り取る

「世界をこの手で切り取る　～中国の民間剪紙（せんし）芸術～」と題した講演会と展覧会が、たんぽぽの家アートセンターＨＡＮＡで行われます。

剪紙（切り絵）は、中国で原始社会から今まで連綿として伝わる、生活に根ざした文化です。身のまわりの世界を心に映るままに、一本のはさみで豊かに切り取ってみせる手わざの表現といえます。紙は神霊に通じるものとして、神と人の間を通じさせる媒体として用いられてきました。

地域の守り神として、竜や虎、牛、鹿などの動物が、魔除けや邪気鎮めのために神樹が、子孫繁栄の神として蛙、魚、兎などが民間剪紙に広く利用されているといいます。巫が邪気や厄を払ったり、祭に神を迎える儀式の神壇を飾るものとしても剪紙が広く用いられています。また、古代からの神話・信仰に根づいたさまざまな「生命の樹」「生命の花」のかたちが表現されています。植物だけではなく、動物と「生命の樹」「生命の花」とが組み合わされ、抓髻娃娃（そうけいあいあい、揚巻の赤ちゃん）と呼ばれる幼な神との組み合わせなども、とても古くて深い歴史を持っています。剪紙は、農村の人々の生活から生まれ、母親から子、孫へと地域に伝承されています。

講演会には、中国の「民間剪紙芸術」の先駆的研究者である靳之林（ジン・ツーリン）さんをお招きし、「切ること」による「手の文化」がどのような土地、どのような人、そしてどのような考えのもとで生み出され、継承されているのかについてお話いただきます。装飾芸術研究の第一人者である立命館大学文学部教授、鶴岡真弓さんには、剪紙を通して私たちの手の文化についてお話いただきます。さらに、中国の剪紙作家のお二人による剪紙パフォーマンスがあります。参加者にも剪紙にチャレンジしていただきます。展示は、陝西省の黄土高原に暮らす最も有名な剪紙作家、高鳳蓮さんとその技術を受け継ぐ娘さん、お孫さんの大作が中心です。黄土高原に流行した神話、故事、伝説や農民の日々の生活、民俗から題材を得ています。

この講演会と展覧会を通して、中国の基層文化の豊かさを知るとともに、人間の表現欲求や生活文化について考えたいと思います。

講演会は、一一月一九日（土）一三時から一六時、参加費千五百円、定員六〇人。展覧会は、一一月一八日（金）から一二月四日（日）、一一時から一九時、月曜日休み、日曜日・祝日は一七時まで。

（二〇〇五年一一月八日）

脱施設を支える仕組みづくり

「障害者の『脱施設』を考えるフォーラム」が去る一一月六日橿原市にある奈良県社会福祉総合センターで、約一三〇名の参加を得て開かれました。第三二回奈良県人権・部落解放研究集会実行委員会と、なら地域ケア研究会の共催です。

まず基調講演で、社会福祉法人相楽福祉会常務理事の廣瀬明彦さんに「『脱施設』を支える仕組みづくり」と題して話をしていただきました。廣瀬さんは、自ら知的障害のある人とグループホームで暮らす立場から、障害のある人たちの「自立」はどうあるべきなのか、地域での生活を支援するためには何が必要なのかについて話しました。障害のある人たちの反対の声にもかかわらず、先の特別国会で成立した「障害者自立支援法」の問題点についても詳しく触れました。

二〇〇三年四月にスタートした障害者に対する支援費制度が、厚生労働省の予想を大きく上回るサービス利用によって二年で早くも財政的に破綻し、高齢者向けの介護保険制度への統合がめざされています。介護保険制度と同じような要介護認定の仕組みを障害者にも適用し、利用できるサービスをケアマネジャーがアレンジし、利用したサービスに要する費用の一割を障害者本人が負担するというのが、障害者自立支援法の主な内容です。本格実施は来年一〇月ですが、一割負担は来年四月から始まります。

廣瀬さんは、そもそも「介護」が高齢の当事者ではなく、介護を行う事業者の声を基にしている点や、家族介護が前提の介護保険制度をそのまま障害者に当てはめようとすることの問題点を指摘しました。さらに、就労自立を重視し、相談支援を軽視する障害者自立支援法の問題点にも触れました。

続く「障害のある人たちの『脱施設』を考える」をテーマとするパネルディスカッションには、身体障害者療護施設フリーシュタッドなかがわ施設長の須川映治さん、かかしの家作遊所代表の小野加代子さん、知的障害者通所授産施設ちいろば園施設長の富田忠一さん、ピアカウンセラーの柳生久美さんがパネリストとして参加し、私がコーディネーターを務めました。その議論の内容は、次回くわしく報告します。

自立支援法が本格実施されるまでにはまだまだ紆余曲折が予想されますが、障害のある人たちはどこかに逃げ出すわけにはいきません。障害のある人たちが身近な地域で豊かに生きていけるかどうかを考えることは、まさに私たち自身がどう生きたいのか、を考えることにつながります。

（二〇〇五年一一月二二日）

障害者の地域生活を支える

去る一一月六日橿原市で開かれた「障害者の『脱施設』を考えるフォーラム」の報告の続きです。

社会福祉法人相楽福祉会常務理事の廣瀬明彦さんの基調講演の後、パネルディスカッションがありました。身体障害者療護施設フリーシュタッドなかがわ施設長の須川映治さん、かかしの家作遊所代表の小野加代子さん、知的障害者通所授産施設ちいろば園施設長の富田忠一さん、ピアカウンセラーの柳生久美さんがパネリストとして参加し、私がコーディネーターを務めました。

須川さんは、療護施設という制度を利用して、重い障害があっても確かな生活を行う「ところ」をつくることをめざしたなかがわの理念を話しました。施設では当然だと思われている定時排せつ、一斉食事をやめ、必要なときにトイレに行き、食事も一定の時間帯の中で好きな時間に食堂に行き作りたてのものを味わうことができる。お風呂も夕方の時間帯に毎日入ることができる、なかがわでの生活を紹介しました。

小野さんは、障害のある人たちの作遊所が、自分たちの町内に来られては困るという反対に遭いながら、ようやく六条町に根を下ろして活動を始めた経験を話しました。自治会にも入会し、地域の一員として役に立ちたいと〝コミュニティ・レスト〟を敷地内に設け、道行く人が気軽に立ち寄りお茶を飲み、おしゃべりをして交流できるスペースにしています。

富田さんは、知的障害のある人たちが地域で暮らす足がかりとなる移動介護やグループホームでのヘルパー利用を可能にした支援費制度が二年あまりで逆もどりしてしまう障害者自立支援法の問題点を厳しく指摘しました。知的障害のある人たちにとっては、好ききらいを始め、本人の意向の確認には「とりあえず……のサービス」が必要で「～したい」と表現するためには、さまざまな体験をするためのガイドヘルプが「自立」の第一歩だといいます。

柳生さんは、一二年間の入所施設生活の後、多くのボランティアの人たちの参加で地域での自立生活を一九年にわたって続けてきた体験から、あくまでも一人の人間として自立していく姿勢と信念を強調しました。

一〇月三一日に成立した障害者自立支援法は、利用したサービスの一割自己負担は来年四月から、新たな事業体系への移行は来年一〇月に施行されます。しかし、具体的な部分については、まだまだはっきりしない点がたくさんあります。政令・省令であきらかになる内容を注視したいと思います。

（二〇〇五年一二月一三日）

新しい知と新しい美の地平をひらく

ひとつの新しい学会が生まれようとしています。「アーツ・イン・ヘルスケア学会」がそれです。去る一二月二〇日、大阪府文化情報センターさいかくホールで約一五〇人が参加して設立発起人会と記念講演会が開かれました。

「アートは人間の生命にどのような意味をもっているのか、そして私たちの未来に対してどのような役割を果たしていくことができるのか。積極的な生のあり方、感受性をともなった知のあり方を探求することから、新しい知と新しい美の地平をひらき、人の生きやすい社会、文化を提案したい」というのが設立の趣旨です。

記念講演は、臨床哲学を標榜する大阪大学副学長の鷲田清一さんが「生命・アート・社会」と題して話しました。まず、未来に向かって目的を立てて今やることが決まるという普通の仕事と違って、アートは過去のしがらみがなく今が楽しいことが大事で、ゼロからつくれる、いわば人生をリセットできるものだと指摘したうえで、「エイブルアートやアウトサイダーアートとは何か」と「アートはコミュニケーションの手段になるのか」に言及しました。

さらに学会について、建築家・青木淳さんのことばを引用し、「遊園地」としての建築よりも「原っぱ」としての建築のような学会でありたいとの抱負が語られました。つまり、あらかじめそこで行われることがわかっている空間ではなく、そこに集う人たちが空間の中味をつくっていく場になればいいとの指摘です。

この後の設立発起人会は、まさに「原っぱ」としての学会を象徴するような場になりました。そもそも

「ヘルスケア」とは何なのか、「ヘルス」よりも「ライフ」ではないのか、学会の名称に「ヘルスケア」を使うことの是非にまで及びました。アートとヘルスケアの関わりについてすぐれた実践がなされていても、研究者の側がちゃんと論評しない、その間をつなぐ語ることばをつくっていくことが大事で、自由に議論する場としての学会に意義があることが確認されました。医療や福祉、デザイン、建築、園芸、さらには情報工学など、さまざまな分野の横断的な学会、しかも実践者と研究者とが新しいアート、ケアのあり方、ケアの文化を提案していく学会になります。

この学会の設立総会と記念フォーラムが、来年三月一一日(土)一二日(日)の両日、奈良県新公会堂レセプションホールで開催されます。詳細が決まり次第この欄でご案内します。日本における新しい流れが起こる現場にあなたも足を運んでみませんか。

(二〇〇五年一二月二七日)

(この学会は、「アートミーツケア学会」として二〇〇六年三月に発足しました)

福岡市の工房まるの企画展

あけまして、おめでとうございます。さて、新春のHANAギャラリーでの展示のご案内です。一月六日(金)から一月二九日(日)まで、「工房まる企画展[maru works vol.3」@HANA/奈良」を開催しています。

工房まるは、福岡市にある障害のある人たちの無認可の福祉作業所です。そのホームページで自らの作業所のことを次のように表現しています。

「メンバー全員が安定した生活を送ることができるように。『まる』ではかれらの個性とふれあい、日常的な生活をケアすると同時に、社会の中でそのチカラを活かせる仕事や役割を見出すことを目標にしています。絵画や陶芸といったメンバーの創作活動、作品の販売、ライブや食をテーマにしたイベントなど。工房では障害のある人もそうでない人も、年齢や仕事のジャンルさえも関係なく、いろいろな人々が集まり、思い思いの疑問やその解決策について話し合う時間も増えてきました。こうした集いの中からすくい上げた何気ない日常の会話を軸に、工房まるは内外のみなさんと意見やアイデアを交換し合い、社会のちょっとした価値観を心地よく変えるアイデアを楽しみながらカタチにして、新しい選択肢をつくっていこうと考えています」。

工房まるは、たんぽぽの家と同じく、アートに特化した作品づくりに取り組んでいます。平面作品も立体作品もありますが、オリジナル作品の販売もしていますし、それらを基にしたTシャツやポストカードを制作して販売もしています。

そして、今回の展示のテーマは「ｍａｒｕ ｗｏｒｋｓ」。「工房まるがこの社会に生まれ、関わってきた八年間の日常をまるごと詰め込もうと考えました。現在のメンバー一七名がつくりあげてきたこれまでのアート作品や商品化されたグッズはもちろん、創作活動中の彼らの表情を伝える写真や映像、イベントやパーティで飛び出した即興的なパフォーマンスの数々までをもすべて一堂にご覧いただけます」。

新しい感覚をもって一人ひとりの個性に向き合う工房まるの姿勢は、周辺に関わる人たちの共感を得ています。この企画展では、工房まるが描く理想の「場」が表現されます。工房まるのメンバーが、どんな作品とインパクトをもってＨＡＮＡにやってくるのか、ぜひみなさんも確認に足をお運びください。きっといい出会いが待っていることと思います。

（二〇〇六年一月一〇日）

ひと・アート・まち滋賀

二月三日から一四日まで、「エイブル・アート近畿２００６　ひと・アート・まち滋賀」というイベントが大津市浜大津周辺で開かれます。近畿労働金庫が主催し、実行委員会に加わる一五の団体が実施主体となって、六つの企画が期間中繰り広げられます。テーマは〈アートの底力〉。「まちが、人が、アートでつながる。新しい関係が、まちを変える。時代によってつくりだされる美が、私たちを豊かにする」。「エイブル・アート近畿　ひと・アート・まち」は、アートでまちを人間的で豊かな美しい空間にしようという市民による実験的なプロジェクトです。ろうきん運動が、二〇〇〇年に五〇周年を迎えたのを記念し、近畿労働金庫の支援事業としてスタートしました。これまで奈良、京都、大阪、兵庫、和歌山と近畿二府四県を順に回ってきて、滋賀が締めくくりの開催となります。

まず、「アートリンク・プロジェクト」では、創造性豊かな障害のある人とさまざまなジャンルのアーティスト八組が刺激し合いながら共同制作した作品が展示されます。次が「エイブルアート・オンステージ・ガムラン公演『さあトーマス』」。二月一〇日夕、びわ湖ホールに、インドネシアの伝統楽器ガムラン演奏が響き、人々が踊ります。障害のある人たちとガムラングループ「マルガサリ」が、すべて即興で紡ぎ出す音とダンスをお楽しみください。

三つ目が「プライベート美術館」。障害のある人たちのアート作品を一か月あまり滋賀県各地のみなさんの自宅や店舗に展示していただきました。それらの作品を、預っていただいたみなさんのメッセージとともに展示します。四つ目が「世間遺産　～一〇〇年後の子どもたちに贈る物語～」です。日常生活の中で出会う風景で心の中にいつまでもとどめておきたいもの、未来に残したいと思う滋賀県内のなにげないたからものの写真を公募して展示します。

五つ目が「学生チャレンジショップ」。障害のある人たちがつくったアートグッズを龍谷大学と立命館大学の学生チームが、まちづくり大津百町館の店舗をつかって展示販売に挑戦します。六つ目が「『語り絵』ワークショップ作品展」。障害のある人の語りを聴いた子どもたちが、そのイメージを絵に描いたものを展示します。心を震わす迫力ある語りが子どもたちのなかにどんな想像の世界となって広がっているのか、楽しみです。

（二〇〇六年一月二四日）

『博士の愛した数式』

今話題の映画『博士の愛した数式』を観ました。寺尾聰扮する数学博士が交通事故が原因で記憶が八〇分しか保てないという障害をもつことになり、日常生活上のケアを受けることになります。そこに深津絵里扮する家政婦が派遣され、博士が√（ルート）と名づけたその子どもを交えた三人が互いにその人生に大きな影響を与えるまでの人間関係をつくり上げていくドラマです。

毎朝博士の家を訪ねていくと深津は決まって「君の靴のサイズはいくつかね？」とたずねられます。「二四です」と答えると「ほぉ、実に潔い数字だ。四の階乗だ」という会話で一日が始まります。お昼ごはんの好みをたずねると「数字との対話を妨げるな」としかられます。深津はこんな変わり者の博士の人間的な魅力に惹かれます。学校が終われば博士の家に直接来るようになったルートと博士は共に阪神ファンですが、博士の阪神は江夏が対中日戦で自らのサヨナラホームランでノーヒットノーランを達成した一九七三年の阪神です。ルートの少年野球チームの試合を博士に見に来てもらおうとルートは当時の阪神の名選手の背番号をチームメイトの背番号にします。

三人のやり取りから見えてくるものは、ケアする側とケアを受ける側という関係を超えて、お互いが学び合い高め合って人生をより豊かにしていっている姿です。重要なことは、ケアが一方的に、する側から受ける側に提供される介護といったものではないということです。高齢の人の人生に触れ、自分の生き方やものの見方が変わったなどの体験談をよく聞きます。また、障害のある子どもの親が、その子どもがいたおかげで豊かな人間関係ができ充実した人生になっていると語るのをたくさん知っています。

ケアする人のセルフケアのポイントのひとつは、ケアすることによる学びを大切にするということです。この学びのスタンスがあったから、深津もまた博士から多くのことを学び人生を豊かにすることができました。博士もまた、深津とルートとの出会いによって、八〇分の記憶の中で、その繰り返し、いや積み重ねによって豊かな人間関係を築いています。

「家政婦」という呼び方についての議論や、浅丘ルリ子演ずる義姉との関係などは横に置くとして、ケアの問題を考えるうえで非常に参考になる映画です。遠くを見つめる博士の表情に、亡父宇野重吉を感じてしまうのは私だけではないかも知れません。私を含め阪神ファンにとってもうれしい映画です。どうぞご覧ください。

（二〇〇六年二月一四日）

野田淳子さんに拍手

奈良市に住む野田淳子さんには四二歳になる長男充健君がいます。充健君は脳性マヒで、何とか歩けるものの、思い通りに手足が動かないアテトーゼという障害があります。言語障害も激しく、意思疎通には困難が伴います。その彼が一一歳の時に書いた詩があります。

もしも　ぼくがまほうつかいなら
カメンライダーになって
ライダーキックでショッカーを
一度やっつけたいな

もしも　ぼくがまほうつかいなら
ウルトラマンになって
ペスターやバルタン星人と
一度たたかってみたいな

『もしもぼくが　まほうつかいだったら』と題されたこの詩には曲がつけられて、一九七五年四月二六日奈良県文化会館大ホールで開催された、私たちにとっては記念すべき初めての「わたぼうしコンサート」で披露され、同年一〇月一日発売の日本初の福祉LPレコード『みんな同じ空の下に生きている』にも収録されました。

野田さんの人生は、充健君によって生かされてきた人生だといえます。他のお母さんたちとちょっと違ったのは、自分の息子の障害を苦にせず、逆に障害のある子どもがいる幸せを感じ、その子に生かされている人生を感じとったことだと思います。単純ではありません、苦労がないわけでもありません。まだまだ障害のある人たちに対する社会の目がそんなに温かいわけでもありません。でも、野田さんはいわばその社会の壁に果敢にチャレンジしてきました。障害児の歯科診療所の開設や奈良養護学校の開設のために奔走したり、心理リハビリテーションの普及に努めるなど、障害のある人たちの環境をよくするための業績は枚挙にいとまがありません。誤解を恐れずにいえば、我が子に突き動かされてきた野田さんは、我が子を通して豊かな人生を歩んできたといえます。

現在、奈良県肢体不自由児（者）父母の会連合会会長を務める野田さんの長年にわたるこうした功績が認められ、昨年一二月、厚生労働大臣更生援護功労賞を受賞されました。先ごろ、そのお祝いの会があり、私も参加させていただきました。祝う会の発起人に名を連ねた元奈良市長大川靖則さん、東大寺福祉事業団理事長狭川普文さんたちのあいさつと、集まった人の数の多さが、野田さんのこれまでの活動の大きさと幅の広さを如実に物語っていました。

野田さんの受賞が、奈良県の障害のある人たちの環境を大きく変えていくきっかけとなることを、また今後ますますご活躍されることを願っています。野田さん、本当におめでとうございました。

（二〇〇六年二月二八日）

「アクターズスクールくらっぷ」の試み

演劇集団「アクターズスクールくらっぷ」の公演が、四月八日と九日の二日間大阪心斎橋の「ウイングフィールド」であります。

「アクターズスクールくらっぷ」は、たんぽぽの家が運営するデイサービスぶるーむのオリジナルメニューとして二年前から活動を始め、即興劇を中心とした実験的な作品づくりを行っている知的障害のある人たち五歳から二九歳まで、男性三人女性四人の演劇集団です。

今回の演目は、ゲーテ原作になる『ファウスト』。公演は、奈良を拠点に活躍する役者もりながまことさん構成・演出による『ファウスト』が中心ですが、くらっぷメンバーに対するインタビューを織り交ぜたイントロダクションと「アフタートーク」までの一時間四五分のプログラムになっています。

「ファウスト」は、諸学に通じ、医師・魔術師として各地を遍歴、悪魔メフィストフェレスを従僕として冒険的・享楽的生活を送り、後、悪魔に殺されたというドイツ一五、六世紀頃の伝説の人物。この伝説に取材したゲーテの『ファウスト』では、あらゆる学問を極めたにも関わらず人生に絶望する学者として描かれ、悪魔メフィストフェレス提案の、あらゆる人生を経験させ、もし満足したら、その瞬間に魂をもらうという賭けに応じてしまいます。そのファウストに扮するのがくらっぷ俳優たちです。彼らは悪魔に魂を売り渡してしまうのでしょうか。

今回の公演が実現したのは、「エイブルアート・ジャパン」の「エイブルアート・オンステージ」に応暮し、その助成を得ることができたからです。「エイブルアート・オンステージ」とは、障害のある人たちが演劇、ダンス、音楽などの舞台芸術分野で、表現する機会を提供するとともに、今まで出会うことがなかった人同士が出会い、お互いの違いを超えてコラボレーションすることを支援するプロジェクトとして二〇〇四年にスタートしました。「アクターズスクールくらっぷ」は、その二〇〇五年度の活動支援プログラムに選ばれました。もりながまことさんというアーティストとのコラボレーションで、『ファウスト』という作品に仕上げるためのワークショップを積み重ねてきました。その成果をみなさんに見ていただくステージが今回の公演ということになります。知的障害のある俳優演ずるファウストたちの奇想天外な欲望にさすがの悪魔もタジタジとなります。はたして魂をめぐる駆け引きの行方は……。

（二〇〇六年三月一四日）

富山型デイサービスに学ぶ

先日、日帰りで富山市を訪れる機会がありました。前日が奈良でも雪だったので、さぞかし雪が多いのかと想像していたのですが、市内には雪がなく、遠くに立山連峰が雪をいただいてきれいに眺められるのが印象的でした。

さてその富山行きの目的ですが、全国的に注目を集めている「富山型デイサービス」を学ぶために、私も加わっている「なら地域ケア研究会」のメンバー総勢一四名で出掛けたのです。

「赤ちゃんからお年寄りまで、障害の有無に関わらず、誰もが一緒に身近な地域でデイサービスを受けられる場所、それが『富山型デイサービス』です」とパンフレットにあります。このさりげない表現の中に「富山型デイサービス」のすごさがあります。たとえば普通であれば認知症のお年寄りは特別養護老人ホームへの入所かグループホームで生活することになるでしょう。また、何らかの障害がある人は、それぞれの障害の種別ごとに行くべき施設を限定されて入所か通所を迫られることになるでしょう。赤ちゃんは保育所でないと受け入れてもらえません。でも、富山型ではこれらの人たちが身近な地域の中にある、それこそ民家の中で一緒に一日を過ごします。

この富山型は、惣万佳代子さんが始めた「このゆびとーまれ」の試みから生まれました。私たちが訪ねたのは、「おらとこ」と「にぎやか」の二か所です。「おらとこ」は、商店街の中の築一〇〇年の民家を地元富山産の杉をふんだんに使ってバリアフリーに改装して使っています。訪ねたのは昼前。高齢の人や障害のある人たち約一〇人が杉板張りの居間でくつろいでおられます。訪ねた私たちの方が人数が多いのです。その多人数の訪問者を受け入れてもらって昼食を共にしました。家庭的な雰囲気の中で手づくりの料理をいただきました。奈良には何度も来たことがあるという理事長の野入美津恵さんの運動立ち上げからこれまでの話を聞いていると、その苦労とは裏腹に、こちらの方が元気をもらっていることに気が付きます。

午後から訪れた「にぎやか」は、住宅地の中の一角に三年前に新築された一軒家です。車いすの人、高齢の人、子どもたちと名前のとおりにぎやかです。ここの代表阪井由佳子さんがすごいのは、ここで一生すごしたいという人はそのまま受け入れて生活の場にも提供していることです。デイサービスを通り越して「生涯サービス」の空間にしてしまっています。どのように「にぎやか」が育っていくのか、楽しみでもあります。

（二〇〇六年三月二八日）

子育て応援ブックを出版

『障害のある子どもとその家族のための子育て応援ブックｉｎ奈良』という本が四月下旬に出版されます。

子どもに何らかの障害があると知らされた親は、何とか治るのではないかと必死になって各地の専門医を訪ねます。ようやく我が子を障害とともに受け入れて生きていこうとすると、かかりつけの医者を確保したり、療育施設を見つけたり、学校や支援センターや同じ障害のある子どもをもつ親のサークルなど、親が必要とする情報はたくさんあります。障害があっても受け入れてくれる理・美容室、バリアフリーなレストランやレジャー施設などの情報があれば、どんなにか暮らしやすくなることでしょう。

しかし、そのような情報は、どこか一か所に行けばすぐに手に入るものではありません。いざという時にすぐその情報にたどりつけなかったり、そういう情報があることもわからないまま過ごしてしまうこともあります。それらの情報を集めて、わかりやすいかたちで提供することによって、障害のある子どもを育てる大変さを少しでも解消し、子育てを楽しいものにする一助になるものと期待されます。

障害者施設や生活支援センターのスタッフ、社会福祉専門学校や養護学校の先生など約一〇人で「子育て応援ブックｉｎ奈良作成委員会」を組織し、今回の出版に取り組みました。奈良県内全域を対象に、実際に障害のある子どもとその家族がどのような情報を必要としているのかをアンケート調査し、必要とされている情報をワーキンググループをつくって集めました。「あそぶ」「くらす」「なおす」「つどう」「かたる」「市町村情報」の別に整理され、地図と索引がついています。

このネットワークの事務局を担当した、たんぽぽ生活支援センター相談員の内山尚子さんは、「障害のある子どもやその家族にとって、地域のなかで豊かに生きていくためには、安心して過ごすことのできる

『居場所』が必要です。街にたくさんあるその『居場所』情報を提供し、子育ての不安を解きほぐす言葉を届け、軽く背中を押すことができれば」と話します。

四月二二日（土）には、奈良県立図書情報館で、この本の出版を記念して「みんなにやさしいまちづくりをめざして」というフォーラムも開催されます。かかしの家福祉作遊所代表の小野加代子さんによる「ちいきとこそだてとわたし」と題する講演などがあります。

（二〇〇六年四月一一日）

第四回親守唄・歌会開く

私の身体に　流れるこのぬくもりを
与えてくれた人
はじまりをくれた人

「最近、年とったね」
そう思う時が少し切なくて
素直に寄りそえない
そんな自分がもどかしくて
「ひげが痛いからやめて」って言っても

うれしそうな顔で頬ずりしてきた
その気持ち　今は私もわかるよ
今　母となり子供を見つめる

『はじまりをくれた人』と題された詩です。この詩をつくったのは大和高田市の夏葉さんです。第四回になる親守唄・歌会に応募し、八曲の中に選ばれました。自ら作曲もし、歌唱もされます。
いろんな人生経験を積み重ね、老いとともに人生の完成期にある親に対して、子が愛をこめて感謝の唄を贈ろうと、二〇〇三年に始まった歌会も今年が四回目になります。作詩の部には一三六人の人から一七二点の作品が寄せられ、その中から八編が選ばれ、あらためて作詩・作曲の部の作品募集を行いました。そして応募のあった一〇七人、一三〇点の中から八曲が選ばれ、五月二〇日に行われる歌会で発表されることになります。今回は、奈良県からはもう一人地元大和郡山市の若野麗次さんが作詩された『好っきゃねん　わいのおかん』が入選しました。横浜市の野崎優子さんが作曲して当日披露されます。

遅く生まれた　未熟児で
ちゃんと育つか　名も「大」（だい）と
名付けおかんは　夜も昼も
絞りに絞った　母乳をば
飲ませどえらい　人になれ

尻を叩いた　ど根性

どんな曲がついているのか楽しみです。

そしてもう一つ今回の話題があります。京都市に住む韓国からの留学生ムン・チ・ウォンさんの作品『大きな手　小さな手』が選ばれていることです。ムンさんは、高齢者や障害のある人たちを対象としたバリアフリー音楽コンサートを開くＮＰＯ法人六絃（むげん）に参加し、月に二、三回病院や養護学校などでコンサート活動も行っています。親に対する感謝の気持ちを必死に覚えた日本語で自ら歌っています。小さいころの親の大きな手の温もりが伝わってきます。

これらの作品が五月二〇日（土）一三：〇〇～一六：〇〇、やまと郡山城ホールで発表されます。

（二〇〇六年四月二五日）

ケアに携わる人の職場環境

「在宅で介護を担う人の四人に一人が、うつ病の代表的な症状である『抑うつ』状態にあることが厚生労働省の研究班による調査で分かった」（五月一日付け毎日新聞）そうです。高齢社会の進展で介護する人が六五歳以上のいわゆる老老介護の問題も深刻です。この調査では、在宅で介護を担う人の約六割が六五歳以上で、しかも「死んでしまいたいと思ったことがある」（「少しある」を含む）と答えた介護者の割合も、六五歳以上で約三割にのぼったということです。

私たちはかねてから、質の高いケアを提供するためにはケアする人が心身共に健康であることが不可欠であるとの考えから、ケアに関わる実践者や研究者に呼びかけて「ケアする人のケア」の調査研究を進めてきました。上の厚生労働省の調査が浮き彫りにした問題に、すでに七年も前から真正面に取り組み、ケアとは何なのか、ケアから何を学ぶのかを問い続けてきました。その成果の一つが二〇〇四年四月に発行した『ケアする人のケア・ハンドブック　―家族のケアを支える』というブックレットです。専門家や介護経験者の視点を交え、家族が直面する課題や情報が盛り込まれています。

家族のケアについて研究を進める中で、訪問サービスに従事する人たちの問題にぶつかりました。家族が自分の家族をケアしている家庭を訪問してケアサービスを行う人たちが仕事上の問題や悩みを自分の内に抱え込んで、バーンアウトや離職の要因になっているのではと考えたからです。二〇〇四年から二〇〇五年にかけて、訪問サービスに従事している人たちに対するアンケート調査を基に研究会を重ね、いくつかの提言をしています。質の高いケアを実現するためには、訪問サービス従事者のセルフケアが重要で、それを支えるシステムをつくり上げる必要があります。自分自身の身体を気づかったり、自分にとっての仕事の意味を見直すといったセルフケアが必要だということです。

今年度は、ケアサービスに従事する人たちの職場に着目した調査研究を行います。高齢化の進展とともにケアのニーズが高まり、ケアサービスに従事する人や事業所が急増しています。一方こうした職場では、心身の不調を訴える人や離職する人が増えて問題になっています。今後も増え続けるケアの職場をどのように改善すれば、ケア従事者がバーンアウトや離職をしないですむ環境にしていけるか、ひいてはケアサービス全体の質の向上につながるのかを考えたいと思います。

（二〇〇六年五月九日）

オーストラリアとの交流深まる

この夏、日本とオーストラリアの障害のあるアーティストたちの交流に、新たな一ページが刻まれます。日本初の障害のある人たちのアートセンターとして、二〇〇四年五月にオープンした「たんぽぽの家アートセンターＨＡＮＡ」の活動をオーストラリアのブリスベンで紹介することになりました。七月にブリスベンで行われる①陶芸ワークショップに参加、②国際的なフォーラムへの出展とスピーチ、③「障害者アクションウィーク」に参加、が主な交流プログラムです。

この交流プログラムに、たんぽぽの家のアーティストを代表して武田佳子（あつこ）さんと山野将志（まさし）さんの二人がオーストラリアで作品発表や創作活動を行います。武田さんは、八五年からたんぽぽの家で絵を描き始め、人間のこころの動きや人生の機微を、擬人化した猫などで表現し、多くの個展を開いたりしてきました。山野さんは、九五年から造形活動に取り組み始め、動物や野菜などのモチーフを好んで描きます。独特の単純化されたフォルムと豊かな色彩感覚が特徴で、近年は陶土をベースにした立体的造形に取り組んでいます。

この交流プログラムのパートナーは、ブリスベンで障害のある人たちのアート活動をサポートしている「アクセス・アーツ」という団体です。一九八三年に設立され、さまざまなジャンルの芸術を横断したワークショップやプログラムを開発しています。

この交流プログラムは、日本とオーストラリアの相互理解を深める目的で、一九七六年にオーストラリア政府によって設立された「豪日交流基金」の助成を受けて実施されます。今年が「日豪交流年２００６」であることを記念して新たに設けられた「コミュニティー交流プログラム」に応募し、一〇〇を超える申請の中から三つ選ばれたプログラムの一つに入りました。

たんぽぽの家では、武田さんと山野さんの他にスタッフやアートサポーターを派遣し、滞在中の創作活動や地域との交流を通して、独自の文化の創造をめざします。

この交流プログラムを応援するために今、さまざまな企画が進行中です。まず、武田さんと山野さんの作品をデザインしたオリジナルTシャツを販売しています。そして、六月三〇日まで、アートセンターHANAでは「山野将志個展」を開催しています。さらには、六月二三日（金）午後七時から、やまと郡山城ホールで「ラ・ストラーダ弦楽アンサンブル」によるチャリティーコンサートを開催します。

（二〇〇六年六月一三日）

ガムランを救え！　プロジェクト

発生から一月半近く経って、新聞での報道も少なくなってきました。インドネシア・ジャワ島中部の古都ジョグジャカルタを中心に約五千七百人の死者を出し、家屋約二六万棟が損壊したとされる中部ジャワ地震のことです。

緊急支援の段階から復興支援に移行しなければならない時期ですが、依然としてテントでの避難生活が続き、損壊した住宅のがれきの撤去作業が被災者の手によって進められているという状況のようです。

そうした中、伝統文化や芸術関係に与えた被害も大きなものがあるといいます。工芸で有名な村々、芸術大学、ガムラン舞踊団の伝統的施設が壊滅的な被害を受け、活動が停止状態になっているというのです。

私たちは、インドネシアを中心に長い歴史をもつ青銅の打楽器合奏音楽、ガムランが障害のある人たち

郵便はがき

料金受取人払郵便

大阪北局
承認

1635

差出有効期間
2025年1月
31日まで
（切手不要）

553-8790

018

大阪市福島区海老江5-2-2-710

㈱風詠社

愛読者カード係 行

ふりがな お名前		大正 昭和 平成 令和 年生 歳
ふりがな ご住所	□□□-□□□□	性別 男・女
お電話 番号		ご職業	
E-mail		
書名		
お買上 書店	都道府県 市区郡	書店名 書店 ご購入日 年 月 日

本書をお買い求めになった動機は？
1. 書店店頭で見て　2. インターネット書店で見て
3. 知人にすすめられて　4. ホームページを見て
5. 広告、記事（新聞、雑誌、ポスター等）を見て（新聞、雑誌名

風詠社の本をお買い求めいただき誠にありがとうございます。
この愛読者カードは小社出版の企画等に役立たせていただきます。

本書についてのご意見、ご感想をお聞かせください。
①内容について

②カバー、タイトル、帯について

弊社、及び弊社刊行物に対するご意見、ご感想をお聞かせください。

最近読んでおもしろかった本やこれから読んでみたい本をお教えください。

ご購読雑誌（複数可）	ご購読新聞
	新聞

ご協力ありがとうございました。

お客様の個人情報は、小社からの連絡のみに使用します。社外に提供することは一切ありません。

の表現活動に有効だと感じ、一年半前からガムラングループ「マルガサリ」とたんぽぽの家の障害のあるメンバーとの協働による新しい舞台芸術の創造に取り組んでいます。そのマルガサリ代表、中川真さんなどが呼びかけて「ガムランを救え！」プロジェクトが動き始めました。今回の中部ジャワ地震で大打撃を受けたガムラン、音楽家やダンサー、衣装や道具などに対する、いわばジャワの伝統音楽に特化した文化復興支援です。

○ガムラン、衣装、演奏空間などの補修、修繕、新調などへの経済的支援、○被災から立ち直るために現地で開催されるコンサートなどへの経済的支援、○芸術や文化の関係者との交流を通じた、新たな文化創造に向かう共同作業、などを行うことになっています。

すでにジョグジャカルタでは、芸術大学の教員、民間舞踊団の関係者、州政府文化観光局の役人などで構成される「フォーラム7」というグループが、文化的支援を必要とする団体などの調査・検討を行っています。

たんぽぽの家でも、この「ガムランを救え！」プロジェクトの主旨に賛同して、「ＳＡＲＩ ＳＡＲＩ ＤＡＹ（サリサリデイ）〜ガムランを救え！〜　ジャワの伝統音楽のお祭り」を開催することになりました。七月二二日（土）一六時〜二〇時、たんぽぽの家・屋外スペースを使った、ガムランコンサートを中心としたお祭りで、アジアの雑貨やエスニック料理の屋台も登場します。ジャワに再び文化の花（ＳＡＲＩ）を咲かせようとの願いが込められています。たくさんのみなさんのご参加をお待ちしています。

（二〇〇六年七月一一日）

地域ケアについて考えるフォーラム

「地域ケアについて考えるフォーラム　～富山の知恵を奈良に～」という催しが「なら地域ケア研究会」の主催で七月一六日に橿原市で開催されました。「富山の知恵」というのは、「富山型デイサービス」のことで、「赤ちゃんからお年寄りまで、障害の有無に関わらず、誰もが一緒に身近な地域でデイサービスを受けられる場所」です。「障害の種別や年齢を超えて一つの事業所でサービスを提供する」という方式と、縦割り行政の壁を打ち破った、日本で初めての柔軟な補助金の出し方を合わせて、「富山型」として全国的に注目されています。

フォーラムでは、まず基調講演として「富山型デイサービス」NPO法人おらとこ代表の野入美津恵さんが「元気がでる家『おらとこの実践』」と題して講演しました。今は富山市に合併されている旧大山町の中心商店街、その一角にある築一〇〇年の古民家を富山の木をふんだんに使って改装し、「デイサービスセンターおらとこ」として、今年八月で丸三年を迎えるまでの取り組みが語られました。大山町の町議会議員を二期務めた後、町長選に立候補して敗れたけれど、そのときの公約を実践しているといいます。どんな障害があっても、高齢になっても、住み慣れた地域で、利用者、スタッフが家族のようにふれ合える場所にしたかったという野入さんの思いは、玄関に掲げられた「元気がでる家」の看板に象徴されています。

その基調講演の後、「ともにつくる『地域共生』なら」をテーマにパネルディスカッションが行われました。パネリストとして参加したのは、奈良県長寿社会課主幹・石橋佳昭さん、奈良県障害福祉課課長補佐・森川和昭さん、ＮＰＯ法人生活支援センターもちつもたれつセンター長・大竹美知世さん、（有）総合在宅介護センターきらり代表取締役・横田政江さんです。私が、コーディネーターを務めました。野入さんの講演を基に、各パネリストから、それぞれのバックグランドを元に「地域共生」について提言が行われました。

国はようやく高齢者向けには、小規模多機能施設を制度化しましたが、「富山型」のように小規模で、高齢者だけではなく、障害のある人も子どもも利用できるようにするには、国による特区（構造改革特別区域）の認定を受けなければなりません。

奈良における「もちつもたれつ」や「きらり」のような取り組みがもっと広がり、小規模で地域密着型の家庭的な拠りどころが県下各地にできることを期待したいと思います。

（二〇〇六年七月二五日）

音楽祭の夏にドラマ

今年も「わたぼうし音楽祭」の夏がやってきました。八月二〇日（日）一四時から奈良県文化会館国際ホールで、第三一回わたぼうし音楽祭が開催されます。全国のさまざまな障害のある人たちから寄せられた詩がメロディに乗せて一〇編披露されることになっています。

一〇編の中には、橿原市の川島寛子さんが作詩し、愛媛県東温市の能智星悟さんが作曲した『愛、紡いで』が選ばれています。

さらに私にとってもうれしいことが起こりました。大阪市の小林聡さんが作詩し、和歌山県紀の川市の如里屋久さん作曲の『手すり』が入選したことです。小林さんには、もう二〇年以上も会っていませんが、実は桜井市の出身です。最初の出会いは、小林さんが奈良県立明日香養護学校の小学部に入学してすぐの頃で、もう三三年も前になります。私は大学を出て故郷の桜井市にもどり、たんぽぽの家づくり運動にかかわるようになり、市内の障害のある人たちとのつながりができ始めた時期でした。桜井市肢体不自由児者父母の会のイベントなどで各地にいっしょに出かけましたが、吉野川に川遊びに行ったことなどは、よく覚えています。

小林さんは、明日香養護学校を卒業後、東京に出て、福祉機器の販売・レンタルを行う会社に就職しました。転勤になり、現在は大阪市に住んでいます。

心のバランス崩したとき
見えない手すりにしがみつく
迷いの闇の中
この手すりの温もりを辿って行けば
君のところにいけるだろうか

『手すり』の一節です。脳性マヒで少し体を左右に揺らしながら歩く小林さんは、身体だけでなく心まで支えてもらっている手すりがあるから、前向きに生きるエネルギーが沸いてくるといいます。小林さんは、二二年前の第九回わたぼうし音楽祭でも『友へのバラード』という詩で入選し、文部大臣奨励賞を受賞しています。

時間（とき）を忘れ　夢を語ったやつがおった
何でもないことで　けんかしたやつがおった
きのうまでのそんなやつらも
次の春がきたら
夢や思い出をのせて自分の港から船を出す
毎日がおもろかったころも
今から思えば　もうメモリー
季節はかわる　子どもから大人へ
いつか　おっさんになった時
酒でも飲もうや

行動派の小林さん、「四年前の夏に初めて石垣島・西表島を訪れてから、あの島独特の雰囲気にハマッテしま」い、いつか南の島で暮らすことが夢です。今年も、音楽祭直前まで、宮古島と多良間島に行くという「おっさんになった」小林さんと酒を飲むのが楽しみです。

（二〇〇六年八月八日）

オーストラリアとの交流報告会

先日たんぽぽの家で、めずらしい報告会がありました。今年七月に、たんぽぽの家のアーティスト二人を含む八人が、オーストラリアのブリスベンに滞在し、さまざまな交流プログラムに参加してきた模様を地域の人たちにも知ってもらおうと開かれました。

ブリスベンはクィーンズランド州の州都で、シドニー、アデレードに次ぐオーストラリア第三の都市です。

このブリスベンに今回の日豪交流プログラムの受け皿となったアクセス・アーツという団体があります。アクセス・アーツは、たんぽぽの家と同じように、アートを通してさまざまな障害のある人たちを支援する活動を行っていて、たんぽぽの家とはこれまで約一〇年の交流の歴史があります。二〇〇三年一一月には「アジア・太平洋わたぼうし音楽祭ブリスベン大会」のホスト役を務め、昨年愛知県で開かれた「愛・地球博」では、たんぽぽの家が一か月にわたって出展した「地球市民村」で、サウンドサークルというパフォーマンスで協働参加しました。

たんぽぽの家のアーティストを代表してブリスベンに行ったのは、武田佳子さんと山野将志さんの二人です。武田さんは、約二〇年間絵を描き続けていますが、最近は浮世絵に想を得た人物画に新境地を開いています。武田さんは、重度の脳性マヒで車いす使用、文字盤を指差して会話する生活で、ホームステイは初めての体験になりました。二つの展覧会で作品を発表するとともに、キャンベラから駆けつけたオーストラリア政府のスタッフの前でも作品づくりを披露しました。ホームステイ先のロバートさんの家で快適に過ごした武田さんの「お肉がおいしかったよ」の一言がすべてを物語っているようでした。

もう一人の山野さんは、一九九五年からたんぽぽの家で造形活動に取り組み始めました。オーストラリア派遣に先立ってアートセンターＨＡＮＡで七年ぶりの個展を開き、マスコミにも取り上げられました。山野さんは二三日間という長い滞在期間中、ホームシックやカルチャーショックも体験しましたが、持ち前の積極性で、作品制作やワークショップを通した交流で、「ＭＡＳＡＳＨＩ」コールが起きるほど多くの友人をつくったようです。オーストラリアの先住民族アボリジニの人たちのアートに触発された作品をつくったり、念願の動物園へ行って、たくさんの動物の絵を描きました。

二人の作品を中心に交流プログラムを報告する展覧会も一一月に予定されていて、今から楽しみです。

（二〇〇六年九月一二日）

福祉ホームが運営の危機

たんぽぽの家の敷地内にある福祉ホーム「コットンハウス」には、現在一五名の障害のある人たちが生活しています。この福祉ホームの運営に異変が起きました。奈良市から、今年度の運営補助金は、九月までの半年分については、昨年度どおり支給するが、一〇月以降の分については奈良市出身の四名分しか補助しないと連絡を受けたのです。

コットンハウスは、どんなに重い障害があっても、地域で生活できる〝家〟がほしいという願いから出発しました。障害のある人とその家族がよりよく生きるにはどうしたらいいのか、誰もが自分の人生を自分でデザインしていくことができる社会はどうすれば実現できるのか問い続けてきた、たんぽぽの家づくり運動二五年の集大成として一九九八年に完成したものです。このコットンハウスに暮らす障害のある人たちの出身地は、奈良市を含め六市二町にわたります。

今年四月から施行された「障害者自立支援法」では「福祉ホーム」事業は「地域生活支援事業」の一環と位置づけられていますが、やっかいなのはこの「地域生活支援事業」に対して国は「統合補助金」を出すといっていることです。通常、補助事業を行えば、その事業費の二分の一を国が、四分の一を県が、残り四分の一を市町村が負担することになります。やった事業には、確実に国庫補助がついてきます。しかしこれからは、人口規模などに応じて全体としての補助金を出します、その補助金を使ってメニューに列挙されている事業を各市町村の判断でやってください、どの事業をどれだけやるか、優先順位をつけるのも市町村の判断で、ただし、補助金の総枠を超える部分は各市町村の持ち出しでやってください、ということです。

先日、利用者の出身市町に事情を説明し、運営費補助を分担するよう調整してほしいと県に要望しましたが、その行方を見守りたいと思います。

福祉ホームは、グループホームと並んで障害のある人たちが地域生活を営む拠点となるものです。その運営が脅かされるということになれば大問題です。国からの通達で、障害者自立支援法の具体的内容が明らかになってきましたが、施設運営であれ、地域生活支援であれ、効率的な運営を求め、いかに国の財政負担を減らすかという考えが貫かれています。そのめざすところが、私たちが考えるどんな障害があっても社会の一員として生きがいをもって地域で生活することを保障するということとは程遠いものになっています。

（二〇〇六年九月二六日）

『掟の門』東京公演実現

パフォーマンスユニットくらっぷの東京公演が実現します。障害のある人たち向けにたんぽぽの家が行ってきたデイサービスぶるーむのオリジナルメニューとして二年前に始まったのが「くらっぷ」です。一〇月二五日（水）二六日（木）の二日間、新宿の老舗小劇場「タイニイアリス」で、演目は『掟の門』です。

フランツ・カフカの原作『掟の門』は、ごく短い物語です。掟の門に田舎から一人の男がやってきて「入れてくれ」というが、「今はだめだ」と門番がいいます。命が尽きるところまで待ち続けた男は門番にたずねます。「この永い年月のあいだ、どうして私以外の誰ひとり、中に入れてくれといって来なかったのです？」。門番の答えは、「ほかの誰ひとり、ここには入れない。この門は、おまえひとりのためのものだった。さあ、もうおれは行く。ここを閉めるぞ」。

掟にとらわれて門の中に一歩も足を踏み入れなかったのは、自分の中に守らなければならないものとしての掟の呪縛があったからなのでしょうか。いのちの火が消えかかったときにようやく、掟にとらわれていた自分以外の人間に目を向けることができたということなのでしょうか。人間というものに対する深い洞察を求める短編です。

構成・演出は、一貫して一人芝居の作品を発表し続けている、もりながまことさんです。知的障害のあるキャスト六人ともりながさんの縦横無尽、奇想天外な駆け引きが繰り広げられます。もりながさんはいいます。「知的障害者といわれる人たちとの舞台づくりにおいて、もし演劇を成立させるのに問題があるとすれば、それは彼らにあるのではなく演劇にあるのだと思います。……知的障害のある人たちは、健常者とは違う方法で世界を捉え、整理し、他者へ伝えています。わからないのは、その方法が、健常者といわれる人間にとって未知なる方法であるからであって、けっして〝不十分〟であるからではありません」。絵画、陶芸、手織り、語りなど、さまざまな芸術分野で、障害があるといわれる人たちの限りない潜在的な能力を見せつけられてきた私たちは、またひとつパフォーマンスの分野で衝撃的な実験に出くわすことになりました。「障害」という言葉の固定概念を打ち破られる体験をお望みの方は、ぜひ「タイニイアリス」に足をお運びください。東京在住のお知り合いに声を掛けていただいて、ご一緒にどうぞ。

（二〇〇六年一〇月一一日）

小規模多機能型施設スタート

何らかのケアが必要な高齢の人たちの強い味方が、また一つ動き出します。介護保険法の改正に伴って今年四月から新たに制度化された、小規模多機能型施設の奈良県第一号がスタートします。桜井市生田にできる「より愛どころありがとう」がそれです。民家を改修して、一一月一日にオープンします。

「小規模」というのは、特別養護老人ホームや老健施設といった大規模な施設ではなく、登録定員が二五名と少ないことです。「多機能」というのは、日帰りで日中の介護サービスを行う「デイサービスセンター」の機能、数日間宿泊もできる「ショートステイ」の機能、高齢の人の自宅に「ホームヘルパーの派遣」も行う機能を一つの施設が合わせ持つことを意味しています。文字通り規模が小さいながらも「通い」「泊まり」「訪問」という多彩な機能をもった施設です。しかも、「より愛どころありがとう」では、認知症の高齢の人が生活するグループホーム（定員六名）も併設しています。「住まい」の機能まで付加した地域ケアの拠点となっています。その建物の七〇～八〇メートル南には、地域交流の場として「菜の花さんの家」が建てられ、だれでもいつでも立ち寄れる憩いのスペースとなっています。二つの建物の間には、菜の花が植えられます。「より愛どころありがとう」を利用する高齢の人たちがリハビリをかねて散歩できるように工夫されています。その敷地の西側には、ホタルが飛び交う川が流れ、その向こうには小学校と幼稚園があります。子どもたちの元気な声が風に乗って運ばれてきます。

今回の介護保険法の改正の眼目は、介護給付費の抑制です。そのために制度利用者の要介護度が上がらないように予防介護に力点を置いたり、施設利用者からは「居住費」や「食費」が実費徴収されることになりました。一方、ケアの現場のニーズを反映し、これまでの努力が追認される形で制度化されたものもあります。その一つが小規模多機能型施設です。高齢になって、何らかのケアが必要になっても、住み慣れた地域で、それまでの人と人とのつながりを断たれることなく、生活することを保障していこうという方向が見えてきました。

「住み慣れた街で、持っている機能を充分に活かしながらお互いが助け合い、また認め合って生きてゆけたら、なんて素晴らしいことでしょう」。代表の田口アキ子さんのこの思いがそのまま名前になった「より愛どころありがとう」のこれからの活躍が注目されます。

（二〇〇六年一〇月二四日）

支援法がもたらしたもの

先日、「なら地域ケア研究会」の一一月例会が奈良県女性センターで開かれました。今年四月から施行された「障害者自立支援法」に基づいて、新たなサービス体系が一〇月から本格実施されています。これによって障害のある人たちの生活が実際どのように変わったのか、本人たちから聞いてみようという会でした。

まず、自立生活支援センター　フリーダム21所長の米本佳由さんからです。どんなに重い障害があっても、地域で生活することを応援するために情報提供や心理的なサポートを行っている奈良市内在住の米本さんも、進行性筋ジストロフィーで車いすでの生活をされています。法施行後の実態について、今年七月から九月にかけて全国二一都道府県の障害者やその家族二二九六世帯を対象に「大阪障害者センター」が行った調査結果が報告されました。今年の四月以降、施設やサービス利用に対する自己負担額が月一万〜三万円増えた人が四五%、三万円以上増えた人が一割あります。そのため、ガイドヘルプの利用を減らした人が三二%、ショートステイを減らした人が二五%もあるといいます。法施行前は、収入に応じて負担額を決める応能負担であったものが、四月以降は利用したサービスに応じて原則一割の自己負担を強いられていることによる影響が如実に現れた格好です。

続いて、大和郡山市在住の亥口ひろみさんです。亥口さんには知的障害の娘さんがおられます。グループホームで生活し、通所授産施設に通う知的障害の人の場合の平均的な一か月の経費負担が報告されました。収入が、障害基礎年金八二七五八円と工賃六〇〇〇円の計八八七五八円。それに対して支出は、グループホーム経費が五八四〇〇円、軽減された後の自己負担額が二八六三円、施設での給食費五一〇〇円、送迎バス代等一五〇〇〇円の計八一三六三円になります。年金では必要経費を賄うのに精一杯ということになります。旅行積立金四〇〇〇円を引くと、手元には約三〇〇〇円しか残りません。

実際の亥口さんの今年六月の支出をみると、上記以外にデイサービスを週一回利用していた費用が加わるなどして一〇二七三〇円と、収入を大きく上回っています。「親は子どもの将来をどう考えればよいのか分からない。……この頃はいくら考えても制度の方が変わっていくので、どうしようもなくなった時は国が何とかしてくれるのでしょうと流れに身を任せるような思いになっている」という親の不安が吐露されました。

（二〇〇六年一一月一四日）

アートで極楽

たんぽぽの家では、近畿労働金庫と協力して、「エイブル・アート近畿　ひと・アート・まち」というイベントを開催してきました。ろうきん（労働金庫）運動五〇周年を記念して始まったこの企画は、二〇〇〇年に奈良で開催したのを皮切りに近畿二府四県を巡回し終え、七回目となる今回は、新しい展開を模索する形で大阪で開催することになりました。お寺の多い上町台地を舞台に、「アートで極楽」と題してさまざまな展示とフォーラムが行われます。アートを通して人間が幸福になること、アートには人が生きていくことを助ける役割があるということを、地域の人たちと一緒に見せていきたいと考えています。

大阪国際交流センターでは、「エイブル・アート・リンク２００６　人と人の『あいだ』」と題し、表現の可能性をもつ障害のある人と、新しい世界を求めるアーティストが出会い、驚き、迷い、発見しながら生まれた作品が展示されます。「『世間遺産』一〇〇年後の子どもたちに贈る大阪の情景と音風景」では、私たちの身の回りにある、いずれは消えていくであろう風景、自然、人々の交流などを「世間遺産」と名づけて後世に残していくにふさわしい写真を四天王寺で展示します。一心寺では、今年七月二二日に行われた「サウンドハンティングワークショップ」の採集音源をサウンドアーティスト小島剛さんが再構成した「音の世間遺産」をお楽しみいただけます。同じ一心寺では、「現代のマンダラ」として、総勢二〇人による直径三メートルのマンダラが展示されます。人それぞれのこころの模様を形にしてつないだものです。

また、一心寺には「ごくらく絵本」の展示もあります。人それぞれがこころに思い描く「ごくらく」をテーマに、ホームレス・ニート・障害のある人たちが自由な発想で絵本づくりをしました。二×三メートルの巨大な段ボールをキャンバスに、物語と絵による「幸せのイメージ」が展開されます。一二月七日には、一八時三〇分から應典院でフォーラム「都市と祝祭空間」も開催されます。

ちなみに、六年間のこれまでの取り組みが評価され、このプロジェクトが、企業メセナ協議会が主催する「メセナ　アワード２００６」において、文化庁長官賞を受賞しました。

期間は、一二月一日から八日まで、詳しくは、たんぽぽの家までお問い合わせください。おすすめ鑑賞コースを紹介したパンフレットをお送りします。

（二〇〇六年一一月二八日）

クリスます・オークション

たんぽぽの家アートセンターＨＡＮＡでは、今日から二四日まで、「クリスます・チャリティ・オークション２００６」が開かれています。お米やお酒を量る木の枡を使って、アイデアいっぱいの作品が集まりました。三種類の枡（七勺枡、三合枡、一升枡）の中から好きな大きさの枡を選んでもらって、オリジナリティあふれる〝ます〟に仕上げていただきました。「クリスます」の企画は、二〇〇四年に続いて、二回目になりますが、たんぽぽの家の障害のあるメンバー、ボランティアの人たち、そのお友だち、スタッフも、一〇歳から七〇歳台の人まで、北は宮城県から西は兵庫県の人から作品が寄せられました。

今回のテーマは「オーストラリア」。たんぽぽの家では、日本とオーストラリアの障害のある人たちの表現活動や社会参加の新しいかたちについて情報交換を行うプロジェクトに取り組んできました。今年七月には、たんぽぽの家のアーティスト二人がスタッフとともにオーストラリア・ブリスベンに滞在し、作品の発表やワークショップを行うなど、アートを通した交流を深めてきました。このオークションが、たんぽぽの家とオーストラリアとの交流の一年を締めくくるイベントになります。

作品は、枡そのものに字や絵を描いたものから、ドライフラワーを枡の中にあしらったり、サンタさんのお家が入っている枡もあります。テーマにふさわしく、オーストラリア大使館のスタッフが、コアラやカンガルー、ウォンバットといったオーストラリアならではの動物たちの小さなぬいぐるみを添えた枡もあります。

展示されている〝ます〟は、サイレント・オークション形式で販売し、売り上げはアートセンターＨＡＮＡの活動資金に充てられます。会期中に、それぞれの作品を競り落としたい価格を入札してもらい、最も高額な価格をつけた人が、お気に入りの作品を手にすることができます。ぜひ足を運んでみてください。

もうひとつ楽しみな企画があります。「クリスマス・チャリティ・コンサート」が一二月一六日（一四時から一五時三〇分）、たんぽぽの家シアター・ポポで開催されます。出演は、同志社グリークラブのＯ

Bで構成される合唱団「クローバークラブ」です。曲目は、グノー作曲、宗教曲『第二ミサ』やクリスマスソングなどで、チケットは一般二千円、小・中・高校生一千円です。心安らぐひとときをお過ごしください。

（二〇〇六年一二月一二日）

障害のある人たちにとって画期的な年

今年も、余すところあとわずかな日数となりました。みなさん、あわただしくお過ごしのことと思います。

さて今年は、障害のある人たちにとっては、いろんな意味で画期的な年だったと思います。後年、二〇〇六年は障害のある人たちにとって忘れられない年になるものと思われます。

まずその第一は、障害者自立支援法の施行です。障害のある人たちの自立を支援するという理念には、誰も反対するものはいないはずです。しかし、その内実はどうだったかというと、政令・省令や通達などでその全体像が明らかになるにつれて、問題の多い法律だということがわかってきました。

その問題の第一は、障害のある人たちに応益負担を求めたことです。障害が重くて、ケアが必要であればあるほど、原則一割の自己負担が重くのしかかる仕組みになっていることです。さすがにこの点については、障害のある人たちの反発が大きく、「弱者切捨て」との批判が高まったこともあり、政府・与党も自己負担を一時的に軽減する措置を今年度内に導入する方針を決めたようです。〇六年度補正予算に負担軽減が盛り込まれます。さらに、通所施設などを運営する事業者の収入減をカバーする基金を設けるなどの措置を講じることも盛り込まれているようです。いずれにしても、問題の多い障害者自立支援法をめぐっては、新しい年になっても議論は続くことになります。

一方、障害のある人たちにとっての朗報が二つあります。一つは、千葉県で「障害のある人もない人も共に暮らしやすい千葉県づくり条例」が制定されたことです。国が障害者差別禁止法の制定を躊躇している間に、地方自治体の積極的な動きとして大きく評価されるものです。しかも、制定過程で、市民主催の勉強会に多数の議員が自主的に参加し、議席の約七割を占める自民党議員も賛成しての制定とあって、全国的にも注目を集めています。

もう一つの朗報は、今月一三日の国連総会で、「障害者の権利及び尊厳を保護・促進するための包括的総合的な国際条約」、いわゆる「障害者権利条約」が全会一致で採択されたことです。採択された条約は全五〇条で、障害のある人たちの市民的・政治的権利、教育、労働、雇用、社会保障などの権利を保障する内容になっています。条約は、来年三月末から署名、批准が可能となり、二〇か国が批准した時点で発効することになります。批准手続きと関係国内法の整備に向けた日本国政府の速やかな対応が待たれます。

（二〇〇六年一二月二六日）

障害者権利条約採択される

昨年暮れの一二月一三日、第六一回国連総会本会議で「障害のある人の権利及び尊厳の保護及び促進に関する包括的かつ総合的な国際条約」、いわゆる「障害者権利条約」が全会一致で採択されました。国際人権規約、女性差別撤廃条約、子どもの権利条約など主要な人権条約の第八番目となる条約です。

条約は、前文と全五〇条からなり、障害のある人たちの市民的権利、教育、労働、社会保障などの権利が規定されています。もちろん、条約の実施状況について国内及び国際的な監視機構の設置などが明記されています。

障害のある人たちに対する国連のこれまでの取り組みについては、いくつかの節目の年があります。一九七五年「障害者の権利宣言」の採択、「完全参加と平等」をテーマとした一九八一年の「国際障害者年」、一九八三年から一九九二年までの「国連障害者の十年」などです。さらに、一九九三年には、「障害者の機会均等化に関する基準規則」が第四八回国連総会で採択されます。

そして、二〇〇一年一二月、第五六回国連総会で条約制定のための決議案が採択され、今回の条約採択に至る動きが始まりました。この動きで注目されるのは、障害のある人たちを中心に構成する各国のNGOの果たした役割です。日本でも、障害者団体を中心に一三団体から構成され、障害者の権利を推進することを目的に設立されたネットワークである「日本障害フォーラム」（JDF）は、条約策定過程に積極的に参画してきました。

このJDFを始め、障害NGOが国際的に協力して「私たち抜きに私たちのことを決めないで！」を合言葉に多くの提言を行ってきました。このようなNGOの動きを抜きに、今回の条約採択は語れないと言っても過言ではありません。

これから世界各国がこの条約の批准手続きに入ります。今年三月三〇日から署名が可能になり、批准した国が二〇か国以上になった時点で、この条約は発効します。日本政府には、速やかな批准手続きが求められます。もちろん、この条約に抵触する国内法の改正も必要になります。

そして何より必要となるのは、こうした条約が採択され、今年中にも発効する状況にあるという認識を私たち一人ひとりがあらためて心に刻むことだと思います。

世界には、六億五千万人もの障害のある人がいると言われています。そのうち約八〇％が発展途上国に住んでいると推定されています。今年一年を、そういう人たちの存在に思いを致す一年にしたいと思います。

（二〇〇七年一月九日）

一三〇〇祭を市民参画で

二〇一〇年、奈良に都が移されてから一三〇〇年を数えることになります。これを記念して奈良県などが「平城遷都１３００年記念事業協会」を設立し、「国際コンベンション事業」「平城宮跡事業」「平城京・広域ネットワーク事業」「文化創造・市民参加事業」の四つの事業が進められることになっています。二〇一〇年まで三年をきった現時点で、主会場に予定されている平城宮跡が使えるかどうか、文化庁の許可がまだ得られていません。盛り土や発泡スチロールで地下遺構を保護することにより、パビリオンの建設が可能との提言が協会の検討委員会からなされているのですが。

そんな中、先日「市民参加事業専門委員会」の初会合が開かれました。私も委員八人の中の一人として委嘱されました。そして、委員会の運営について以下の五つの提案をして、委員全員の了承を得て、委員長を引き受けました。

①　協会の目の上のたんこぶになりましょう。

よくある、なあなあの官製の委員会にはしない、ということです。そのためには、この委員会を自由な議論の場にしたいと思います。せっかく集まるのですから、来てよかったと思える集まりになればと思います。

②事業の是非まで踏み込んだ議論をしましょう。

聖域は設けないということです。一三〇〇年記念事業全体について議論すればいいと思います。その内容が実現するかどうかは別にして、議論を尽くすということにしましょう。

③私も発言します。

「委員長」ですから、一応この集まりの進行役ではありますが、私も自由に発言させていただきたいと思うのです。

④委員会の議論はオープンに。

公募の委員も入らない「市民参加」委員会は、実はおかしい。委員の選任もこれでいいのかとの疑問が残ります。より多くの人にも議論の輪に加わっていただけるよう、〇議事録をホームページ等で公開する（そのために録音する）。〇委員会の傍聴を認める。〇必要であれば、委員以外の人を招いて発言を求める、ことにしましょう。

⑤「さん」付けで呼び合いましょう。

日ごろは、部長さん、課長さん、社長さん、先生と呼ばれておられると思います。しかし、この委員会では肩書きをはずして、議論しましょう。これは、事務局も含めてですが。

議論をはじめるのはこれからですが、事業協会が進める各計画を〝手伝う〟市民参加ではなく、主体的に企画立案段階からの協働が図れるように、すべての事業のベースに市民参画が徹底するよう提言していきたいと思います。

（二〇〇七年一月二三日）

アクセス・アーツ2007

二月一〇日に、『アクセス・アーツ２００７　―障害のある人の芸術文化ガイド―』という本が、財団法人たんぽぽの家から出版されました。ガイドとあるように、アート活動に参加してみたいと考える障害のある人、また障害のある人のアート活動を支える環境をつくりたいと考える人たちや団体にとって有用な情報がまとめられています。

障害のある人の芸術文化に関わる活動をしている一〇六の団体の情報が、①アートセンター、アートスペース、ギャラリー、②美術鑑賞、③美術館、公共施設、公共団体、④パフォーミングアーツ、⑤舞台・映画鑑賞、⑥ホール、⑦ネットワーク、プロデュース、の七つに分類して紹介されています。施設の活動の一環としてアートに取り組み始めたというところ、障害のある人のアート活動に共感した市民が動き出してできた団体、会社組織を立ち上げて、障害のある人たちの手仕事や表現活動を社会に流通させることをめざしているところ、美術館などが、障害のある人たちのアートを取り上げたり、障害のある人たちのアート鑑賞の支援を始めたりというところもあります。

その中の一つ「ミュージアム・アクセス・グループＭＡＲ」は、一九九九年三月に東京都美術館で行われた「エイブル・アート'99　このアートで元気になる」で、視覚に障害のある人とない人が、言葉を通して美術鑑賞しようというワークショップが行われたことをきっかけに生まれました。それまで、視覚障害者が美術に接するには、立体作品を手で触れて味わう触察しかないと思われていました。しかし、MARが最も大切にしていることは「一緒にみる」ということです。言葉による鑑賞という方法によって、ともすれば視覚障害者と晴眼者の鑑賞ボランティアという関係に陥りがちになるところを、一緒にみる人同士という関係にこだわっています。見える見えないではなく、芸術作品が発するメッセージにどう向き合うかをお互いの言葉によるコミュニケーションを通して鑑賞するという、新しい美術鑑賞の可能性を切り開いています。

障害のある人と芸術文化に関わるこうした動きを紹介することで、全国各地で展開されているアートシーンがほのみえてきます。その動きが大きくなって、障害のあるなしに関わらず、さまざまな人がアートを通してコミュニケートできる社会になればと願っています。

（二〇〇七年二月一四日）

作業所で働くことの意味

大変気になる新聞記事が掲載されました。二月一九日付け読売新聞朝刊一面トップで報じられた「障害者作業所改善指導へ　─時給一〇〇円台最低賃金法違反」という記事です。社会福祉法人「神戸育成会」が神戸市内で運営する知的障害者の作業所三か所で、知的障害者計一六人がクリーニングなどを行い、工賃などとして年間約二五万円得ているが、兵庫県の最低賃金、時給六八三円を大幅に下回る時給約百数十円になるとのことで、神戸東労働基準監督署が改善指導を行う方針を固めたと報じています。

通常、作業所や授産施設では、作業から得た収入は必要経費を除き、障害者に全額工賃として支払うなどの条件を満たせば、労働関係法規は適用されないことになっています。しかし、この作業所では、作業収入の大半を指導員の人件費などに充当していたため、この条件を満たしていないし、作業実態が「訓練」の範囲を超えた「労働」に当たるとして、改善を指導するとのことです。

今回の報道で明らかになった問題点が少なくとも二点あります。まず、作業所側の問題です。作業収入を指導員の人件費に充当しなければ成り立たない作業が、本当にその作業所を利用する障害のある人のためのものになっているのかどうかという問題です。指導員を雇うために障害のある人が作業するという本末転倒なことになっています。

もう一つは、こちらの方が大問題ですが、制度の問題です。昨年四月の障害者自立支援法の施行で、強く打ち出されているのが、障害者の就労支援という側面です。障害者も働いて収入を得て自立をめざせというわけです。しかし、障害のある人が得ている賃金の現実はどうかというと、知的障害者授産施設で月額約一万八千円、小規模作業所では月額約七千円です。知的障害者福祉工場でも、月額約五万八千円の賃金を得ているに過ぎません。問題となった神戸の作業所では、月額にすると約二万一千円の賃金を支払っていますから、全国平均の約三倍ということで、賃金だけからすると決して低いわけではありません。しかし、いずれの数字も、それによって障害のある人が「自立」して生活するに足る賃金を得られていないという現状を浮き彫りにしています。障害基礎年金を含めて障害のある人の収入保障をどうするのか、また全面的な介助を必要とする重度の障害のある人たちの「働く」ことをどうとらえるのか、これは私たちに「生きる」ことの意味を問いかける大問題でもあります。

（二〇〇七年二月二七日）

奈良も『条例のある街』に

『条例のある街』という本を紹介します。野沢和弘さん著、ぶどう社刊です。サブタイトルに「障害のある人もない人も暮らしやすい時代に」と題されています。

「この本は、日本で初めて障害者への差別をなくす条例をつくろうとした人々の物語である。私や条例をつくるための研究会のメンバーだけでなく、数百人、数千人の人々がかかわってつくられた、その誰もが主人公であり、誰ひとりを欠いても、この物語は完成しなかっただろう」。ここでいわれている条例とは、昨年一〇月に成立した「障害のある人もない人も共に暮らしやすい千葉県づくり条例」です。野沢さんは、この条例の原案をつくった、一般公募の委員で構成する「障害者差別をなくすための研究会」の座長として、条例づくりを支えた中心メンバーです。この本は、条例ができるまでを事実に基づいてつづったドキュメンタリーです。

研究会の議論は一年間二〇回を重ね、また、千葉県内三〇か所以上、延べ三〇〇〇人以上の人がタウンミーティングに参加し、その成果として条例案が昨年の二月議会に提案されます。そこでは厳しい質問攻めに合い、保守的な土壌も手伝って継続審査になります。継続審査となってからも県内二二か所で条例についての勉強会が開かれます。そして迎えた六月議会では、堂本知事は、条例案の取り下げと九月議会への再提出を表明せざるを得なくなります。それだけ「野党宣言」している自民党の抵抗が強かったといえます。この知事の決断にも野沢さんは「対立ではなくて対話、罰則や規制ではなくて理解と議論、それが私たちの条例案の基本理念である。圧倒的多数の会派の反対を押し切って強行突破をはかるよりも、理解を得られないのであれば、粘り強く話し合っていくことが、この条例の理念に沿った選択というものである」とエールを送ります。

そして九月議会では、自民党の修正案との妥協を強いられながらも、民間研究会がつくった条例案の魂が息づいたものとして再提出されます。健康福祉常任委員会では全員の賛成で可決、本会議でも六人の退席議員がいたものの満場一致で可決されます。

県民から寄せられた八〇〇件を超える差別の事例をもとに、条例に差別を定義づける努力に始まるその制定過程は、政策立案段階からの市民と行政との協働のあり方、また市民と地方議会とのあり方を学ぶいい手本になると思います。近い将来、同じ趣旨の条例が奈良県にもできることを期待したいと思います。

（二〇〇七年三月一三日）

パソコン再利用が友愛大賞

先日、奈良ホテルで行われた、奈良ロータリークラブの創立五五周年記念例会に招かれて出席しました。私も役員をしている特定非営利活動法人奈良ＮＰＯセンターなど八団体で構成する「ＰＣリユースネット・なら」が「友愛大賞」の特別賞（再利用推進賞）を受賞し、記念例会の場で表彰を受けたのです。この場を借りて、奈良ロータリークラブのみなさんに感謝申し上げます。

創立五五周年記念の例会とあって、姉妹クラブのオーストラリア・キャンベラロータリークラブなどからの出席者を含め、約二〇〇名の人たちが集う盛大な催しでした。「友愛大賞」は、地域社会活動を積極的に行っている団体を表彰するもので、今回は「ＰＣリユースネット・なら」を含め九団体が受賞、大賞には「奈良市手をつなぐ親の会」が選ばれ、同時に表彰を受けました。

「ＰＣリユースネット・なら」ですが、使われなくなったパソコンを回収し、十分なメインテナンスを施したうえで再利用が可能な状態にして、必要とする市民活動団体などに無償で提供する活動を行っています。二〇〇四年から活動を始め、これまで六回にわたり、障害のある人たちの福祉作業所、授産施設、生活支援センターなど三三団体に合計四〇台のパソコンを寄贈してきました。

インターネットを利用してさまざまな情報を手に入れたり、メールで通信したり、用途ごとにソフトを活用して文書・データを作成したり、また音楽やテレビ放送を楽しむことまでできるパソコンは、今や私たちの生活には欠かせないものとなっています。こうしたパソコンの普及は、高齢の人や障害のある人たちの社会参加を支援したり、ボランティア・ＮＰＯ等の活動をより活発にするのに大いに役立っています。

この趣旨に賛同してパソコンを提供していただける方を通年で募集しています。また、寄贈先団体の募集は、年二回（四月と一〇月）行っています。第七回の募集がもうすぐ始まります。対象は、奈良県内に事務所、または活動拠点を置く非営利団体です。団体内の事務事業にとどまらず、広く地域へ還元できる事業に活用してほしい、など五つの活用条件があります。詳しくは、「ＰＣリユースネット・なら」のホームページ（http://pc-net.webinfo.jp/index.html）をご覧いただくか、事務局となっている奈良県社会福祉協議会総合ボランティアセンターにお問い合わせください。

（二〇〇七年三月二七日）

アートリンク　―ふたり、ふたり

たんぽぽの家アートセンター「ＨＡＮＡ」ギャラリーでは、「ＨＡＮＡ」開設三周年を記念して、「アー

トリンク ―ふたり、ふたり」が開かれています。アートリンクは、障害のある人とアーティストがペアとなり、一定期間、互いの感性や創造性を刺激しながら共同制作するプロジェクトです。

今回は、岡山アートリンクプロジェクトから、長谷川海×清水直人、山本文香×春木香里、伊丹宏太郎×真部剛一、鳥羽哲平×花田洋通の四組と大阪アートリンクから、岡崎潤×桜谷昴太の一組の作品が展示されています。

お話と書の展示であったり、平面作品のパネル展示であったり、アクリル樹脂で作られた立体のビル群であったり、ビデオ映像の展示であったりしますが、それぞれの「ふたり」の出会いからそれらの表現方法に至るのだな、という創造の過程や作品に仕上がるまでのストーリーを髣髴とさせるものばかりです。障害のある人がアーティストと出会うことによって、新しい表現方法を手に入れることが起こったり、アーティストの側が全く初対面であった障害のある人たちの表現に触発されて、自身の創作活動に多大な影響を受けるという相互の高め合いの関係が生まれています。

経済活動が最優先で、「分断」がさまざまな局面で起こっている現代に生きる私たちにとって、今最も必要とされることは、分断された人と人との「関係性」を取りもどしていくことだと思います。今回展示されている作品だけではなく、制作過程におけるふたりの「関係性」とそのプロセスを追体験することによって、私たち一人ひとりの「関係性」を取りもどすきっかけになるものと思います。

会期は今月三〇日まで（ただし、一五日、一六日、二二日、二三日は休館）、時間は一一時から一七時まで、入場は無料です。

この展覧会の関連企画として、「アートリンク日米フォーラム」が今月二八日から二八日にかけて岡山、京都、東京の全国三カ所で開かれます。アートリンクは、フロリダにあるアートNPO「クリエイティブ・クレイ」が発案し、日本にもその概念が紹介され、各地に広まっています。その「クリエイティブ・クレイ」の関係者を招き、アートリンクのミッションとその可能性を話してもらうとともに、日本におけるアートリンクの取り組みが紹介されます。

いずれの企画についても、詳しくはたんぽぽの家のホームページをご覧いただくか、電話でお問い合わせください。

（二〇〇七年四月一〇日）

第五回親守唄・歌会開く

いろんな人生経験を積み重ね、老いとともに人生の完成期にある親に対して、子が愛をこめて感謝の唄を贈ろうと、二〇〇三年に始まった「親守唄・歌会」を今年も開きます。「老い」は、誰の人生にも訪れる黄昏の季節です。その黄昏の季節が輝くためには、一人ひとりの「老い」が祝福される、社会や地域や家族が関わり合う「文化」が必要です。家族の新しい物語が生まれること、そして、世の中に慈しみの文化が育まれていくことを願って、「あしたも家族日和」をテーマに開催します。

全国から公募した「親守唄」、作詩の部には一二七人の人から一四七点の作品が寄せられ、その中から八編が選ばれ、あらためて作詩・作曲の部の作品募集を行いました。そして応募のあった八七人、一〇三点の中から八曲が選ばれ、五月一二日に行われる歌会で発表されることになります。第一部では、入選作品八曲の発表とともに、アトラクションとして、「中之島サンサンズ」のハーモニカ演奏があります。第二部ゲストによるパフォーマンスには、「男寺党(ナムサダン)ノリ支部『マンナム』」をお招きします。サムルノリや伝統舞踊などの韓国古典芸能を披露していただきます。

母は大正に生をうけ
モダンな文化文明を
平和の中で受け継いで
娘盛り　花盛り
梅の花　摘み　髪にさし
望　抱いて　野に立ちて
肥前の町で　のんびりと
過ごした　あの日　思い出す

神奈川県伊勢原市在住の古賀仁さんの『果樹の花が咲く頃』の一節です。古賀さんは「母の実家の果樹園を思いつつ作ったこの歌が、母へ贈る歌となりました。五年位前の母の日に、『生んでくれてありがとう』と言ったら、困ったような、うれしいような、はにかむような顔で小生をじっと見つめていたことを思い出します」とコメントしています。作曲は神奈川県海老名市の萩原千晶さんです。萩原さんは古賀さんの娘さんで、祖母のことを唄ったお父さんの詩に曲をつけたのです。親子三代の絆が生み出した作品です。

これらの作品が五月一二日（土）一三：三〇〜一六：三〇、やまと郡山城ホール・大ホールで発表されます。

（二〇〇七年四月二四日）

「記憶」と「記録」

たんぽぽの家アートセンターＨＡＮＡギャラリーでは、五月一一日から「『記憶』と『記録』〜人生の記録『私の手』／上町台地・まちの記憶〜」という展覧会が始まります。これは、昨年度たんぽぽの家が関わった二つの事業を紹介する企画です。

一つは「人生の記録『私の手』」で、高齢の人たちのライフヒストリーを記録するための試みとして、写真を使って記録するプログラムです。大阪府吹田市にある総合福祉施設シャロン千里のケアハウスに暮らす人たちの人生が刻み込まれた「手」を写真に撮るワークショップで作り出された作品の展示です。ＮＰＯ法人彩都メディア図書館などの協力を得て、人生の歩みを記録する意味、それを写真というメディアを通して表現することの意義や楽しさを「手」で共有した展示です。

それぞれの「手」には、ことばでは言い尽くせない、その人が歩んできた人生が凝縮されています。その「手」に自分の「手」を重ねて、自らの人生を思い起こすことによって、人と人が結び合わされていきます。

もう一つが「上町台地・まちの記憶」です。北は大阪城、天満橋付近から南は天王寺へ抜ける大阪市中心部の上町台地、そこに暮らす年齢も職業もさまざまな人たちのライフヒストリーを通して見る、まちの物語です。会社員、神社の宮司、高校生など、上町台地の六地域の人たちのところに、こちらもギフトプランナー、学校教員、高校生などの聞き書きボランティアが取材に行ってまとめた「暮らしと場をめぐる物語」を紹介します。

大化改新に伴う遷都で日本の首都として登場する難波宮を始め歴史的にも重要な上町台地に生きる人たちの言葉から、まちの物語が生まれます。一人ひとりの生きてきた軌跡や物語が、それに接する人たちを巻き込んでこれからのまちづくりにつながります。

どちらの企画にも、そこに住む人たちが主人公として登場します。自分の人生を「手」で見せることによって、観る人とつながります。地域で生きる人が、同じ地域で活躍する人たちの思いを聞き取り、自分たちの住む地域の再発見につながるとともに、その取材を追体験することによって、観る人もまた自ら住む地域の魅力を発見していく、相互作用が始まります。自分の人生と向き合うか、自分の住む地域と向き合うか、あなたの一歩をここから踏み出してください。

会期は五月二七日まで、一一時から一七時。月曜は休館。お問い合わせは、たんぽぽの家。

（二〇〇七年五月八日）

配食サービスと駐車違反

たんぽぽの家の配食サービスの担当者が声を荒げて憤っています。配食に出かけた車がお弁当を届ける数分の駐車に対して、駐車違反のステッカーを貼られたからです。しかも、同じ場所で二週続けてです。駐車違反をした日時・場所などを記した「放置車両確認標章」と放置違反金の（仮）納付書、それに弁明通知書という文書を見せられました。奈良西警察署にも事情は説明しましたが、駐車違反の事実があれば、その車が盗難にあったものだとかという弁明ができない限り、一万五千円の放置違反金を払いなさいということです。しかたなく、しぶしぶですが、違反金を納付してきたと言います。

たんぽぽの家では、奈良市からの委託を受けて、奈良市西部地域に一人で暮らす高齢の人たちに、月曜から金曜まで、安否確認を含めてお昼にお弁当を届ける配食サービスを行っています。現在利用登録していただいている方が一五六人で、一日平均九〇食のお弁当を届けています。このサービスを担っているのは、大半がボランティアの人たちです。献立を決めて、材料を調達するのはスタッフが行いますが、調理をして盛り付けをし、配達するところまで多くのボランティアの人たちによって支えられています。

配達については、スタッフとボランティアの人が手分けをして車四台で回っています。毎回楽しみにしていただいているのに断ることはできませんし、これからも配食を続けるとして、いつも駐車違反を気にしながらの配達をお願いしなければなりません。

配食サービスを必要としている人たちが現に多数いて、これからも増え続ける現実があります。住んでおられる住宅に十分な駐車スペースがあるとは限りません。安否の確認をしてお弁当を手渡して車にもどるのに、どうしても二～五分程度路上駐車をせざるを得ない場所があります。

駐車禁止場所に駐車すれば、理由の如何を問わず、時間の長短に関わらず駐車違反として取り締まりを受けます。昨年六月からは、民間の「駐車監視員」も駐車違反の取り締まりに加わりました。

迷惑駐車は、その名のとおり周りの人たちにとっては迷惑以外の何物でもありません。よけて通ろうとして、交通事故につながることだってあります。こうした迷惑駐車をなくすという社会的要請と、増え続ける一方の一人暮らしの高齢の人たち向けの配食という社会的要請との間で、どう折り合いをつけるかの解決策が求められています。何か妙案はないものでしょうか。

（二〇〇七年六月一二日）

（一九九九年四月から二五年間続けてきた高齢の人たち向けの配食サービスは、二〇二四年三月で終了しました）

エイブルアート・カンパニー

六月二二日（金）から七月一日（日）まで、東京・渋谷にある奈良県代官山iスタジオで「9DAYS SHOP‐WORK」という企画展が開催されます。これは、障害のある人のアートをデザインを通して社会に発信するための組織「エイブルアート・カンパニー」の発足を記念して開くものです。

昨年四月の「障害者自立支援法」の施行によって、障害のある人たちが社会で働き暮らすための、さまざまな社会的基盤が整えられていくと考えられてきました。しかし、現実的には、雇用の厳しさや、働くことに対する価値観の問題などから、障害のある人の就労の機会はまだまだ限定されています。障害のある人たちが自己実現をはかりながら、働き生きるための仕組みや支援の方法が、まだ十分に整備されていないのが現状です。

エイブルアート・カンパニーは、障害のある人のアートを仕事にするプロジェクトです。障害のある人たちは、その能力を活かして収入を得ることができます。エイブルアート・カンパニーの発足によって私たちは、障害のある人たちの新しい働き方と、さまざまなコラボレーションの可能性を提示したいと考えています。①カンパニーアーティスト（障害のある登録作家）のプロデュース、②カンパニーアーティストの作品＋クリエイターとのコラボレーションプランを公募・商品化、③オリジナル商品の企画・製作・販売が事業内容です。エイブルアート・カンパニーは、財団法人たんぽぽの家（奈良）、エイブル・アート・ジャパン（東京）、ＮＰＯ法人まる（福岡）の三者が提携し、共同で事業を行っていきます。同じミッションをもつＮＰＯが提携関係を結び、ひとつの事業を実現させる、これまでにないプロジェクトになります。

今回の企画展では、一六人の第一期カンパニーアーティストのアート作品を、クリエイターがＴシャツのモチーフとしてデザインした五〇種を超えるＴシャツの展示と販売、お客様参加型のワークショップを実施します。

エイブルアート・カンパニーは、全国に開かれた組織です。今年は少数のカンパニーアーティストでスタートしますが、今後公募によりこのプロジェクトに参加するアーティストを増やしていきたいと思います。

障害のある人の新しい仕事をつくりたい。
コラボレーションを通して、たくさんの人とつながりたい。
デザインを通して、生活を楽しく、社会を明るくしたい。
この願いを実現する第一歩を大きく踏み出したいと思います。

（二〇〇七年六月二六日）

おふろからひろがる世界

せっけんぷちゅぷちゅ　おゆはぱちゃぱちゃ
おふろにはいろう　せっけんつけて
からだをあらう　うさぎのスポンジで
自分であらう　かたまでつかる

電車にのりたい　きっぷをかって
どこまでいこうかな
図書館行きたい　いろんな本をよみたい
行きたいところが　いっぱ～い

おふろからどんどん　どんどんひろがっていくの
かなピー大きくなる　おねえさんになる　大人になる
おふろから　世界がひろがるよ

かなピーこと前田華奈子さんが作った『おふろからひろがる世界』の一節です。車いす生活のかなピーと、ホームヘルパーの菊山さんとのお風呂での会話から生まれました。音楽大好き、絵本大好き、友だち大好きなかなピーは、奈良市に住む一三歳、奈良養護学校の中学部二年生です。土日になると、「えー学校ないの」と泣き出すくらい学校大好きなかなピーが思い描く世界はどんどん広がります。この詩に、同じく奈良市在住の河野由実さんがメロディーをプレゼントしました。八月五日に開催される第三二回わたぼうし音楽祭で発表されます。学校の友だちがたくさん応援にきてくれるそうです。

障害のある人たちが書き綴った詩をメロディーに乗せて歌い上げる音楽祭は、すっかり奈良の夏の風物詩として定着しました。今年のテーマは「生きる力、満開。〜あなたの夢が　みんなの夢になる〜」です。

音楽祭では『おふろからひろがる世界』をはじめ、一〇作品が披露されます。今年は、香港からエントリーされた『Ｓｅａｒｃｈｉｎｇ』という作品が特別入選し、国内から選ばれた九作品とともに発表されます。作詩した視覚障害のあるロ・チ・ファン・グレタさんを含む三人が来日し、グレタさん自身が歌います。

今年の音楽祭のもう一つの話題は、韓国からお迎えする特別ゲスト、愛徳の家「カリタス・ベル・クワイア」です。知的障害のある一七名の団員が、ハンドベルをとおして独自の感性を伝える演奏活動を行っているグループです。一九九五年の設立以来、毎年定期演奏会を開くとともに、海外公演もこなし、昨年は障害のある人たちだけのハンドベル演奏としては世界初のアルバム『Ｈｅｒｅ　Ｗｅ　Ａｒｅ』を出しました。

毎回新しい試みを取り入れている音楽祭ですが、今年はとりわけ国際色豊かな音楽祭になります。みなさん、ぜひ世界の新しい息吹に触れてください。音楽祭は、八月五日（日）奈良県文化会館国際ホールで一四時開演です。

（二〇〇七年七月一〇日）

「アートを仕事にする」セミナー

たんぽぽの家づくり運動の歴史は、どんな重い障害があっても、地域社会で生きがいをもって暮らすことをどう確保したらいいのかを問い続ける歴史でした。全面的な介助が必要な脳性マヒの人であっても、潜在的なすぐれた能力を秘めています。決して一方的にケアを受けるだけの存在ではありません。その能力を発揮する一番のツールがアートだと考えています。その驚くような才能をいかに引き出して、見える形にして社会に打ち出すかということが、周りにいる人たちに求められています。

潜在的な能力といっても、一人ひとり持てる能力はさまざまです。以前にも書いたことがありますが、感性あふれる詩を生み出す人、大胆な構図と原色で絵を描く人、独特なモチーフを織りに表現する人、ユニークな粘土造形を生み出す人、独特なタッチの書を手がける人、人を引きつける語り芸を発揮する人など、枚挙にいとまがありません。

この才能を生かして、きっちりと収入につながる「仕事」にしていくことが、今求められています。そのための仕組みとして、この六月には「エイブルアート・カンパニー」という組織を立ち上げて、障害のある人たちの新しい仕事づくりにチャレンジし始めました。この流れを、たんぽぽの家だけの取り組みに終わらせるのではなく、全国の障害のある人たちの能力を発揮する場の提供にまで広げていきたいと考えています。そのためのセミナーを九月一六日、一七日の二日間にわたって、たんぽぽの家で開催します。

「『アートを仕事にする』社会起業セミナー」がそれです。これまでも、「福祉施設のアート化セミナー」として何度か開催してきましたが、今回は、はっきりと「アートを仕事にする」ことを前面に押し出しています。昨年四月の障害者自立支援法の施行に伴って、障害者の「就労」がクローズアップされています。そこで語られているのは、いわゆる健常な人と同じ土俵で収入を得ていく仕事ができるかです。しかし、私たちは障害の種別や程度を問わず、「その人があるがままに、感じたままに生きていくことができ、それが認められる」社会をめざしています。その一番のツールであるアートをぜひ全国に広めていきたいと思います。

「アートを仕事にする」ことの可能性に興味のある人なら、福祉施設の職員でも、アーティスト、学生、教員、障害のある人やその家族など、どのような立場の人でも参加していただけます。興味のある方は、ぜひ、ご参加ください。

（二〇〇七年八月一四日）

香港からのアーティスト

香港から女性二人がたんぽぽの家にやってきて、九月二日から九月一五日まで滞在しています。アーティストのエスターさんと彼女のケアをするハレスさんです。エスターというのは愛称で、ロー・プイ・ユン（Lo Pui Yung）さんといいます。彼女には、両手に障害がありますが、足を使って絵を描いています。彼女の作品のカタログを見せてもらいましたが、中国伝統の水墨画を現代風にアレンジした、カラフルな水墨画といった印象の作品が多かったです。彼女は、ウィークデイは建築の図面を引く仕事をしているバリバリのキャリアウーマンです。週末や休暇に、好きな絵を描いているということでした。

　エスターさんをたんぽぽの家に派遣したのは、Centre for Community Cultural Development（CCCD）という組織です。地域に住むアーティストが、アートの力を使ってコミュニティの発展や開放につなげる活動をしています。移民労働者や少数民族、障害のある人たちのグループなどさまざまな人たちに演劇、ダンス、ビジュアル・アートなどの発表の場を提供したり、ワークショップを開催したり、アートを通じた国際交流など幅広い活動を展開しています。たんぽぽの家との交流も長く、数年前には、トントンさんという女性アーティストをたんぽぽの家に派遣してきて、メンバーとの交流で相互に刺激しあって作品づくりに生かした経験があります。トントンさんは、帰国後は現代アートの分野で活躍するアーティストになりました。香港の関係者が来日すると、いつもトントンさんがたんぽぽの家での体験と感謝の言葉を口にしていると伝えてくれます。CCCD代表のモック・チュウ・ユーさんは、八月に開催した「第三二回わたぼうし音楽祭」にも香港チームを率いて奈良にやってきました。エスターさんの派遣については、とにかく日本でたくさんの経験を積み、アーティストと刺激しあい、創造的才能をさらに開花させてほしいとのことでした。

　障害のあるアーティストが海外に滞在し、さまざまな刺激を受け、また自国でその体験を生かしていくというアーティスト・イン・レジデンスの効果は、たんぽぽの家においてもすでに植村浩子さん、武田佳子さん、山野将志さんといったメンバーが示しているところです。

　たんぽぽの家での滞在後は、日本各地の美術館やすぐれた作品を生み出している障害のある人たちの施設などを訪ねて帰国する予定です。エスターさんの日本滞在が充実したものになり、彼女の創作意欲を高めるものになることを願っています。

（二〇〇七年九月一一日）

ちょっと気になる子どもと子育て

去る九月一五日（土）の午後、桜井市まほろばセンター研修室で「ちょっと気になる子どもと子育て～みんなにやさしいまちづくりをめざして～」というフォーラムが開かれました。昨年『障害のある子どもとその家族のための子育て応援ブックin奈良』を出版した「奈良地域生活支援ネットワーク」が主催しました。奈良県北部に集中していた子育て応援情報を県中南部地区からも収集してネットワークを広げようと開いたもので、関係者を含めて八四人の参加者を得て活発な議論となりました。

まず、京都市で幼少年期の子育て支援のための「らく相談室」を主宰する池添素さんが「ちょっと気になる子どもと子育て」と題して基調講演しました。「困った行動」は、子どもが発する大切なサイン、そのサインを見逃さず、サインの「わけ」を考えて、豊かな育ちを考えることが強調されました。その中で私も共感したのは「子どもは二〇歳になれば『社会の子ども』として放り出す」ことをすすめられたことです。子どもが小さい頃から、親は一人で悩まず、問題を社会に持ち出すことが大事です。そこから解決のための智恵が生まれます。

続いてパネルディスカッション「桜井で障害のある子どもを育てるために今、必要なこと……」になりました。児童デイセンター・クローバー学園管理責任者の北村嘉津代さん、ＮＰＯ法人ライフサポートあんしん理事長の安西美奈子さん、桜井市児童福祉課指導主事の米田紀子さん、相談支援事業所こころ管理者の河井伊都子さんをパネリストに、私がコーディネーターを務め、パネリストのみなさんそれぞれの活動紹介の後、参加者を交えて議論しました。障害のある子どもを育てるために必要などんな資源が桜井にあるのか、足りないものをどう創り出していくのか、そのための情報をどうネットワークしていくのかを話し合いました。

当日配布された「子育て応援ブックｉｎ桜井」という印刷物には、桜井市内で障害のある子どもを快く受け入れてくれる七軒のお店や病院などの情報と、三三軒もの理容室の情報が載っています。この輪が他の業種にもどんどん広がって、点から線、線から面になって、どんなに重い障害のある子どもでも地域できっちり受け止めていける桜井になり、さらにみんなにやさしいまちづくりが奈良県全体に広がることを願っています。これらの情報は、年末までにインターネットで公開できるよう準備が進められています。

（二〇〇七年九月二五日）

二〇周年を迎えた社会福祉法人

今年七月、社会福祉法人わたぼうしの会は創立二〇周年を迎えました。現在たんぽぽの家には、奈良たんぽぽの会、財団法人たんぽぽの家、社会福祉法人わたぼうしの会の三つの組織があります。

どんな重い障害があっても、地域で生活できる〝家〟づくりをめざして、一九七三年四月に「奈良たんぽぽの会」が設立されました。それから三年後の一九七六年八月には建物建設の母体となる財団法人たんぽぽの家が設立されます。一九八〇年には奈良市六条の地に「障害者自立援助センターたんぽぽの家」がオープンし、たんぽぽ運動の拠点となります。しかし「たんぽぽ債」と名付けた福祉債券などたくさんの市民のみなさんの応援でできた建物は、その建設にもその後の運営にも公的な補助金を受けられませんでした。

運営安定には建物を新増築して「施設」とするほかなく、その母体として一九八七年に設立したのが社会福祉法人わたぼうしの会です。翌年八月に「身体障害者通所授産施設たんぽぽの家」として再スタートします。運動の当初から、どんな障害があっても、生きがいをもって自己実現していける社会づくりが私たちにとってのテーマでした。そこに「仕事づくり」が加わりました。そのための一番のツールがアートです。重度の脳性マヒの人の中にも、詩を書く人や語りや書の作品づくりに没頭する人たちがいます。重度の知的障害のある人の中にも、不思議な陶芸の世界をもつ人や、大胆な構図大胆な色使いの絵を描く人たちがいます。今や「アートを仕事にする」ことが私たちの大きなテーマになっています。三年前には、最初の建物を、日本初の障害のある人たちのアートセンターHANAとしてリニューアルし、今年六月には、全国の障害のある人たちのアートを仕事にしようと「エイブルアート・カンパニー」もできました。

社会福祉法人ではさらに、地域で生活する障害のある人たち向けに相談や支援サービスを行う「たんぽぽ生活支援センター」や、一五人の障害のある人たちが生活する「福祉ホーム・コットンハウス」を運営するほか、「食」を通して地域で暮らす障害のある人や高齢の人を支援する「たんぽぽ楽食サービス」を展開しています。

これまで、たんぽぽの家を支えていただきました多くのみなさんに感謝いたします、ありがとうございました。そして新たな二〇年へのチャレンジを始めるたんぽぽの家をこれまで同様、見守り支えていただきますようお願いいたします。

（二〇〇七年一〇月九日）

ジョホールバルで音楽祭

来月二五日、マレーシアのジョホールバルという街で、「アジア・太平洋わたぼうし音楽祭２００７ジョホールバル大会」が開催されます。

障害のある人たちの思いが凝縮した詩をメロディーに乗せて歌う、わたぼうし音楽祭、国内の音楽祭は今年三二回を数え、すでに八月五日に奈良県文化会館で開かれました。障害のある人たちがつづる「詩」は、生きることの喜びや哀しみ、いのちの尊さや人間の素晴らしさを歌っています。そこには、人間として大切なものを忘れがちな、今の社会へのメッセージがあふれています。

「わたぼうし」がアジアに飛んでいったのは、一九九一年でした。貧困と障害という二重のハンディを背負うアジアの障害のある人たちとともに生きようと「第一回アジアわたぼうし音楽祭」がシンガポールの地で開催されました。アジアの一二の国・地域から、障害のある人を含むチームが集い、障害のある人たちのメッセージが、それぞれの国の言葉で、民族性豊かなメロディーで披露されました。それ以降二年に一度、アジア各都市で開催されてきました。シンガポールからソウル、上海、バンコク、奈良、そして二十一世紀に入ってからは参加国が太平洋地域にまで広がり「アジア・太平洋わたぼうし音楽祭」として生まれ変わり、高雄、ブリスベン、上海、そして今回のジョホールバルへと受け継がれてきました。

奈良で生まれた〝わたぼうし〟の小さな種が、国内外で色とりどりの花を咲かせています。「わたぼうし」が三〇年以上にわたり歌い続けられているのは、その一つひとつの歌が人々の魂から生まれ、そこに込められた思いとメロディーがたくさんの人たちにとっての希望や癒しになっているからでしょう。また、障害のあるなしに関わらず、わたぼうしに関わる人たちそれぞれが、思いや力を出し合って〝わたぼうし〟をつくりあげているからこそ、そうしたみんなの姿が共感を呼び、人々の心に深く響いていったのでしょう。

これまで、やさしくそして力強く「わたぼうし」を支えてくださったみなさんに感謝するとともに、これからも世界に向けて新しい価値観を提案する「わたぼうし」をともにつくっていってくださることを願っています。

このジョホールバルでのアジア・太平洋わたぼうし音楽祭を応援しに行くツアーの参加者を募集中です。期間は一一月二三日～二七日、費用は一八万八千円です。

（二〇〇七年一〇月二三日）

ケアする家族のサポート

「介護施設で虐待四九八件」というのが、一二月四日付けの読売新聞朝刊一面トップの記事です。国による初の全国調査が今年二月に行われ、介護施設の高齢者に対し、施設職員が虐待とみられる行為を行った事例が昨年度、少なくとも四九八件あったというのです。昨年四月に施行された「高齢者虐待防止法」についても、介護職員の七割が内容を把握していないという実態とともに報告されています。介護を仕事にしている人たちの質が悪いと簡単に片付けられない問題をはらんでいます。

また、一二月二日付け毎日新聞朝刊の企画特集「認知症三〇〇万人時代に」は、地域で認知症患者を支える体制づくりが急務と訴えています。現在一六〇万人の認知症患者が二〇二五年には三〇〇万人に達するとの予測から、地域に根ざした医療の取り組みが紹介されています。

たんぽぽの家では、介護を仕事にする人であれ、家族を家庭で介護する人であれ、ボランティアとして介護に携わる人であれ、その人が介護によるストレスを抱えることなく、バーンアウトすることもなく、心身ともに健康でケアを行えるようにするためには何が必要なのかという「ケアする人のためのケア・システム研究」を一九九九年から続けています。その一環として、「ケアする人のケアセミナー２００７〜世話する家族をささえる〜」を一二月二日に橿原で、九日に奈良で開催しました。「介護をめぐるストレスとセルフケア」と題して、大阪市立大学医学部看護学科教授の石井京子さんに講演していただき、日常的に介護に携わっている人たちに実践報告していただくというものでした。石井さんは、介護する立場の人のストレスとその対処法について、具体的に話されました。

実践報告「世話する家族をささえる取り組み」では、二日が橿原市家族介護者の会代表・原田須加子さん、ＮＰＯ法人児童デイサービスはじめのいっぽ理事長・川上由紀子さん、国保中央病院緩和ケア病棟看護師長・中谷敬子さんの三人に、九日には、若年認知症家族会「朱雀の会」副代表・森吉子さん、知的障害児通所施設「仔鹿園」園長・岡本とも子さん、ＮＰＯ法人この指とまれ21代表・堀鞠子さんに報告いただきました。

どのような立場でケアに携わる人であっても、ケアにともなうストレスやセルフケアの方法についての理解が進み、自分をささえ、身近な人をささえる力を高めることで他者の生に寄り添う「ケアの文化」が奈良に根づくことを願っています。

（二〇〇七年一二月一一日）

ボランティア国際会議で発表

「第一一回ＩＡＶＥアジア太平洋地域ボランティア会議２００７ｉｎ愛知・名古屋」が一二月七日から一一日まで名古屋市で開催されました。ＩＡＶＥ（ボランティア活動推進国際協議会）は、地球上のあらゆるコミュニティにおいて、生命の尊厳と共生の社会を実現するために、個人や団体のボランティア組織が相互理解と協調の絆を結ぶことを目的として、一九七〇年に設立され、世界一〇〇以上の国や地域の主要なボランティア活動推進機関が加わっています。

私は、今回のプログラムの一つ、一二月九日午後に行われた分科会で、たんぽぽの家が取り組んできた「わたぼうしムーブメント」について発表しました。大規模イベント分野のうち「障害者イベントにおけるボランティア・マネジメント」がテーマで、発表したのは、大分国際車いすマラソン大会の通訳ボランティアＣａｎ‐ｄｏ代表の後藤恵子さんと私の二人でした。

私は、わたぼうしコンサートがわたぼうし音楽祭に発展し、今年三二回を迎えたこと、そしてその輪がアジア・太平洋規模にも広がっていることを話しました。人から介助される受身の立場だった障害のある人が、詩を書くことで人に大きな感動を与える能動的な存在になれる、そのことを音楽の力を借りてアピールし、一人の人間の存在の重さと多様な人々との共生を訴えてきたのが音楽祭です。その思いは「ＷＡＴＡＢＯＳＨＩ　ＳＰＩＲＩＴ」として「共生の理念」と「寛容の精神」の尊重という新しい価値をアジア・太平洋地域に提案してきました。

この音楽祭を支えるのは、数多くのボランティアの人たちですが、つい先ごろ一〇の都市から障害のある人たちの代表が集まってマレーシアで開かれた「アジア・太平洋わたぼうし音楽祭２００７ジョホールバル大会」ではうれしいニュースを聞くことができました。一九八一年に東京で開催した「世界わたぼうし音楽祭」に高校生ボランティアとして参加していたゆいみほこさんが、現在ジョホールバルにある日本領事館に勤務していて、日本代表団の通訳ボランティアとして活躍してくれたというのです。二六年前の体験と感動が今も彼女の中に生き続けていたのです。この話を聞いた分科会参加者も感動し、音楽祭の雰囲気を伝えるＣＤ等はないかと聞かれました。残念ながら持ってきていないと答える私に、ぜひテーマソング『わたぼうし』を聞かせてほしいと要望があり、発表の最後に歌ってみなさんに披露しました。

（二〇〇七年一二月二五日）

厄除鬼の土鈴を手元に

松の内も今日で終わり、正月気分も抜けて、いよいよ本格的に今年の活動がスタートしているころでしょうか。

さて、ちょっと早いのですが、節分の話題をお伝えしたいと思います。暦の上で春が始まる日、つまり立春の前日が節分ということになりますが、今年は二月三日の日曜日に当たります。立春・立夏・立秋・立冬のそれぞれ前日が節分ですが、特に立春の前日の節分は新年を迎える大晦日に当たるので、節分といえば春の節分を指すのが一般的になっています。そのため、その年の邪気を祓って新年を迎えるための追儺（ついな）の行事が行われます。「鬼は外、福は内」と唱えながら炒り大豆をまく豆まきもその一つです。

たんぽぽの家アートセンターHANAでは、毎年この節分に合わせて「厄除鬼」をつくって販売しています。障害のあるメンバー七名がこの鬼づくりに取り組んでいて、今年もすでに千五百個が完成して、節分を待っています。

鬼づくりは、奈良らしいものづくりをということで、元興寺の節分会に合わせて販売したのが始まりで、もう二〇年以上の歴史があります。当初は、メンバーのお母さんやボランティアの人たち中心に、一つひとつ粘土から手づくりしていました。つくる人によって、形も顔の表情もユニークなものがたくさんありました。現在は、メンバー中心につくれるように、粘土を型に流して形をつくった大小二種類の土鈴になっています。みなさんの無病息災を願って赤・青・黄・緑・黒の五色の彩色が施されています。一つひとつ手描きされますので、鬼の表情はそれぞれ異なります。

二月三日には、元興寺と東大寺大仏殿でメンバーとスタッフがこの「厄除鬼」を販売します。興福寺では年間を通じて、薬師寺でもこの時期限定で販売していただいています。二月一四日には、長谷寺で行われる「だだおし」の行事に合わせて販売させていただきます。また、今年は、高島屋大阪店七階特選和洋食器売場でも、五五〇個限定で販売しています。

ＪＲ東海が年四回発行している情報誌『奈良散歩』にも、昨年一一月に発行された二六号の「奈良みやげ」のコーナーで「厄除鬼」が紹介されています。関東方面から来られる観光客の方々にも、一押しの奈良みやげということです。みなさんもぜひ「厄除鬼」を手元に置いてください。今年一年、健康に暮らせること請け合いです。大が千円、小が八百円です。

（二〇〇八年一月一五日）

『だいすき!!』に乾杯

ＴＢＳ系列のテレビで木曜日午後一〇時から、『だいすき!!』という番組が始まっています。知的障害のある女性が周囲の人たちの支えを得て子育てをする物語で、『ＢＥ・ＬＯＶＥ』（講談社刊）に連載中の大人気漫画のドラマ化です。香里奈さん演じる主人公の福原柚子は、軽度の知的障害がある二三歳ですが、恋に落ち、結ばれ、そして女の子ひまわりが生まれます。家族や保健師など周りの人たちの支えで〝母親〟になっていく姿を描いています。

このドラマで柚子が通う「ワークセンターたんぽぽ」のスタジオセットに「エイブルアート・カンパニー」の登録アーティストの作品が使われています。作業場の内壁や外壁を飾る絵画や書の作品約六〇点がそれです。エイブルアート・カンパニーは、障害のある人のアートを仕事にするプロジェクトとして、昨年立ち上げた組織です。現在、一六人のアーティストが登録されていて、そのアート作品を利用した商品開発などに取り組んでいます。作品の複製の販売、カレンダーや企業情報誌の表紙に利用、Ｔシャツなどにプリントして販売などで収入を上げることにつなげています。今回は、知的障害のある女性が主人公ということで、ぜひセットで使いたいとの要望が寄せられて実現しました。『だいすき!!』を観て、登録アーティストの作品たちに出会ってみてください。ドラマでの感動が倍化されるのではないでしょうか。

知的障害のある人たちをめぐっては、暗いニュースが続いていました。軽度の知的障害がある小学生の息子にコンビニで弁当などを万引きさせた父親に懲役一年の実刑判決、知的障害のある次男が一人になるのを不憫に思った母親が殺害、大阪・柏原市の施設で知的障害者に職員が暴力・暴言、などいずれもここ一か月の間の新聞報道です。そうした中で、我が子の幸せを願い誰にも負けない「だいすき!!」で子育てにチャレンジする柚子を観ると、ほっとさせられると同時に、私たちが守っていかなければならない大事なものをあらためて教えられるような気がします。

みなさんは同じ曜日の同じ時間帯に放映されている、奈良を舞台にしたドラマ『鹿男あをによし』の方をご覧になっているのではないでしょうか。主演の玉木宏さんやヒロインの綾瀬はるかさんが撮影のために奈良に来たときは新聞でも取り上げられ、知事や市長も応援に駆けつけたと報じられていました。でも、そちらを録画しておいて、一度『だいすき!!』をご覧になってはいかがでしょうか。

（二〇〇八年一月二九日）

アートを仕事にする社会起業フォーラム

「アートを仕事にする社会起業フォーラム　～障害のある人たちの新しい働き方～」を開きます。日時は三月八日（土）一四：〇〇～一六：三〇、場所は京都リサーチパークです。

二〇〇六年四月に施行された障害者自立支援法では、福祉サービスを受けるだけではなく障害者の「就労」が強調されています。しかし、そこではいわゆる健常な人と同じ仕事をこなして収入を得ていくことが想定されていて、実際に職を得て収入に結び付けていける機会は限られています。そこで私たちはアートのもつさまざまな可能性に着目し、障害のある人たちの自己実現のためにアートを生かすことを追求してきました。これまでも、「福祉施設のアート化セミナー」を何度か開催してきて、アート活動に取り組む施設も増えてきました。さらに一歩すすめて、障害のある人たちのアートをきっちりと仕事につなげることを追求しています。

今回のフォーラムでは、まず「障害のある人たちと共に〈アートを仕事にする〉ことはできるか」というテーマで、アートを仕事につなげている先進的な事例を三つ報告してもらったあと、パネルディスカッションがあります。

東京町田市の「クラフト工房ラ・まの」副施設長／高野賢二さん、神戸市の「みっくすさいだー」プロデューサー／柊伸江さん、京都市の「京都市ふしみ学園」吉澤寿子さんの三人が事例報告します。「クラフト工房ラ・まの」は、染め・織り・刺しゅうをベースにした製品の質が高く、販売の機会や売り上げを大幅にのばしている注目の工房です。「ものづくり」の観点から企画、制作、販売を考え、また利用者、スタッフの育成にも取り組んでいます。障害のある人とデザインを学ぶ学生が協働するデザイングループ「みっくすさいだー」は、二〇〇六年に神戸で行われたデザインコンペをきっかけに、大手百貨店やアパレルメーカーからバッグが発売されブランドデビューし、今年は大手通信販売会社からバッグが発売されます。「京都市ふしみ学園」では、商品や作品づくりに若手スタッフによる新しい試みが積極的に取り入れられるようになっています。創作現場の環境整備の経緯や工夫、それに伴う周囲の変化が報告されます。

これらの実践をとおして、ビジネスを起こすためには何が必要なのか、アートを仕事にするための中間支援のあり方、ネットワーク化をめざした議論が期待されます。詳しくは、たんぽぽの家まで。

（二〇〇八年二月一三日）

ホッとなまちづくり

三月二九日（土）一三：〇〇〜一七：〇〇、奈良女子大学記念館で「私たちが創る、私たち一人ひとりのホッとなまちづくり」をテーマに「なら・NPOメッセ２００８」が開催されます。奈良NPOセンター、奈良県労働者福祉協議会、近畿労働金庫奈良県本部、奈良県社会福祉協議会の四つの団体が主催します。

オープニングでは、奈良県内の身近なところで見つけた心あたたまる「ホット」な事例と、それはあかん「困った」事例を一般募集した写真で、また走り回る障害のある子どもの髪の毛を切ってくれる散髪屋さんと、障害のある人のところに往診して治療してくれる歯医者さんをビデオで紹介します。

その後、野沢和弘さん（毎日新聞夕刊編集部部長）が「条例のある街　〜障害のある人もない人も暮らしやすい時代に〜」をテーマに基調講演します。野沢さんは、千葉県が設置した「障害者差別をなくすための研究会」の座長として、「障害のある人もない人も共に暮らしやすい千葉県づくり条例」制定を支えた中心メンバーです。八〇〇を超える差別の事例を収集し、各地のタウンミーティングを経て、日本で初めて障害者への差別をなくす条例ができるまでのドキュメントを語っていただきます。

休憩をはさんで、四人の「ホッとなまちをカタチにする人びと」がリレートークし、私がコーディネートします。山下京子さん（自立生活支援センターフリーダム21ピアカウンセラー）は、「障害のあるパパとママの会」代表でもありますが、地域で働きながら子育てする奮闘ぶりを語ります。畠山晴衣さん（サロンまき代表取締役）は、「心のバリアフリー」をテーマに、障害のある人や高齢の人にも〝安全・安心・信頼〟されるお店づくりと、身も心も美しくのトータル美容をめざしています。田口アキ子さん（より愛どころありがとう代表）は、看護師や家族介護の経験から、住み慣れた地域での暮らしを大切に小規模多機能ホーム・グループホームを運営しています。寺田豊さん（奈良県障害福祉課課長）は、奈良県障害者福祉計画の策定をはじめ、地域生活や就労移行支援などのサービス基盤整備など、障害のある人が安心できる地域社会実現のための施策・仕組みづくりを進めています。

この催しがきっかけとなって近い将来、千葉県と同じ趣旨の条例が奈良県にもできることを期待したいと思います。お問い合わせ・お申し込みは、奈良県社会福祉協議会まで。

（二〇〇八年二月二六日）

石原さんが手織りの個展

「Ｊｏｕｒｎｅｙ〈旅〉～私の虹をこえて～」をテーマに、たんぽぽの家のメンバー石原有佑子さんが手織りの個展を開きます。石原さんが織った布を、宝塚市在住の洋服作家・田中みゆきさんが洋服に仕立てました。女性用のドレス、ワンピースなど洋服が約二〇点、洋服と共布で作ったバッグ、ショールなどの小物を合わせて約四〇点が展示されます。

手織りは二〇年続けていますが、個展は初の試みです。染織作家でたんぽぽの家のアドバイザー・寺川真弓さんの個展を見て、シルクの繊細な織りに感動した石原さんは、いつか自分も個展を開きたいと約七年前から織りためていました。自分も繊細な織りの表現をしたいと、大半がシルクで織られています。寺川さんが染めて織った布を仕立てていた田中さんとの出会いによって、石原さんの夢が実現することになりました。「日々織り進むのは少ないけれど、継続する力はすごい」とスタッフが認めるとおり、根気強く織り続けてきたことが、田中さんとの縁を引き寄せたと言えます。洋服は、田中さんが石原さんの布の表現から想を得てデザインして仕立てています。バッグなどの小物も、すべて田中さんがデザインし、仕立てています。

脳性マヒの石原さんは、少しは歩けていましたが、三年前骨折で入院してからは常時車いすの生活となりました。天理市出身ですが、たんぽぽの家の敷地内に建つケア付き集合住宅「コットンハウス」で暮らしています。コットンハウスは、どんなに重い障害があっても、地域で安心して住むことができる「棲み家」として一〇年前に多くの人たちの応援で建設されました。自分で自分の人生がデザインできる空間として、一五人の入居者一人ひとりの希望に合わせて設計されました。石原さんがその当時から続けている車いすダンスは、ダンスパーティーの注目の的でもあります。石原さんは、まさに自分の生きがいを追及する生活を送っています。

個展の会期は三月二〇日（木）から三〇日（日）まで、時間は一〇時から一八時（最終日は一七時まで）です。会場は奈良市高畑町の「あーとさろん宮崎」で、作品は販売もします。個展の期間中、平日は午後だけですが、初日を含めそれ以外の日は展示時間にはずっと石原さんが会場にいます。「春の日和に奈良公園を訪ねたついでに、ぜひ見に来てください」と話す石原さんの魅力の世界に触れてみてはいかがでしょうか。

（二〇〇八年三月一一日）

手づくり市　～HANAまつり

たんぽぽの家では、四月二〇日に「チャリティ手づくり市　～HANAまつり」が開かれます。今年で四回目になりますが、地域のみなさんにも、たんぽぽの家のスペースを開放して、つくりためてこられた作品の展示即売の機会を提供するイベントとして定着してきました。一刀彫ふくろう、フリーペイントした木製品、陶器の各種作品、アクセサリー、布製品、手づくり人形、手織り、創作鉢植え、手づくりケーキやクッキー、パン、黒豆ジュース、柚子こしょう、佃煮などのお店が五六も並びます。

奈良町を中心に活躍する若手料理人のグループ「蛍の会」の人たちも出店してくれます。「酒楽」が牛タン塩だれ丼、「ふぁんろん」が中華やきそば、「Ｆｒｉｐｏｎｎｅ」がふりぽんぬ風屋台料理、「ＲＡＨＯＴＳＵ」がタイ風屋台料理を楽しませてくれます。

さらに今年はＨＡＮＡギャラリーで、作品展も開かれます。こちらの作品は販売されませんが、クリスタル手彫り仏像、油絵、写真、寄せ植え、パッチワーク、北欧刺しゅう、ドライフラワー・アレンジメント、竹炭、ランプ、掛け軸、屏風、ステンドグラスなど、一九グループの作品が展示されます。

手づくり体験コーナーもあります。ステンドグラスをつくろう、手織りをしてみよう、苔玉づくり、布小物づくり、フリーペイントでコースター・トレーづくり、やってみよう！　ドライフラワー・アレンジメントの六つのメニューにチャレンジできます。子どもコーナーは、こよりでつくる飛行機など、子どもたちもつくって遊べるコーナーです。

このＨＡＮＡまつりは、企画から運営まで、ボランティアと地域のクラフト作家の人たち中心の実行委員会が行っています。たんぽぽの家は、西の京の地に産声を上げて以来常に地域に開かれた施設として運営しています。それを一歩進めて、どういうイベントをいつどのように行うかという内容を話し合う企画段階から地域の人たちも加わり、知恵も力も出し合って一つの催しにしていくことをめざしています。地域とともに育つ、たんぽぽの家でありたいと願っています。

多彩なジャンルの品々があふれ、手づくりの魅力満載のＨＡＮＡまつりに、ご家族みなさまおそろいで、ぜひお越しください。開催時間は一〇時から一六時まで、雨天決行です。また収益は、たんぽぽの家アートセンターＨＡＮＡの運営資金に充てさせていただきます。お問い合わせは、たんぽぽの家まで。

（二〇〇八年四月八日）

『胡同の理髪師』と現代中国

『胡同の理髪師』という映画を観ました。胡同（フートン）とは、モンゴル語で「井戸」を意味するそうですが、大通りから一本街中に入った横丁や路地のことをいいます。胡同には、中庭を囲むように数世帯が一緒に住む四合院という伝統的な家屋があります。

北京の天安門で知られる紫禁城の北に広がる胡同が、映画の舞台です。その一角に住む九三歳でなお現役の理髪師チンお爺さんの日常がドキュメンタリー風に描かれます。

ベッド横の机にあるゼンマイ仕掛けの振り子時計が六時を告げるとチンさんの一日が始まります。一日できっちり五分遅れる時計の針を手で五分進め、鏡をのぞいて美しい銀髪にクシを入れ、服装を整えます。午前中には、三輪自転車でなじみ客の家を訪ねて散髪をし、午後は行きつけの店で、年老いた友人たちとマージャンを楽しみます。そして、夜九時にはベッドに入るという、淡々とした毎日が続きます。

そんなチンさんの周りにも近代化の波が押し寄せます。伝統家屋が次々と取り壊されていく中、移転を拒んで一人暮らしをしていた顧客のお爺さんが孤独死しているところを発見します。ベッド生活になってしまった別のお爺さんは、郊外の高層マンションに住む息子のもとに無理やり引き取られていきます。どうしてもチンさんに散髪して欲しいと、息子に故同までチンさんを迎えに行かせて久々にさっぱりします。

チンさんの住む家も、再開発のため、いずれ取り壊される運命にあります。市の役人がやってきて解体を意味する「拆」という字を壁にペンキで大書します。間違って、「折」と書いたのを見て、チンさんは「ちゃんと書け、いい加減な仕事をするな」と叫びます。

胡錦濤主席が、国家主席としては二人目として一〇年ぶりに日本を訪問し、五月一〇日には奈良にもやってきました。中国製ギョーザ事件、東シナ海ガス田開発問題が日中の懸案事項となる中、チベット問題が北京オリンピックを控えて大きくクローズアップされる時期の来日となりました。支持率低下にあえぐ福田政権と、チベット問題で世界中からバッシングを受けて行われた聖火リレーに対する批判をかわしたい中国との妥協の産物ともいえる訪日になりました。

今やアメリカを抜いて世界一の炭酸ガス排出国になった中国が、国の威信をかけて北京オリンピックを成功させようとする陰で、胡同などの伝統的な中国の良さが失われていくことに寂しさを感じるのは、私ばかりではないと思います。

（二〇〇八年五月一三日）

日本に忍び寄る『貧困』社会

今『貧困』の問題が大きくクローズアップされ、日本が直面する最大の社会問題になっています。これまで労働市場から締め出されていた失業者だけの問題ではなく、「ワーキング・プア」と呼ばれる、働いているか働ける状態にあるにもかかわらず、最低限の生活が営めない、つまり生活保護基準の最低生活費以下の収入しか得られない人たちが増えているといいます。パートタイムやアルバイト、さらには派遣労働など、いわゆる非正規雇用の状態で働く人たちだけではなく、正規雇用されている労働者でさえ人件費の抑制で生活苦にあえぐ状態が現れているのです。

現代社会に生起する問題は、現れた現象だけを見ていては解決できません。他の問題と複雑に絡み合って、支えきれなくなったところから膿が噴出して大きな社会問題になっているからです。多重債務問題、シングルマザー問題、パート労働者・非正規雇用問題、ホームレス問題、生活保護問題、ネットカフェ難民問題、いずれも相互に結びついている問題ばかりです。「貧困が大量に生み出される社会は弱い。どれだけ大規模な軍事力を持っていようとも、どれだけ高いGDPを誇っていようとも、決定的に弱い。そのような社会では、人間が人間らしく再生産されていかないからである。誰も、弱い者イジメをする子どもを「強い子」とは思わないだろう」。（湯浅誠著『反貧困―「すべり台社会」からの脱出』岩波新書）

アメリカのサブプライムローン問題がマスコミでも取り上げられていますが、金融機関の損失だけが大きく報じられているに過ぎません。ローンが払えず、せっかく手に入れた家を追い出された人たちのことは、あまり報道されません。「そこに浮かび上がってくるのは、国境、人種、宗教、性別、年齢などあらゆるカテゴリーを超えて世界を二極化している格差構造と、それをむしろ糧として回り続けるマーケットの存在、私たちが今まで持っていた、国家単位の世界観を根底からひっくり返さなければ、いつのまにか一方的に呑み込まれていきかねない程の恐ろしい暴走型市場原理システムだ。そこでは『弱者』が食いものにされ、人間らしく生きるための生存権を奪われた挙げ句、使い捨てにされていく」。（堤未果著『ルポ貧困大国アメリカ』岩波新書）アメリカの後追いをしている日本が、いずれ行き過ぎた「民営化」と「規制緩和」のために、市場の論理で『貧困』層に貶められる人々の問題に直面することになります。

（二〇〇八年五月二七日）

自己負担撤廃を求め提訴の動き

二〇〇六年一〇月から本格施行された「障害者自立支援法」の最大の問題点は、障害者に利用したサービス費用の原則一割の自己負担を求めた点だということについては、かねてから私も指摘してきました。障害が重い人ほど利用するサービスが多いわけですから、自己負担額も増えるということになります。法施行以前は、収入に応じた「応能負担」であったものが「応益負担」に変わったのです。障害基礎年金が主な収入である人たちは、利用するサービスを減らさざるを得ない状況が続いています。

六月四日付け朝日新聞朝刊一面トップ記事は、「障害者支援法　─負担撤廃へ一斉免除申請─　提訴視野まず3府県」というものです。サービス利用する障害のある人一〇人が、大阪、滋賀、埼玉の三府県の自治体に負担の免除申請書を発送したとのことです。もちろん、申請は却下されることになります。それを受けて、都道府県に行政不服審査を請求し、斥けられれば一〇月にも提訴することになります。障害者を支援する弁護団では、免除申請を全国各地で出す動きを展開します。そこまで、地域で生活する障害のある人たちが追い詰められている実態を反映しているのです。

和歌山市では、訪問介護サービスの利用時間数を大幅削減されたのは不当だとして、重度障害の男性が市を相手に利用時間数の見直しを求める訴訟を起こしています（五月一七日付け毎日新聞夕刊）。支給決定された時間数を超過する部分は、全額自己負担になります。厚生労働省は、施設福祉から在宅福祉への流れをつくろうとしていますが、その受け皿が充分でなく、地域生活が成り立たない現状があります。

政府の「骨太の方針２００６」では「二〇一一年度に国と地方の基礎的財政収支（プライマリーバランス）を黒字化させる」という目標達成のため、社会保障費を五年間で一・一兆円、毎年二千二百億円減らすことを決め、実行されています。しわ寄せは、医療、福祉、年金などあらゆるところに及んでいます。もちろんその影響は、障害者福祉の分野にも如実に現れているのです。サービス利用時間数などを決定する権限は市町村に移りましたが、税源移譲が進まないから、思うように福祉を充実させられない事情もあります。市町村ごとに対応が異なり、サービスに差が出る地域格差が生まれているのも問題です。

障害のある人など社会的弱者といわれる人たちが排除や疎外されない、人を大事にする社会にしたいものだと思います。


（二〇〇八年六月一〇日）

『奈良のケア２００８』発行
家族を頼れない高齢者の介護付きの入所施設のニーズが高まる、待機者が多い特別養護老人ホームにも、一時金が高い有料老人ホームにも入れない高齢者の受け皿として、規制対象外の住宅型ホームが増えている、といったニュースが最近頻繁に登場します。一方、介護職員は低賃金で離職率が高いといいます。日本看護協会や日本介護福祉士会などが反対するなか、看護や介護の分野に外国人労働者の受け入れが始まろうとしています。

もちろん背景には少子高齢社会の到来があります。たんぽぽの家では、仕事として介護に携わっている人も、家庭で家族の方を介護している人も、ボランティアとして介護に関わる人たちも、介護にストレスをためることなくバーンアウトすることもなく、心身ともに健康に介護できるようにするためには、何が必要なのかを研究する「ケアする人のためのケア・システム研究」を一九九九年から続けています。

その活動の一環として、このたび『奈良のケア２００８』という介護情報誌を発行しました。高齢者向けには介護保険制度が、障害者向けには支援費制度が、今年四月には後期高齢者医療制度も始まるなど、医療や介護に関わる制度がめまぐるしく変わっています。しかし、何らかの事情で、ある日突然家族を介護しなければならなくなったとしましょう。最初に、どこに行けばいいのでしょうか。ケアを頼めるところはあるのだろうか、それよりも先に利用できる公的なサービスはどうなっているのか、同じような悩みを抱えている人たちのネットワークはあるのだろうか。ケアする人を支えるのは、情報と人と人のつながりだといえます。ばらばらになっている医療、福祉、ケアなどの情報を一元的に提供できる情報誌が必要だとの思いを同じくする人たちが集まって「ケアする人のケア・情報ネットワーク」を結成し、この情報誌は生まれました。

「地域にねざしたケアの文化と仕組みづくり」という荒井正吾奈良県知事とマリンバ奏者松本真理子さんとの誌上対談に始まり、相談窓口、医療機関、公的な制度、在宅ケア、終末期ケアに至る、まさに家族を支える医療・介護情報誌になっています。
完成を記念して、「地域を変える支えあいのちから」をテーマにフォーラムも開催します。七月一九日一四時～一六時、奈良市ならまちセンターです。関心のある方は、ぜひお越しください。

（二〇〇八年六月二四日）

夢をつくり明日をうたう音楽祭

「夢をつくろう。明日をうたおう。」障害のある人たちの心を歌う第二三回わたぼうし音楽祭が、八月三日奈良県文化会館国際ホールで開催されます。障害のある人たちの書き綴った感性あふれる詩がメロディーを得て、毎回新たな感動とともに、障害のある人もない人もともに生きる社会を訴える原動力になっています。

今回も応募があった作詩の部三五六点、作詩・作曲の部二四一点の中から選ばれた一〇作品が発表されますが、入選した作詩者たちは、年齢が九歳から八六歳、青森県から熊本県まで全国各地から、障害も脳性マヒの人もいれば、視覚障害、知的障害、アスペルガー症候群、脊椎間板狭窄症の人などさまざまです。坂本しのぶさんは、胎児性水俣病です。『これが私の人生』で、

みんな長く生きて
私を一人ぼっちにせんで
一緒に手をつないで生きたい

あなたと一緒に
水俣病にならんば私の人生は
でもこれが私の人生
これからは自分自身で
この道を歩いていきます
この道を歩いていきます

と語ります。

奈良から入選したのは、統合失調症の水原一（みはらはじめ）さんです。『そして生きてゆく』では、

肩落としうつむいてた日々
不安に明け暮れた日々
あなたがいたから頑張れた
揺るぎ無い勇気をくれた

立ち止まっては　また歩き出す
その力強さ　胸に刻んで
明日を夢見る　笑顔に変える

素敵なことでしょう　ときめくでしょう
陽の光りが　優しく包みます

と語りかけます。水原さんは、五年前の第二八回の音楽祭でも『笑顔にたどりつく日まで』という作品で入選していて、今回が二回目の登場となります。いずれも、作詩・作曲を一人で手がけています。今回の作品に込めた思いを水原さんは「笑顔、希望を大切に、地に足をつけて、決してあきらめる事なく、未来を信じて生きていこう、人生って素敵だなあという思いを込めて曲にしました」と語っています。この曲を当日歌うのは、シンガーソングライターのやなせななさんです。五年前の音楽祭でも水原さんの作品を歌ったやなせななさんは、浄土真宗本願寺派の僧侶でもあり、家業の寺院を手伝いながら、全国各地でのライブ活動を精力的に行っていて、先ごろプロデビューを果たしました。

また、ゲストとして「ジェネシス　オブ　エンターテイメント」が車いすダンスを披露してくれます。八月三日は、一四時開演、一七時終演、入場料は前売り券一般二千円、高校生以下千円です。

（二〇〇八年七月八日）

ダンス&演劇ワークショップ

人と人が分断されて、生きにくくなっている現代社会、周りの人たちとコミュニケーションがうまく取れない人たちが増えています。また、価値観の多様化とともに、専門分化があらゆる分野で進んでいて、それぞれの専門を離れると、とたんにコミュニケーションが取れなくなるということが起こります。これに世代間の断絶が加わると、さらにコミュニケーションは取りにくくなります。

そのコミュニケーションを回復する一助に身体表現が役立つのではないかと考え、ダンスと演劇のワークショップを行うことになりました。他の人とのコミュニケーションが苦手だと思っている人、自分の思っていることを人に伝えるのが難しいと感じている人、みんなと一緒に何かをするのが不得手な人、そんな人たちが対象です。

まずダンスワークショップですが、ナビゲーターは、なにわのコリオグラファーしげやんこと、北村成美さんです。「生きる喜びと痛みを謳歌するたくましいダンス」をモットーにダンスバカ道を疾走中という北村さんは、「人はどんな境遇にあっても、生を楽しみ、切り開いてく力を備えていると考えている。この『創造力』を根本に、ストイックでエンターテイメント性豊かな舞台作りを目指して」います。八月二八日から二週間に一回のペースで一〇回～一五回のワークショップが開かれます。参加するみんながコリオグラファー（振付家）になれる、おもしろい動きをダンスにして、遊びながらみんなで見たこともないようなダンスづくりが始まります。

演劇ワークショップのナビゲーターは、もりながまことさんです。もりながさんは、劇団主宰、劇場プロデューサーを経て、現在は昔話や古典をテクストに一人芝居の作品を発表し続けている演出家です。知的障害のある人のヘルパーとして福祉の現場にも従事していて、二〇〇四年からは障害のある人の世界観を舞台で表現する「パフォーマンスユニット　くらっぷ」のワークショップリーダーをつとめています。九月六日から一週間に一回のペースで一〇回～一五回のワークショップが開かれます。セリフが言えなくても、段取りが覚えられなくても大丈夫。一人で遊ぶことが好きな人もＯＫです。即興性やハプニングも取り入れ、コミュニケーションを楽しみながら、みんなで一つの作品をつくっていきます。
いずれも場所は、たんぽぽの家、参加費は一回千円です。お問い合わせは、たんぽぽの家まで。

（二〇〇八年七月二二日）

スウォンにエイブル・アート・センター

韓国スウォン市から、六人の人たちが三週間研修のためにたんぽぽの家に滞在、準備段階から「わたぼうし音楽祭」も体験し、このほど帰国しました。一行は、今年一〇月に完成する「エイブル・アート・センター」のスタッフ予定者の人たちです。代表のチャン・ビョン・ヨンさんは、二〇〇四年一〇月にソウルで開催した「韓日エイブル・アート・フォーラム　ソウル」に参加し、たんぽぽの家の活動に感銘を受けたといいます。翌年（二〇〇五年）、牧師であるチャンさんは、教会関係者とともにたんぽぽの家を訪問し、障害のある人たちの表現活動の現場をつぶさに見学しました。昨年（二〇〇七年）一月には、チャンさん夫妻のほか、新聞記者、建築家夫妻、教会の資金提供者を伴って再びたんぽぽの家を訪れ、エイブル・アート・センター構想を固めました。

センターは、障害の種別もさまざまなあらゆる年齢層の人たちがビジュアル・アート、演劇、文学、音楽など、幅広いジャンルの芸術で表現活動に取り組める、総合芸術文化センターになります。また、日曜日には教会としても利用されます。そして今回、建物の完成を間近にして、完成後の運営に携わるスタッフの研修のために、たんぽぽの家にやってきたのです。

研修は、①すべての人が幸福に生きる、そのことを実現する市民社会運動体としての「たんぽぽの家」

という場を体験する、②市民芸術運動としてのエイブル・アート・ムーブメントについて理解する、③エイブル・アート・ムーブメントから昇華したひとつの事例としての「アートセンターHANA」について理解する、④障害のある人たちの表現活動を支え、持続可能なものとしていくための具体的なスタッフの役割と技術について学ぶ、を目的として行われました。

チャンさんは、「韓国では、障害のある人とない人との間の壁はまだ厚い。センターが芸術を通して、障害のある人もない人もともに生きる空間になればいい。人間が人間らしく生きる〝生命〟と、ともに生きる〝愛〟を感じられる場にしていきたい」と抱負を語ります。

スウォン市は、ソウルから車で約二〇分、世界遺産「華城」を中心に伝統と先端産業が共存する人口一〇八万人の文化観光都市です。このスウォン市に、私たちと共通のコンセプトをもつ「エイブル・アート・センター」ができることによって、今後の日韓のアートを通した障害のある人たちのネットワークがさらに大きく広がることが期待されます。

（二〇〇八年八月一二日）

信頼に基づく医療の確立を

帝王切開で無事赤ちゃんを出産した女性が死亡した事件で、業務上過失致死などの罪に問われた医師に対し、福島地裁が二〇日無罪を言い渡しました。通常は出産後自然にはがれる胎盤が子宮に癒着していて、医師が手術用のハサミで胎盤を切り離したところ、大量出血し女性が失血死しました。四年前に福島県立大野病院で起きた事件です。

この事件を受けて、医師の間では「ある確率で起きる不可避な事態にまで刑事責任が問われるなら、医療は成り立たない」との反発を呼び、全国的に産科医不足と産科を廃止する病院の増加を招いたとも言われ、今回の司法判断が注目されていました。判決理由では「医療行為が患者の生命や身体に対する危険があることは自明だし、そもそも医療行為の結果を正確に予測することは困難だ。本件では、検察官が主張するような内容が医学的準則だったと認めることはできないし、具体的な危険性などを根拠に、胎盤剥離を中止すべき義務があったと認めることもできず、被告が従うべき注意義務の証明がない」と述べていて、妥当な判断だと言えます。

ただし、検察側が控訴せず、無罪が確定することになっても、一件落着とはいきません。警察が異例の強制捜査に踏み切った背景には、医療に対する患者や家族の不信感が横たわっているからです。遺族の怒りが解けないと、民事裁判での争いが続くことにもなりかねません。医師の資質が問われるような医療過誤が繰り返されていることを考えれば、厚生労働省が構想している「医療安全調査委員会」といった、医療行為の適否を判断する第三者機関が必要だと思います。その機関が機能するには、カルテやレセプト（診療報酬明細書）の開示などによる医療の透明性が前提になります。

しかし何よりも医師に求められるのは、インフォームド・コンセントを徹底することです。治療を開始する前に「なぜこの治療が必要なのか」「どのくらいの期間がかかるのか」「この治療の効果はどういったものか」「費用はどれくらいかかるか」などをわかりやすく説明し、患者の同意を得ることです。患者の側は、自分が受けようとする医療行為について理解し、手術が必要な場合などは、積極的に担当医以外の医師のセカンド・オピニオン（第二の意見）を求めて、自分で納得の上で治療を受けることです。遠回りのようですが、そうした双方の努力を積み重ねることによって、医療を提供する側と受ける側の信頼関係が築かれると考えます。

（二〇〇八年八月二六日）

世界遺産に囲まれたコンサート

八月三一日は、名残の夏で暑い一日となりました。この日、薬師寺で行われた石井竜也コンサートに行ってきました。

大講堂と金堂の間にパイプいすを並べて客席とし、大講堂の正面に特設舞台をつくり音響・照明設備を設けた大掛かりなセットです。さらに舞台には「月日の塔」と名付けられた一対のモニュメントがそびえています。先ごろまで、東京・国立博物館で光背をはずして後ろ姿までお見せになった金堂の日光、月光両菩薩にちなんで多才なアーティスト石井さんが発想したものでしょうか。塔の半球状の画面には左に月を、右に日をイメージした映像が映し出されるなど、手の込んだ設備が施されています。

照明も舞台両側から、後方の金堂側から、また大講堂の中からも舞台に向けられていて、大講堂内の仏様の天蓋（てんがい）をも美しく照らし、開かれた扉の金具を輝かせてもいます。五年前に復元された大講堂の屋根を飾る鴟尾（しび）にも光が当たり独特の雰囲気をかもし出しています。

三千人以上の観客が詰めかけ、その八～九割が女性です。バックバンドに尺八と箏（そう）を加え、エレキサウンドに和の風合いも重なり、石井さんの歌声をより一層引き立てます。石井さん自身が作詩・作曲した二〇曲以上を熱唱した後のアンコールがまた見ものでした。ファッショナブルな石井さんは、アンコールでも衣装換えし、数珠を模したネックレスを身につけています。フィナーレはいつもこうなのでしょうか、客席の石井〝信者〟が総立ちで、手拍子と踊りで大合唱になります。

アンコールの前に、石井さんから薬師寺の安田暎胤（えいいん）管主に薄墨桜の苗木が贈られました。このコンサートが「音楽で森をつくろう」と題されて、チケット代金の一部が境内の植樹に生かされます。

世界遺産に登録された薬師寺の、国宝の東塔をはじめ、西塔、金堂、大講堂などの伽藍（がらん）に囲まれた一大空間では、宗教を超えて、深い精神性を味わうことができます。この空間をコンサートの会場としてパフォーマンスを繰り広げることができるということは、アーティストにとってもこの上ない歓喜でかけがえのないものに違いありません。いかに近代的な設備が整った東京や大阪などの大ホールといえども、この野外空間に優る神秘に満ちた雰囲気を味わうことができる器をアーティストにも観客にも提供することはできないでしょう。奈良に住まいする幸せを感じる一夜でもありました。

（二〇〇八年九月九日）

豊かな地域医療のために

「地域住民のための医療とは」をテーマにした地域医療を考えるシンポジウムが、九月一三日かしはら万葉ホールで開かれました。奈良県地方自治研究センターが主催しました。基調講演は、「地域によりそう医療のはなし　～全国一低い医療費の背景にあるもの」と題して、ＪＡ長野厚生連佐久総合病院地域医療部地域ケア科の医師色平哲郎さんが話されました。色平さんは東京大学を中退し、世界各地を放浪した後、京都大学医学部を卒業して医師になったという異色の経歴の持ち主です。まず、ビデオで色平さんが今年三月までいた長野県南相木村の診療所を医学生たちが訪れる光景が映し出されました。色平さんは、学生たちを一人暮らしのお年寄りの家に連れて行きます。四〇％近くが六五歳以上という村でそれぞれの人の暮らしを知ることから医が始まること、「予防は治療に勝る」ことを学生たちは学びます。ただし、自分が言いたいことを離れて「良い医師」として描くという取材する側の意図によって編集されていることを、色平さんは指摘しました。

基調講演の後は、「豊かな地域医療をめざして」をテーマにしたパネルディスカッションが行われました。パネリストは、大和郡山市で中島医院を開業する中島孝之さん、橿原訪問看護ステーションやわらぎの郷所長の石原祐佳さん、地域密着型相談センターとまり木代表の山村悦子さん、画家の夢村(むそん)さんの四人、そしてコーディネーターを私が務めました。

中島さんは、奈良県の医療について、医師数、医療費、入院日数などの指標はほぼ全国平均に近い、それに比べて長野県は、入院日数が全国平均の半分、老衰で亡くなる人の率が高いことを指摘されました。石原さんには、死を家で迎えることを支える実践を話していただきました。山村さんは、日ごろの相談活動の状況について、相談の三割が薬物依存症に関わるもので受け入れ病院がない実態を話されました。夢村さんは、統合失調症でかかりつけ医を見つける難しさとともに、病気の話を地元ではできない状況を話されました。会場には夢村さんが描いた作品六点も展示され、好評でした。

当日の朝日新聞の別刷り「ｂｅ　ｏｎ　Ｓａｔｕｒｄａｙ」の「フロントランナー」で色平さんが大きく取り上げられたこともあってか、会場には一二〇人を超える人が詰めかけました。地域医療を考えるというテーマにもかかわらず多くの人が集まり、奈良県が置かれている医療の現状に対する関心の高さを感じました。

（二〇〇八年九月二三日）

やすらぎホームコンサート

高齢の人や障害のある人を介護されているご家庭では、家族の方がコンサートに出掛ける時間がとれなかったり、介護を受けている方のことが気にかかって心置きなく音楽を楽しめないということがおありだと思います。そうしたご家庭に音楽家の方から出向いていって、やすらぎのひと時をお届けする、「やすらぎホームコンサート」を行っています。

たとえば、介護をしているご家族のお好きなジャンルの音楽やご家族の思い出の歌を織り交ぜたコンサートをご家庭にお届けします。また、いつも介護をしてくれている家族に対して「ありがとう」の気持ちを伝えるプレゼント・コンサートをご自宅で開きます。あるいは、介護しているご家族が集まる会合などで、心が癒され元気になれる歌や音楽をお届けします。約三〇分のコンサートで、お申し込みをされた方の費用負担はありません。ただしコンサートをお届けする場所は、奈良県内に限ります。すでに、音楽家の方に来ていただいて、ご自宅でこのコンサートを楽しまれたご家庭があります。受付は、一一月末までとなっています。お申し込みが多数であったり、ご希望のジャンルの音楽家が見つからない等で、残念ながらご要望にそえない場合がありますので、ご了承ください。

「やすらぎホームコンサート」は、今年から一一月一一日が「介護の日」と決められたことを記念して、奈良介護の日実行委員会が主催しています。今日がその「介護の日」で、以下のような記念イベントを開催しますので、ぜひお越しください。

まず、記念講演は「〝笑い〟のある介護生活」と題して、昇幹夫さんにお話いただきます。さまざまな苦悩を伴う日々の介護の中に〝笑い〟を持ち込む、「日本笑い学会」副会長・昇さんのお話から元気を分かち合いたいと思います。次に「奈良介護大賞」授賞式です。これは、高齢の人や病気の人、障害のある人を介護している個人、または団体を顕彰しようとするものです。そして、大賞を受賞した人たちだけではなく、会場に足を運んでいただいた介護する人たちにも抽選で、ささやかなプレゼントをしたいと考えています。午後二時から四時一五分まで、場所は近鉄学園前駅南口出てすぐの奈良市西部会館市民ホール、入場料は五百円です。

私たちはこうした催しを通して、介護している人たちを応援していきたいと考えています。いずれもお申し込み・お問い合わせは、たんぽぽの家まで。


（二〇〇八年一一月一一日）

軍隊のない国コスタリカ

中米の国コスタリカを訪問する機会を得ました。太平洋とカリブ海を結ぶパナマ運河のあるパナマのすぐ北隣にある国といえば、だいたいの位置がお分かりいただけると思います。九州と四国を合わせたくらいの国土に約四三〇万人の人が暮らしています。熱帯低地があるかと思えば、三千メートル級の高山がある、多様な気候風土をもっています。首都のサンホセは、標高千百五十メートルの中央盆地に位置し、年間を通じて快適な気候が続きます。その国土の四分の一が国立公園と自然保護区になっています。

私がこの国に興味をもったのは、「軍隊をもたない国」だという点です。一九四九年に制定された憲法第一二条は、「常設的機関としての軍隊は禁止する」と定めています。平和主義をうたった日本国憲法と同趣旨の憲法をもつ国として、ぜひ訪ねてみたいと考えていました。

中米和平を導いた功績で、一九八七年、アリアス大統領がノーベル平和賞を受賞したことで、その平和主義外交が注目されました。ところが二〇〇三年三月、国連の承認を経ない米英軍によるイラク攻撃に対する支持を政府が表明して、「平和国家コスタリカのイメージを損なう」と内外から非難されました。しかし、一大学生が、この政府の決定は憲法違反だとして裁判を起こし、最高裁が違憲判決を出して話題となりました。

そのコスタリカで障害のある人たちの実情を知りたいと、サンホセから車で三〇分ほどのエレディアという町にあるリハビリテーション特殊教育国家審議会（ＣＮＲＥＥ）を訪ねました。情報部門の担当者アリアス・オルテガさんから親切な説明とともに、資料もたくさんいただきました。障害のある人の芸術活動についてもお聞きし、二人のアーティストの自宅を訪問することもできました。

一人は、電動車いすを使うフェルナンド・エスクィベルさん。彼は、油彩で風景画を得意としています。もう一人は、小児マヒの後遺症があるイレアナ・サンチョさん。彼女は、板に粘土で風景や人物を描き、それに彩色を施す手工芸品をつくっていました。

オルテガさんはまた、ある国会議員に会えるよう手配してくれました。視覚障害のあるオスカル・ロペスさんです。国会内にある彼のオフィスに案内されて、お互いの活動を紹介しあいました。この国の国会議員は、五七人、そのうち障害のある議員はもちろん彼だけです。

太平洋を挟んだ隣国コスタリカとの交流が深まればいいと感じる旅でした。

（二〇〇八年一一月二五日）

ひと・アート・まち奈良再び

二〇〇〇年に奈良からスタートした「エイブル・アート近畿　ひと・アート・まち」がまた奈良にやってきました。たんぽぽの家が進める、人間の可能性に挑戦し、つながりをとりもどす市民芸術運動であるエイブル・アート・ムーブメントに共感した近畿ろうきんが毎年近畿各府県で開催しているものです。

今年のテーマは「Ｇｏｏｄ　ｊｏｂ!!」。アメリカでは、いい仕事をしたとき「Ｇｏｏｄ　ｊｏｂ（グッジョブ）」という声が、どこからか飛んできます。この「Ｇｏｏｄ　ｊｏｂ」には、その人の仕事に対する敬いとか労いがこめられています。

豊かな文化、豊かな日常とは、一人ひとりが多様な役割を担える社会があって実現します。人にはそれぞれの生き方があり、それを互いに認め合えるからこそ、成熟した社会がつくられるのではないでしょうか。社会の中での役割とは、現実には「仕事」として認識されます。私たちは、人生の中で多くの時間を働くことに費やしています。生きることと働くことは、常に表裏一体の関係にあります。

しかしながら、障害のある人たちにとって、働くことはまだまだ厳しいというのが実情です。福祉の現場では「仕事」の開拓に日夜努力をしています。誇りをもって働ける「仕事」を模索するなかで、ひときわ注目を集めているのが「アート」です。

今、日本の障害のある人たちは、アートを仕事にすることで「Ｇｏｏｄ　ｊｏｂ!!」と声をかけられるようになりました。そのときの彼らの誇らしげな顔。私たちもなんだか〝幸せな気分〟になります。人の心と心をつなぐ彼らのアートは、「天職」かもしれません。天から授かった才能のお返しに、みなさんを〝幸せな気分〟にするのです。

今年の企画は、二つあります。一つが展覧会「働くこと、遊ぶこと、生きること」。奈良県内の障害のあるアーティスト九人の作品と、日常生活や創作に取り組む姿を映像や写真パネルなどで紹介します。会場は、奈良県文化会館二階ギャラリーC、Dで、会期は一二月一七日（水）～二一日（日）、時間は一一時～一九時（最終日のみ一六時まで）です。

もう一つが「プライベート美術館・なら」というプロジェクトで、こちらはすでに始まっています。これは、生活空間やオフィスなどで、アートをもっと身近に感じ、楽しんでもらうための新しい試みです。障害のある人の多様な表現を複製画にして、一一月から来年の二月にかけて県内三七か所の会場をめぐります。お問い合わせは、たんぽぽの家まで。

（二〇〇八年一二月九日）

安心と希望の介護ビジョン

超高齢社会を迎えて、介護の将来像を検討してきた厚生労働省の有識者会議が一一月二〇日、「安心と希望の介護ビジョン」をまとめました。ビジョンは二〇二五年までを視野に、（一）高齢者自らが安心と希望の地域づくりに貢献できる環境づくり（二）高齢者が、住み慣れた自宅や地域で住み続けるための介護の質の向上（三）介護従事者にとっての安心と希望の実現、を提言しています。

（一）では、意欲ある高齢者が主体的・積極的にコミュニティ・ビジネスや互助事業に取り組む「コミュニティ・ワーク・コーディネーター（高齢者地域活動推進者）」を年間三〇〇人、一〇年間で三千人育成するといいます。（二）では、施設入所者に対する経管栄養や痰の吸引を、医師や看護師との連携のもとで介護職員が行えるような仕組みづくり、医療と介護の連携強化、認知症対策の充実などを提案しています。（三）では、介護従事者が働きやすく、誇りとやりがいを持って介護に取り組めるよう、各事業所に労働条件や給与水準などの公表を求めることなどを掲げています。

「超高齢社会における『安心』とは、たとえ高齢、要介護となっても多様な生き方や必要なサービスを選択できることであり、超高齢社会における『希望』とは、年齢や心身の状態、所得の多寡や家族の有無に関わらず、一人ひとりが大切にされ、必要とされ、自らの持つ知恵と力を活かせること」だという基本認識には賛同しますが、具体的な提言については異論があります。特に（二）に関連して、要介護高齢者の介護を行う家族の支援のために適切な休息（レスパイト）や介護サービスの充実を挙げていますが、具体的な内容にはなっていません。

私たちが「ケアする人のケア」を掲げて研究し、システムとして提言してきたことが活かされているとは思えません。今月、橿原と奈良で開催した「ケアする人のケアセミナー」では、増え続ける男性介護者の問題が指摘されました。夫が妻を、息子が親を介護する、しかもその男性介護者の平均年齢が六九・三歳、何らかの病気で通院している人が五七・三％に上るといいます。仕事と介護の両立が難しく、退職せざるを得ない現役世代の男性介護者も増えています。

介護心中や介護殺人などの増加は、家族に介護を押し付けてきたこれまでの介護のあり方の根本的な改変を迫るものです。家族がいるいないに関わらず質の高い介護が受けられる「介護の社会化」は待ったなしの状況にあるのです。

（二〇〇八年一二月二三日）

いいチェンジの年への期待

新年あけましておめでとうございます。みなさんは、新しい年をどのようにお迎えでしょうか。昨年末大きくクローズアップされた、いわゆる派遣切りで職と住むところを同時に失った人たちの年の瀬を思うと心が痛むとともに、政治の無策をまざまざと見せ付けられた思いがします。アメリカ発のサブプライムローン問題を引き金にした経済不況は、リーマンブラザーズの破綻、自動車大手ビッグ３の経営危機に発展し、日本にも大きな影響を及ぼしています。前年には空前の収益を上げていたトヨタ自動車の大幅な赤字見込への転落は、大きな衝撃を与えています。日本経済の牽引役であるトヨタの凋落は、今年の日本経済の先行きを暗示しているようで不気味ではあります。

しかし経済の浮き沈みに関わらず、安心して生活ができることを国民に保障することが政治に求められている役割であるはずです。その基本に立ち返った議論を期待するとともに、総選挙後に生まれる新しい政権が国民に安心と豊かさをもたらす方向に向かうことを期待します。

さらに世界に目を向けて今心配なのは、中東情勢です。イスラエル軍がイスラム原理主義組織ハマスのロケット弾攻撃を封じ込めるために空爆だけではなく地上軍をパレスチナ自治区ガザ地区に投入し、多くの民間人の死者を出しています。この事態をみるにつけ思い出されるのは、一九八五年五月八日に当時の西ドイツのヴァイツゼッカー大統領がドイツの敗戦四〇周年にあたってドイツ連邦議会で行った歴史的な演説です。「荒れ野の40年」と題された演説は、第二次世界大戦についてのドイツの責任について触れ、「中東情勢についての判断を下すさいには、ドイツ人がユダヤ人同胞にもたらした運命がイスラエル建国のひき金となったこと、そのさいの諸条件が今日なおこの地域の人びとの重荷となり、人びとを危険に曝しているのだ、ということを考えていただきたい」と述べています。戦後六四年、この演説からでも二四年を経ようとして今なお憎悪の連鎖が続くことに心が痛みます。

ところで、一週間後に誕生するアメリカ初の黒人大統領オバマさんが世界をどの方向に導こうとするのかが大いに注目されるところです。テロとの戦いをどう収束させるのかを始め、いいチェンジのメッセージが届くことを期待したいと思います。

今年が、世界から飢えと貧窮がなくなり、各地の紛争が解決し平和と自由の時代の幕開けの年になることを願わずにはいられません。

（二〇〇九年一月一三日）

プライベート美術館・奈良町

今、奈良町界隈で「プライベート美術館・奈良町プロジェクト」が行われています。たんぽぽの家が進めている「エイブル・アート・ムーブメント」の一環として、生活空間や店舗・オフィスなどで、アートをもっと身近に感じ、楽しんでもらうための新しい試みです。アートでまちを人間的で豊かな美しい空間にしようという試みでもあります。「エイブル・アート・ムーブメント」は、人間の可能性に挑戦し、つながりをとりもどす市民芸術運動で、アートを通して人間が幸福になること、アートには人が生きていくことを助ける役割があるということを、地域の人たちと一緒に見せていきたいと考えています。

昨年末、障害のある人たちの絵画作品を一定期間展示してくださるお店を奈良町中心に募集していました。その結果、手づくりボタン・オリジナル雑貨の店「ｔｏｍｏｏｎ」、カフェ・バリ発オリジナルグッズの店「ロカシカカフェ・ｓｉｓｉ」、手づくりガラスアクセサリー小物の店「ｇｌａｓｓ　ｓｔｕｄｉｏ　ｂｅ」、カフェ「のこのこ」、カフェ「カナカナ」、重要文化財の「今西家書院」、雑貨とカフェ「南果」、和菓子の店「御菓子司なかにし」、花屋「ハナロジ」、フレンチの「欧風料理ふりぽんぬ」、美容院「ｊｕｇｏ　ｈａｉｒ＆ｂｅａｕｔｙ」、ワインバー「Ｓａｌｏｎ　ｄｅｓ　ｖｉｎｓ　〝ＳＥＶＥ〟」、カフェ・ギャラリー「アートスペース上三条」、カフェ「粉処らんる」の一四店舗から応募していただき、それぞれのお店のオーナーの方々に展示する作品を選んでいただきました。

展示されているのは、たんぽぽの家アートセンターＨＡＮＡの山野将志さん、澤井玲衣子さん、十亀史子さん、小松和子さん、中川雅仁さん、大和高原太陽の家の古谷秀男さん、滋賀県・やまなみ工房の三井啓吾さん、神奈川県のいそべＲＹＯさんという八人のアーティストの一八作品がそれぞれのお店で展示されています。八人八様、それぞれにユニークな持ち味があって、題材も構図もタッチも色づかいも違う、さまざまな絵画が選ばれています。それらの作品に出会ったみなさんは、きっと心に響くメッセージを受け取っていただけるものと思います。

期間は、二月二七日（金）までです。奈良町界隈を散策しながら、ぶらりと立ち寄ったお店で、障害のあるアーティストの作品と出会う楽しみを味わっていただきたいと思います。お問い合わせは、たんぽぽの家まで。

（二〇〇九年一月二七日）

もてなしのまちづくり条例

みなさんは「もてなし」と聞いて、どんなことを想像されるでしょうか。十人十色、さまざまなもてなしのシーンを思い描かれることと思います。このもてなしによるまちづくりを進めようとする条例（案）がまとまりました。奈良市もてなしのまちづくり条例（仮称）検討委員会が、一昨年一〇月から一〇回の委員会での議論を重ね、パブリックコメントの手続きも経て、二月五日に藤原昭市長に提言しました。

「もてなし」を前面に押し出してまちづくりを進めようとする条例は、全国的にもあまり例がなく話題を呼ぶものと思います。委員のみなさんの思いは、前文に込められています。

「そして、私たち一人一人がそのような『もてなしの心』を、奈良を訪れる人だけでなく、奈良で暮らすあらゆる人にも向けて、『もてなしの心』を皆で共有することができれば、様々な立場を越えて、誰もが心地よく過ごせる豊かな地域社会の形成につながります。

私たちは、こうした『もてなしのまちづくり』への努力を続けることによって、この歴史ある奈良の価値をさらに高め、奈良を訪れる人が何度でも訪れたくなり、奈良で暮らす人がずっと暮らしたくなる魅力あふれる奈良のまちを目指します」。

この条例（案）は、今後市議会に提案され、その議決を経て制定の運びとなりますが、条例ができて終わりではありません。市民のみなさんにこの条例のめざすところを理解していただき、具体的なもてなしの行動につなげていっていただくことが必要です。例えば、大切な人にこのスポットを見せたい、あの音色を聴いてもらいたい、ここの香りを楽しんでもらいたい、この味を味わってほしい、ここに触れてほしい、そんな一人ひとりの奈良自慢を集めることから始めてみてはどうでしょうか。そうした市民の参画がこの条例を育て、素敵な奈良をつくりあげることにつながればと思います。

（二〇〇九年二月一二日）

演じる、踊る、生きる

集団にとけ込むのが苦手、相手の表情から気持ちを読み取れない、など人とのコミュニケーションがうまくとれない人たちがいます。自閉症、アスペルガー症候群、その他の広汎性発達障害、学習障害、注意欠陥多動性障害など「発達障害」に、徐々にではありますが社会の目が向けられるようになってきました。小・中学校で「発達障害」とみられる児童・生徒の割合は、文部科学省の調査でも六・三％と報じられています。実際はこの数字を大きく上回るものと思われます。二〇〇五年四月には、発達障害者支援法が施行され、支援のための施策が講じられるようにもなりました。しかし、一口に「発達障害」と言っても千差万別、学校や日常生活で困っていることは一人ひとり違います。それぞれの違いに応じた個別の支援が必要とされています。

私たちは人とのコミュニケーションを回復する一助に身体表現が役立つのではないかと考え、ダンスと演劇のワークショップをこの半年間続けてきました。他の人とのコミュニケーションが苦手だと思っている人、自分の思っていることを人に伝えるのが難しいと感じている人、みんなと一緒に何かをするのが不得手な人、そんな人たちが対象でした。このワークショップの歩みを紹介する催しを開きます。

ひとつはナビゲーターもりながまことさんと続けてきた演劇ワークショップの取り組みをみてもらう「演劇公演『無題（ダイナシ）』」です。三月一四日（土）一四時～一六時、会場は「だれでも広場ぷらんぷらん」です。

もうひとつが、「みんなで一緒にダンス・ワークショップ」です。なにわのコリオグラファーしげやんこと、北村成美さんをナビゲーターに行ってきたものを参加者とともに楽しむ催しです。三月一五日（日）一四時～一五時三〇分、会場はたんぽぽの家です。いずれもお問い合わせは、たんぽぽの家まで。


（二〇〇九年二月二六日）

山野将志「ならまち」を描く

たんぽぽの家のアーティスト、山野将志さんの作品展が開かれます。植物や動物を、その内側からのエネルギーを得ているかのように力強い線と鮮やかな色使いで描く彼独特の作風は、観る人を圧倒する迫力に満ち溢れています。彼の「きれいなはっぱと水の中の藻」は、ザ・サンデーのスタジオ画として採用され、徳光キャスターのバックを飾って注目を集めました。障害のある人のアートを、デザインを通して社会に発信する「エイブルアート・カンパニー」の登録アーティストでもあります。

今回は奈良市からの依頼で、奈良町の風景を描きました。「奈良町」は奈良市の旧市街地で、江戸時代からの町家も残る一帯は、元興寺などが世界遺産に登録されたこともあって、訪れる人が多い地区でもあります。細い路地を行くと、町家の趣をそのまま生かしたカフェやレストラン、ギャラリーや雑貨店などもできてきて、若い人たちにも人気のエリアになっています。この奈良町の中から山野さんが気に入ったスポットを描いた、「大乗院庭園」「うんあのこま犬」「アシュラーの絵」など一〇点が展示されます。モチーフを大胆な構図に配置し、太い線で縁取り、混ざることのない色を配していく手法はそのままに、歴史と伝統に満ちた奈良町を切り取っていきます。その一部の作品は、昨年一二月奈良県文化会館ギャラリーでも展示され、話題になりました。

「山野将志『ならまち』を描く」と題した展覧会は三月一八日から二二日まで、九時から一七時まで、奈良市ならまちセンター一階企画展示コーナーで開かれます。たんぽぽの家アートセンターＨＡＮＡのアーティストたちの作品も同時に展示されます。春のひと時、ぜひ〝将志ワールド〟に出会っていただきたいと思います。お問い合わせはたんぽぽの家まで。

（二〇〇九年三月一二日）

コミュニケーション力を高める

発達障害のある人たちとともにつくる演劇・ダンスの可能性を追求してきた取り組みの、公開報告会を開きます。人とうまくコミュニケーションがとれないなど、発達障害にようやく光が当てられるようになってきました。しかし、その障害の現れ方は人によって異なります。

私たちは、自他の存在感を高め、コミュニケーションの力をつける演劇やダンスの可能性に着目し、発達障害のある人たちと一緒にワークショップを続けてきました。その成果を見てもらう演劇とダンスの公演も行いました。この一連の取り組みを報告するとともに、これからの可能性について話し合う、公開報告会が開催されます。

人と「ズレ」ていることを「大笑」した演劇プロジェクトを、佐賀県立養護学校教諭、劇団チャレンジステージ主宰の小松原修さんが報告。先の読めないドラマを楽しむ公演『無題（ダイナシ）』を演出家のもりながまことさんと関わった人たちが報告。子どもも大人も本気で踊る「みんなで一緒にダンス・ワークショップ」をコンテンポラリーダンサー北村成美さんと関わったスタッフが報告します。その後、私たちがコミュニケーションを回復することに、演劇的知や身体表現が役立つのかを、ジャワ舞踊家佐久間新さん、滋賀県立大学人間文化学部教授竹下秀子さん、社会福祉法人わたぼうしの会理事長播磨靖夫の三人がディスカッションします。

「演じることは生きること、生きることは踊ること」とタイトルのついた報告会は、三月二九日（日）一四時から一七時まで、大阪市天王寺区下寺町の浄土宗應典院本堂ホールで開かれます。應典院は、ちょっとユニークなお寺です。「日本でいちばん若者が集まるお寺。檀家がいない、お葬式をしない、一風変わったお寺」です。この機会に、ぜひ一度訪ねてみてください。参加費は、五百円です。お問い合わせは、たんぽぽの家まで。

（二〇〇九年三月二六日）

手づくりの逸品集う

たんぽぽの家では、四月一二日（日）に「チャリティー手づくり市ＨＡＮＡまつり」が開かれます。今年で五回目になりますが、地域の人たちもたくさん実行委員会に参画していただく催しで、手づくり雑貨や食べ物のお店が六九も並びます。

出店する個人・グループの人たちが思いを込めて手づくりした逸品が展示即売されます。ちりめんの人形、北欧刺繍、着物をリメイクした洋服、和風布小物といったものから、こけ玉、紙でつくった動物や昆虫、押花コースター、銅のアクセサリー、アレンジフラワー、陶人形、木彫りの製品など、ジャンルもさまざまです。

体験コーナーでは、銅のアクセサリーづくり、こけ玉づくり、ドライフラワー・アレンジメントのリースづくり、紙で立体的な動物や昆虫づくり、手織りなどにチャレンジしていただけます。子どもたちには、竹とんぼをつくって飛ばしたり、紙芝居を楽しんでもらうコーナーもあります。

食べ物では、くるみレーズン食パン、炊き込みご飯、中華風焼きそば、から揚げ、屋台料理、炭火焼鳥、ぜんざい、あんもち、特製ほくほくコロッケ、手づくりこんにゃく田楽、ケーキ、クッキーなどが販売されます。掘りたてのたけのこやもぎたての新鮮野菜のコーナーもあります。

さらにＨＡＮＡギャラリーでは、自慢の手づくり作品が展示されています。こちらは販売されませんが、絵画、書、ステンドグラス、仏像、能面といった作品です。

観る、味わう、体験することで、春の一日をたんぽぽの家でゆっくり楽しんでいただきたいと思います。多彩なジャンルの、しかも手づくりの品々があふれるＨＡＮＡまつりに、ご家族おそろいで、ぜひお越しください。開催時間は一〇時から一六時まで、雨天決行です。また収益は、たんぽぽの家の活動資金に充てさせていただきます。お問い合わせは、たんぽぽの家まで。

（二〇〇九年四月九日）

桜井菜の花プロジェクト

加藤登紀子さんのコンサートに行ってきました。東京大学在学中に日本アマチュアシャンソンコンクールに優勝し歌手デビューしたことは、あまりにも有名ですね。『赤い風船』『ひとり寝の子守唄』『知床旅情』、そして『百万本のバラ』など大ヒットを飛ばしています。

世界自然保護基金日本委員会評議員に就任したり、国連環境計画親善大使に任命されるなど、地球環境問題にも積極的に取り組んでいるおときさんが桜井に来たのです。「豊かな自然環境を守り、地球のみのりある生命を次の世代につなぎ、生命のめぐる社会」をめざす「桜井菜の花プロジェクト」の招きを快く受け入れてくれたと言います。プロジェクトでは、遊休地に植えた菜の花から菜種油を採り、家庭の食廃油を石けんやバイオディーゼル燃料にしたりする活動を展開しています。

四月三日、会場となった桜井市民会館は、定員の千二百人いっぱいの人であふれました。合間に、学生運動で知り合い獄中結婚した夫のことや娘の一人が歌手デビューした話などを交えながら、懐かしいヒット曲を二時間半にわたって歌いました。その中には、菜の花が出てくる『朧月夜』も盛り込まれていました。

オープニングには子どもたちが「菜の花宣言」をしてくれました。「私たちは、私たちの学校の周りの環境をよくするために菜の花を植えています。これからも環境を守るために、みんなで力を合わせて植え続けていきたいと思います」。宣言をしてくれた子どもたちが通う桜井市立安倍小学校から見える棚田は、今黄色く色づいています。

コンサートの終わりにも菜の花プロジェクトを支える五〇人を超える子どもたちが登場し、おときさんとともに『愛　Ｌｏｖｅ　Ｐｅａｃｅ』を合唱しました。菜の花プロジェクトが広がり、桜井を菜の花が埋め尽くすよう願わずにはいられません。

（二〇〇九年四月二三日）

多彩な市民活動を支援

「中世山城を復元して、大和高原の観光振興に」「宇陀市（榛原区除く）・宇陀郡曽爾村・宇陀郡御杖村地域の古民家の調査と経済効果の検証」「16ミリフィルムによる親子映画会とドキュメンタリー映画『こどもの時間』上映会」「廃食器のリユース・リサイクル運動を他地域に広めるためのマニュアル・スタートキットの開発及び環境講座の開設」「奈良の子ども白書づくり」「アフガニスタンの貧しい女性たちの自立援助」。

これらのテーマは、二〇〇八年度に私が関わる奈良ＮＰＯセンターが実施した「第六回なら・未来創造基金」による助成を受けた市民活動団体のテーマです。奈良を元気にし、豊かに暮らせる地域社会をつくり上げるための知恵と工夫は、身近な問題に直面し、その解決に腐心しているＮＰＯの中にこそ求められると思います。その知恵と工夫を集める研究と、それを実現するためのプロジェクトを応援するという「なら・未来創造基金」の趣旨にふさわしい活動が選ばれています。

バラエティに富んだ興味深いテーマばかりです。私たちの身近な地域で、地道な活動を続けているＮＰＯがたくさんある、しかも奈良を支えているのがこうしたＮＰＯだということを示しているといっても過言ではありません。

今年も第七回の選考が始まっていて、書類による一次選考を通過した一一団体が、公開プレゼンテーションに臨みます。この中から、総額一五〇万円の助成を受ける団体が選ばれます。この助成がきっかけとなり、奈良におけるＮＰＯの活動がより一層活発になることを願っています。

公開プレゼンテーションは、六月一四日（日）一三：三〇～一五：三〇に、奈良市ならまちセンターで行われます。ユニークな市民活動が続々登場しますから、ぜひお越しください。お問い合わせは奈良ＮＰＯセンターまで。

（二〇〇九年六月一一日）

大和川源流を訪ねませんか

夏にふさわしいイベントの紹介です。「ふるさと大和川源流体験ツアー」という催しです。

大和川の水はどこから来るの？　全国的に水質が悪いことで知られる大和川の源流はどうなっているの？　という素朴な疑問に答えるべく、大和川の支流のひとつ飛鳥川の源流を訪ね、いのちを育む水の大切さに触れる試みです。私が関わる奈良ＮＰＯセンターに事務局をおく「大和川わくわくフェスタ実行委員会」が奈良県と共催で行います。大和川の水質がよくなれば、金利を少し上乗せするというユニークな「大和川定期預金」を販売している大和信用金庫が協賛しています。

身近な川である大和川が、奈良盆地で合流し大阪湾に注ぐころには全国でも水質の悪さで一、二を争う川になってしまいます。その原因の八割が家庭から出る排水だといわれています。子どもたちに源流域の清流を確かめてもらって、川を汚さない意識を持ってもらうのが大きなねらいです。

七月二〇日（月・海の日）午前九時に近鉄「大和八木駅」南口に集合し、マイクロバスで移動後、飛鳥川の源流域をさかのぼります。その後女渕までもどって、水生生物の観察と、「飛鳥川の原風景を取り戻す仲間の会」のみなさんの協力で作ってもらう昼食をいただきます。簡易なキットを使って、飛鳥川の源流と下流の水質検査も行い、午後四時に近鉄「大和八木駅」南口にもどってきます。

対象は小学生以下の子どもとその保護者、及び一般の方、合計一〇〇名です。どなたでも参加できますが、特に親子連れの方を歓迎します。参加費は大人五〇〇円、小学生以下は無料です。七月一一日までに往復はがきに参加者全員の住所、氏名、年齢（学年）、電話、eメール、参加人数を記入して申し込んでください。（申し込み多数の場合は抽選）お問い合わせは、奈良ＮＰＯセンターまで。

（二〇〇九年六月二五日）

市民活動助成先決まる

「大和高原の古の街道調査を行い、大和高原古街道地図の作成と道標を建て、保存伝承と観光振興に寄与」「視覚障害者の方へのプライベート点訳本製作」「奈良の森林を食害する鹿の適宜駆除を進め、環境を守り山間産業に貢献するジビエ鹿肉料理の普及と活用ルートの開発事業」「希少山野草の植生調査と山野草の保護及び自生地の保全についての研究」「悪質商法被害防止のための啓発活動」「『ベビーサインで感動子育て』の開催による子育て支援と乳幼児虐待防止事業」「奈良を身近に感じる食農体験」「古民謡を現代に甦らせた『大和舞ばやし』による地域づくり」。

これらは、私が関わる奈良ＮＰＯセンター（センター）が今年度の「第七回なら・未来創造基金」による助成先として決定した市民活動テーマです。実にさまざまな分野でユニークな活動が、奈良でも行われていることが実感できます。今月から来年六月までに行われる活動に、五万円から二五万円まで額は異なりますが、総額一五〇万円の助成が行われます。

奈良を元気にし、豊かに暮らせる地域社会づくりを支援するために設けられた「なら・未来創造基金」、メイン・スポンサーとなっているのは奈良中央信用金庫（ちゅうしん）です。役職員とちゅうしん本体がマッチングギフト方式で積み立てた「なら・ちゅうしん基金」から社会貢献の一環として、センターに寄附していただきます。センターは、「なら・未来創造基金」の仕組みを作って毎年公募の形で、書類選考と公開プレゼンテーションを経て市民活動を助成しています。今年度を含めると、七回で総計一〇五〇万円もの助成を続けてきたことになります。ＮＰＯと企業の協働の好事例として、今後も助成が継続できるよう願っています。お問い合わせは奈良ＮＰＯセンターまで。

（二〇〇九年七月九日）

「私の詩が歌になりました」

「私の詩が歌になりました」、池原桃花さんが話してくれました。第三四回わたぼうし音楽祭に応募し、みごと入選を果たしました。河合町に住む桃花さんは、この春養護学校を卒業して三宅町にある障害者施設ひまわりの家に通っている一八歳。三宅町保健福祉施設あざさ苑内の喫茶「みそら屋」で話を聞きました。「みそら屋」はひまわりの家に隣接していて、障害のある人たちの就労の場になっています。お昼前に行って桃花さんが働く姿を見せてもらいました。めがねをかけ細身でちょっとうつむき加減、おそろいのスカーフとエプロンをつけ、硬い表情でお客さんに応対しています。でも午後から話をすると表情は一変して明るい笑顔で、気さくに日常生活などを話してくれました。

つらく　悲しい時は
何をすればいいのですか
つらい時こそ　笑顔でいよう

笑顔はまわりを
楽しい気持ちにさせてくれる

誰かのために「元気になりたい」と
思えることは　とても幸せ
つらい時こそ　笑顔でいよう
つらい時こそ　笑顔でいよう

桃花さんの入選詩『つらい時こそ』の一節です。「〝つらい時こそ〟自分やみんなを元気づけるために作った詩です。『つらい時こそ』の歌を聴いて、みんな元気になってください」という桃花さんからのメッセージです。この詩に橿原市の横澤みな子さんが曲をつけました。

音楽祭では全国から「作詩・作曲の部」に応募のあった二七八点の中から選ばれた一〇作品が発表されます。今年は、「インドネシア障害者芸術団」がゲスト出演します。さまざまな障害のある人たちが伝統舞踊や音楽を披露してくれることになっています。音楽祭は八月二日（日）奈良県文化会館国際ホールで、一四時開演、一七時終演。入場料は前売り券一般二〇〇〇円、高校生以下一〇〇〇円です。お問い合わせは、たんぽぽの家まで。

（二〇〇九年七月二三日）

『奈良のケア2009』発行

ご家庭で高齢の人や障害のある人を介護されている方は多いのではないでしょうか。そういう人たちのために「ひとめでわかる医療・福祉情報」を満載した『奈良のケア２００９』ができました。

昨年に続き二回目の発行になりますが、今年の特集は「支え合いの地域づくり」と題した、立命館大学教授の津止正敏さんと奈良ＮＰＯセンター理事長の仲川順子さんとの対談です。津止さんは、近年注目されるようになった男性介護者を支える「男性介護者と支援者の全国ネットワーク」を今年三月に立ち上げられました。介護の長期化や重度化、介護者の高齢化が急速に進む中、気持ちが萎えていく家族をどう支えるかが問われていると指摘されます。仲川さんは、認知症のお母さんを介護された経験に始まり、奈良に暮らす外国人の支援活動を通した日本社会のあり方にまで話が及びました。

情報誌は特集の他、大きく三つの部分から構成されています。まず、ケアのある暮らしをどうつくっていったらいいのか、実際にケアしている人から学び、暮らしを楽しむことを提案します。次に、医療の制度とサービス、高齢者介護の制度とサービス、障害者福祉の制度とサービスについて説明しています。最後に、「私の町のお役立ち情報」として相談窓口、患者会・家族会、各種施設の情報を掲載しています。

人を頼らず、人に迷惑をかけないために「抱え込む」ことがこれまで求められてきました。しかし、一人でがんばることには限界がありますし、介護の社会化に逆行するものではないでしょうか。ケアを受ける側としか見られていない高齢の人や障害のある人から学ぶことも多いはずです。その人がその人らしく生きられる「支え合い」の地域社会をめざしたいと思います。介護情報誌に関するお問い合わせは、たんぽぽの家まで。

（二〇〇九年八月一三日）

韓国スウォン市で音楽祭

九月二日夜、韓国のスウォン市で「アジア・太平洋わたぼうし音楽祭２００９スウォン」が開催されました。今回は、アジア・太平洋地域で開催されるようになって一〇回目となる記念の大会で、一一か国の一三都市から代表団が参加しました。会場となったキョンギ・アートセンターには、日本からの応援団約二〇人を含む約二〇〇〇人が詰めかけ、大変な盛況となりました。

各都市の代表団は、作詩をした障害のある人とその介助者が必ず参加し、歌唱者、リーダーなどで構成されています。自然に対する賛歌、希望、ラブソング、生きる幸せなどを題材にした詩に曲がつけられ、障害のある人を交えて、それぞれの言葉で歌われました。初参加のカトマンズ・ネパールとウランバートル・モンゴルの代表は、民族舞踊を披露しました。韓国からは、さまざまな障害の人たちによる太鼓演奏や知的障害のある人たちのハンドベルの演奏も加わりました。

日本からは、八月二日に奈良県文化会館国際ホールで開かれた「第三四回わたぼうし音楽祭」で「わたぼうし大賞」に輝いた『解放』が披露されました。「高次脳機能障害」に対する理解を深めてもらおうと、交通事故で体にマヒが残る山口県周南市の貞弘治美さんが作詩し、大阪府豊中市の上田敬二郎さんが曲をつけました。上田さんが「顔を上げたら　皆が手を　差し伸べてくれていた　笑いかけてくれていた　ありがとう」と熱唱し、最後の「ありがとう」は貞弘さんとともに韓国語で「カムサハムニダ」と歌い上げ、会場から大きな拍手を浴びました。最後はテーマソング『わたぼうし』が大合唱されました。

障害のある人たちの思いを書き綴った詩にメロディーをつけて歌う「わたぼうし」の種がアジア・太平洋地域に広がって二〇年になる二〇一一年には、次回の音楽祭をタイで開催することが発表されて閉幕しました。


（二〇〇九年九月一〇日）

民主党政権に期待する福祉

民主党中心の鳩山政権が発足しました。野党が選挙を通じて過半数を得て政権交代する初の出来事に、各方面から期待と不安の入り混じる声が聞かれます。

二〇〇三年に障害のある人たちが自ら利用するサービスを選び、施設と利用契約を結び、応能負担する支援費制度がスタートします。二〇〇六年に支援費制度は廃止され、障害者自立支援法の施行と同時に、利用したサービスに要する費用の原則一割を負担することになりました。この応益負担が障害のある人たちに重くのしかかり、その廃止を求めて全国五七人が国などを相手取り訴訟を起こしています。「生きるために不可欠の支援に負担を課すのは、障害者への差別」と法そのものが違憲だと訴えています。

民主党が掲げているマニフェストでは、「『障害者自立支援法』を廃止して、障がい者福祉制度を抜本的に見直す」としています。具体的には、「制度の谷間」がなく、サービスの利用者負担を応能負担とする障がい者総合福祉法（仮称）を制定する、としていて、社民党、国民新党との連立政権合意書にも盛り込まれました。

さらに、「わが国の障がい者施策を総合的かつ集中的に改革し、『国連障害者権利条約』の批准に必要な国内法の整備を行うために、内閣に『障がい者制度改革推進本部』を設置する」としています。障害のある人たちに対する施策が画期的に進むことが期待されます。

ただし、その所要額を四〇〇億円程度としていて、はたしてそれで足りるのか、という不安があります。また、最優先で取り組むとされる「子ども手当」や「農業の戸別所得保障制度の創設」「月額七万円の最低保障年金」などの陰にかくれて障害者施策が後回しにされないかといった心配もあります。しかし、大きな目標を掲げてリーダーシップを発揮する民主党に期待し、注意深く見守って行きたいと思います。

（二〇〇九年九月二四日）

旅をあきらめている人に朗報

日常生活で何らかの介護が必要になると、泊りがけでの旅行などもうできないとあきらめてしまう人が多いのではないでしょうか。家族に負担をかけるのは心苦しいと、日帰りの遠出も控えてしまうことになりがちで、家から出ないという人もいるのではないでしょうか。そういう方に朗報です。あの懐かしい風景をもう一度観たい、この演奏家のコンサートにはぜひ行きたい、あの有名な温泉地に行ってゆっくり温泉につかりたい。こんな夢をかなえてくれる会社が奈良に生まれました。車への乗り降り、観光地等での移動、食事やトイレの介助など、介護の資格を持ったドライバーがしてくれます。

介護保険を利用している人や障害のある人とその家族や友人など付き添いの人最大五人が利用できて、日帰りでも最大三泊四日までの宿泊でもＯＫです。利用時間は、一日当たり八時間、ただし車での走行時間は六時間までです。料金は、一日当たり三万円で、食事代、宿泊費、拝観料など、また看護師やケアスタッフが同行する場合の費用などは、別に必要となります。

会社の名前は、ヒューマンヘリテージ株式会社。ヒューマンは「人間」、ヘリテージは世界遺産などの「遺産」ということで、「人間遺産」となります。かけがえのない「人」を大切にしたいという願いが込められています。社長兼ドライバーの山本善徳さんは、三五歳。九月に運行を始めてこれまでの利用は、生まれ育った福井県へのふるさとツアーや海遊館へのお出かけなどの五件とのことです。

長年苦労をかけたお父さん、お母さんへの旅のプレゼントなどはいかがですか。また、遠くに暮らすおじいちゃん、おばあちゃんを奈良観光に招待するのはどうでしょうか。山本さんが、きっといい思い出をつくってくれると思います。

（二〇〇九年一〇月八日）

貧困率の半減をめざせ

長妻昭厚生労働大臣が相対的貧困率というものを発表しました。国民一人ひとりの可処分所得を高い方から順に並べ、真ん中の人の所得（中央値）を出し、その半分に満たない人々の割合だといいます。〇七年調査ですでに一五・七％だったというのです。経済協力開発機構（ＯＥＣＤ）の〇四年の調査で日本の相対的貧困率は一四・九％で、加盟三〇か国中四番目に高いと指摘されていましたが、自民党政権は公表を避け続けてきた経緯があります。約六人に一人が「貧困」ということになります。

非正規労働者が三人に一人にのぼり、九月の有効求人倍率が〇・四三倍、完全失業率が五・三％という数字が貧困率の実態を如実に物語っています。

今年度の新聞協会賞に選ばれたのが毎日新聞大阪本社社会部の「『無保険の子』救済キャンペーン」です。親が国民健康保険料を滞納しているため一家全員の保険証を得られず、滞納に何の責任もない子どもまでもが医療から見放されている現状をルポしたものです。

その報道が昨年一二月の国保法改正につながり、無保険の子の救済につながったのです。しかし、その救済の対象外とされた無保険の高校生が数千人いるという報道があり、厚労省が調査に乗り出します。さまざまな理由で、払いたくても保険料を払えない親の苦悩が見て取れます。

働く能力も意欲もあるのに仕事がない、いくら転職しても非正規雇用から抜け出せない、といった若年層の貧困問題もクローズアップされています。経済的な困窮は、人を社会から排除し孤立に追いやることになります。家族、友人、地域などから切り離されて生きる意欲すら失っていきます。まず生活を保障し、就労につながる支援が早急に求められます。

若い人たちが、「明日の仕事」を心配することなく、将来の日本を語り合える社会に早くしなければなりません。

（二〇〇九年一一月一二日）

まず最初にありがとう

家に帰ると、玄関に白菜が一株置かれていました。たぶんあの人が届けてくれたのだろうと思いをめぐらせながら、生かされているありがたさを感じます。丹精込めて育てられた白菜を私のところに届けようと思ってもらえていることに、まずありがとうと言いたいと思います。

政府が先ごろ発表した「自殺対策白書」によると、昨年の自殺者が三万二二四九人で、一一年連続して自殺者が三万人を超えたといいます。毎年報道されるようになって、三万人という自殺者に社会が無反応になっているのではないかと危惧します。自殺をした一人ひとりに、その人が築き上げてきた長年に亘る人生があります。その人につながりをもつ多くの人たちが、その人の人生の背後にある風景を織り成しているはずです。

大阪大学総長の鷲田清一さんは、日本語には受身の形をもたないはずの自動詞「死ぬ」にも、受身の表現があると指摘して、次のように続けます。「そういう人を放っておいたという慙愧（ざんき）の念が『死なせる』という語に、またそういうひとにこちらの意が届かないまま、その大切なひとに先立たれ、独り残されたという思いが『死なれた』という語には、込められている」。（一一月五日付け毎日新聞）

自死が頭いっぱいに広がっている人にとっては、自分は周りの人たちに迷惑ばかりかけている、自分なんか生きる価値がない、いてもいなくてもいい存在だと思い込んでいるに違いありません。そして周りの人間も、その人が発しているだろう自死のシグナルに気づかないまま「死なれて」しまっているに違いありません。

私自身も周りの多くの人たちに日々迷惑をかけながら生きている。むしろ迷惑をかけなければ生きていけないといってもいいくらいです。鷲田さんは「迷惑かけてごめんなさい」ではなく、「迷惑かけてありがとう」という言葉を最後に紹介しています。

（二〇〇九年一一月二六日）

変化の時代の幕開け

今年も残すところ一週間となりました。振り返りますと、何かにつけ「変化」の一年であったと感じます。アメリカでは民主党のオバマ大統領が誕生し、核廃絶を訴えてノーベル平和賞を受賞しました。世界で唯一核兵器を使用した国の指導者が「核兵器なき世界」を唱えたことに隔世の感があります。ただし、授賞式の演説でイラクとアフガニスタンでの戦争を正当化したことから、和平の実現が遠のくとの感を世界に与えてしまいました。

日本でも夏の総選挙で民主党が圧勝し、政権交代を実現しました。政治主導を掲げ国会での官僚答弁をなくしたり、事業仕分けで予算編成過程を可視化するなど大きな変化を実感します。しかし、日米間の懸案である普天間飛行場の移設問題では、在日米軍基地の見直しをマニフェストに掲げた民主党が県外あるいは国外への移設を実現できるのか正念場を迎えています。

また、地球温暖化をもたらす温室効果ガスの削減を話し合うＣＯＰ15がデンマークのコペンハーゲンで行われています。ＣＯＰ３で取り決めた京都議定書が一二年で期限切れとなりますが、その後の数値目標を盛り込んだ議定書の締結はほぼ絶望視されています。アメリカも中国も加わり、そして発展途上国にも削減を求める新しい取り決めが全世界の合意としてまとまることを期待します。

身近なところでは、奈良市に全国で二番目に若い三三歳の仲川げん市長が誕生しました。保守的だといわれてきた奈良でも、市民が主役になる時代へと確実に変化が進んでいます。市民活動をベースにしてきた仲川市長には、現場の痛みをきっちりと受け止め弱者に寄り添う市政を推し進めてほしいと思います。

六年九か月にわたって連載してきましたこのコラムも、今回が最後となりました。これまでご愛読いただいたみなさんに感謝いたします。ありがとうございました。

（二〇〇九年一二月二四日）

第四部　地域との関わりの中で

第四部は、現在も引き受けている奈良での役割についての話です。「奈良県人権・部落解放研究集会」、「なら介護の日」、「北和地区福祉有償運送共同運営協議会」、そして「奈良県人権施策協議会」です。いずれも、地域との関わりの中で、欠かせない動きだと考え、与えられた役割を担ってきました。

奈良県人権・部落解放研究集会

「奈良県人権・部落解放研究集会」（以下「研究集会」という。）という催しが、毎年秋に奈良県内の市町村回り持ちで開催されています。二〇二三年一〇月一日（日）には「ＤＭＧ　ＭＯＲＩ　やまと郡山城ホール」で第五〇回記念の研究集会が開かれました。

この研究集会に私は、二〇〇二年開催の第二九回から関わって、現在まで続いています。そもそも、なぜ私が研究集会と関わるようになったのかを話さなければなりません。

桜井市役所時代

たんぽぽの家づくり運動にのめり込んでいった時期は、桜井市役所に勤務するようになってすぐの頃からです。それと同時に労働運動にも関わるようになり、桜井市職員組合の書記長を引き受けることになりました。その当時（一九七五年）、今では信じられないでしょうが、新幹線を一週間止めるストライキが行われるほど労働運動が盛り上がった時代がありました。ＪＲに移行する前の国鉄の時代、ストライキ権奪還ストライキ（スト権スト）が一九七五年一一月二六日から一二月三日にかけて行われました。それに呼応するように、桜井市職員組合でも始業時間に三〇分食い込むストライキを実施しました。

その時期、奈良県内の労働団体で友好訪中団を派遣することになり、手を挙げて訪中団に加わることになりました。日中国交回復前でもあり、招待を受ける団体の一員としての参加でした。訪れたのは、北京、鄭州、西安、上海の四都市。それぞれの都市で、中国共産党ゆかりの場所や主な工場などを視察し、市民との交流も体験しました。

圧巻だったのは、西安で出くわした大規模なデモでした。前年に亡くなった周恩来元首相の夫人、鄧頴超（とうえいちょう）さんとの面会のためにホテルを出たのですが突然キャンセルされてホテルにもどる際の出来事でした。郊外から西安市中心部に向かう大量のトラックに出くわして身動きが取れなくなったのです。聞けば、失脚していた鄧小平氏の三度目の復活が決まり、それを祝うためのデモだったようです。濃緑色のトラックの荷台に人民服の人たちが大量に乗り込み、真っ赤な五星紅旗をなびかせて通り過ぎる場面は、今でも鮮明に覚えています。

鄧小平氏は文化大革命で失脚しても、周恩来首相が助けて復活することができたのに、その周恩来首相が亡くなると、追悼デモの首謀者として江清ら四人組によって失脚させられることになりました。そして、毛沢東の死去に伴って四人組が逮捕され、私たちが西安市に滞在していた一九九七年七月に三度目の復活を果たしたのでした。その後、鄧小平氏が推し進めた改革開放政策で、中国経済が飛躍的に発展することになりました。

その訪中団に、部落解放同盟の役員で桜井市議会議員だった和田恵治さんも加わっていました。同じ桜井市からの参加ということで、旅程中訪問する都市で滞在するホテルでずっと和田さんと同室になったのです。そこで、解放同盟の運動が糾弾闘争から経済的成果を得ようとする姿勢について「いずれ行き詰るのではないか」と直言するなど、毎晩のように議論を重ねることになりました。

和田さんからの依頼

その後、一六年務めた桜井市役所を退職し、たんぽぽの家施設長としてたんぽぽ運動に深く関わるようになったころ、その和田さんから連絡がありました。

財団法人奈良人権部落解放研究所（現在は、一般財団法人奈良人権部落解放研究所、以下「研究所」）の理事になってほしいとの依頼でした。それまでの和田さんとの関わりから、快く引き受けることにしました。（二〇〇二年）

ちょうどその時期が解放運動の転換点を迎える時期と重なっていました。「同和対策事業特別措置法」（昭和四四年、一九六九年施行）「地域改善対策特別措置法」（昭和五七年、一九八二年施行）「地域改善対策特定事業に係る国の財政上の特別措置に関する法律」（昭和六二年、一九八七年施行）と続いてきた法による特別措置が平成四年（一九九二年）に期限切れで失効することになります。

研究集会との出会い

それに伴って、それまで部落解放同盟奈良県連合会が単独で主催して開催されてきた研究集会が、二〇〇二年開催の第二九回から奈良県内の各種団体で構成する実行委員会が主催する形式で継続開催されることになったのです。

それまで部落差別がメインテーマで開催されてきたものを、あらゆる差別に向き合う集会にすることを掲げて継続開催に貢献することが私の役割と考え、二〇〇三年から副実行委員長として深く関わることになりました。あらゆる差別をメインテーマとして取り上げることを提唱し、毎回のようにテーマ、基調講演の講師、分科会の構成等を提案し続けてきました。
その基本的な考え方は、まず有料で開催することになるので、

① 参加費を払ってでも参加したいと思ってもらえる内容の集会になっているか。
② ありきたりのテーマではなく、それだけで集会のめざす方向性を指し示し、どんなことをやろうとするのかとまず目を向けてもらえるキャッチコピーに相当するテーマを提案する。
③ テーマにふさわしい基調講演の講師を依頼するとともに、分科会までそのテーマで一貫した姿勢を示せるものにする。
④ 県や市町村にはある程度参加券を購入してもらう、開催市からは補助金を受けるという支援が前提で開催できているという体質からの脱却をめざす。
⑤ 開会行事として、主催者あいさつ、来賓あいさつ、基調提案などを一時間以上かけて行うことの是非を問う。しかも、壇上には背広とネクタイ姿のおじさんばかり。今後ともこの形式を維持するのであれば、せめて壇上の半数は女性にすべきだ。

と言い続けるのが私の役割と心得て発言し続けています。

今なお、インターネット上での陰湿な差別事象が続くことから、あらゆる差別を許さない強い意志を示す場としての役割を研究集会が示し続ける必要性を改めて感じています。

解放運動の再統一を願う

その当時、奈良県における部落解放運動を率いる部落解放同盟奈良県連合会が、川口正志さんを委員長とする「川口県連」と山下力さんを委員長とする「山下県連」に大きく二つに分裂していました。分裂の要因やその後の流れを記すのはこの本の役割ではないので、割愛することとしますが、解放運動の発祥の地でそれをリードする団体が分裂しているマイナスは誰が見ても明らかでした。

それを解消する絶好のチャンスと考えて動いたことがあります。山下さんが『被差別部落のわが半生』（平凡社新書、二〇〇四年発行）を出版したことです。一気に読了し、これは又とないチャンスになるのではないかと考えました。

山下さんとは一面識もなかったのですが、当時奈良県議会議員だった山下さんに連絡し、県議会の当時の民主党会派の控室に会いに行きました。

① 解放同盟の分裂状態を憂いている。
② 『被差別部落のわが半生』は優れた著作で感動した。
③ 研究集会でこの著作について基調講演をお願いしたい。
④ 川口さんを説得するので、引き受けてほしい。

とお願いし、山下さんは川口さんが了承するのならば引き受けると言ってもらえました。

すぐに奈良県議会議員であり奈良県中小企業連合会の理事長でもあった川口さんに会うため事務所があ

る、きれんセンターの理事長室に出向きました。残念ながら結果は、私の申し出を受け入れられないというものでした。今でもこの時のことは残念な思いとともに忘れられない思い出です。

また、これに関連する文章を『自治研なら』という雑誌に書いたので、以下に転載します。

『大いなる飛躍をめざして』～「同和」不祥事報道から考える～

一連の不祥事をめぐって

二〇〇六年五月に発覚した財団法人「飛鳥会」をめぐる業務上横領事件は、衝撃的であった。小西邦彦理事長が部落解放同盟大阪府連合会飛鳥支部の現職支部長（当時）であったことから、同和事業に対する批判的な論調のマスコミ報道が続き、解放同盟に対するバッシングの嵐が起こり、未だにさまざまな形で尾を引いている。小西被告は、一審の大阪地裁で懲役六年の実刑判決を受け控訴中の二〇〇七年一一月病死した。

その後、大阪府連安中支部（八尾市）の相談役が公共工事をめぐる恐喝容疑で逮捕されたり、京都市職員の覚醒剤問題などが続き、同和行政への風当たりが強まった。

二〇〇六年一〇月には、奈良市環境清美部の職員が病気を理由に休暇、休職を繰り返し五年間で八日しか出勤せず、給与は満額支給されていたことが発覚する。この職員が部落解放同盟奈良県連合会古市支部支部長であり、部落解放同盟奈良市支部協議会の副議長などの要職にあったことから、解放同盟に対する批判が噴出することになる。この職員は、奈良市からは懲戒免職の処分を受け、郵便入札制度を阻止しようとした職務強要罪で懲役一年六月、執行猶予三年の有罪判決を受け確定、民事でも受け取った給与の返還を命じられた。もちろん、部落解放同盟奈良県連合会からは除名処分を受けている。

市民運動としての解放同盟

これら一連の不祥事について奈良市の事件を例に、市民運動を担う者としての立場からマスコミの対応、行政の対応、そして部落解放同盟の対応について考える。

まず、マスコミの対応について。この種の報道がセンセーショナルにならざるを得ないのはしかたがないところだが、問題は、その後のフォローだ。事件の背景などを丹念に追った特集がなぜ組めないのか。役員としての地位を利用した横暴を許してきた解放同盟の組織内の問題点、本来の行政のあり方から逸脱した要求に対して毅然とした態度をとってこなかった行政の体質、報道の後起こった激しい解放同盟バッシングなど、どれを取っても一大特集になる題材に真正面から取り組まないマスコミの姿勢は大問題だ。

そして何より私たち市民の側に求められるのは、こうしたマスコミが流す報道を背景から冷静に読み解く力（メディア・リテラシー）だ。センセーショナルに取り上げられる事件こそ、冷静に報道側の論調を解きほぐして事実のみで自分の理解の筋道に従って組立て直すことだ。そこから、事件の本質が明らかとなり、私たちが次の行動をどう起こしていけばいいかが見えてくる。

次に行政の対応について。いずれの事件でも、第一義的責任があるのはその事件を引き起こした本人にあることは言うまでもない。しかし、それを放置した行政の不作為の方こそが問題だと私は考える。奈良市の職員の場合、五年間も休暇や休職を認めてきたことが信じがたい。どのような職場であれ、職員が一日でも休めば理由を確認するはずだ。病気が原因なら見舞いにも行くだろう。それを本人が家族の経営する会社のために動き回り、市役所にまで出入りしていたというのだから、市の対応が本人の横暴を許してきたと言わざるを得ない。

また、職務の強要が執拗で暴力的であったといわれているが、一度でもそういう強要があれば刑事告発すべきであった。これまでそのような強要が一再ならずあったということなら、行政の弱腰から理不尽な要求をのんできたと判断せざるを得ない。

ちなみに、この事件を受けて奈良市が同和行政の見直しを進めている中で、人権集会などに職員を公務出張扱いで派遣していたことが槍玉にあげられている。市が「奈良県人権・部落解放研究集会」などに、職員を公務出張として出席させ全員に日当と交通費を市費で支出しながら、復命書などは書かせていなかった。これも、市が職員の参加が資質向上につながると判断するのであれば、規定に基づいて必要経費を支出し、復命を求めるべきであった。それをしてこなかったという不作為が問題だ。

「提言委員会」の改革提言について

そして、部落解放同盟の対応について。

部落解放同盟古市支部元支部長であった元奈良市の職員が引き起こした問題を受けて、部落解放同盟奈良県連合会が外部の委員を委嘱して組織改革のあり方を提言してもらうための「部落問題に関わる行政と部落解放運動のあり方提言委員会」を設けた。昨年（二〇〇七年）八月六日、提言がなされた。提言は、

「部落解放運動の今後のあり方」についての提言、「運動と行政との今後の関係」についての提言、「組織と財政」に関する提言、「マスコミを含む社会意識への向き合い方」についての提言の大きく四つからなる。

私は、提言が「行政と部落解放運動のあり方」についてという同盟からの諮問に答えるものであるという限定があるにしろ、短期間にまとめられた労苦を多とする者の一人である。この提言についての議論は同盟内部でも深められることと思うが、ここでは、市民活動を担う立場で気になる点を二つ指摘するにとどめる。

一点目は、提言そのものも、外に開かれたものであるべきだ、という点である。もちろんこの提言は諮問に答えて同盟に宛てられたものであるが、それとともに外部の批判に耐えるものでなければならないと考える。

たとえば、「「部落解放運動の主体は部落民である」必然性は「ない」。」という際のそれぞれの「」が何を意味しているのか判然としない。解放運動に関わる人であればわかるフレーズなのかも知れないが、どこかからの引用なのか、何か特別な意味をもたせるためのものなのか、脚注が必要だと思う。

また、「高同（人）教や啓発連協が行った調査もある」という表現がいきなり出てくる。やはり関係者にはわかるということなのだろうが、面倒でも「奈良県高等学校同和教育研究会（現在は奈良県高等学校人権教育研究会）（以下「高同（人）教」という。）」や「奈良県市町村人権・同和問題啓発活動推進本部連絡協議会（以下「啓発連協」という。）」とすべきである。

二点目は、マスコミとの関係についての提言の部分だ。提言では「部落解放同盟には意識的に個々のマスコミ人を育てる意欲が必要である。新聞社やテレビ局を総体として教化することは不可能であるが、個々の記者の教育は不可能ではない。それには運動や組織のシンパをつくるという意味もあるが、差別問題に深い関心をよせる記者の育成という長期的な視点に立つことがより重要である」と述べる。「マスコミ人を育て」たり「教化」したりすることが同盟の役割とは到底考えられないし、差別問題に深い関心をよせる記者を「育成」するなどということができるはずもないと考える。マスコミ人を教化・育成の対象とする見方は、傲慢に過ぎる。

市民活動団体との協働について

毎年九月の最後の週の土曜日と日曜日の二日間にわたって、「奈良県人権・部落解放研究集会」という催しが開かれている。今年（二〇〇八年）で三五回を数える。第二八回までは、同盟の主催で開かれてきたが、第二九回（二〇〇二年）からは、多くの活動団体からなる実行委員会が主催するかたちをとり、財団法人奈良人権部落解放研究所が事務局役を担っている。毎年、構成団体は増え続け、今年は六七団体が加わっている。私が関わっている、財団法人たんぽぽの家並びに特定非営利活動法人奈良ＮＰＯセンターもその一員である。ただし、あらゆる分野の活動団体が人権を語るために集うというところにまでは至っていないのが実態だ。異分野の人たちが集まってひとつの催しを行うことには困難が伴うが、そのプロセスを体験することが市民活動団体にとっての糧となる。同盟が掲げる「両側（部落と部落外）から超える」ためには、さまざまな市民活動団体との協働が欠かせない。

ちなみに、今年の研究集会のテーマは「格差社会」であった。これまでも部落問題をはじめ、障害者問題、在日朝鮮・韓国人問題など幅広く人権に関わるテーマを掲げている。これからも、さまざまな角度から人権を話し合う研究集会になっていくことを期待している。

組織分裂のマイナス

奈良県の部落解放同盟が「部落解放同盟奈良県連合会」と「奈良県部落解放同盟支部連合会」とに分裂して早や一五年になる。いきさつはどうあれ、水平社発祥の地での部落解放を担う団体の分裂は、全国的に見て運動のマイナスに作用することは避けられない。その影響は、解放運動に携わる人たちのみならず、さまざまな分野の市民活動団体にも及ぶ。「山川戦争」と揶揄されてきた両団体の領袖がともに県議会議員であってみれば、それぞれの支持者も分裂の影響を受けざるを得ない。

運動にとって遅いということはない、今からでも再統合が図られるべきだと考える。奈良市の事件が、片方の団体の幹部が引き起こしたからといってその団体だけが非難されるにとどまらず、もう一方の団体にも少なからざる影響を与えているはずだ。このいわば危機のときこそ、統合を図る絶好の機会だといえる。上にも書いたように、私は部落解放同盟奈良県連合会が中心になって開催する「奈良県人権・部落解放研究集会」に長らく関わっている。しかし、常に同じテーマで双方の団体が共同の舞台で語り合うことを願っている。

運動体としては、歴史的な高揚期もあれば低迷期もあって当然だが、危機的状況を劇的に打開することを考えてもいいのではないか。一気に組織統合することが難しければ、それぞれの団体で独自に開催されている秋の研究集会を共同開催することなどは、すぐにでもできることである。奈良における市民活動の力量を見せつける意味からも、組織統合を望みたい。

大いなる飛躍をめざして

組織は、開くことによって新しいダイナミズムを生む。しかし反面、開くことによって、外の問題・矛盾を内部に持ち込むことにもなる。それを恐れて組織を閉じれば、運動も収縮することにつながる。組織が新しい風を内部に呼び込んで、矛盾を止揚する苦悩の過程を経ることによって、バイタリティを得て一回り大きく飛躍することができる。

組織統合なった部落解放同盟が、私たちの日常生活の中から人権を問う市民運動の旗振り役として活躍し、さまざまな分野の団体と協働して社会変革の担い手となることを期待している。

（『自治研なら』九二号　二〇〇九年二月一五日　奈良県地方自治研究センター）

分科会のテーマ

ここ一〇年余り、研究集会で私が担当する分科会がテーマにしてきたのが、「持続可能な地域社会づくり」です。その議論を深めるきっかけにもなったのが、二〇一四年に発表されたいわゆる増田レポートです。日本創成会議が、二〇四〇年までの間に少子化や人口流出に歯止めがかからず、人口減少で存続できなくなるとして、全国約一八〇〇市区町村の約半数にあたる八九六市町村が消滅する恐れがあると発表しました。何と奈良県では、三九市町村のうち三分の二の二六市町村が「消滅可能性」の危機に瀕しているといいます。

ただ、この増田レポートの指摘は、このまま何の手立てもせず、漫然と経過するとそうなるという警鐘を鳴らしたという点では意義があると思います。

私たちの分科会の役割は、いわば増田レポートに対するアンチテーゼとして、「持続可能な地域社会づくり」には何が必要かを議論する場を提供することです。

奈良県では東南部を中心に人口減少が続き、高齢化も進んでいます。住民の日常生活、福祉・医療、教育、自治会活動等、さまざまな面で困難さが拡大しています。問題解決の特効薬はないにしても、持続可能な地域社会づくりに展望がもてるヒントを共有できればと思います。

『里山資本主義』

「持続可能な地域社会づくり」を考える上で非常に参考になったのが、二〇一三年に角川書店から発行された『里山資本主義　―日本経済は「安心の原理」で動く』です。藻谷浩介さんとＮＨＫ広島取材班が著したこの本が提起したのは、「マネー資本主義」に抗して、水と食料とエネルギーの自給によってお金に頼らない地域社会づくりをめざす動きです。

その提案を抜粋すると、

「少子化というのは結局、日本人と日本企業（特に大都市圏住民と大都市圏の企業）がマネー資本主義の未来に対して抱いている漠然とした不安・不信が、形として表に出てしまったものなのではないか」。

「里山資本主義は、大都市圏住民が水と食料と燃料の確保に関して抱かざるを得ない原初的な不安を和らげる。それだけではなく里山資本主義は、人間らしい暮らしを営める場を、子どもを持つ世代の夫婦に提供する」。

「里山資本主義は、マネー資本主義に代わって表に立つバックアップシステムとして、日本とそして世界の脆弱性を補完し、人類の生き残る道を示していく」。

ケアと食とアート

里山資本主義に触発されて、ここ数年私たちの分科会が取り上げてきたテーマが「ケアと食とアート」です。

○ ケア

どんなに高齢になっても、どんな障害があっても、住み慣れた地域で暮らし続けることができる支え合いの地域ケアが求められます。

○ 食

生きるエネルギーの源となる食は重要。しかも、住み慣れた地域でとれたものをおいしくいただく「食」を考えることが重要です。

○ アート

ここでいう「アート」は単に「芸術」という意味に留まらない。一人ひとりが豊かに生きることを表現し、追求することができる、そんな多様な生き方が認められる地域社会でありたいと思います。

この三つが、持続可能な地域社会づくりには欠かせないという思いから、それぞれの分野で奈良に密着して活躍する人たちを毎回パネリストとして招いてきました。

ちなみに、以下は二〇二三年一〇月一日（日）、「ＤＭＧ　ＭＯＲＩ　やまと郡山城ホール」で開催された第五〇回研究集会の第二分科会の報告です。テーマは「生活の質を高め、誰もが豊かに生きられる持続可能な社会づくりを」です。

パネリストの報告概要

☆　荏原優子さん（株式会社Ｇｏｏｄ　Ｓｕｐｐｏｒｔ　Ｎｕｒｓｅ代表取締役）

〇　コミュニティナースとは

コミュニティナースは、職業や資格ではなく「人とつながり、まちを元気にする」実践のあり方であり、「コミュニティナーシング」という看護の実践からヒントを得たコンセプトです。「毎日の嬉しいや楽しい」を一緒につくり、「心と身体の健康と安心」を実現します。

〇　社会的健康

「健康とは、肉体的、精神的及び社会的に完全に良好な状態であり、単に疾病又は病弱の存在しないことではない」。このうち社会的に完全に良好な状態を維持する必要がある、それは一人ひとり違ったかたちで実現することになる。その状態を持続することが本人にとっても重要になる。

○ 奈良で活動するコミュニティナース

社会的健康を維持するために奈良県内で奮闘するコミュニティナースは、個人事業主が多く、病院内から外に飛び出して活躍する人が多い。主に奥大和地域では、地域を持続可能な社会にしていくことを考えていく必要がある。

☆ **シャク美樹さん（トルコ料理アラトゥルカ）**

○ トルコとの出会い

両親とトルコ共和国を旅行し、のちに夫となるカヤ・シャクさんと出会うことになる。結婚を経てトルコに移住し、子育てなど多忙な時期を過ごす。

○ トルコでの業績

二〇一三年一一月から二〇二〇年一一月までトルコでカジュアル日本・アジア料理レストランを経営。二年連続でアンケートによる№1アジアレストランに選ばれる。

○ アラトゥルカ

トルコの経済状況や政治・宗教的理由とコロナの影響で、夫とともに日本への帰国を決意。一九八四年（昭和五九年）に母が始めた〝茶処大久ら〟を引き継ぎ二〇二二年一〇月七日にトルコ料理店「アラトゥルカ」をオープン。

○ 世界三大料理

私たちはトルコ料理といえばすぐにケバブかアイスクリームを思い浮かべます。しかしトルコ料理は、フランス料理、中国料理と並んで世界三大料理と称されます。全盛期のオスマン帝国（トルコの前身国家）は、洋の東西を問わず、世界中から高価な食材や優秀な料理人を集め、トルコ料理の原形と言われる宮廷料理を発展させました。

○トルコと日本の架け橋に

トルコと日本の架け橋となるため、奈良県で唯一無二のトルコ料理店として、こだわりの食材を使ったメニューをトルコの食文化とともに発信しています。

☆**花井慶子さん（黒滝村森林組合）**

○面皮（めんぴ）

実家が吉野杉専門の製材所だった花井さんは、工場で自分の仕事として面皮を扱うことになる。夏にできた年輪（夏目）、冬にできた年輪（冬目）を利用した面皮は、透かし彫りにも共通するものがあった。

○黒滝村と透かし彫り

杉の冬目の硬さと、夏目の柔らかさを利用して作る木工品である透かし彫りは、吉野杉の生産地であった黒滝村の伝統工芸であった。面皮を使ったデザイン性豊かな作品づくりをしていた花井さんは黒滝村の透かし彫りに自身のデザイン性を活かした作品づくりにチャレンジすることになる。

○透かし彫りの販路拡大

奈良県知事の記者会見場の後ろのパネルに利用されるなど、注目される透かし彫りは、日本国内にとどまらず海外にもその販路を拡大し続けている。

報告から見いだされた成果と課題について

○持続するために必要なこと

過疎が進む奥大和地域を中心に活躍するコミュニティナースは、本人にとっても地域にとってもその活動が持続することが重要になります。そのために「個人の関心や情熱、地域に求められる期待・役割」を大切に持続する実践を行っています。

○トルコが身近になる

パネリストとして話をしていただいたシャク美樹さんの夫カヤ・シャクさんが会場にお越しになっていたのでご登壇いただき、トルコ料理の魅力を語っていただいた。バイタリティあふれるシャク美樹さんと日本語が堪能で行動的なカヤ・シャクさんが、トルコ料理を通して日本とトルコの架け橋になることが期待されます。

○透かし彫りが開く新しい世界

年輪が細かく透かし彫りに適している吉野杉の特徴を活かした技法は高く評価され、日本だけではなく海外にもその販路を広げています。

吉野杉の年輪一年分を剥いで取る面皮という素材を生かす作品づくりの経験が、花井さんの感性を通して透かし彫りにも生かされたデザイン性の高い作品は今後も広く受け入れられるものと期待されます。

まとめ

この分科会では、持続可能な地域社会をテーマに「ケア」「食」「アート」を切り口にパネリストの人たちと議論を重ねてきました。その結果、毎回それぞれのキーワードをバックグラウンドとして地域社会に根差して活躍されているパネリストのみなさんに出会うことになりました。今回もインパクトのある活躍をされている方々に出会うことができました。それぞれの活動が地域に根差して共感の輪を広げていけるよう期待しています。

なら介護の日

『なら介護の日』の誕生

二〇〇八年から一一月一一日が「介護の日」だということをご存知でしょうか。「いい日、いい日」といった覚えやすく、親しみやすい日ということで、厚生労働省が設定したものです。その趣旨は「介護についての理解と認識を深め、介護従事者、介護サービス利用者及び介護を行っている家族等を支援するとともに、これらの人たちを取り巻く地域社会における支え合いや交流を促進する観点から、高齢者や障害者等に対する介護に関し、国民への啓発を重点的に実施するための日として、『介護の日』を設定する」ということです。

私が役員をしていた財団法人たんぽぽの家では、一九九九年から「ケアする人のケア」をキーワードに調査研究を行い、介護に携わる家族を支えるコミュニティづくりに取り組んできました。また、二〇〇八年六月には、介護家族を支える医療・介護情報をまとめた『奈良のケア２００８』を発行し、大変好評を得ました。二〇〇九年七月には、その内容をさらに充実して『奈良のケア２００９』として発行しました。

こうしたケアに関わる活動を続けてきた経緯から、奈良の介護家族を応援するための催しとして二〇〇九年一一月一一日に「『介護の日』記念イベント」を開催することになりました。これまで「ケアする人のケア・システム研究」で関わりのある、奈良弁護士会、奈良司法書士会、奈良県社会福祉士会、奈良県介護福祉士会、認知症の人と家族の会奈良県支部、なら地域ケア研究会、奈良ＮＰＯセンターなどの団体、それにたんぽぽの家が加わって「奈良介護の日実行委員会」を組織し、私が実行委員長を引き受けることとして開催しました。

当日は、「〝笑い〟のある介護生活」と題して、日本笑い学会副会長の昇幹夫さんによる記念講演、「奈良介護大賞」授賞式、プレゼント抽選会という内容で近鉄学園前駅下車南口出てすぐの奈良市西部会館市民ホールで開催しました。

「奈良介護大賞」ですが、高齢の人や病気の人、障害のある人を介護している個人、または団体を顕彰しようと設けました。①介護をとおして、家族の絆を育み、地域のなかに支え合いのネットワークを創り出している。②地域の特徴や文化、習慣などを生かすことで、介護の質の向上につなげている。③介護による学びを、若い世代や子どもたちに伝えている。④独自の介護の工夫を編み出したり、介護を支えるユニークな仕組みづくりを行っている。という基準で、桜井市で高齢者向けの小規模多機能施設を運営する「より愛どころありがとう」が選ばれました。

奈良県も実行委員会に加わる

二〇一〇年からは、さらに内容も充実して開催されることになりました。記念講演には、社会福祉法人自立共生会理事長の多湖光宗さんを招き「認知症老人の底力が地域を変える」と題して講演をいただきました。「奈良介護大賞」には、「家族・地域介護部門」と「介護サービス従事者部門」が設けられました。

さらに、子から親へ愛を贈る「親守唄・歌会」も盛り込まれて、一一月一一日にやまと郡山城ホールで開催されました。

実行委員会には、奈良県や奈良県社会福祉協議会なども加わり、二四団体で構成されることになりました。二〇〇九年は、民間の団体だけで構成されていましたが、二〇一〇年からは奈良県も構成団体の一員として加わることになったのです。ケアに関わるＮＰＯ同士が協働して始めたイベントに、行政が資金も人も出して協働することになるということで、新しいＮＰＯと行政の協働のあり方を提示するものになると期待されました。

現在まで続く

当初の考えに基づく内容は、現在（二〇二三年）まで踏襲されています。介護に新しい息吹を与えた団体・個人を顕彰する「奈良介護大賞」の表彰、子から親への感謝の気持ちを詩に託し曲をつけて歌う「親守唄・歌会」、そして記念講演という構成です。同時に、「介護フェア」として福祉・介護の仕事ＰＲ、福祉用具等の展示、それに成年後見、認知症の人の介護、リハビリ等の相談コーナーが設けられてきました。

新型コロナウイルスの影響で二〇二〇年、二〇二一年の二年間対面での開催がかなわなかったのですが、二〇二二年一一月には記念講演の代わりに「奈良県で何が起こっていたのか」をテーマに奈良県医師会会長安東範明さん、聖ヨゼフホーム施設長福井修平さん、社会福祉法人奈良県手をつなぐ育成会理事長山岡亨さん、桜井市地域包括支援センターのぞみの東真理さんをパネリストに招いて、私がコーディネーターを務める形で、新型コロナウイルスが蔓延する奈良県内で起こったことを検証するシンポジウムを行いました。

二〇二三年は、講師として福井県おおい町名田庄診療所医師の中村伸一さんを招いて記念講演をお願いし、「奈良介護大賞2023」の発表と表彰式、「親守唄・歌会2023」とともに、「なら介護の日2023」として、二〇二三年一一月一一日(土)に開催することができました。その当日配布したパンフレットに掲載された私のあいさつ文は、以下の通りです。

本日は、「なら介護の日2023」にお越しいただき、ありがとうございます。

新型コロナウイルス感染症に気を取られているうちに、インフルエンザが例年になく早い季節から流行が始まっています。

こうした状況下でも、高齢の人たちや障害のある人たちの日常生活を支え続けている人たちに想いを馳せたいと思います。私たちは、どんなに高齢になっても、どんな障害があっても、人間として尊厳のある暮らしができる社会をめざさなければなりません。この社会にはさまざまな人たちがいて共に生きていることが認められる「共生」の論理と、その人たちの多様な生き方をお互いが受け入れる「寛容」の精神が今こそ求められています。

私たちは、家庭であれ地域であれ施設内であれ介護をする人、介護家族を支える人を応援したいと思います。その応援のメッセージを伝えるために11月11日の「介護の日」に合わせて記念イベントとして「なら介護の日」を開催してきました。

2020年と2021年は、新型コロナウイルス感染拡大のため、対面での介護の日記念イベントは中止せざるを得ませんでした。昨年は3年ぶりにここ「なら一〇〇年会館中ホール」でみなさんをお迎えして開催することができました。記念シンポジウム「何が起きていたのか？　～コロナ禍の奈良県のケアの現場で～」を行い、さまざまなケアの現場で新型コロナウイルスにどう立ち向かったのか、それぞれの体験・情報を持ち寄り、今後に備えるための議論をすることができました。今年は、コロナ禍以前からお招きしたいと考えていた中村伸一さんに、ようやくお越しいただくことができ、「支え合う地域づくりへ　～介護する人たちを力づけ、コミュニティ力を向上～」と題して記念講演をしていただきます。

この運動は23の団体で構成する「奈良介護の日実行委員会」が主催しています。福祉施設の運営団体、福祉専門職の団体、さまざまな分野の市民活動団体などが会議を重ね、力を合わせて行うものです。奈良県も実行委員会の一員として加わっています。

今回の記念イベント開催に当たり、準備に奔走していただいたみなさん、後援や協賛をいただいたみなさん、そして今日お越しいただいたみなさんに感謝するとともに、この「なら介護の日」の試みが新しいケアの文化を育み、支え合いの地域社会づくりを奈良から発信する運動として定着することを願っています。

北和地区福祉有償運送共同運営協議会

はじめに

障害のある人や高齢の人で一人では外出ができない人たちの移動は、どのように確保されているのでしょうか。

障害のある人が就労支援を行う事業所に通ったり、高齢の人がデイサービスを利用するために特別養護老人ホームに併設されたデイサービスセンターに通うのには、それぞれの施設が行っている送迎サービスを利用していることが多いでしょう（これらの送迎は、道路運送法が適用されない「自家輸送」とされています）。しかし、病院に通院する場合や遠出をしたい場合、あるいは買い物や映画に出かけたいと思った場合の移動はどうなるのでしょうか。

まず、福祉タクシーや介護タクシーの利用が考えられます。福祉タクシーには、身体を寝かせたままストレッチャーごと搬送できる車両や、車いすに乗ったまま乗車できる車両があります。介護タクシーは、ホームヘルパー等の資格をもった運転手が「介護」も「輸送」も行うタクシーです。ケアプランに含まれる介護サービスであれば、介護保険の適用がありますが、自己負担金と運賃がかかります。また、利用しようとしても、福祉タクシーや介護タクシーの絶対数が足りない現状があります。二〇〇三年三月末現在全国で、福祉タクシーが一五九四業者、三二四四台、介護タクシーが五九五業者、二五五四台です。両者合わせても約六〇〇〇台で、タクシー総数二十五万九〇三三台に占める割合は、二・二％に過ぎません。

一方、介護保険の要介護認定者数は、二〇〇〇年四月のスタート時点での二一八万人から二〇〇四年三月末で三八三万人へと急増しており、タクシーだけでは需要に応じきれないのが実態です。そこで、タクシー事業者のほか、社会福祉法人、医療法人、特定非営利活動法人（ＮＰＯ法人）、ボランティア等多様な担い手によって、スペシャル・トランスポート・サービス（以下、「ＳＴＳ」という。）と呼ばれる福祉移送サービスが提供されています。

福祉有償運送

移送サービスは、施設の送迎としては以前から行われていました。一九七〇年台には、ボランティア団体による移送サービスが始まり、タクシー業界による移送サービスへの参入は一九九八年になってからです。

しかし、福祉移送サービスは、常に道路運送法との関係が問題とされてきました。本来、額の多寡は別にして、対価を受け取って人を運ぶには、タクシーなどの事業者と同じく道路運送法による許可が必要です。許可を受けずに有償運送すると、いわゆる「白タク」行為になります。ＳＴＳを担ってきたほとんどのボランティア団体等は、何がしかの対価を受け取っていても、もちろんこの許可を受けていませんが、国は長年これを黙認してきたのが実態です。国がこの黙認の方針を大きく転換したのが、二〇〇四年三月です。通達で、一定の条件のもとにＮＰＯやボランティア団体による自家用自動車での福祉移送サービスを公に認めたのです。

利用者、ＮＰＯ代表、タクシー業者、識者などで構成する運営協議会を地方自治体が設置し、その承認を経て陸運局の許可を受ければ、晴れて自家用自動車による有償の移送サービスが行える道筋ができたのです。それが「福祉有償運送」と呼ばれるものです。ただ、利用できる車両は、車いす用のリフトや回転シートなどがある福祉車両に限定し、料金も概ねタクシー料金の半額以下とされました。

許可から登録へ

二〇〇六年一〇月一日からは、さらに一歩進めて、運営協議会の承認は必要ですが、「許可」ではなく「登録」で認めようということになりました。運営協議会が申請を協議・審査することに変わりありませんが、許可制よりも行政の関与の度合いが少ない登録制にすることによって、福祉移送サービスの拡充が図られることになりました。

その法改正で、注目すべき点が二点あります。一点目は、運送しようとする旅客の中に、身体障害者や介護保険の要介護者等に加えて「知的障害、精神障害その他の障害を有するもの」が加えられ、その他の障害には「発達障害、自閉症、学習障害を含む」とされた点です。外見上で判別できる障害でないこと、移動の困難性を自ら説明することも、それを代弁できる専門家も極端に少ない状況を考えて、運営協議会でも柔軟に認めていくことが求められています。

二点目は、これまで構造改革特別区域、いわゆる「特区」でしか認められなかったセダン型の普通乗用車を使用した福祉有償運送が可能になるなど、規制が大幅に緩和された点です。

知的障害のある人など、見守りが必要な人たちには、リフトやステップなどの設備がある福祉車両ではなく、セダン型の普通車の方が便利で、行動範囲が飛躍的に広がった特区の実践が認められて、全国展開されることになったものです。

何が問題か

こうした日常的な外出支援の一翼を担っているＮＰＯ法人等が有償サービスを継続するためには、道路運送法第七九条による登録をしなければなりません。国土交通省では二〇〇六年九月、この登録の取り扱いについて、自動車交通局長名の通達を出しました。その登録を受けるには、市町村などが設置する運営協議会の協議を経る必要があるのですが、全国的にこの運営協議会の設置が低調なのです。

「移動サービス市民活動全国ネットワーク」というところが、二〇〇六年五月に全都道府県を対象に運営協議会の設置状況、課題等を調査しました。それによると、ほぼ全域で運営協議会を設置済と答えた都府県が一二、八〇条許可（調査時点では登録ではなく許可）を希望するＮＰＯがいる地域は設置済と答えた道府県が一四で、申請ができる状況にあるのは四七都道府県のうち約半数の二六にとどまっているのです。

全国で二〇〇六年五月時点で約一六〇〇団体余が運営協議会で許可申請が了承されていますが、許可制度がスタートした時点でＳＴＳを担う団体が約三〇〇〇団体あるといわれていました。ですから、残る約一四〇〇団体は、運営協議会の設置を待ち続けているか、ＳＴＳそのものを休止せざるを得なくなったか、全くの無償運送に切り替えたか、あるいは福祉有償運送を諦めて福祉タクシー事業者としての許可を受けるに至ったと考えられています。

ちなみに、奈良県では、二〇〇七年四月二〇日現在、三九市町村のうち二六市町村（複数市町村による共同設置を含む）で運営協議会が設置済で、一三市町村で未設置となっています。

どうすればいいのか

早急に全市町村に運営協議会を設置する必要があります。前記の通達では、一つの市町村で設置するのが基本ですが、複数の市町村共同での設置や、都道府県での設置も認めています。大阪府などでは、五つのブロックごとに設置されています。

いずれにしても、市町村が主体的に設置することが求められます。その動きを促す、府県の役割も大きいと言えます。そして、現に移送サービスを行っているＮＰＯ法人等が結束して、運営協議会の設置を市町村に働きかける必要があります。

運営協議会の設置

この運営協議会の一つとして生まれたのが、「北和地区福祉有償運送共同運営協議会」で、奈良市、大和郡山市、生駒市の三市で共同して設置されました。二〇〇六年（平成一八年）一月二七日のことです。

その設置要綱で、目的、協議事項、構成員を定めた第三条から第五条を見ると、

（目的）

第3条　協議会は、三市の地域におけるＮＰＯ法人（特定非営利活動促進法（平成10年法律第7号）第2条第2項に規定するものをいう。以下「ＮＰＯ」という。）等による道路運送法（昭和26年法律第183号。以下「法」という。）第80条第1項の許可を得て行われる有償のボランティア輸送について、そ

の必要性、課題、利用者の安全と利便の確保に係る方策等を協議する。

（協議事項）

第４条　協議会は、次の事項について協議を行う。

（１）ＮＰＯ等による法第80条第１項の許可及び更新の申請内容について

（２）ＮＰＯ等が実施する有償運送事業における課題と問題点について

（３）ＮＰＯ等が実施する有償運送事業の適正実施について

（４）その他三市が必要と認めることについて

（構成員）

第５条　協議会の構成員は、次のとおりとする。

（１）各市によって選任され、事務局担当市の市長が委嘱する委員

ア　住民の代表　各市１人

イ　利用者の代表　各市１人

ウ　市職員　各市１人

（２）協議会全体として選任され、事務局担当市の市長が委嘱する委員

ア　学識経験者　１人

イ　社会貢献を行っているＮＰＯ等の代表（有償運送事業の運送主体を除く。）

ウ　奈良県タクシー協会　４人

エ　タクシー運転者の代表

オ　国土交通省近畿運輸局奈良運輸支局職員　1人

私は、第5条第2号イの「社会貢献を行っているNPO等の代表」の委員として協議会に参画しました。この協議会は、タクシー業界からの激しい突き上げで「白タク」の取り締まりを迫られる国土交通省と、障害のある人たちや高齢の人たちの移送サービスの幅を広げたい厚生労働省の妥協の産物として生まれました。なので、協議会の委員には、運輸支局の職員、タクシー業界からも多数の委員が参画しました。

その事務局は厚生労働省側が担うことになり、三市のいずれも障害福祉担当部局に置かれています。本来ならば福祉有償運送を支えるNPOを応援すべき立場の事務局職員が、その制度設計の背景を知らずに協議会の事務局を担当しているのが実情でした。

そのため、私がタクシー業界とのやり取りの矢面に立つことになりました。私は、福祉有償運送を極力認めないとする立場を取るタクシー業界に対して、その必要性を訴え、客層の違いを明確にして、対立ではなく共存の道を訴えました。本来は、その役割を果たすべき事務局を担う福祉部局が何に遠慮しているのか、ほとんど発言しません。障害のある人たちの移送サービスを担うNPOがいなくなれば、即その要望が窓口に押し寄せ、移送サービスを確保する必要に迫られることになる福祉部局なのにです。

タクシー業界の反発

こうした福祉有償運送の広がりには、タクシー業界がこぞって反発してきました。タクシー業界と福祉有償運送を担うNPO・ボランティア団体とは、決して敵対的な関係にあるわけではありません。それぞれの持ち味を生かしたサービスを、いい意味で競い合えばいい関係にあります。しかし、福祉有償運送に対するタクシー業界の対応は、これまで担ってきた公共交通機関としての既得権益を脅かす存在に対する排除の論理で貫かれているように思えます。

その背景には、タクシー利用者が減る一方で、二〇〇二年に国がサービス競争を促すため、運賃や新規参入業者に対する規制を緩和したことがあります。地域一律だった初乗り運賃を所定の範囲内で業者が自由に決められるようになったり、一定条件を満たせば新規参入や増車ができるようになったのです。その結果、業者数が二〇〇〇年度の約七〇〇〇社から二〇〇三年度には約八〇〇〇社に増加する一方、利用客数は二〇〇四年度は一九九九年度より五%減り、二〇〇〇年度の一台当たりの一日の平均売り上げが一九九九年度より約三五〇〇円少ない二八九八五円に減ったといいます。厚生労働省の調べでは、「歩合給」が多い運転手の年収は、二〇〇四年度で全産業平均の六割に満たない三〇八万円で、最低賃金を下回るなどした事業所が三六七か所もあったとのことです。そのため、運転手らが「規制緩和による過当競争で低賃金労働を強いられている」などとして、国に損害賠償を求める訴訟が大阪、東京、仙台などで起きているといいます。

福祉有償運送についていえば、これまでのNPO法人等が支えてきた福祉移送サービスを、「白タク」状態を回避するために「登録」することになったからといって、現在のタクシー業界を圧迫することにはなりません。むしろ、本格的な高齢社会で増大し続けるであろう移送サービスの需要に、タクシー業界も福祉有償運送を支えるNPO法人等が協働してどう対応していくのかが問われることになります。

タクシー業界に求められているのは、有償運送のプロとしての立場から、地域の福祉輸送についての建設的な意見を運営協議会の場で出し合うとともに、運行管理、事故・苦情処理のノウハウを積極的に福祉有償運送事業者に提供していくことだと思います。

「交通空白地有償運送」も視野に

現在、運営協議会は福祉有償運送と交通空白地有償運送とで別々に設けられています。しかし、今後は統合して運営協議会を地域の移送サービス全体を議論する場にしていくことが重要だと考えます。

道路運送法第七九条による登録は「福祉有償運送」についてだけではなく「交通空白地有償運送」も対象にしています。公共交通機関がない過疎地をカバーする移送サービスを行うＮＰＯ法人等に対する登録の前提にも、運営協議会の協議が必要なのです。県域の七割が山間地である奈良県では、今後ますます過疎化に伴う移送サービスの確保が大問題になってきます。現に県内で最も早く運営協議会が設置された菟田野町（現宇陀市）でも、メインのニーズは過疎地（現在の交通空白地）有償運送なのです。路線バスは採算に合わないと次々に撤退し、生活に欠かせない路線は自治体が直営あるいはコミュニティ・バスとして委託運営するなど、地域住民の生活交通を確保することが焦眉の急になっています。全国的に、人口減少に歯止めがかからない状況が続いています。過疎化が進む地域は、例外なく交通空白地域でもあります。そうした集落に暮らす人たちの、コミュニティ・バスなどではカバーしきれない移送サービスを担っているのが、ボランティア団体などによって運営されている交通空白地有償運送です。

市町村の役割が重要

統合された運営協議会では、福祉有償運送あるいは交通空白地有償運送の必要性だけを議論するのではなく、地域の住民の生活を豊かにするための運送体系全体について議論する場にしていくことになります。バス、コミュニティ・バス、タクシー、福祉有償運送、交通空白地有償運送、自家用車の相乗りなど多様な交通手段、多様な運営主体を前提に、地域のニーズにどう応えていくのかを総合的に議論する場になります。

たとえば、「登録」されたＮＰＯ法人が個々の会員だけの移送を行うだけではなく、その枠を取っ払って地域ごとの共同配車センターを設置し、利用者のニーズに福祉有償運送全体ですばやく対応するサービスなどは、すぐにでも取り掛かれることです。もちろん、そのセンターにタクシー業界も加わって、地域全体をカバーしていくことも可能です。現に二〇二〇年一一月には、運行管理や車両の整備管理についてバス・タクシー事業者が協力する「事業者協力型自家用有償旅客運送制度」が創設されています。

いずれにせよ、移動困難者の移送サービスを確保する主体はあくまでも基礎自治体である市町村です。移動困難者がどれくらい、どの地域に生活していて、その人たちのモビリティ（移動・外出）支援をどのような交通手段で行っていくのか、高齢社会を見据えたビジョンをしっかり描いてもらいたいものです。それは、建築物等の施設の円滑な利用や公共交通機関による円滑な移動などをめざすいわゆる「バリアフリー新法」、正式には「高齢者、障害者等の移動等の円滑化の促進に関する法律」（二〇〇六年六月二一日法律第九一号）などと連動して、どんな障害があっても、どんなに高齢になっても、誰もが人として人生を豊かに暮らすことのできる社会づくりの一環でもあります。

様変わりする社会情勢

設置から一八年余りを経て、「北和地区福祉有償運送共同運営協議会」の現行の設置要綱を見てみると、その第3条から第5条は以下の通りです。

（目的）

第3条　協議会は、道路運送法（昭和26年法律第183号。以下「法」という。）の規定に基づき、有償運送の適正な運営の確保を通じ、三市の地域における住民の福祉の向上を図るため、福祉有償運送の必要性、利用者から収受する対価その他自家用有償旅客運送の適正な運営の確保ために必要となる事項を協議する。

（協議事項）

第4条　協議会は、次の事項について協議を行う。

（1）NPO法人（特定非営利活動促進法（平成10年法律第7号）第2条第2項に規定するものをいう。以下「NPO」という。）等が法第79条の規定に基づき、自家用有償旅客運送の登録（法第79条の6第1項の規定に基づく有効期間の更新の登録及び法第79条の7第1項の規定に基づく変更登録を含む。以下「登録等」という。）を申請する場合における運送の必要性、利用者から収受する対価に関する事項

（2）法第79条の12第1項第4号の規定による合意の解除に関する事項

（3）協議会の運営方法、自家用有償旅客運送のサービス内容その他自家用有償旅客運送に関し協議会

が必要と認める事項

（構成員）

第5条　協議会の構成員は、次のとおりとする。

（1）各市によって選任され、事務局担当市の市長が委嘱する委員

ア　住民の代表　各市1人

イ　利用者の代表　各市1人

ウ　市職員　各市1人

（2）協議会全体として選任され、事務局担当市の市長が委嘱する委員

ア　学識経験者　2人

イ　福祉有償運送の実施団体に所属する者のうちその代表者が指名する者　1人

ウ　一般社団法人　奈良県タクシー協会　1人

エ　一般旅客自動車運送事業者　3人

オ　タクシー運転者の代表

カ　国土交通省近畿運輸局奈良運輸支局職員　1人

現在、私は第5条第2号アの「学識経験者」の一人として委員に加わっています。設置当初から現在まで、私は協議会の副会長を務めています。会長は、設立当初の肩書が「奈良県立大学地域創造学部教授」で、その後「奈良県立大学学長」を経て現在「奈良県立大学名誉教授」の伊藤忠通さんが一貫して務めて

います。ちなみに、設置当初から委員を務めているのは、伊藤忠通会長、副会長の私、そして池田誠也さんの三人だけです。池田さんは、タクシー業界の代表で「生駒交通株式会社代表取締役社長」を長らく務められ、現在は会長として委員に加わっておられます。

池田さんは、好敵手といった感じです。設立当初の議論は、タクシー業界を背負う池田さんが福祉有償運送を厳しく審査するという立場で意見されます。私は、福祉有償運送が障害のある人たちの外出支援を支えていることを強調して事業者を増やしたい思いをぶつけて衝突することを幾度となく繰り返してきました。しかし今は、お互いの立場を尊重して穏やかに笑顔を交わし合える間柄になりました。

このところの新型コロナ禍の影響もあり、協議会は書面での開催が続いていましたが、二〇二三年八月三一日（金）に第三九回の協議会が、今年（二〇二四年）八月二一日（水）には第四一回の協議会が対面で開催されました。この時点で福祉有償運送を行っている登録団体は、奈良市四団体、大和郡山市六団体、生駒市一団体の三市合計で一一団体となっています。

今後のあり方

しかし、ここに来て社会情勢は大きく変化しています。まず、あらゆる分野で人手不足が深刻になることです。高齢化の進行と人口減少に歯止めがかからず、それに伴って労働力人口がどんどん減少しています。

例えば物流業界で深刻な「２０２４年問題」が叫ばれています。トラック運転手の労働環境改善（残業を減らす）の結果、今まで通りの物流を維持できない状況に陥ることになると言われています。

タクシー業界でも人手不足は深刻です。客の奪い合いになると危惧するタクシー業界が福祉有償運送を目の敵にしてきた時代は、とうの昔に過去のものになっています。タクシー事業そのものの継続すら危ぶまれる状況になりつつあります。外国人ドライバー確保のため、外国語での2種免許取得を認めざるを得ないという状況になっているのです。さらに、一般ドライバーが自家用車を使って有料で客を運ぶ「ライドシェア」を解禁することまで政府は検討しています。国土交通省は、タクシー事業者の管理の下で行う「日本版ライドシェア」として二〇二四年四月から、東京、京浜、名古屋、京都の四区域での運行を認めました。

過疎化が進む地域では、路線バスの廃止は当たり前で、自治体がお金を出してコミュニティ・バスを走らせたり、オンデマンド・タクシーを走らせないと地域の人たちの移送サービスを確保することが難しくなっているのが現状です。

福祉有償運送でも例外ではなく、このままでは今後運転手の確保が難しくなり、移送サービスを維持できなくなります。その背景には、障害のある人たちの施設や高齢の人たちの施設のスタッフ自体の不足が深刻になっていて、ケアそのものが成り立たないという事態が起こりつつあります。

今後は、福祉有償運送がタクシー業界と対立している状況ではなくなります。それぞれが知恵を出し合って運転手を確保し存続を図っていくことになります。その上で、障害のある人や高齢の人たちの日常的な移動手段の充実を図っていく必要があります。

奈良県人権施策協議会

奈良県が附属機関として設けている審議会等の一つとして「奈良県人権施策協議会」があります。奈良県人権施策協議会規則第二条（所掌事務）には、「協議会は、人権施策についての重要事項を調査審議し、必要と認める事項を知事に建議する」とあります。

私は、二〇一二年（平成二四年）四月一日から委員としてこの協議会に加わっています。私は、行政の委員会等に加わるときには必ずその委員会等で議論すべき事項について毎回のように意見を述べることにしています。それが、委員として加わる者の最低限の使命だと考えているからです。なので、その時々の出来事を基に人権に関わって議論すべきだと考える問題点をその都度指摘してきました。

そこで、協議会で奈良県から提出される資料に基づいて議論するだけではなく、事前に質問票を提出することを提案し、毎回のように質問することにしました。質問は、次のようなものでした。

「2013年度（平成25年度）奈良県人権施策協議会」質問票

［1］46ページ、資料番号228

昨年10月1日に施行された「障害者虐待の防止、障害者の養護者に対する支援等に関する法律」（いわゆる「障害者虐待防止法」）により設けられている「奈良県障害者権利擁護センター」の事業内容についてお尋ねします。

① 使用者からの通報状況

② 市町村から通報のあった養護者や福祉施設従事者等の虐待の報告状況

［2］47ページ、資料番号237

7月25日付けの毎日新聞1面トップで、「知的障害者　覚えない養子縁組27回」の記事が報じられています。何者かが勝手に偽装縁組をしたとみられ、犯罪に利用されていた可能性が指摘されています。この人の場合は、万引きなどで8回服役したということのようですが、まさに地域生活定着支援センターが対応すべきケースだと思われます。そこで質問ですが、

① 奈良県でも同様のケースがあるかどうか、短期間に養子縁組を繰り返すケースを調査する考えはありますか。

② 奈良県地域生活定着支援センターの事業内容と活動実績について教えてください。

［3］障害者権利条約に関して

先の通常国会で「障害を理由とする差別の解消の推進に関する法律」（いわゆる「障害者差別解消法」）が成立しました。政府は、これで障害者権利条約の批准に必要な国内法の整備が終わって、批准に向けて動き出すものと思われます。そこで質問ですが、

① 世界130以上の国が批准しているにも関わらず日本がまだ批准できていない障害者権利条約の意義について、どのように考えておられますか。

②　障害者差別解消法の施行は3年後の2016年4月1日ですが、経過措置として国による「基本方針」の策定、公表、地方公共団体等の「地方公共団体等職員対応要領」の策定、公表は法の施行前においても行うことができます。要領の策定には、あらかじめ障害者その他の関係者の意見を反映させるために必要な措置を講ずるよう努めなければならない、とされています。「障害を理由とする差別をなくすための奈良県条例（仮称）を作る実行委員会」などの動きがあることを踏まえ、国の基本方針の公表を待たず、障害者その他の関係者との意見交換を始めるべきだと思われますが、いかがお考えでしょうか。

「2015年度（平成27年度）奈良県人権施策協議会」質問票

［1］障害者虐待について

山口県下関市の障害者施設で、知的障害のある利用者に対する虐待がビデオ映像とともに報道され、大きな反響を呼びました。大橋製作所事件を経験している奈良県としても大きな関心を持たざるをえません。

障害者虐待防止法施行後の奈良県内における障害者虐待の実態をどのように捉えておられるか教えてください。市町村から報告があったもの以外に、県が直接相談・報告をうけた事例や虐待の事実が認められた事例について、公表できる範囲で内容を教えてください。

［2］福祉有償運送について

「福祉有償運送」が制度化されてから11年になりますが、事業者数があまり増えていません。運営協議会は、県内全市町村に設置されているのでしょうか。奈良県では、「過疎地有償運送」も重要だと考えます。「福祉有償運送」「過疎地有償運送」について、運営協議会の設置状況、市町村別事業者数、運行状況について教えてください。

［3］介護保険制度の改革について

今年度の介護保険制度の改正で注目されているのが、要支援1・2の人たちに対するサービスの一部が市町村の事業となったことです。その「介護予防・日常生活支援総合事業」について、県内市町村の移行状況を教えてください。

その際重要な役割を担うことになる「地域包括ケアシステム」について、厚生労働省のホームページでモデルケースとして生駒市の事例が紹介されています。その他参考となる全国の事例もみることができます。県内の市町村でも、全国の取り組みに学びユニークな取り組みをしているところが他にあれば教えてください。

「2016年度（平成27年度）奈良県人権施策協議会」質問票

7月26日未明に神奈川県相模原市にある障害者施設で、19人もの障害のある人たちが殺され26人が負傷するという事件が起きました。亡くなられた方々のご冥福をお祈りするとともに、負傷された方々の一日も早い回復をお祈り申し上げます。障害のある人たちへの強い偏見や差別意識に基づいて、その尊厳を無視する犯行は許しがたいものです。障害のある人たちを地域社会から排除しようとする考えには断固として反対しなければなりません。障害のある人もない人も共に暮らせるインクルーシブな社会づくりがより一層求められます。

なお、容疑者に精神科への措置入院歴があることをもって、精神障害による犯行と印象づける報道もあります。また、厚生労働省も措置入院制度を見直す検討を始めました。事件の全容が解明されない段階で、すべての精神障害のある人たちに対する偏見や差別につながらないことを祈るばかりです。

こうした事件後の動きは、２００１年に起きた大阪教育大学附属池田小学校での児童８人殺害事件後の経過によく似ています。この事件でも、措置入院となった男が犯行に及んだとして、これを契機に「心神喪失者等医療観察法」ができました。殺人や強盗などの事件を起こしながら、心神喪失などで刑事責任を問われなかった精神障害者を対象に入院や通院を強制できるという法律です。厚生労働省の資料では、法が施行された２００５年7月15日から２０１４年12月31日までに検察官が医療及び観察を申し立てた人は3，４６２人、そのうち2，２４８人もの人が地方裁判所の審判で入院決定を受けています。

しかし、事件を起こした男は、犯行時は心神喪失状態ではなかったとして刑事責任を問われ、死刑判決を受けすでに執行されています。つまり、精神障害と犯行は無関係と判断されたわけです。「精神障害者を犯罪者予備軍とみなして病院に閉じ込め、長期間隔離している。建前は『手厚い治療』だが『危ない人を遠ざけたい』という本音が見え隠れする」（東京新聞２０１６年8月3日、弁護士談）との批判が出て当然だと思います。

それでなくとも精神障害者の長期にわたる「社会的入院」が大問題で、「入院医療中心から地域生活中心へ」と国も舵を切って地域移行支援に乗り出している時期でもあります。そこで、質問です。

［1］観察法で入院・通院決定を受けた人について

「心神喪失者等医療観察法」によって、奈良地方裁判所の審判により入院決定を受けた人の数はどれくらいですか。また、通院決定を受けた人はどれくらいで、どのような地域支援を受けているのでしょうか。

［2］防犯カメラ設置補助について

9月議会の一般会計補正予算で「防犯カメラの設置など、防犯対策の強化に要する経費に対する補助」に3千万円が計上されています。これでは、施設を地域社会から隔離することにつながるのではないですか。「奈良県障害のある人もない人もともに暮らしやすい社会づくり条例」の基本理念にも反するし、施設を地域社会に開いていこうという動きにも逆行するのではないですか。

［3］大規模収容施設について

「津久井やまゆり園」は神奈川県立の施設です。半世紀以上前の1964年（昭和39年）、ちょうど東京オリンピックが開催された年に設置された施設で、入所定員が160名という大規模収容施設です。設立当初はともかくとして、現在の脱施設の考え方とは程遠い施設と言わざるを得ません。奈良県でも県立の障害者入所施設がありますが、今後のあり方をどのように考えていますか。

「2017年度（平成29年度）奈良県人権施策協議会」質問票

現在奈良県で、「第32回国民文化祭・なら2017」（国文祭）と「第17回全国障害者芸術・文化祭なら大会」（障文祭）が全国で初めて一体開催されています。

厚生労働省においては、「障害者の芸術活動への支援を推進するための懇談会」の中間とりまとめを踏まえて2014年度（平成26年度）から昨年度まで継続して芸術活動支援モデル事業を実施されました。

2017年度（平成29年度）からは、モデル事業で培った支援ノウハウを全国展開することにより、障害者の芸術文化活動（美術、演劇、音楽等）の更なる振興を図ることを目的とする「障害者芸術文化活動普及支援事業」が実施されています。

さらに、2020年東京オリンピック・パラリンピック競技大会に向けて障害者の芸術文化振興に関する懇談会を設けて支援強化を図ろうとしています。

そこで、質問です。

［1］障文祭の記載について

国文祭と障文祭を一体開催するテーマの4つ目として

「4　障害のある人とない人の絆を強く　文化の力で新たな関係をつくる」を掲げています。

この事業が「奈良県の人権施策に関する事業実施状況及び事業計画　２０１７（平成29）年度版」に全く記載がないのは、どうしてですか。

［2］来年度以降の事業について

障文祭の事業として16事業が期間中実施されています。その成果を来年度以降に活かしていくことがより重要となりますが、どのようにお考えでしょうか。

当面、２０２０年東京オリンピック・パラリンピック競技大会に向けて奈良県として障害のある人たちの芸術文化の振興をどのように進めていくお考えでしょうか。

［3］「奈良県障害者芸術祭　ＨＡＰＰＹ　ＳＰＯＴ　ＮＡＲＡ」について

過去６回続けてきた「奈良県障害者芸術祭　ＨＡＰＰＹ　ＳＰＯＴ　ＮＡＲＡ」をさらに拡大発展させて来年度以降開催することをお考えでしょうか。

いずれの質問にも、私が納得できるような回答を得ることはできませんでした。その後は、事務局の担当者が異動するなどのために事前に質問票を提出することはなくなりました。

ところで、二〇二二年七月一二日に、それまで五期一〇年に亘って協議会の会長を務めてこられた寺澤亮一さんが亡くなられました。前述のように私が副実行委員長を長らく務めている「奈良県人権・部落解放研究集会」の事務局である一般財団法人奈良人権部落解放研究所の理事長を務めておられました。私は、この研究所の理事でもあります。寺澤さんは、全国同和教育研究協議会（全同教、現在の全国人権教育研究協議会）の委員長など数々の役職を担ってこられた方でした。私も、その人柄から多大な影響を受けた者の一人として、その死を悼むばかりです。

その寺澤さんが務めてこられた協議会の会長の職を私が引き継ぐことになりました。二〇二二年八月一日（月）に開かれた協議会で、委員のみなさんの賛同を得て会長に就任しました。新たな委員任期（二〇二四年六月一日～二〇二六年五月三一日）が始まってから最初の協議会となる八月一日（木）の協議会で、再び会長に選ばれました。どこまで続けられるかはわかりませんが、奈良県の人権状況の改善のために微力を尽くしたいと考えています。

第五部　絆の結び直し

第五部では、さまざまな雑誌等に寄稿した文章を集めました。たんぽぽの家づくり運動に関わるものもあれば、さまざまな分野で活躍し今や社会になくてはならない存在となったＮＰＯ（民間非営利組織）に関するものもあります。

依頼されて書いたものもありますが、今書いておかないと大事なことを置き忘れてしまうような気がして私から持ち込んで載せてもらったものもあります。そんな訳で、文章ごとに「です・ます調」であったり「である調」になったり、漢数字を使っていたりアラビア数字を使ったりしていますが、ご容赦ください。

共感していただけるところがあれば、幸いです。

一人ひとりが輝く二十一世紀

■変わる福祉

二〇年前、いや一〇年前でも、「バリアフリー」や「ノーマライゼーション」という言葉が今ほど頻繁に使われることはなかったであろう。ましてや、「ユニバーサルデザイン」をテーマにした会議が開かれることは予想もできなかったことである。それだけ、高齢の人たちや障害のある人たちを取り巻く環境が大きく変化してきていることを意味する。

とりわけ、一九八一年の「国際障害者年」、一九八三年から一九九二年までの「国連障害者の十年」、さらに一九九三年から今年二〇〇二年までの「アジア太平洋障害者の十年」をきっかけに、障害のある人たちをめぐる環境は大きく改善された。

特筆すべきは、公共建築のバリアフリーの指針となる「高齢者、身体障害者等が円滑に利用できる特定建築物の建築の促進に関する法律」（いわゆる「ハートビル法」）が一九九四年に施行されたり、「高齢者、身体障害者等の公共交通機関を利用した移動の円滑化の促進に関する法律」（いわゆる「交通バリアフリー法」）が二〇〇〇年に施行され、公共空間のバリアフリー指針となる「福祉のまちづくり条例」が各地の自治体で制定されていることである。

■ＱＯＬ

こう見てくると、一見、高齢の人たちや障害のある人たちの福祉が格段に進んだかのように見える。確かに、生存権を保証するという面では、一歩も二歩も前進したといえるかも知れない。しかし、一人ひとりの命の意味を問い、日常生活の質を高め、トータルとしてその人が人生を豊かに生きるという、ＱＯＬ（Quality of Life）の面からすると、まだまだ不十分と言わざるを得ない。単に生きるというだけではなく、その人が生きがいをもってどういう人生を生きたかが問われる時代である。

■障害のある人たち

ところで、日本で障害者とは、障害者基本法で「身体障害、知的障害又は精神障害があるため、長期にわたり日常生活又は社会生活に相当な制限を受ける者をいう」ということになっている。そして、それぞれ「身体障害者福祉法」「知的障害者福祉法」「精神保健及び精神障害者福祉に関する法律」に基づいて、身体障害者手帳、療育手帳、精神障害者保健福祉手帳の交付を受けた者が「障害者」ということになる。

そして、障害の程度についても、一定の基準のもとに重度、軽度が決定されている。この場合、日常生活において必要と思われる介助の度合いから判定される、言わばその人を「モノ」として取り扱う場合、どれくらい手がかかるかという尺度で測ることになる。それが客観的な判定ということになっている。とかく制度というものは、人間性を無視するところで成り立つものである。

しかし、人は顔も違えば性格も一人ひとり違う、違いがあるのが当たり前である。その上で、文章を書くのが得意な人間もいれば、詩を書く人もいる。作曲をする人もいれば、スポーツが得意な人もいる。さまざまな能力を発揮する人がいる。障害のある人たちも同じで、さまざまな能力をもっている人がたくさんいる。

毎年夏に奈良で開催される「わたぼうし音楽祭」には、全国の障害のある人たちから三〇〇編を超える詩が寄せられる。中には、詩だけではなく曲を付けて応募してくる障害のある人たちもいる。すぐれたビジュアル・アートの作品を生み出す障害のある人たちがいる。民話や創作物語を語ることにチャレンジする障害のある人たちがいる。パフォーミング・アートの世界で活躍する障害のある人たちがいる。さまざまなジャンルのアートに才能を発揮する障害のある人たちがたくさんいる。それらの人たちが、たまたま何らかの手助けを必要とする障害のあるということで、「障害者」として十把一からげに取り扱われることになる。

■たんぽぽの家のアートスタジオ化構想

障害のある人たちの自立援助センターとして機能しているたんぽぽの家では、設立当初から、障害のあるメンバーがそれぞれのポテンシャルを生かした活動をどのように成り立たせることができるかということが大きな課題であった。一人ひとりが輝くには、障害があることによるマイナス面を議論するのではなく、残された能力を生かしていかに自分の存在をかけた活動ができるかを考えてきた。そのために一番可能性のあるのが、アートの分野である。というのは、アートは人が「生きる力」を育て、アートを通して「自分が自分になる」「自分の存在に価値を認める」「人生を自らデザインする」ことができるからである。

そのために、一九九八年から施設としてのたんぽぽの家全体で取り組むアートスタジオ化構想がスタートした。

障害のある人たちのアートプログラムの開発と環境整備を通して、スタッフ、アートティーチャー、アートサポーター、ボランティアなどさまざまな人たちの組織化が進み、それぞれの役割を果たすようになった。そして、生み出されたアート作品を世に出す展覧会は、メンバーにとっては、社会の中の一員として人間的な成長の場となった。アートに触れた人たちにとっては、障害のある人たちの個性やアートそのものの力に気づくきっかけとなっている。そこから新たな出会いやドラマが生まれ、新しいネットワークが数多く生まれてきた。

障害のある人たちの「アートスペースづくり」が、単なる場づくりに終わるのではなく、福祉施設を社会に開き、新しい地域社会づくりにつながる、これからの施設のあり方を問う大いなる実験となっている。

■福祉施設における「アート化」セミナー

二〇〇二年六月一四日、奈良公園内にある〝ビッグルーフ〟の愛称で親しまれている奈良県新公会堂に、一七〇人を超える障害者施設・作業所のスタッフが全国から集まった。一六日までの三日間、自分たちの施設・作業所にアートを取り入れるにはどうすればいいのか、そのためのマネジメントはどうすればいいのか、できた作品をどのように社会に持ち込めばいいのか、参加者それぞれの思いが講師陣にも伝わる熱心な討議の場となった。

これまで、施設・作業所の中で、無視されたり見捨てられながら、黙々と制作され続けてきたアートにようやく日が当たるチャンスが巡ってきた思いを、参加者同士が確認し合う場にもなった。そこでは、うまく描こうとか、アートを創り出そうとか、ましてや個展を開こうなどとは考えもしない人たちが、あっと驚くすぐれたアート作品を生み出している実態が明らかにされた。

周りのスタッフや家族が気づかなかったり、その価値に着目することなく捨て去られてきた作品群を評価し、世に出す方策を考える絶好の機会となった。今回は、講演会形式が主だったので、質疑応答の時間はあったものの、消化不良の部分もあったと思われる。今後は、参加者の要望も取り入れて、ワークショップ形式を中心とした実践編が継続して行われることになる。

あらためて、〝管理〟することが優先され、利用者の個性を無視してきた「福祉施設」にこそアートを持ち込むことが必要であり、障害のある人たちと身近に接する施設や作業所のスタッフにこそ、対等な人間としての気づきが必要であることが確認された。

■エイブル・アート

重要文化財に指定されている奈良女子大学記念館講堂をはじめ、奈良市内六つの会場で「エイブル・アート近畿二〇〇〇　ひと・アート・まち」という展覧会が開かれた。アートを通して人間と人間の新しいつながり方、人間と社会の新しいあり方を提案する、いいかえれば、まちを人間的で豊かな美しい空間にしていこうという市民による実験でもあった。二〇〇〇年一一月一日から一五日まで開かれた展覧会には、四十九人の障害のあるアーティストたちが出展し、延べ一万人の人が会場を訪れた。

展覧会だけではなく、障害のあるなしにかかわらず、市民が自らアートを体験できる場をつくるという試みも加わった。フラッグ・アーティストの福井恵子さんによるワークショップもそのひとつ。奈良市内の幼稚園の商店街に面した門内に幅一一〇cm、長さ一〇mの真っ白な布が張り出され、通りがかりの大勢の市民がモチーフを描き込んでいく。染め上げられた合わせて七二mの布は四〇本のフラッグに仕立てられ、猿沢池の回りに飾られた。

「ひと・アート・まち」は、「ろうきん運動」が五〇周年を迎えたことを記念して企画され、二〇〇〇年には奈良で、二〇〇一年秋には京都市で開かれ、二〇〇二年一二月には大阪でというように、六年間かけて近畿二府四県を巡回して開かれる。

エイブル・アート・ムーブメントは、障害のある人たちの創造活動が、生命力を失いつつある現代社会に生きる人たちの人間性を恢復させ、芸術と社会との新しい関係を築くための芸術運動として一九九五年に始まった。

■ユニバーサルデザイン

障害のある人たちや高齢の人たちのことを考える際、キーワードとして「バリアフリー」あるいは「ユニバーサルデザイン」が使われるようになった。バリアフリーは、現在ある建物や設備について、障害のある人たちでも高齢の人たちでも使い勝手がいいようにつくりかえていく、さらには、そうしたハード面だけではなく人々の心のバリアも取り除いていくことを意味する言葉として使われる。ユニバーサルデザインは、年齢や性別、体の機能や能力などにかかわらず、すべての人が使いやすく、暮らしやすいまちづくりや物づくり、環境づくりを意味する言葉として使われる。

最近は、「バリアフリーからユニバーサルデザインへ」という言い方がされたりする。「バリアフリーデザイン」には、障害のある人や高齢の人といった特定の人のための特別なデザイン、特別な配慮というイメージがあるため、障害のあるなしにかかわらず、すべての人たちのためのデザインという意味で「ユニバーサルデザイン」は大きな意義がある。しかし、「バリアフリー」であれ「ユニバーサルデザイン」であれ、人間にとって幸せな生活環境を実現していくという、めざすべきところは同じなので、むしろそれを実現していくプロセスを大事にしたいと思う。

■年金不安の解消が急務

漠とした不安が日本を覆っている。厳しい経済状況を反映した、激しい雇用リストラと年金に対する不信が将来に対する不安をもたらしている。自殺者の数が一九九八年には、三万人を超えた。特に四〇代五〇代の男性の自殺者の急増は、雇用リストラや倒産が原因とみられる。自分のことは自分でカバーする。病気、事故、老後などあらゆる不安に備えなければならないと考える。個人貯蓄が増える。個人消費が冷え込む。経済が低迷する。壮大な悪循環に陥っているのが現状だ。

将来に対する安心を共有できるシステムが求められている。『安心』が得られれば、個人でお金を貯める必要はなくなる。個人貯蓄が減る。個人支出が増える。経済が活性化する、という循環が生まれる。

『福祉』＝welfare, wellbeingも、よりよく人間としてあることが求められる。不十分ではあるにしても、基礎年金制度ができ、生存そのものを脅かされる心配はなくなった。これからは、その人が自分の生きがいをどう実現し、人生を豊かにしていけるかが問われる時代になっている。だから、最低限、生活そのものに対する〝不安〟を取り除く必要がある。それが「福祉」の基本的な役割である。年金制度も、それを保障するものになることが求められる。

現行の年金制度は修正に修正を繰り返しても、積立方式を取る限り、急速な高齢化に対応することができず、現役世代の負担増から保険料の滞納を呼び、破綻へと至るのは必至である。このシナリオを回避するには、基礎年金だけでなく所得比例年金も含めて年金制度全体を早期に拠出税方式に移行させる必要がある。

■介護保険と支援費制度

障害者福祉の仕組みが二〇〇三年四月から大きく変わろうとしている。新しく「支援費制度」が始まり、これまでの施設入所など、受けるべき福祉サービスの内容を行政が決定する措置制度に替わって、障害者本人がサービスを選択し契約する、その費用は市町村が支援費として支給するというものだ。

高齢者を対象として、二〇〇〇年四月からスタートした介護保険と似ているが、施行まで一年を切った今の時点でも、細部について明らかでないこともあって、不安と戸惑いが広がっている。私が最も問題だと感じているのは、介護保険ではサービスを点数化し、要介護度に応じて高齢者が利用できるサービスの額と連動させていることだ。支援費制度でも、点数化金銭化が進み、金銭に換算できない目配り、気配りといった最も根源的なケアの部分の切り捨てが進むと予想される。そこでの高齢者あるいは障害者とサービス提供者との関係は、サービスを提供する側と受ける側という一方通行の関係に留まる。ケアを受けなければ生活できないという部分だけに着目し、その人の人生経験豊かな歩みは考慮されないし、すぐれて芸術性の高い作品を生み出す活動を展開する障害者であっても、支援を受けなければ生活できないという点のみに着目し、支援費がはじき出されるという無機的な側面しか見えないからである。言わば、福祉サービスを受ける人たちを「モノ」として画一的に取り扱うことを宣言している制度であるという危惧を抱いている。生存だけを保障するのではなく、それぞれの高齢の人たちや障害のある人たちの生きがいをどう保障していくのかが問われる時代にふさわしい制度だとは到底思えない。特に介護保険は、団塊の世代がサービスを必要とする、これから二〇～三〇年を乗り切れば、あとは少子化に向かうので、財政的にも必要なくなることを想定した一時しのぎの制度としか思えないのである。

■ケアする人のケア

高齢社会を迎えるに当たり、高齢の人たちをケアするホームヘルパーの養成が急務だという国の鳴り物入りで、ケアする人の数を増やすことだけが求められてきた。しかし、高齢の人や障害のある人たちをケアしている人たちの内に起こっているさまざまな問題が見過ごされている。自分一人でケアを抱え込んで、介護疲れで倒れてしまう、いわゆるバーンアウトはその氷山の一角である。バーンアウトに至らないまでも、ケアに伴う悩みを打ち明ける人が周りにいないために、自分の内にストレスとして溜め込んでしまう。ストレスが高じて体に変調をきたす。家族をケアする立場、施設等で仕事としてケアに携わる立場、ボランティアとしてケアに関わる立場、それぞれに抱える悩みは多い。その人たちをケアすることがこれからの大きな問題となることが明らかになっている。

一方、ケアに携わることによるプラスの面も多く報告されている。ケアをする対象の人からさまざまな影響を受け、人間的成長の糧を得る体験をする人もいる。そこにあるのは、一方的にケアをする側とケアを受ける側という関係ではない。ケアする人もケアを通して癒される、ケアされるという双方向の関係が成り立っている。

ここでも、単に何らかの手助けを必要としている人を「モノ」としてケアすることだけが議論されてきた問題点が浮き彫りにされた形だ。人が人をケアするとはどういうことなのかを、もっと議論する必要がある。そこから新しいケアの文化が生み出されることにつながる。

■福祉NPOへの期待

一九九五年の阪神・淡路大震災を契機に、市民活動団体が法人格を容易に取得できるようにと一九九八年、特定非営利活動促進法（NPO法）が成立した。すでに七五〇〇を超えるNPO法人が誕生している。その六割が、「保健、医療又は福祉」を活動分野に挙げている。これまで、福祉分野のサービス提供は、社会福祉法人によるものに限られていたのが、介護保険の導入を機に、企業にもNPO法人にも門戸が開かれた。それまで任意団体として、ボランタリーな活動として、高齢者や障害者を支える活動をしてきたグループが、NPO法人としてしっかりとした活動基盤を得ることによって、それぞれの特性を生かしたユニークな取り組みが各地で展開され注目されている。

ただ問題なのは、多くのNPO法人が、マネジメントばかりに気を取られていて、法人化する前から持ち続けてきた理念の部分が忘れられていくことだ。組織の維持に奔走しなければならないNPO法人が大多数であるにもかかわらず、会計処理の方法をめぐる議論などに追われるのは、残念と言うほかない。高齢の人や障害のある人たちが生き生きと輝くためには、何が必要なのかの議論の方がおろそかにされている。その理念を実現するための仕組みとして、ＮＰＯ法人制度があるのだから。とはいえ、変化の時代にすばやく対応し、多様なニーズに応えていく福祉ＮＰＯは、新しい公共の担い手として大いに期待されている。

■一人ひとりが輝く21世紀

戦後半世紀以上、日本は夢中になって経済成長を追い求めてきたけれど、経済以外の目標がなかった。その結果、日本は今、社会全体が閉塞状況に陥っている。戦後これまで築いてきた社会システムがあらゆる場面で行き詰まり、機能しなくなっている。そういう危機の時代だからこそ、人間観、生活観を問い直し、将来に向けての基本的な構想をたてる必要がある。

これからの時代に大切なのは、生活の質を大事にし、人々の多様な選択を保障する成熟社会の実現に向けた安定してバランスのあるシステムを創造することだ。

一人ひとりが輝くということは、人それぞれの生き方が認められ、その人の生きがい実現が福祉の大目標になるということである。「福祉」は、これからの社会のありようを指し示す指針となるものでありたいと思う。「福祉」が、弱い立場の人たちの生活を安定させるだけではなく、社会の中の一員として一人ひとりが光り輝く社会を支える仕組みを意味する言葉になることを願っている。

（『ならの風』ｖｏｌ．１　二〇〇二年冬号　自治・分権の会　奈良サロン）

市民参画型社会への期待

景観が教える危機

今の日本の状況を言い表す際に、私たちは「これまでの社会システム全体が制度疲労を起こし、あらゆる分野でマヒ状態に陥っています。グローバル化、市場化、少子・高齢化、情報化といった大きな波に、日本社会は対応できなくなっているのです」（注1）といった言い方をよくする。しかし、この事態を身近なところで、なるほどと実感する体験をすることが、はたして日常生活の中であるだろうか。それを景観の側面から捉え、私たちに強烈に実感させてくれる注目すべき指摘がある。

「景観は全体として経済状態の反映であり、国土開発の帰結であり、都市計画の結果でもあるのだが、とりわけ生活圏における景観は、高邁な理想からは漏れるものであるだけに、戦後日本の達成したものが集中的に映し出されてもいるのである」（注2）という。まさにそのとおりで、たとえば最近話題になった滋賀県豊郷町の町立豊郷小学校の例のように、歴史的建築物や伝統的街並みや自然環境だとそれが破壊されることには敏感に反応する。しかし、日常的に目にする生活圏の景観については、どれだけ破壊が進もうと議論されることはない。しかし、まさにその日常的な景観の中に私たちの戦後の日本の姿が凝縮されているのである。

奈良の玄関口であるＪＲ奈良駅を一歩出て、初めに目にする景観の何と貧相なことか。そこから古都奈良の世界遺産を巡ろうと訪れる観光客が出会うには、まことに申し訳ない景観と言わざるを得ない。そして、その玄関口のＪＲ奈良駅を高架化するために、取り壊される運命にあった駅舎が、市民運動の結果一転保存されることになったが、寺院建築風のユニークな中央部分だけの不十分な引き移転保存となった。

さらに前述の『失われた景観』を読み進むにつれて、日本のめざしてきた近代化のつけに気づかされて、愕然となる。いわく「昨今では、ガーデニングがブームとなっている。ガーデニングはイギリス式庭園への憧憬を一因として流行っているのだが、これが実は皮肉な話であるらしい。幕末から明治初頭、当のイギリス人が日本に来航し、『豊かな自然の恵み、次々に移り変わって終わることを知らない景観の美しさに呆然』とした、と述べているのである」と聞くに及んで、我々の明治以降めざしてきたいわゆる近代化とはいったい何だったのかと考えさせられる。

伝統建築の滅失

失われゆく景観を象徴するような数値がある。

「日本の住宅総数は約四四〇〇万戸だが、このうち一九七三年には六二〇万戸あった戦前からの住宅が、八八年に二七〇万戸、九八年には一六〇万戸にまで減り、今や一〇〇万戸の大台を割り込もうとしている」(注3)。「このままではあと一〇年ほどで、伝統木造建築は優れた棟梁の技とともに確実に消滅すると予測される。伝統建築は絶滅のふちに立たされている」。

住宅が耐用年数二五年という異常な短さで、大規模な解体と新築が繰り返される結果だという。もちろん、解体に伴う大量の廃棄物は環境破壊を引き起こさずにはおかない。最終処分場は今後数年で限界に達し、建設廃材の捨て場はなくなるという。

深まる混迷

景観が教えてくれている私たちの心の荒廃は、どこまで進んでいるのか。けばけばしい看板が目立つのは、消費者金融の宣伝であったり、ラーメン店の看板であったり、全国展開しているコンビニエンス・ストアやガソリン・スタンドのものだったりする。いずれも、すぐにお金に結びつくもののコマーシャルで占められている。短絡的で即物的で、表層的なものでしかない。そして、視野を電線によって区切られてしまう。

一見しただけでは何のPRなのかわからないような、見る人に考えさせるような味わいのある看板は姿を消した。経済活動が最優先で、それが認められてきた社会がそこにある。中小企業はしかたがないにしても、大企業までも、とうに日本型雇用を維持することができず、リストラが進行し、失業率が五％を超える状態が続いている。その雇用不安を反映するかのように、一九九八年から四年連続して自殺者が三万人を超えた。一昨年と昨年も、ほぼ三万人の自殺者が出ている。年間の交通事故死亡者が一万人前後だということを考えれば、この自殺者の多さは異状としか言いようがない。その大半が四〇代、五〇代の働き盛り男性だということが、日本の抱える社会不安の奥深さを象徴している。

さらに、今日本の若者たちの間に年金離れが急速に広がっているという。国民年金の保険料を納めない人が三七％にも達している。三分の一の人が支持しない年金制度というものは、すでに破綻しているといわざるを得ない。企業年金は、とうの昔に破綻し、厚生年金も年金額の引き下げ、支給年齢の引き上げなどで当面乗り切ろうとしている。

将来に対する漠然とした不安が社会全体を覆っていて、抜け出す道が見出せない状態に陥っている。為政者は、明日のビジョンを提案できずに、閉塞状況が続いている。戦後、経済効率最優先で突っ走ってきて、バブルがはじけ、空白の一〇年を経た日本は、今まさに針路を見失って大海原をさまよう船のごとくである。その船に乗り合わせている国民もばらばらに右往左往するばかりといった状態だ。この閉塞状態を抜け出す処方箋を行政はもはや提示できないでいるのが現状だ。

NPOに対する期待

そうした閉塞状態を打ち破る新しい動きとして、今NPOに注目が集まっている。

二〇〇三年九月までに、特定非営利活動法人（いわゆるNPO法人）の認証を受けた団体が、一三〇〇〇を超えた。一九九八年一二月に、特定非営利活動促進法が施行されて四年八か月での数字である。奈良県では、県の認証を受けた団体が八六団体、県外にも事務所をもつため、内閣府の認証を受けている一一団体の計九七団体が活動している。NPOの活動がここにきてようやく社会に浸透してきた感がある。

しかし、これらNPO法人並びに法人格をもたない市民活動団体について、規模や、有給スタッフの有無や予算などをみれば、まだまだ脆弱な団体が圧倒的に多い。（注4）奈良県でも、市民活動団体のうちのわずか九・四％が有給スタッフを置いているにすぎず、五三・二％が年間予算三〇万円以下という状態だ。（全国的にみても、五〇・七％）大半の活動が、中心になる人の思いによってのみ支えられている状態だといえる。（注5）一方、二一世紀に入り、日本社会は、大きな変革の時代を迎えている。さまざまなレベルで絆が分断され、地域社会で人びとが生きるための仕組みをつくり直さなければならない。その際、身近な問題に取り組み、解決のために奔走するNPOの存在なくしては語れない。そのためのNPO

の活動基盤の強化のためには、人的支援、物的支援、経済的支援がどうしても欠かせない。以下では、三番目の経済的支援について考える。

ＮＰＯの経済基盤の現状

認証を受けたＮＰＯ法人が一三〇〇〇を超え、ますます増え続けているとはいえ、その経済的基盤は、脆弱そのものである。

内閣府が二〇〇〇年に行った、市民活動団体実態調査（有効配布数：九七三一件、有効回収数：四〇〇九件）によれば、会員数が五〇人未満の団体が六割に上る。まず、規模そのものが小さい団体が多数を占めているのが現状だ。そして財政規模については、年間支出十万円未満の団体が三二・九％、一〇万円以上三〇万円未満の団体が一七・八％で、三〇万円未満の団体が約半数を占めている。逆に一〇〇〇万円以上五〇〇〇万円未満の団体が三・一％、五〇〇〇万円を超える団体が一％ある。また、収入内訳をみると、会費収入が三四・三％、行政からの補助金一七・二％、独自事業の収入が一〇・三％で、この三つで収入の約六割を占めている。逆に、民間・その他の助成金が五・四％、寄付金は四・七％と低くなっている。財政規模の大きい団体ほど会費の割合は低くなり、独自事業の収入の割合が高くなる。

奈良県の数字をみても、会員数が五〇人未満の団体が六六％に上る。財政規模については、年間支出三〇万円未満の団体が五三・二％とやはり半数を超えている。

この当然の帰結として、有給のスタッフを雇用できる団体は限られ、無償のスタッフを含めて六人以上のスタッフがいる団体は三割にすぎない。しかも、その事務局スタッフで女性が多い団体は半数を超え、年齢は「五〇歳代」と「六〇歳代以上」がそれぞれ四割となる。

NPOローンの誕生

いかに理想を高く掲げ、意欲あふれる人たちが集まっても、組織として活動を続けていくためには、やはり資金が必要である。その資金が手許になければ、一時借り入れてでも活動を軌道に乗せたいと願う団体は多い。その希望に副うことができれば、と金融機関に打診することにした。その際着目したのが、奈良中央信用金庫（以下「ちゅうしん」という。）であった。信用金庫は会員制度による協同組織の地域金融機関である。一定の地域内の中小企業者や地域住民を会員としている。いわば地域密着型の金融機関ということになる。身近な地域の課題に取り組み、解決を図っていこうというNPOにとって、一番ふさわしい金融機関だということができるかもしれない。

ちゅうしんは、もともと一九九一年から毎年チャリティー・コンサートを開催し、その収益を社会福祉施設等に寄付する活動を続けてきている。その姿勢を見て、ちゅうしんにNPO向けの融資制度を設けるよう働きかけることにした。NPO法施行の翌年、一九九九年の秋にちゅうしんを訪ねて融資話を切り出した。NPO法ができたとはいえ、社会のNPOに対する理解は、ほとんどないのが実情だった。窓口になっていただいた椥北資郎融資部長（当時。現理事・業務推進部長）も最初は半信半疑だったに違いない。話を何度かするうちに、〝豊かな国民生活の実現〟〝地域社会繁栄への奉仕〟という信用金庫のビジョンにかなうとの中嶌實男理事長の決断でNPOローンが創設されることになった。

二〇〇〇年五月、NPO法人を対象に、限度額三〇〇万円、利率年二・八％の「ちゅうしんNPOローン」が全国の信用金庫に先駆けてスタートした。ちなみにこのNPOローンがきっかけとなりその後全国の信用金庫に広がった功績が認められ、二〇〇二年六月、全国信用金庫協会の「第五回信用金庫社会貢献賞特別賞」を受賞している。

なら・未来創造基金の創設

こうして、いい関係づくりができたちゅうしんと奈良NPOセンターが、また新しい一歩を踏み出すことになった。

二〇〇一年四月、ちゅうしんでは、全職員が月額三〇〇円を積み立て、金庫が同額をマッチング・ギフトとして積み上げる「ちゅうしんボランティア基金」を創設した。この基金を、市民活動をバックアップするために有効に使う方法はないかという相談がセンターに持ち込まれた。これに対して、センターが提案したのが、「なら・未来創造基金」（以下「基金」という。）である。奈良を元気にする研究やプロジェクトを支援しようというものだ。

この助成の特色は、私たちが助成財団等に助成申請する際に困る点をできる限り取り除こうとしたところにある。

① 助成対象団体の法人格の有無、活動期間、活動分野は問わない。この助成のために新たに結成されたグループでも構わない。

② 他から助成を受けた事業でも対象とする。

③ 人件費に当ててもいい。

④　一般管理費も認める。

その第一回の助成団体は、別表のとおりだ。五月三一日までの募集期間に、二七団体からの応募があった。その中から書類選考で選ばれた七団体が六月一五日に行われた一般公開のプレゼンテーションに臨み、七人の選考委員によって最終的に五団体に決定した。今年七月から来年六月までの一年間に行われる活動を助成する。

今後の広がり

なら・未来創造基金は、いろんな意味で注目されている。ちゅうしんという企業の職員が始めた自立的な募金がもとになっている。それに同額をちゅうしんがマッチング・ギフトとして上乗せした。中間支援センターである（特活）奈良ＮＰＯセンターに寄託してＮＰＯ活動の支援に充てた。などのユニークな点が注目を集めている。

この基金が、他の企業や多くの市民の間にも広がって、ＮＰＯ支援の動きがどんどん活発になることを期待したい。もちろん、資金面だけではなく、品物の提供や、ボランティアとして活動に

第１回なら・未来創造基金助成団体

団体名	申請区分	テーマ	助成金額
かしば女性会議	プロジェクト	小グループ学習からの情報発信 ―先ず拠点整備を―	30 万円
バサラ祭り実行委員会	プロジェクト	「バサラ祭り」の開催	40 万円
奈良ユニバーサルツーリズム研究会	研究	世界遺産都市・奈良のユニバーサルツーリズム調査研究事業	30 万円
秋篠川源流を愛し育てる会	プロジェクト	秋篠川源流に千本の桜を！	40 万円
日本宇宙少年団大和まほろば分団	プロジェクト	2003 年度活動　～いっしょに火星へ行こう！！！～	10 万円

参加することによってＮＰＯ活動が多重的に支えられる社会をつくっていかなければならない。

弱者から学ぶ視点

地域を変える原動力としてのＮＰＯに関心が集まっているが、その活動の方向性を議論する際に、弱者から学ぶ視点を提起しておきたい。

昨年秋に発表された、宮城県福祉事業団の「施設解体みやぎ宣言」は大きな反響を呼んだ。県立船形コロニーという大規模居住施設を運営してきた当事者である事業団が、利用者を長らく施設に留め置いたことを率直に謝罪し、より豊かで幸せな生活を保障する環境を地域社会に整えることを約束したうえで、施設の解体を宣言したことは、知的障害者福祉の歴史において画期的なことだ。これは、どんなに重い障害の人でも普通に地域で暮らしたいという知的障害のある人たちの願いを受け止め、二五年間にわたって脱施設に取り組んできた、長崎県の社会福祉法人「コロニー雲仙」の理事長・田島良昭さんを、宮城県の浅野史郎知事が事業団の理事長に招いて実現したものだ。

一方長野県でも、県立大規模施設「西駒郷」の解体縮小プロジェクトが進みつつあり、国も国立高崎コロニーを同様に大幅な縮小あるいは解体へ導こうとしている。二〇〇三年度から始まった支援費制度は、こうした流れを加速し、地域社会の新たな未来を描くために有効に機能することが期待されている。

障害のある人たちは、単に手助けを受けるだけの存在ではない。個性や潜在的な能力を生かすことによって、生きがいをもってより豊かに生きる可能性を秘めている。その環境を整えるのが、周りの人間の役割だ。

ヨーロッパでは、ソーシャル・インクルージョン（社会的包摂）が、社会のキーワードとして大きく注目されているという。社会的弱者や少数者が社会から排除され、疎外されてきた反省から、すべての人を包摂して豊かな社会をめざすという新しい動きだ。私たちも、ソーシャル・インクルージョンを地域社会の課題解決のキーワードのひとつにしたい。

女性の参画

私が各種の会議に参加して、いつも気になるのが女性の参加者の数だ。人権や教育など、女性抜きに話し合っても意味がない会議でさえ、圧倒的に男性が多い会議によく出くわす。さすがに、子育てや男女共同参画を語る会議では、そういう事態にはならないのだろうが、気になるところだ。

今年行われた統一地方選で、市町村議員の数値はないが、東京都と茨城・沖縄両県を除いて行われた四四道府県議選で、女性議員一六四人が誕生したという。しかし、総定数二六三四人に対する比率を見れば、六・二％にすぎない。

私たちが地域社会の課題解決を考える際に、女性の参画なしに議論することは、およそ考えられない。むしろ、女性の視点が欠かせない。男女雇用機会均等法ができたり、内閣府に男女共同参画局ができたり、奈良県にも男女共同参画課が設置されている。こういう仕組みをつくらなければならないほど、日本ではいわゆる女性の社会進出が進んでいないことを端的に物語っている。

ここでは、衝撃的な数字を示すにとどめる。国連開発計画（ＵＮＤＰ）は七月八日、二〇〇三年度版の「人間開発報告」を発表した。経済、保健、教育などの充実度から各国の開発度を示す「人間開発指標」

で、日本は昨年と同じ九位だったが、女性の社会進出度を測る「性別権利指標」では、昨年の三二位から四四位に大きく後退した。（注6）

女性の社会進出度は、必要データが入力可能な七〇ヵ国をランクづけしたもの。女性議員の比率の低さや男女間の収入格差などのため日本は、これまでもランクは低かったが、今回新たにデータが加わったアフリカのナミビア（二九位）やボツワナ（三一位）を下回っているという。

子どもの参画

（特活）奈良ＮＰＯセンターでは、二〇〇二年度から「もうひとつの学び舎」事業に取り組んでいる。「子どもは社会を担う小さな市民」をキーワードに、ＮＰＯや個人がもつ資源をネットワークし、奈良に根ざしたオリジナルな体験学習プログラムを提供している。ただ、体験するだけではなく、子どもたちが考え出したプロジェクトを通して、社会に参画していくことをめざしている。

学校では、もてる能力を引き出すのではなく、あいかわらず知識を詰め込む教育にさらされ、主体性をそぎ落とされていく子どもたち。地域では、不動産バブルで土地が投機の対象とされ、原っぱや空き地などの身近な遊び場を奪われていった子どもたち。その子どもたちに、自分たちの生活する地域社会に目を向け、何が今問題で、その解決のためには何が必要で、それを実現するためにはどうしたらいいかを、いっしょに考えてもらうようになるのがねらいだ。

国連の子どもの権利条約第一二条では、「締約国は、自分の意見を持つ能力のある子どもが、その子どもに影響を及ぼすすべての事がらについて自由に自分の意見を述べる権利を保障すること」と規定している。子どもは、生まれながらにして、市民としての権利をもっているという考えが基本にある。

『子どもの参画　―コミュニティづくりと身近な環境ケアへの参画のための理論と実際―』の著者で、環境教育の必要性と持続可能なコミュニティづくりへの「子どもの参画」の重要性を提唱している、ロジャー・ハートさん（ニューヨーク市立大学教授）を招いた講演会が昨年奈良であった。彼は、その中で次のように指摘した。

「いちばん基礎の部分の地方行政におけるデモクラシーが達成されていなければ、たとえどんなに国レベルで立派なデモクラシーが達成されていても、本当にみなさんの生活レベルでは何も起きていないことになります。ではどうやってこのソーシャル・キャピタルを達成するか、そのやり方に関してはいろいろ議論があるわけですが、私が信じるこれだと思うやり方というのは、子どもがどれだけ参画しているか、子どもがどれだけ自分自身で考えて社会にかかわっているかにかかっています」。（注7）

歴史を心に刻む

奈良の地域の問題を考える際にも、私たちの歴史認識が問われるということも、指摘しておかなければならない。

今年八月に、中国北部黒龍江省チチハル市で、旧日本軍が遺棄した化学兵器による中毒事件が起きた。小泉首相は一〇月七日、東南アジア諸国連合（ＡＳＥＡＮ）プラス三首脳会談に出席するため訪れていたインドネシア・バリ島での日中首脳会談で、中国の温家宝首相から化学兵器処理を急ぐよう求められた。これに対し、小泉首相は、「誠実に対応する」と答えたと伝えられたが、日本がどのような対応をするのか注目している。

昨年四月には、第二次世界大戦中に日本に強制連行され、福岡県の炭鉱で坑内労働などに従事させられた中国人に対して、企業が損害賠償するよう命ずる判決が福岡地裁であった。国に対する請求は棄却されたが、一連の戦後補償裁判で、企業の賠償責任を認める初の判決となった。

これまでの裁判では、企業に対する損害賠償については、二〇年で損害賠償請求権が消滅する民法の「除斥期間」を理由に認められなかった。今回は、この除斥期間について「著しく正義に反する」として適用を制限して、三井鉱山に賠償を命じた。国については、これまでの裁判同様「旧憲法下では国による個人の損害について、国家賠償の責任は認められない」とする「国家無答責」の法理で請求を棄却した。国は「先の戦争にかかわる日中間の請求権の問題については、一九七二年の日中共同声明後は存在していないというのが、政府としての立場」だと一貫して主張している。

企業に対する損害賠償の部分だけとはいえ、支払いを命ずる初の判断は注目に値する。一審段階の判決であり、控訴中ということもあって、確定するまでには、まだ時間が必要だ。

鈍い日本の反応

これらは中国との戦後処理をめぐって新聞にも大きく取り上げられた問題だ。同じような問題は、中国との間だけではなく、韓国はじめ他のアジアの国々との間にも数多く残されている。それに対するに、日本の首相は、毎年靖国神社参拝を繰り返し、アジア諸国の反発を招いている。また、「新しい歴史教科書をつくる会」が提案し、扶桑社が編集・作成した中学校歴史・公民教科書が文部科学省の検定に合格した。

アジア侵略、従軍慰安婦、南京大虐殺など歴史の負の部分を取り上げる自虐史観では子どもたちを誇りある日本人に育てられないとして、削除されている。

しかし、上に挙げた強制連行に伴う損害賠償請求訴訟のように、侵略された側の人たちにとって、今なお第二次世界大戦の後始末がきっちりとなされていないという思いが強いということは、理解しておく必要がある。

心に刻む

日本の戦後を語るときに、どうしても私が忘れることのできない文書がある。「荒れ野の40年」（注8）西ドイツ（当時）のリヒャルト・フォン・ヴァイツゼッカー大統領が一九八五年五月八日、ドイツの敗戦四〇周年の日に連邦議会で行った演説だ。

「五月八日は心に刻むためにあります。心に刻むというのは、ある出来事が自らの内面の一部となるよう、これを信誠かつ純粋に思い浮かべることであります。そのためには、われわれが真実を求めることが大いに必要とされます」と率直に述べている。

戦後五八年を経た今も私たちが、八月一五日を「心に刻む日」にしているかと問われれば、大抵の人は否と応えざるを得ないと思う。日本が侵略した国々で戦いと暴力支配の下で命を奪われた人たちのことを思い浮かべているか。故郷を無理矢理追われ、強制労働につかされた人たち、暴行や拷問、飢えや貧窮に悩まされたアジアの人たちのことを思い浮かべているか。日本人としては、日本を遠く離れた地で命を落とさざるを得なかった兵士たち、戦後も抑留されて帰国できずに命を失った兵士たち、開拓団などに参加して命を落とすことになった人たち、故郷の空襲で命を失った人たちのことを思い浮かべているか。絶えず、私たちの心に刻む営みを続ける努力が必要だ。

「問題は過去を克服することではありません。さようなことができるわけはありません。後になって過去を変えたり、起こらなかったことにするわけにはまいりません。しかし過去に目を閉ざす者は結局のところ現在にも盲目となります。非人間的な行為を心に刻もうとしない者は、またそうした危険に陥りやすいのです」。

さらに大統領は続ける。

「ユダヤ民族は今も心に刻み、これからも常に心に刻みつづけるでありましょう。われわれは人間として心からの和解を求めております」。「――中東情勢についての判断を下すさいには、ドイツ人がユダヤ人同胞にもたらした運命がイスラエルの建国のひき金となったこと、そのさいの諸条件が今日なおこの地域の人びとの重荷となり、人びとを危険に曝しているのだ、ということを考えていただきたい」とまで言っている。

私たちが今直面している、平和条約を締結していない国、朝鮮民主主義人民共和国（北朝鮮）との関係を考える際の基本的スタンスを教えられる思いがする。演説から一八年を経た今も、色あせることなく私たちに示唆を与え続けている。

外国人の参画

今日、インターネットを通じれば、瞬時に世界と交信することができる時代である。また私たちの周りには、たくさんの外国人の人たちが共に暮らしている。私たちが、さまざまな市民活動を展開する際、それがいかに小さな活動であっても、外国との関係を抜きに考えることは到底できない時代になっている。その際、必ず必要になるのは、現在の社会情勢を考えると同時に、きっちりとした歴史認識のもとに活動を組み立てることだ。

ちなみに、地域の課題解決を考える際には、ともに地域で暮らす外国人の人たちも、その議論の輪に加わるべきだと指摘しなければならない。特に、日本にいながら、一九五二年四月、対日平和条約で旧植民地出身者とその子として日本国籍喪失を一方的に宣告された在日韓国・朝鮮人、在日中国人の人たちのことを心に刻む必要がある。

定住外国人にも住民投票に参加してもらおうという自治体がようやく出てきたが、地方参政権はまだ認められていない。一五〇〇を超える地方議会で、定住外国人への地方参政権付与を求める決議がなされているという。奈良県では、神奈川、大阪、石川と並んで全議会が決議を採択している。「永住外国人地方選挙権付与法案」が早期に成立することを願う。

私たちが地域の問題を語る際は、当然そこに暮らす外国人の人たちも参画する必要がある。

「愛国心」について

次代を担う子どもたちに誇り高い「愛国心」を植え付けるために為政者は、過去の誤りをなるべく覆い隠そうとするものだ。ヴァイツゼッカー大統領の演説が深い感動を与えるのは、民族、思想・信条、宗教などの違いを超えて普遍的な人間としての生き方を問うものであったからだ。そのためには、自国がかつて犯した罪にふたをすることなく、一つひとつ明らかにして、率直に反省する必要があった。
そして「愛国心」については、宮台真司さんの的確な指摘がある。（注9）
「愛国心とは何か。国という言葉が誤解の元である。日本人はすぐステイト（機構としての国家）を愛することだと思い込む。ここでの国はパトリの訳で、ステイトが守るべきナショナルヘリテイジ（国民財産）の意味。国家が守るべき社会のことである」。そして国家が守るべき社会について、「今日のそれは一定の地理的領域内の『生活の事実性』に拡張されなければならない」と指摘している。
まさに、私たちが常に議論している〝地域社会〟こそが、「愛国心」という際の「国」であり、その地域社会をよりよくしようと日夜努力しているNPO・市民の「生活の事実性」が守るべき対象なのだ。国家はそのためにこそ存在するのであって、機構としての国家がその責務を果たすよう国民が監視し、操縦する必要がある。

アジアの中の日本

またしても、日本がアジアの一員としてアジアの国々と共に歩む機会を逸してしまった。

先ごろ閉幕した東南アジア諸国連合（ASEAN）首脳会議で、二一世紀の新しいアジアの地域枠組みづくりをめざす合意ができた。「東南アジア友好協力条約（TAC）」に中国とインドが署名したが、日本は拒否した。歴史に禍根を残す決定と言わざるを得ない。中国とインド、その間にある東南アジアを合わせると人口三〇億人の〝大アジア圏〟となる。相互安全保障を確保したこの圏域で、これから自由貿易協定（FTA）交渉が進み、経済協力のみならず、圏域議会・圏域行政府ができ、人の交流（圏域内の自由往来)、共通通貨の発行へと進むことを期待したい。そのとき、日本がまたアジアの孤児にならなければよいと願う。歴史を心に刻めば、日本としてアジアのために何ができるかを常に考える必要がある。

「姓・名」を貫く

日本人が自分の名前を英語で言い表すのに、普段使っている「姓・名」の順ではなく「名・姓」と順序をひっくり返すようになったのは、明治初期だという。それが定着してしまうと、本来の形にもどすのにかえって抵抗感があるということになってしまう。大沼保昭さんが指摘するように(注10)、なかには「郷に入れば郷に従え」だから、英語で標記する際は「名・姓」でよいと言った意見が出る。しかし、日本に暮らす英語圏からきた外国人が、自分の名前を「姓・名」にしたりすることはない。また、日本人の側から日本にいるのだからといって「姓・名」の順で名前を表記すべきだと求めることもない。

私は、常に「姓・名」で通している。単に名前の順序という些細な問題だと思われるかも知れないが、グローバル化が進む国際社会の中で、世界中の人々にかかわる問題だと思う。「姓・名」の順であれ「名・姓」の順であれ、それぞれの民族が永年の歴史の中で育んできた文化の中で定着してきたものである。日本人が「姓・名」という本来の順序を主張し、それを用いることによってこそ、欧米人もまた、そうした日本の文化を理解することにつながる。それは、自己の文化を主張するアイヌや在日韓国・朝鮮人の人たちの文化に目を向けることにもつながる。多様な文化のあり方を認めていくという、私たちに求められる基本的な生き方にも関わる大きな問題だと思う。

デモクラシーをめぐる議論

市民の社会参画を考える際、デモクラシーの議論は避けて通れない。市民が社会の課題に取り組む際に、自分が発見した課題とその解決方法について同意を求め、政策に練り上げ、予算化し、実施に移していく、そのいずれの段階にもデモクラシーが貫かれていなければならない。身近な課題になればなるほど、地方自治体との関わりが深くなる。そして、すべての政策課題について、市民全員が討論し決定していくことは物理的に不可能なので、代表制の導入はデモクラシーを機能させるうえで不可欠となる。

しかし、私たちは、ここ数年の間に、誰もが尊重すべきだと考えるデモクラシーをめぐって深刻な対立に発展する場面を経験した。ひとつは、長野県の例だ。直接投票で選ばれた知事が打ち出した〝脱ダム宣言〟に、こちらも選挙で選ばれた民衆の「代表」である議会が反発し、知事の不信任決議を可決してしまった。失職を選んだ知事が、改めて前回を上回る支持を得て再選されたのは、記憶に新しいところだ。この場合、直接投票の結果に従うのがデモクラシーにつながるのか、議会の決定を尊重するのがデモクラシーにつながるのかという議論は残る。

もうひとつ例を挙げると、特例法の期限切れに間に合うように、最近各地で行われている市町村合併をめぐる住民投票だ。合併特例債を使って、年来の要望だった施設をつくろうと何が何でも合併を推し進めようとするグループもあれば、慣れ親しんできた市町村名を何としても残したいというような反対グループもある。どちらとも決めかねた自治体が、合併の是非を直接住民に問う住民投票条例が各地で制定されている。原発の是非をめぐる争いで注目を集めた住民投票だが、最近では、特定の政策課題に限定した条例ではなく、問題が発生すれば即住民投票にかけられるようにする常設型の住民投票条例を制定する自治体も現れた。

プロセスが大事

私は、自分のことは自分で決めるというのが、デモクラシーの基本だから、直接民主制がいいと考えている。しかし、地方自治体単位でも、あらゆる問題について住民全員が集まって決定していくという直接民主制は現実的ではない。選挙で選ばれた代表である議会が決定し、こちらもまた選挙で選ばれた首長が執行するというシステムは維持しなければならない。個別の重要課題については、住民投票で決するということも必要だ。

しかし、制度が整ったからといって、それでデモクラシーが保たれるかというとそうではない。自覚した市民による直接的な参画なくしては、デモクラシーも成り立たないと考える。例えば、先ほどの脱施設を例に考えてみる。障害のある人たちを施設に収容するのではなく、地域社会で障害のあるなしにかかわらず、ともに暮らすことを実現するにはどうすればいいか。

まず、脱施設が当たり前だという理解を広げなければならない。普通の場所で普通に暮らしたいという障害のある人たちの願いをまず周りの人たちに理解してもらわなければならない。その理解の輪が行政職員にも広がらなければ、予算案を作成することにはつながらない。地域で生活するためのグループホームや福祉ホーム、そこでの生活を二四時間支えるための職員やホームヘルパーが必要になる。それらを具体的な金額にして予算案に盛り込んでもらわなければならない。

これまでの、障害のある人たち、特に重度の障害のある人たちは、施設で生活するのが幸せだという考えを変えることの方が大変かも知れない。大きな政策転換を伴うので、首長まで事前に説明し理解を得ることが必要になるだろう。障害のある人たちの生活実態を幹部職員に知ってもらうことが必要になるかも知れない。ようやく必要な予算が盛り込まれた予算案が議会に提案されることになっても、議員の理解がなければ否決されてしまうかも知れない。否決されないまでも、その部分だけ減額する修正が行われることもあり得る。めでたく議会で予算が可決されて、実施段階になっても問題はたくさんある。大挙して障害者が入所施設を出て、街で暮らすのは困るという地域社会の無理解が待っていることだってあるだろう。これら一連の流れの中で、どの段階でも、障害のある人たちの願いをかなえたいという思いを共有するというプロセスがないと前に進まない。

議論の積み重ね

これは脱施設の例だったが、どんな政策課題についても同じだ。環境問題、子育て、国際理解・協力、障害者、まちづくり、人権、文化、どんな分野の活動にしても、こういうことが必要だと考える人たちが、まず周りの人たちに呼びかけて、議論の場をセットする。そこに行政マンが加わってもいいし、議会の議員が加わってもいい。マスコミが報道して関心が集まって議論の輪が大きくなるかも知れない。また議論の場に来れない人が、インターネットを使って議論に参加することがあるかも知れない。議論が煮詰まった段階で、いくつかの選択肢を提示して政策提言にまとめていく。いずれの段階も公開で、誰でも討論に参加できるオープンな場づくりにつとめる。行政も、こうした場で必要な情報をどんどん開示していく。

こういうプロセスがあれば、政策として決定する段階の議会や行政の場でも通りやすい。これまでのように密室で物事が決められ、決定されたことだけが公けにされるというと、もしその決定によって大きな影響を受ける人たちからの反発はより大きなものになる。行政は、一旦決定したものに頑なに固執する。反対する市民の側も、反対行動をエスカレートさせる。差し止めを求める裁判などで決着がつくまで長い年月を要する場合もある。そして、一応の決着をみても、双方に大きなしこりを残すことになる。

私がいう議論の積み重ねには、長い時間がかかるように見えるかも知れない。しかし、どの段階でも議論の流れは透明で、誰でもどの時点でも議論に参加できるので、反対意志の表明は、議論のプロセスで出尽くす。その積み重ねの結果出された政策決定は、大半の人たちの了解を得られるものになっている。だから、実施段階に進んでも、そんなに抵抗なくスムーズに事業が進むことになる。長い目で見て、どちらが早いかといえば、議論を積み重ねる方が、時間がかかるように見えて、実は一番近道を進むことになると思う。

自律した市民による議論

結局のところ、保守的で、変化を好まない県民性といわれる奈良で、変革の渦を巻き起こすには、議論の積み重ねしかない。誰もが地域で豊かに生きるための空間は、国家や地方自治体が上から与えてくれるものでもなければ、待っていればいつか誰かがつくってくれるものでもない。愚痴をいっているだけでは、何も始まらない。気付いた者たちが自らの意志で新しい価値の創造のために立ち上がらなければならない。その際重要なのは、自律した市民による議論だ。問題関心ごとに集まった多様な市民が、必要な情報を持ち寄って、政策提言に仕上げていくことだ。ＮＰＯという手段を使って、絶えずめざすべき社会を意識しながら、弱者の視点を忘れず、男女がともに、外国人の人も、子どもたちも加わって、状況認識と歴史認識を大事にしながら議論を重ねる。時間はかかるが、その過程を大事にしたい。それこそが、奈良が生気を取り戻し、元気になる道だと考えるからだ。

（注1）「特定非営利活動法人奈良ＮＰＯセンター　設立趣旨書」二〇〇一年一一月二四日
（注2）『失われた景観』松原隆一郎著、二〇〇二年、ＰＨＰ研究所
（注3）論点「『解体・新築』文化転換の時」二〇〇三年一〇月九日、読売新聞
（注4）「平成一三年度民間非営利団体実態調査」二〇〇一年、内閣府
（注5）「ボランティア・ＮＰＯ活動実態調査」二〇〇三年三月、奈良県
（注6）二〇〇三年七月九日、毎日新聞
（注7）「もうひとつの学び舎　活動報告書」二〇〇三年三月、（特活）奈良ＮＰＯセンター
（注8）『荒れ野の40年』（岩波ブックレットＮｏ．55）一九八六年、岩波書店
（注9）「ナショナリズムを問い直す④」二〇〇三年八月一八日、朝日新聞
（注10）論点「『姓・名』で世界に出よう」二〇〇〇年七月二〇日、読売新聞

（『部落解放』二〇号　二〇〇三年一二月　（財）奈良　人権・部落解放研究所）

社会を変える原動力としてのＮＰＯ

【１】あらゆる社会制度の破綻

社会制度の破綻と競争原理の横行

「戦後レジームからの脱却」などといわれていますが、脱却してどこに向かおうとするのかの目的地が示されていません。確かに、戦後60年以上続いてきたあらゆる社会制度が破綻をきたしています。今、大問題になっている社会保険庁がいい例です。それに対処するのに成功しているのでしょうか。小泉政権が推し進めた際限なき規制緩和で、かえって社会が混乱することになりました。本来「公」が最低限やるべきことまでも民間に開放することで、基本的な日常生活にまで競争原理が導入されて、安心した生活が送れなくなっています。

一方、グローバリゼーションが、さもいいことのように、アメリカの基準があらゆる分野で世界標準と称して、市場原理が導入される事態になっています。

それを受けて、国内でも社会的使命をないがしろにした利潤追求が横行しています。ライブドア、村上ファンド、耐震偽装、ＪＲ西日本、不二家、そして、最近のコムスン、ＮＯＶＡなど、数え上げればきりがありません。「ミートホープ」の牛肉偽装、「白い恋人」賞味期限改ざん、「赤福」消費期限不正表示、「比内鶏」偽装、「船場吉兆」一連の偽装、「ＪＲ東海」駅弁偽装、など最近の食品偽装事件も枚挙にいとまがありません。中国産餃子への農薬混入などは、論外です。

　また貧困や格差が、今日本で大きな社会問題となっています。いくらまじめに働いても、年収２００万円に満たない人が１０００万人を超えているといいます。生活保護世帯も年々増え続けています。景気の良し悪しでは説明できない、経済構造そのものからくる貧困と考えざるを得ません。

　従来企業が終身雇用のもと、社員の福利厚生につとめてきましたが、今や企業はコストを極限まで切下げ、低賃金の非正規雇用で労働者を使い捨てていく時代になりました。一方、それに代わる社会福祉や社会保障の制度が用意されず、ナショナル・ミニマムを満たすことができない事態に陥っています。

　そうした状況のなかで、私たちの生活を支えるべき行政が、国から地方まで財政破綻しています。国は、２００７年３月末時点で、８３４兆３７８６億円という途方もない借金をかかえています。赤ん坊からお年寄りまですべての国民一人当たりに換算すると、６５３万円もの借金になります。財政破綻して財政再建団体となった夕張市の負債は６３２億円。４桁以上も違う借金を抱えた国が、財政再建を指導するという滑稽な構図になっています。もちろん、民間企業でいえば、とうに倒産していていいような地方自治体は夕張市だけではありません。公債費比率などの数値が夕張市よりも悪い自治体が奈良県内にもあるというのが実態です。

障害者に負担を求める前に

　また、どんな障害があっても、生きがいをもって自分の人生を豊かに生きることができる社会になっているでしょうか。どんなに重い障害があっても、そこに「いる」ことが認められる社会になっているでしょうか。

２００６年4月にスタートした障害者自立支援法が、障害者団体などから猛反発を受けています。この法律の問題点の最大のものは、障害者にサービス費用の原則一割の自己負担を求めた点です。

①障害の定義と認定の見直し／日本の法律には「知的障害者」の定義がありません。しかし、都道府県が発行する療育手帳をもつ「知的障害者」は全国に46万人います。この数字は人口の０・36％に過ぎません。先進国では、知的障害者は人口の２％前後が常識だと言われています。身体、知的、精神を合わせた障害者の総数は約６５６万人で、人口の約５％です。主な先進国では、人口の10～20％が障害者です。日本では、目が見えない、手足にマヒがあるなどの医学的な障害が中心ですが、世界ではＩＣＦ（国際生活機能分類）に基づき、生活面の困難や環境要因に着目した広い概念で障害をとらえる傾向にあるからです。この際、医学的な診断で何ができないかというマイナス評価をするのをやめて、残された能力は何でそれを生かすにはどういった支援が必要かという視点で障害の認定をすべきではないでしょうか。それがすべての施策の原点だと思います。

②必要な支援の確保が先決／24時間態勢で介助が必要な全身性障害の人たちにも、安心して生活できるヘルパーの派遣等の支援をまず保障する必要があります。身近な地域社会で自立した生活ができるよう「脱施設」を考える際にも、まず必要な生活支援が保障されなければなりません。

③所得保障の確立／全面的な介助を必要とする人たちの支援に必要な費用は、社会全体の負担つまり税などの公的資金でカバーすべきものです。もし、それを個人の負担に求めるとするのであれば、その負担に耐え得る所得を保障すべきです。ましてや、重い障害の人ほど利用するサービスは増えるわけですから、

「応益負担」といって利用したサービスに応じて自己負担が増えるという制度が正当性をもつわけがありません。

いずれにしても、障害のある人など社会的弱者といわれる人たちも社会から排除され疎外されることのない社会をつくり上げる必要があります。すべての人が安全で安心して暮らせる社会をめざそうというソーシャル・インクルージョン（社会的包摂）の考え方に立って、社会的支援の問題に取り組む必要があります。

後期高齢者医療制度

２００８年４月から、「後期高齢者医療制度」という新たなシステムがスタートしました。75歳以上の国民はすべて、それまで加入していた国民健康保険などから脱退して、この制度に強制加入させられました。運営するのは、都道府県単位で全市町村が加入して設立された広域連合という特別地方公共団体で、奈良県の場合は「奈良県後期高齢者医療広域連合」といいます。

仕組みを簡単にいうと、75歳以上の人にかかった医療費は、公費つまり税金で5割、現役世代からの支援4割、残り1割は被保険者である後期高齢者が保険料として負担しなさいというものです。保険料は、被保険者全員が均等に負担する「均等割額」と被保険者の所得に応じて負担する「所得割額」の合計額となります。奈良県の場合は、均等割額は、一部の村を除いて年額３９，９００円、所得割率は７・５％です。この保険料は、２年ごとに見直され、医療費が増えると保険料も引き上げられます。決定は広域連合が行い、徴収は市町村が行います。保険料は、個人単位で賦課され、これまで子どもの職場の健康保険の被扶養者になっていて保険料を払う必要のなかった人にもかかります（一部、軽減措置はありますが）。

私が問題にしたい第一は「後期高齢者」というネーミングです。いかにも、すでに社会にとって必要でなくなった厄介者といった名称です。そして第二に、この保険料は介護保険の保険料と同じく、老後の生活保障としての年金から天引きされるという点です。

そして何より問題なのは、医療に経済効率を持ち込んでいるということです。高齢になれば、医療的なケアが必要になるのは、ごく当然のことです。一人ひとりに必要な適切な医療を提供し、その費用を国民すべてが分担するのが保険制度です。医療費がかさむからと、高齢者だけを切り離して別立ての保険制度をつくること自体が、助け合い支え合いの国民皆保険の精神に反するものです。一生懸命働いて、人生のたそがれ時を迎えた人たちに用意されていたのが、またしてもお金がないと医療もケアも受けられないという社会だったとはと、暗澹たる思いがします。私たちは、どんなに高齢になっても、どんなに重い障害があっても、安心して生活できる地域社会づくりをめざしてきたのではないのでしょうか。政府というのは、国民に安心を与えるためにあるのではないのでしょうか。老後に不安をもたらすために、私たちは税を負担してきたのではないはずです。

［2］残る負の根っこ

ハンセン病回復者の問題

現在の日本の社会状況を見てきましたが、これまでの日本が解決できずに引きずっている負の遺産がたくさん残されています。その主なものをいくつか取り上げたいと思います。まず、ハンセン病回復者の問題を取り上げます。

『砂の器』を覚えておられるでしょうか。松本清張原作の長編ミステリーの映画化（1974年）です。戸籍を捏造してまで頂点に立つ天才作曲家和賀英良（加藤剛）が自分の過去を知る元巡査（緒方拳）を殺してまで守ろうとしたものは、何だったのでしょうか。加藤嘉が演じるハンセン病回復者の父親がたった一人の息子、和賀英良のことを「そんな人間知らない」と言わせる激烈な差別はどこからくるのでしょうか。

ハンセン病療養所に暮らす回復者が、国に損害賠償を求めた「ハンセン病国家賠償請求訴訟」で、2001年5月11日、熊本地裁は国の責任を認める判決を言い渡しました。終戦記念日に靖国神社参拝を強行し、アジアの国々との関係をずたずたにした小泉首相（当時）が下した、唯一適切な判断がこの熊本地裁判決の控訴断念です。

ここに至るまでにどれだけの月日を費やしたことでしょうか。特効薬プロミンが開発されて不治の病ではなくなってから58年、第7回国際らい学会（東京）で、日本の隔離政策を非難、開放治療が勧告されてから43年も経ってからのことです。『砂の器』が封切られてからでも、27年が経過していました。また『新・あつい壁』は、１９５３年に熊本で起きた殺人事件を題材に、今も脈々と残るハンセン病に対する根強い差別と偏見を問う映画です。

東京に住むフリー・ルポライターの卓也がホームレスの男性から聞かされた熊本での事件に興味を持ちます。殺人事件の直後、その犯人の仕業に見せかけて盗みを働いた男性は、後になってその犯人が死刑になったと知ります。しかし、その犯人は無実の罪をきせられたのではないか、と聞かされます。卓也は、知り合いの雑誌編集長に掛け合って、取材のために熊本に行きたいと持ちかけます。記事にできるかどうかわからないものに取材費は出せないと断られた卓也は、自費で取材のために熊本に向かいます。

国立ハンセン病療養所菊池恵楓園の自治会の人たちから卓也は、自分はハンセン病ではないと信じる男性が療養所を脱走する、そして殺人事件の犯人にされていく過程を聞きます。殺人事件の犯人にされた男性は、療養所内に設けられた仮設の裁判所で形式的な裁判の結果、死刑判決を受けてしまいます。療養所自治会の人たちの支援、有能な弁護士の登場で、男性の無実を証明するアリバイ証言が得られるにもかかわらず、死刑が執行されてしまいます。それは、教誨師の立会いもなくあわただしく行われたといいます。当時の裁判所書記官は、裁判官も検事も国選弁護人までもが、始めから男性を有罪にするために療養所に送り込まれた事実を語ります。こうして、自治会の人たちの話をもとに丹念に男性の無実が跡付けられていきます。

映画では、熊本の温泉旅館が数年前に、ハンセン病回復者の人たちの宿泊を拒否した事件についても触れています。新聞でも大きく取り上げられたので、記憶しておられる方も多いと思います。驚いたのは、その事件の後、改善策を求めたハンセン病回復者の人たちに対して、陰湿な誹謗中傷があったという事実です。最初は、宿泊を拒否した旅館側に向いていた非難が、一転してハンセン病回復者の方に矛先が向けられたというのです。

国が隔離政策の誤りを認め、らい予防法が廃止され、国家賠償に応じたとはいえ、ハンセン病回復者の人たちが療養所を出られたかといえば、そうではありません。高齢化した回復者は、療養所が終の棲家となっています。どのような苦難の歴史を刻んできたかは、村上絢子さんが著した『証言・ハンセン病　もう、うつむかない』に凝縮されています。「名前を公表し、顔をだして、らい予防法によって奪われた人生を凛として語る人々。長い間人権を侵害し続けてきた国と闘うことで人間回復していった軌跡」が描かれています。

水俣病公式確認から半世紀以上

２００６年５月１日、水俣病の公式確認から50年を迎えました。「もはや戦後ではない」と言われた１９５６年５月１日、新日本窒素肥料株式会社附属病院の医師による「水俣地方に原因不明の中枢神経疾患発生」との水俣保健所への届けをもって、水俣病は世に知られるところとなりました。以来半世紀、原因物質メチル水銀を不知火海に垂れ流し続けたチッソの被害者に対する対応、それをかばってきた政府の姿勢は、弱い立場の人たちをないがしろにしてきた戦後日本を象徴するものとなりました。

国の責任を認めた２００４年の最高裁判決以降も、認定基準を変えない国の姿勢は異様としか言いようがありません。この半世紀、現地に足を踏み入れた首相は一人もいません。水俣入りはおろか、被害者と面談したのは、村山元首相が一度だけだと言います。

胎児性水俣病を始め世界各地の水銀汚染の調査研究に取り組み、各地の水俣病裁判では被害者支援の立場から証言してきた熊本学園大学教授原田正純さんは２００２年秋に「水俣学」を開講しました。「『水俣病はもう終わった』と思われるかも知れない。だが弱者の人権は果たして守られてきたのか。水俣病が抱える問題は解決したのではなく、見えにくくなっているだけだ」と原田さんは言います。

水俣病についての展覧会「水俣展」の開催を始め、講演会や出版を通じて、水俣病事件を伝える活動をしている団体に、特定非営利活動法人水俣フォーラムがあります。「水俣展」は、これまで16都市で開催され、11万人を超える来場者があったと言います。水俣病事件の現地に行ってみたいと思う人たちのための「水俣への旅・水俣巡礼」を催行したり、水俣病記念講演会や毎月定例の水俣セミナーを開くなどの活動を続けています。その設立趣意書は言います。「壮絶な病苦と疎外、それゆえの貧困の極みにありながら、果敢に声を上げていった方々……の言葉にあらためて耳を傾け水俣病を問い直すことは、私たちがこれから先、どのように生きていくかを考える上で少なからぬ果実をもたらすことでしょう」。

風化させてはいけない食品公害

２００７年春、気になる記事が続きました。４月18日付け毎日新聞の記者の目「カネミ油症、救済立法決定」と５月17日付けの毎日新聞「森永ヒ素ミルク：36歳まで死亡率２倍　疫学調査公表へ」です。

カネミ油症事件は１９６８年に西日本一帯で発生しました。カネミ倉庫（北九州市）の食用米ぬか油にダイオキシン類が混入し、約１４，０００人が被害に遭った食品公害事件です。

カネミ油症事件は原因物質の特定が大幅に遅れ、２００１年になって国はようやくＰＣＢ（ポリ塩化ビフェニール）が熱で変性した猛毒のダイオキシン類が原因と認めました。そして、２００７年4月10日、自民、公明の与党プロジェクトチームが救済策をまとめたのです。「一、二審で敗訴した国が被害者に支払った仮払金について、大半の返還を免除し、生存する認定患者約1，３００人に一時金20万円を支給するとした、初めての公的救済策だ。大きな前進とはいえ、１０，０００人を超えるとみられる未認定患者は対象外で、被害者にとって必ずしも満足できる内容ではない。それでも39年を要した」といいます。「カネミ油症事件関係仮払金返還債権の免除についての特例に関する法律」は、２００７年6月１日に成立しました。

もうひとつの記事は「１９５５年に発生した『森永ヒ素ミルク中毒事件』で、乳児だった被害者が36歳になるころまで一般集団よりも2倍前後という高い死亡率が続いていたことが、恒久救済機関『ひかり協会』（本部・大阪市）委託の疫学調査で明らかになった。37歳以後は、全体として一般と差異はなくなったが、就労していない男性の死亡率がなお高い実態も判明した。協会は、これら疫学調査に関する2論文を初公表する」というものです。

後遺症によって就労できず、若くして病死する人が多かったものと思われます。その一方で、時間の経過とともに死亡率も一般と差異がなくなるというのは、被害者にとっては明るい情報でもあります。

どちらの食品公害でも、加害企業や国が被害者救済に積極的でなかったのが大問題です。国は、当事者間で解決すべきで原因企業の補償が原則だとして、積極的な関与をしてきませんでした。救済を求めて被害者が裁判に訴えて初めて、救済のために重い腰を上げるという点が共通しています。裁判には時間もお金もかかります。被害者があきらめて、泣き寝入りするのを待っているとしか思えません。

何の落ち度もなく責任もない人たちが長い苦しみを味わう被害者になっているのです。日本の国を人にやさしい社会にするためにも、こうした食品公害被害者の人たちの痛みに思いを寄せ続けたいと思います。

『レディ・ジョーカー』

『レディ・ジョーカー』は、１９９７年に出版された高村薫さんのベストセラー小説で、２００４年12月には映画化されました。日之出ビールの社長が、「レディ・ジョーカー」を名乗るグループに誘拐され、数日後に解放されます。社長の身代金が目的ではなく、ビールを本当の人質にして、巨額の身代金を手に入れます。「レディ・ジョーカー」と名乗る5人の犯人は、競馬場で知り合い親しくなった男たちで、小さな薬店の老店主、中年のトラック運転手、信用金庫の職員、町工場の若い旋盤工、下積みのノンキャリア刑事という5人のメンバーたちです。そしてトラック運転手には、重度の障害をもったレディという12歳の娘がいます。彼らは身のうちに抱えた恵まれぬ境遇を生きながら、それぞれ異なった心境と理由で犯行に参画します。事件を巡り、犯行側の心情と動き、被害者である企業内部の混乱、そしてさらに捜査陣の執念と組織的矛盾などが複雑に絡み合います。

その物語の中に、１９９０年代の日本社会が抱える問題をさまざまな形で描き出していきます。原作を貫く著者の視線は、社会のシステムの中にがんじがらめに組み込まれ、身動き取れなくなっていく人たち、社会的に弱い立場にある人たちに注がれています。

『レディ・ジョーカー』は、その構想の雄大さ、組み立ての緻密さ、記述の克明さ、どれをとっても群を抜いています。ある程度読み進んだところで、登場人物の相関図を自分なりにつくることにしました。そうしないと、複雑に絡み合った人間関係を理解するのが困難だったからです。

私は特に、被差別部落に関する記述が縦糸として織り込まれていることに注目しています。それは、次の理由からです。

① 被差別部落の関係者や研究者でない人が、「被差別部落」や「部落解放同盟」のことを真正面から取り上げている。

② 被差別部落の関係者や研究者ではなく、広く一般の人たちが読む小説の中で取り上げられている。

③ その作者が、多くのファンをもつ高村薫さんである。

『レディ・ジョーカー』で描かれた大企業や警察組織の不条理、いやその不条理がすべてを支配する日本社会の暗部、そして被差別部落や障害のある人たちなど社会的弱者が置かれている現状などをするどくえぐっています。

ハルモニたちの中学校

２００７年10月21日、天理市立丹波市小学校で行われた「てんりのやかんちゅうがく第11回文化祭 〜夜間中学から見える世界　衣文化〜」に参加しました。東京大学大学院教授（当時）・姜尚中（カンサンジュン）さんが講演されるということで、楽しみに出かけました。

「オモニが歩いた道」と題した講演は、2年前に80歳で亡くなったお母さんの思い出でつづられていました。子どものころ、日本語が読めないお母さんに授業参観に来てほしくなかったことや、通知簿のオール5が一番成績の悪いものだと思い込んで、張本さんのような野球選手になることをすすめられたりした自らの経験を吐露されました。文字が読めない母を恥ずかしいと思った自分に対する自責の念と母に対する深い愛、そしてそこから生まれる、時代に翻弄された日本と朝鮮半島との関係を、次世代が受け継いでいける新しい友好関係にしたいという熱い思いのこもったものでした。

講演の後、夜間中学生であるハルモニ（おばあさん）たち8人が姜さんとともに舞台に上がり、自らの体験を話しました。70歳台から80歳台後半のハルモニたちは、最初は司会役の夜間中学の先生が促してもためらいがちだったのですが、話し始めると止まりません。戦争中、親からもらった大事な民族衣装チマをもんぺに縫い直さなければならなかった話や、文字を学び初めて孫に手紙が書けるようになり、ポストに返事が来てないか見に行くのが日課になっている話などが続きます。涙なしには聞けない話が出るかと思えば、会場が爆笑の渦になるなど、その魅力あふれる語り口に感動させられました。

夜間中学には、戦後旧満州（中国東北部）に取り残され最近ようやく日本に帰ることができた人、いろんな国から日本にきてまだ日本語が身についていない人、障害があることで十分に学ぶ機会のなかった人などが学びの機会を求めてやってきます。しかし、この日の主役は在日のハルモニたちでした。

さまざまな理由で日本に住まわざるを得なくなり、年老いるまで文字を手に入れることができなかった歴史的背景を超えて、夜間中学に学ぶハルモニたちが「今が一番幸せです」と語る姿に、ほっとした安心感を覚えるのです。

姜さんが最後に「来年春までには、朝鮮戦争の終結宣言がなされるでしょう」と話されました。それが実現して朝鮮半島の統一に結びつき、さらに統一なった「朝鮮」と日本が未来につながる友好な隣国関係を築いていけるよう願わずにはいられません。

医療をめぐる注目すべき判決

医療をめぐる注目すべき判決が2006年6月に二つ続きました。6月16日に、B型肝炎訴訟で最高裁が国の責任を認めました。そして6月21日、薬害C型肝炎集団訴訟で大阪地裁が国と製薬会社の責任を認めました。

最高裁判決では、国が「他の原因による感染の可能性がある」とした主張を「集団予防接種の注射器の連続使用以外は感染の可能性は極めて低い」と明確に退けました。また賠償請求権を行使できる「除斥期間」(20年)についても、その起算点を予防接種時ではなくB型肝炎の発症時とする、乳幼児期に感染し自覚症状なく成人し20~30代で発症する特徴のある肝炎では当然の判断が示されました。

大阪地裁判決では、危険な血液製剤を長年にわたって野放しにして薬害C型肝炎を集団発生させた国の不作為が厳しく指弾されました。明らかにフィブリノゲンが原因とされる肝炎の集団感染が発生しても、何ら規制しなかったのは著しく不合理で違法だと明快に断じました。C型肝炎をめぐっては、大阪地裁を含む5地裁で係争中ですが、原告側は主張を統一し、証人尋問を各地裁に分散させ証言内容を援用し合うことにしたため、薬害訴訟としては提訴から3年8カ月という異例の短期間で判決となりました。B型肝炎をめぐる裁判では、最高裁の判決を得るまでに丸17年もかかっています。この間の原告の苦しみには、想像を絶するものがあります。

これまでも、サリドマイド、スモン、エイズといった薬害裁判が繰り返されてきました。いずれも国や製薬会社が責任を認めず裁判になりましたが、現に薬害が発生している事実、それに関する情報を国が幅広く一手に握っていること、しかも規制の権限を国が持っていることを考えれば、いずれの薬害においても国に責任があることは明白だといわざるを得ません。

国民の生命の安全のために権限を行使することを、主権者である国民が国に付託しているのであって、その権限を国民のために行使しないということは許されないことです。速やかに責任を認め、B型肝炎患者も合わせると350万人といわれるウイルス性肝炎患者の救済に早急に取り組むべきです。さらに、ワクチンはあるが決定的な治療法がないといわれるB型肝炎や、肝臓がんによる死者の7～8割がC型肝炎感染者といわれる医療状況を劇的に改善する治療法の開発に集中的に国費を投入すべきです。

2008年1月11日、薬害肝炎被害救済法が成立し、15日には原告団と政府の間で基本合意が締結されました。

［3］心に刻む戦争の記憶

日本の戦後処理

ここに挙げてきたのは、ほんの一握りの負の根っこです。最後に一つだけ付け加えなければなりません。

第2次世界大戦に関わる戦後処理の問題です。第2次世界大戦において日本が引き起こした、アジアを中心とする世界の国々への災厄について、あらためて謝罪する必要があります。その上で、日本がこれらの国々に対して、将来にわたる平和友好関係を築いていくのに必要な以下の事業を行うべきです。

①　北朝鮮との国交回復と平和友好条約の締結

②　国立戦没者追悼施設の建設

第2次世界大戦で犠牲となった人たち、国の違い、軍人であったかどうか、などの違いを超えて、亡くなった人たちすべてを追悼する施設を建設する。

③　元従軍慰安婦に対する謝罪と補償

④　日本軍として従軍した韓国、北朝鮮、中国、台湾の人たちへの謝罪と補償

⑤　広島、長崎で被爆した人で、日本国外で生活する人たちへの医療支援

⑥　日本国内で亡くなった韓国、北朝鮮、中国、台湾の人たちの遺骨の収集と返還

⑦　日本に強制連行された韓国、北朝鮮、中国、台湾の人たちへの謝罪と補償

⑧　旧日本軍が遺棄した毒ガス弾等の処理並びに被害の補償

⑨　その他、日本が外国に対して引き起こした戦争被害についての調査及び必要な補償

⑩　日本国外で亡くなった日本人の遺骨の収集と持ち帰り

これらの事業を誠実に行うことが、被害を受けた国々の人たちの信頼を取り戻す一番の近道です。

夏の記憶

観測史上の最高気温を塗り替えるほど暑かった２００７年の夏の記憶として書き残しておかなければならないことがあります。それは、２本の映画から始まります。『ヒロシマナガサキ』と『ＴＯＫＫＯ　特攻』です。

『ヒロシマナガサキ』は、14人の被爆者の証言と、実際の爆撃に関与した４人のアメリカ人の証言に、生々しい広島・長崎の被爆後の記録映像を交えて、原爆がもたらした現実を描き出します。カリフォルニア在住の日系三世スティーヴン・オカザキ監督が、25年の歳月をかけて完成させたドキュメンタリー映画です。

『ＴＯＫＫＯ　特攻』は、太平洋戦争末期、爆弾を搭載した軍用機を搭乗員ごと敵艦に体当たりさせる、日本軍が編み出したあの特攻作戦の生存者への取材がベースになっています。特攻隊に撃沈された米軍艦乗組員の証言も交えて、狂信的でもなく軍神でもなかった特攻隊員たちの姿が浮き彫りにされます。監督は、ニューヨークで生まれ育った日系アメリカ人リサ・モリモトさんです。「私自身、Ｋａｍｉｋａｚｅは自爆的狂信者だと信じて疑っていませんでした。この映画によって私自身の心を開くことができたように、世界の行く末を担う若者にも真実を知るきっかけになってほしいと思いました」といいます。

どちらの映画にも共通するのは、日米双方の関係者の声を丹念に拾い集めていることです。そして、どちらもアメリカ映画としてアメリカで封切られています。アメリカと日本だけではなく世界中の人たちに、戦争というものがすべての人々にもたらす惨禍を知らしめるきっかけになるものと期待されます。

私を含め戦後生まれの世代が日本の人口の75％を占めるようになりました。実際の戦争を体験した人たちの声を聞く機会はどんどん少なくなります。今を生きる私たち日本人にとって一番大切なことは、第2次世界大戦で得た教訓を守り、次の世代にきっちりとバトンタッチしていくことです。その教訓とは、「日本国民は、正義と秩序を基調とする国際平和を誠実に希求し、国権の発動たる戦争と、武力による威嚇又は武力の行使は、国際紛争を解決する手段としては、永久にこれを放棄する」とうたった日本国憲法です。このことを改めて思い起こさせてくれたのが、アメリカに住む日系人だったことが象徴的です。いかに私たちが歴史を忘れやすいかということを教えてくれています。私たちは、いつか来た道に舞い戻ってては決していけません。

[4] 通奏低音 〜官の作為・不作為

通奏低音

ところで、負の根っこの諸相をみると、いずれの場合にも常に鳴り響く通奏低音のごとく、行政の作為あるいは不作為が登場します。

ハンセン病回復者を長年にわたって収容所に隔離し続けたり、危険性が指摘されながら非加熱製剤の使用を認め薬害エイズを引き起こしたりします。水俣病をめぐっては、原因物質がチッソの有機水銀だと特定された後も、垂れ流しを放置した責任は重い。いまだに数多くの未認定患者を放置しているのは、不作為の典型といわざるを得ません。

誰のものか特定できない年金記録が、５，０００万件にも上ることが明らかになったことは、驚きを通り越して怒りにつながります。一方で、防衛省前事務次官、守屋武昌に代表されるように、高級官僚による汚職事件が後を断ちません。

「公平・平等」のうそ

よく行政に携わる人は、「あなたの団体だけを支援するわけにはいきません、他にも同じような団体がたくさんあるから」といいます。こういう言い方をする時、私は彼らがその時点で思考停止に陥っていると思っています。「たくさん団体があるから、ひとつに補助金を出したり仕事を委託したりしてはいけない、行政は常に公平・平等を旨としなければならない」と思い込んで、そう言いさえすれば物事がすんでしまうと考えている節があります。そもそも「公平・平等」ということが、ことばの真の意味で達成されると考えているのであればそれこそ問題ですし、行政が常に「公平・平等」な判断を下していると思い込んでいるのであれば、もっと問題です。

行政がやるべきことは、持ち込まれた要望を単に拒否するのではなく、その問題を解決するにはどうすればいいかを考えることです。そのためには情報を集めることからスタートします。要望のあった団体からの情報は、その問題に困って支援を求めているわけですから、より詳細で具体的なはずです。さらに、他の地域や全国的な状況を把握することも必要でしょう。参考になるのであれば、現地に出掛けて行って話を聞くのも有効です。その上で、行政としてどの部分をどう担うのがいいのか、どこまで市民の力にまかせるのがいいのかを判断することになります。行政が手を出す部分についても、どういう手法がいいのか、情報を公開して市民の意見を聞く場があればなおいいと思います。

現在も、国・地方を問わずどのレベルの行政でも多額の補助金を支出していますが、その相手先を決定する際には一定の価値判断をしてその団体を選んでいるはずです。ここで重要なのは、公平・平等にまんべんなくたくさんの団体に補助金をばらまくことではなく、公平・平等に補助金を得られる機会が提供されているかどうかです。その結果、ある特定の団体を支援することになっても、それは充分理解の得られることです。他の団体がクレームをつけてきても、納得してもらえるだけの説明ができるはずです。それだけの過程を踏んでいるのであれば、要望してきた団体も、要望が受け入れられないからといって不満を持ち続けることもなくなるはずです。

もうひとつ行政でよく聞くことばに「前例がない」というのがあります。上に述べたような過程の積み上げで、悪しき前例にとらわれることなく、よい「前例」を創り出していってほしいものだと思います。

人を大事にしない国

最近のアスベストをめぐる動きも大きな公害病に発展するところですが、企業側も国もようやく重い腰を上げたところです。薬害エイズの時もそうでしたが、危険性が明らかになってからも規制しなかった国の不作為が大問題です。国の役人や政治家には、人の痛みを痛みと感じる感性がすっぽり抜け落ちているとしか思えません。その証拠はまだまだたくさんあります。最近の新聞記事でそのほんの一例を挙げましょう。2006年5月19日付け毎日新聞の「記者の目」欄に赤間清広記者によって紹介されている「遷(せん)延(えん)性意識障害」です。交通事故や病気で脳に重い障害を負い寝たきりとなった状態を指し、長らく「植物状態」と呼ばれてきました。想像を絶する家族の苦労と、医療機関や福祉施設の冷たい対応を指摘しています。赤間さんは、「手をこまねいている時間はない。家族の精神的、肉体的苦痛は限界にある。国や行政は早急に対策を講じるべきだ。大切な家族に一日でも長く生きてもらいたい。そんな人間として当然の気持ちを社会全体で支える体勢を築くことに躊躇する理由はないはずだ」と訴えます。全くそのとおりだと思います。同じような理不尽な現実にあえいでいる人たちは、いわゆる難病の人たちを始め数多くいます。

主権者である国民の側に顔を向けることなく、大企業に顔を向けている「国」という機構が優秀な人材を確保し、情報を一手に集め、権力をほしいままにし、私たちの税金を使って総がかりで大企業の利益優先で機能するのをやめさせねばなりません。本来の主権者である国民の利益のためにこそ、総力を結集するように、最低限、主権者の命を守る機構に再編する必要があります。

せめて、人を殺すための組織である軍隊の移転のために3兆円もの国費を投入するのはやめて、その1割でも、あるいは1%でもいいから、年間3万人もの人が人生に絶望して自ら命を絶たなくてもいい国にするために使って欲しいものです。さらに言えば、そのお金を使って、がん撲滅やエイズの特効薬の開発、難病といわれる病気の治療法や特効薬の開発といった国家プロジェクトを立ち上げるのです。それが実現すれば、その成果は人類にとって計り知れないものがあります。日本は人を大事にする国として、世界から尊敬される国になることは間違いありません。

［5］信頼につなげる努力

人間の不安を取り除く

政府の大きな役割として、国民が安心して生活を送れる環境をつくり出すことが求められます。たとえば、世界的な大流行（パンデミック）が懸念されている新型インフルエンザがあります。１９１８年に大流行した「スペインインフルエンザ」では、世界で約４，０００万人、日本でも約39万人もの人が死亡したといわれています。政府は、過去の大流行をもとに、人口の約１／４が感染し、最大で２，５００万人が医療機関で受診すると仮定し、新型インフルエンザ対策を講じようとしています。それによると、最悪の場合入院患者は２００万人、死者は64万人に達すると推定しています。それを防ぐためのワクチンの開発や備蓄は焦眉の急です。日本は、率先してその取組みを始めなければなりません。

ガン・エイズ・難病克服事業

人類を苦しめるガン、エイズ、あらゆる難病を克服する事業も、日本が率先して取り組むべき課題です。国家プロジェクトとして重点的に予算配分し、原因を究明し、メカニズムを研究し、特効薬の開発、医療技術の確立までを早期に実現するのです。特効薬については特許を取得し、その情報を開示するなど、得られた成果は、順次世界に提供することにします。

難病指定されたＦＯＰ

筋肉が骨に変わる病気「進行性骨化性線維異形成症」（ＦＯＰ）がいわゆる難病に指定され、２００７年度から「難治性疾患克服研究事業」の対象となりました。

進行性とあるのは、生きている限り筋肉の骨化が進むという意味です。突然の痛みから腫れになり、骨化していくということが繰り返し起こります。骨と骨の間に橋を架けるように新たな骨ができて、首、あご、肩、肘、手首、指、背中、腰、股関節、膝、足首などの関節が固定されてしまいます。手が動かせなくなったり、歩くことができなくなったり、ものを食べるのが困難になったりと、日常生活が制約を受けます。もちろん、個人差があって、進行の早さも違えば、骨化する部位も違います。

医療関係者の間でもまだ知られていないため、できた骨を取り除こうと手術をし、新たな骨が爆発的に形成されてしまうなどの悲劇が起こりました。手術はもちろん、打撲や筋肉注射でさえ、骨化を加速させてしまうといいます。

ＦＯＰは２００万人に一人、世界中でも約４００例の難病です。日本では約40名、奈良県内にも二人の患者がいるとされます。私がこのＦＯＰと出会うきっかけとなったのは、２００６年11月に「ＦＯＰの難病指定を求める会」の方から、奈良でも難病指定を求める動きをしてもらえないかとの要請があったからです。話しを聞いて驚いたのは、奈良県内のお二人のうち、奈良市在住の男性を私はよく知っていたからです。彼がＦＯＰの患者であることは知りませんでした。ここ数年お目にかかっていなかったのですが、先日お会いする機会がありました。片方の足が伸びたままの状態で膝関節が固まり、片方の腕が曲げた状態で固まり、首も回すことができない、数年前に親知らずを抜いたためにあごの関節が固まってしまって、ものを食べるのにも苦労するという状態です。でも、明るく時にはユーモアを交えて話をする姿に、FOPとうまくつきあい人生を謳歌する強さを感じました。

２００７年10月５日には、私の関わる「なら地域ケア研究会」の勉強会に「求める会」の事務局長、橋本維久夫さんを招いてFOPについて話をしてもらいました。難病指定を受けても、まだまだ広く知られていない実情が報告されました。

FOPを知るためのフォーラム

２００７年11月10日午後、ならまちセンターで「なら地域ケア研究会」による「地域ケアについて考えるフォーラム『難病に指定されたFOPをもっと知ろう』」が開かれました。進行性骨化性線維異形成症（FOP）という病気は、体のあらゆる部位の筋肉がだんだん骨に変わって体が動かなくなっていく病気で、治療法はまだ確立されていません。

フォーラム前半では、FOP研究の第一人者で埼玉医科大学ゲノム医学研究センター病態生理部門部門長・准教授である片桐岳信さんに「FOPとは」と題して基調講演していただきました。FOPについての知識が医師の間にも共有されておらず、FOPと診断されるまでに平均６人の医者を巡り平均４・１年かかり、初診でFOPと診断される率が13％に過ぎず、ガンと誤診される人が32％に上る実態が報告されました。誤診や検査のためにメスを入れた部位が急激に骨化して固定してしまった例などの写真も紹介されました。進行のパターンは、小児期に外反母趾や指の短縮がおき、頭や首、背中に腫瘤（コブ）ができ、そのコブが骨化し、股関節や四肢へ進展するというものです。遺伝子診断が有効で、免疫抑制剤によって骨化の進行を止めることができることがわかってきたと話されました。

後半はパネルディスカッションで、県内に住む二人の患者さんにもパネリストとしてその生活状況を語っていただきました。鍵元裕司さんは、背中や首、肩、股関節などが骨化により動かせないし、左足が伸ばした状態で固まっていて曲げられません。あごの関節も骨化し、口が少ししか開かず噛むことができないので、小さくしたり柔らかいものを食べることになります。岩本仁美さんは、二歳のときにＦＯＰと診断されました。現在、ある程度自由に動くのは左手首と両手の指だけで、化粧にも携帯電話でメールを送るにも「孫の手」が活躍しています。両膝を曲げた状態で固まっているため、外出時は電動車いす利用です。ヘルパーさんによる全面介助が必要で、「今日できたことが、明日できなくなる恐怖がいつもある」といいます。

ＦＯＰは家族や支援の方々の努力が実って、難病に指定されました。社会の理解が研究を後押しし、原因究明、治療法確立へとつながることを願っています。

地球温暖化防止

地球温暖化防止の取組みも重要です。海面上昇の影響で、赤道に近い太平洋の島国ツバルの国土が水没してしまう切実な現状が伝えられています。しかし、温室効果ガスの削減を決めた京都議定書の目標を日本が実現できるかどうかが問われています。少なくとも日本の力を結集すれば、できることはたくさんあります。政府は、そのためのリーダーシップを強力に発揮すべきです。

○　車はエコロジカルに

新車の販売は、電気自動車、燃料電池車、あるいは少なくともハイブリッド車に限定して認める。それを達成する技術力はあるわけですから、実用化を促すためにも、ガソリン車、ディーゼル車の新車販売は即時禁止すべきです。

○ エコ発電を

太陽光発電を進めるのは、もちろんのことですが、企業や地方公共団体は、風力発電などの自然エネルギーを利用した発電にも積極的に取り組まなければなりません。風車の回転部分（ローター）の直径が95メートルにもなる、大観覧車並みの巨大な風力発電設備もすでに稼動しています。

太陽光発電の促進

太陽の光エネルギーを直接電気に変換する太陽電池（半導体素子）の製造では、シャープ、京セラ、三洋電機、三菱電機の4社で世界シェアーの48％を占めるといいます。（エネルギー白書２００４年度版、資源エネルギー庁）政府は、ＮＥＤＯ（独立行政法人新エネルギー・産業技術総合開発機構）を通じた住宅用太陽光発電パネル設置補助を２００６年度で廃止してしまいました。むしろ逆で、建物の新築には、建物の種別を問わず、その建物の昼間使用電力を賄うに足る太陽光発電パネルの設置を義務づけるべきです。住宅に関しては、必要な補助を行うことにします。

また、ＯＤＡで、世界的にも太陽光発電パネルを積極的に設置するよう働きかけます。

国際的な信頼を得る道

さらに、資源・食料の大部分を海外に依存している日本にとって、国際協力は欠かせない分野の活動になります。この分野でもＮＰＯが大きな力を発揮しているのは変わりありません。日常的な異文化交流が進むことを期待するとともに、災害救援、飢餓克服、地雷除去などには特に力を入れて取り組むべきです。

前に挙げた提案は、何も実現不可能な夢物語を並べたてているのではありません。いずれも、日本の技術力をもってすれば実現可能なものばかりです。新たに開発しなければならない技術もありますが、大半はすでに開発されているものです。あとは、それを生かして人々の安全・安心のためにその技術を使う（あるいは開発する）決断とそのための予算確保をすることです。プライオリティー（どれを優先するか）の問題は残りますが、いずれも短期間に実現可能なものばかりです。

〔6〕閉塞から抜け出すキーワード

ピープルネスに学ぶ

政府にリーダーシップの発揮を促すだけでは、私たちが直面する困難な社会状況の打開はできません。私たち市民は、こうした状況に身もすくむ思いがしますが、立ちすくんでばかりでは、一歩も前に踏み出すことができません。ここからは、こうした状況を打ち破る新しい市民サイドの動きについて触れたいと思います。その際、役に立つキーワードがいくつかあります。その一つが「ピープルネス」ということばです。

最近感銘を受けた本に、花崎皋平さんが書かれた『ピープルの思想を紡ぐ』があります。

グローバリゼーションが進行して、世界規模での経済変動が私たちの生活にたちまち影響を及ぼします。最近の日本では、このグローバリゼーションを是とし、市場原理主義と規制緩和によって格差が拡大し、「勝ち組」と「負け組」の二極分化が進行しています。一方で、湾岸戦争以来、国際貢献の名のもとに、自衛隊の海外派遣が当たり前として行われ、第9条の改正を念頭においた憲法改正論議が活発になり、国家に対する忠誠心を求める国旗国歌法、有事を想定した周辺事態法や国民保護法など、危険なナショナリズムの動きを強く感じます。

その流れに対し花崎さんは、「日本列島在住の民衆の側には、まつろわぬものたちの抵抗の歴史とその中で獲得された思想が息づいています」と指摘し、足尾銅山鉱毒事件で被害を受けた農民とともに被害救済と鉱毒反対運動に奔走した田中正造などの思想から学ぶことを提起します。

「まつろわぬ」とは「服従しない」という意味ですが、自分たちに固有の思想・文化を破壊しようとする大きな力に抗する強い意志を表明する言葉でもあります。「超長期の変革の見通しを立てるときには、長い歴史の中で民衆が自前で築き上げてきた思想、教えを想起し、活性化させ、それを継承し、身につけ、生みだすことが大切だと思います」と述べています。

その上で花崎さんは、自分の思想のキーワードを三つ上げています。ピープルネス、サブシステンス、スピリチュアリティの三つです。ピープルネスは、変革の主体をあらわしていますが、人民、労働者、勤労大衆など、これまでの社会主義、共産主義の運動で使われた言葉の内容も含まれますが、「特定の階級や階層、立場、主体を指すのではなく、ある価値理念をあらわす哲学的な概念」だといいます。サブシステンスとは、生存しつづけることです。スピリチュアリティとは、通常、精神と訳されますが、ピープルネスとサブシステンスを支える価値理念だといいます。

三つをつなげて、私なりに考えると、地域に根をはり、民衆の低みに身をおき、被差別部落の語り部、アイヌの語り部、ハンセン病の詩人、水俣の語り部、在日韓国・朝鮮人の語り部の声を声とし、グローバリゼーションとナショナリズムに抗って生きる、人間本来の思想だと思います。「まつろわぬ」姿勢を貫きたいものです。

ソーシャル・インクルージョン

この閉塞状況の社会から抜け出すための次のキーワードが「ソーシャル・インクルージョン」です。社会的弱者や少数者も社会から疎外されず、排除されない、すべての人が平等に社会に受け入れられるようにしようというのが、ソーシャル・インクルージョン（社会的包摂）という概念です。近年、イギリスやフランスをはじめヨーロッパの国々では、ソーシャル・インクルージョンが公共政策を進めるうえでのキーワードになっているといいます。

学校などでは、〝みんな同じ〟が求められ、突出した動きが封じ込められます。しかし、一方では、個性を伸ばす教育が叫ばれています。実際の学校では、子どもたちが人と違うことをすることは難しいのが現状です。人と違うことをするには、勇気がいりますし、あえてそうしようという人がいないというのが普通です。その反動からか、学校が荒れ、子どもたちが暴力をふるったり、いじめによる不登校などが日常茶飯事となっています。最近若者たちの中には、こうした状況を受け入れないで、大学を卒業しても正規の就職をしないで、いわゆるフリーターで過ごすことを選択する人が増えているというのは、気になるところです。

グローバリゼーションのもとで都市化や市場化や情報化が急速に進み、人間と人間が分断され、その間の格差が広がっています。こうした社会状況の中では、さまざまな障害のある人たち、高齢者や子どもたち、失業や貧困にあえぐ人たち、薬物依存といった問題を抱える人たち、セクシャル・マイノリティの人たち、定住外国人の人たちなどは社会から疎外され、排除されても当たり前という風潮になってしまいます。

『生命の樹のある家』

『生命の樹のある家』(財団法人たんぽぽの家発行)は、「たんぽぽの家の活動の軌跡を追いながら、市民として世界の何を痛みとし、何を願いとしてきたか、一人ひとりの願いが社会を変えていく、そのダイナミズムをまとめた」ものです。

障害のある人たちの自立の家づくりを進める運動としてスタートしたたんぽぽの家は、障害のある人たちの多様な生き方が認められる社会をめざして、さまざまな活動を展開してきました。障害のある人たちが地域の中で社会の一員として生活できる空間としての家を確保するとともに、その芸術文化的な能力を発揮し認められる場の創造に取り組んできました。

さらに、障害のある人たちの〝生〟を見据えることを通して障害のあるなしにかかわらず、すべての人たちの豊かな生き方を考えることにつながっています。

このたんぽぽの家の運動は、障害のある子どもたちの親や養護学校の先生など障害のある人たちに直接かかわる人たちだけではなく、いろんなバックグラウンドをもつ人たちがかかわる運動としてスタートしました。その形をそのまま法人化するとすれば「市民法人」とでもいうべきものでした。

今から30数年前には、社会福祉法人とすることもむずかしく、公益法人のひとつである財団法人として認可を受けました。今であれば、さしずめＮＰＯ（民間非営利組織）と呼ぶことになるでしょう。この本のサブタイトルが「進化するＮＰＯ　深化するＮＰＯ」とされたゆえんです。

この本には、さまざまな物語がおさめられています。その物語一つひとつは別々のムーブメントであったり、プロジェクトであったりしますが、それぞれが有機的につながっています。

なぜそれが必要であったかをたどっていけば、それぞれが枝となり葉となっている「生命の樹」を形づくり、同じ根っこをもつ運動であることがわかってきます。

「これからの新しい社会をつくる市民一人ひとりが『人間が幸福になる』という願望をそれぞれ胸に抱きつつ、新しい社会意識、価値観、文化をつくっていく、そのための手本ならぬ見本の一つになればと思います」。

〔7〕その中でのＮＰＯ

社会を変える原動力としてのＮＰＯ

『負の根っこ』で取り上げた問題の解決に取り組むのは、ＮＰＯ（民間非営利組織）が中心です。「ハンセン病回復者とともに歩む関西連絡会」など「らい予防法」による強制隔離政策をはじめとする人権侵害を問う国家賠償請求訴訟を支援してきた各地のグループによる支援活動は、ＮＰＯが担っています。２００５年５月には、ハンセン病市民学会も設立されています。その呼びかけ文には「交流と検証と提言。これがハンセン病市民学会の活動の３本柱です。ハンセン病問題の真相究明とともに、差別・偏見の解消をめざす取り組みも、入所者の社会復帰や施設の将来のあり方の検討も急がねばなりません。一部の学者に任せることなく、回復者も市民もいっしょになってさまざまな課題に取り組んでいこうというのが、この学会の趣旨です。『何のために学問はあるのか』、それを再確認するためにも、私たちは、差別の現実から学ぶ、回復者の声に学ぶ、そうした姿勢を貫きたいと考えます」とあります。

水俣病をめぐっても、特定非営利活動法人水俣フォーラムなどのＮＰＯがその運動の中心部分を支えています。被差別部落をめぐっても、部落解放同盟をはじめとするＮＰＯが人権抑圧状況をはねのける活動に取り組んでいます。

『負の根っこ』はすべて、行政の作為あるいは不作為によって引き起こされてきた問題であることを考えると、問題解決の一次的責任は行政にあることは明らかなのですが、それを要求だけしていても埒が明かないのが現状です。そのため、やむにやまれず身近なところで問題解決のための動きを始めているのがNPOです。

今では、社会のあらゆる問題にチャレンジしているのがNPOで、1998年の特定非営利活動促進法（NPO法）の施行がその動きを後押ししました。有効な手立てを講ずることができないでいる行政に代わって、身近な地域の課題に取り組み、問題解決に立ち向かうNPO法人が増えているのです。NPOが新しい公共の担い手といわれるゆえんでもあります。全国でのNPO法人の認証状況を見れば、社会的要請に応える形での法人増加が続いていることがわかります。2008年3月31日現在、全国で34，371団体がNPO法人の認証を受けています。

奈良での動き

奈良県でも、2008年4月1日現在知事の認証を受けているのが264団体、奈良県以外にも事務所があって内閣府の認証を受けているのが41団体、合計305団体がNPO法人として活動していることになります。その法人が定款に掲げている活動を、特定非営利活動促進法の別表にある17分野の活動ごとに集計すると下の表のようになります。複数の活動を掲げている法人があるので、総数は法人数を大きく上回っていますが、大体の活動分野がわかると思います。これは全国と同じ傾向ですが、保健、医療又は福祉の増進を図る活動を挙げた法人が6割に達しています。以下、社会教育、まちづくり、活動支援、子どもの健全育成が多く、次いで学術・文化・芸術・スポーツ、環境を掲げる法人が3割を超えています。

		法人数	割合
1	保健、医療又は福祉の増進を図る活動	183	60%
2	社会教育の推進を図る活動	172	56%
3	まちづくりの推進を図る活動	160	52%
4	学術、文化、芸術又はスポーツの振興を図る活動	109	36%
5	環境の保全を図る活動	97	32%
6	災害救援活動	20	7%
7	地域安全活動	41	13%
8	人権の擁護または平和の推進を図る活動	79	26%
9	国際協力の活動	79	26%
10	男女共同参画社会の形成の促進を図る活動	40	13%
11	子どもの健全育成を図る活動	138	45%
12	情報化社会の発展を図る活動	39	13%
13	科学技術の振興を図る活動	11	4%
14	経済活動の活性化を図る活動	47	15%
15	職業能力の開発又は雇用機会の拡充を支援する活動	62	20%
16	消費者の保護を図る活動	22	7%
17	前各号に掲げる活動を行う団体の運営又は		

活動に関する連絡、助言又は援助の活動　１３９　46％

延べ合計　１，４３８

これは、ＮＰＯ法人に関する数字ですが、もちろん法人格を取得しないで活動を続けている団体も数多くあります。

特定非営利活動法人奈良ＮＰＯセンターでは、２００３年度から奈良を元気にする活動を支援する「なら・未来創造基金」を設けて、さまざまな活動を助成してきました。２００７年度までの5年間で総額７５０万円の助成を延べ29団体に対して行っています。たとえば、

○　奈良に新しい「祭」を創り出そうとする
○　棚田を再生する
○　子どもが参画するドイツの環境プロジェクトを学ぶ
○　太陽光発電など自然エネルギー利用をすすめる
○　廃材を利用して家具などを製作する
○　古民家の調査研究
○　ナショナル・トラストの手法で景観保全を図る
○　山野草の里づくりをすすめる
○　奈良の未来のための政策提言を行う

○　読みが困難な子どもたち向けのデイジー図書の作成
○　不用食器のリサイクル運動
○　日本に帰った中国残留孤児の人たちの体験文集の発行
○　廃校校舎を利用した大和高原の歴史文化を発信する資料館の開設
○　演劇を通して子どもたちに夢と感動をプレゼントする
○　ひきこもりの若者を支援する

といった活動です。これだけみても、ユニークな動きが奈良でも起こっているということがよくわかります。しかも、この基金による助成がなくても続けていこうという意気込みで、さまざまな活動にＮＰＯが取り組んでいるのです。この基金による助成は、２００８年度以降も継続して実施します。

脆弱な運営基盤

ただし、そうしたＮＰＯの運営基盤はどうかといえば、脆弱そのものです。

ＮＰＯへの資金の流れがつくれていないのが、その大きな原因です。企業からの資金の流れが、景気が回復したと言われながら細くなったままになっています。また、助成財団からの資金は制約が多く、依然としてプロジェクト助成が中心で、活動団体そのものを支えるジェネラル助成になっていません。さらに悪いことに、行政にいたっては、財政破綻してＮＰＯの協力なくしては〝公〟を支えきれないという認識がなく、きっちりとパートナーとしてＮＰＯを認識していないのが現状です。

こうした状況を打ち破るにはどうすればいいのでしょうか。求められる第1は、ＮＰＯの側が力量をつけることです。そのためには、ＮＰＯへの多様な資金の流れをつくる必要があります。企業、行政、助成財団、それぞれに新しいＮＰＯへの資金提供を考える時期にきています。

まず企業との関係でいえば、企業の側でもＮＰＯとの協働を模索する動きが起こっています。利益追求だけでは企業イメージはダウンし、社会的使命をきっちり果たせる企業のみが生き残れる時代になっています。各企業がＮＰＯとの協働でＣＳＲ（企業の社会的責任）を独自に模索しています。それぞれの企業が実現したいと考えているＣＳＲにふさわしい活動をしているＮＰＯとの協働です。資金だけを提供するのではなく、人も出してともに汗をかくことです。

行政との関係では、まず行政の側がＮＰＯを対等のパートナーと認識し、どう役割分担していくのかという視点に立つことだといえます。そうすることで、ＮＰＯにまかせた分野の活動に対しては、きっちりと人件費を含めた資金を提供することにつながります。

助成財団には、思い切ってジェネラル・サポートに乗り出すことを期待したいと思います。

次に、セクター間の人の往還の仕組みづくりが重要です。特に行政とＮＰＯとの間の人の往還が頻繁に起これば、相互理解は急速に進むと思います。行政の机上の施策立案ではなく、現場で活動しているＮＰＯの側にこそ専門知識があることを認めて、ＮＰＯのノウハウを学ぶために行政の側から一定期間職員をＮＰＯに派遣する、また施策立案に生かすための「人」をＮＰＯから受け入れることを制度化すべきだと思います。

さらに、大学などの研究機関とＮＰＯとの連携の推進が求められます。研究機関の側が現場のＮＰＯの調査ならびに研究を進め、政策提言を積極的に行っていくことが求められます。その研究成果が今後の活動に生かされるようＮＰＯへ還元されなければなりません。

ＮＰＯ支援の動き

また、個々のＮＰＯに必要な情報を適切に提供したり、法人の設立や組織の運営に関する相談に乗ったり、ＮＰＯ間のネットワークを進めたり、行政や企業との協働の橋渡しをしたりするＮＰＯ中間支援組織の役割が求められます。２００８年４月現在で日本ＮＰＯセンターが把握している各地のＮＰＯ支援センターは、２８７団体にのぼります。ただし、その設立主体をみると、都道府県・市町村といった自治体が設立しているものが２０８団体と全体の７割を超えています。社会福祉協議会が、福祉分野に限定せずあらゆる分野で活動する民間団体を支援しようと設立したのが11団体で全体の４％です。残り68団体が、純粋に民立民営の支援センターということになります。割合でいうと24％、約４分の１が民立民営で、奈良県全域を対象にＮＰＯ支援活動を展開している奈良ＮＰＯセンターもこの中に含まれます。

全体の７割を超えるのが自治体設立のＮＰＯ支援センターであっても、自治体が直接運営している（公設公営）のは68団体で、残り１４０は自治体が設立し運営は民間団体に委託している（公設民営）のが実態です。しかも、昨年（２００７年）日本ＮＰＯセンターが全国のＮＰＯ支援センターに対して行ったアンケート調査結果からは、不安な将来が見えてきます。（日本ＮＰＯセンター発行「ＮＰＯのひろば」No.51、No.52に詳述）

問題は、公設民営の支援センターに顕著に現れています。行政側は安価な下請けに出す感覚で事業委託や指定管理で、支援センターの運営を民間団体に任せている実態が浮き彫りになっています。期間限定の委託であるため、「3年後の展望がまだ見えない」団体が46％に達しています。しかも、常勤のスタッフの平均年収が２２２万円と、公設公営の５０８万円の半分に満たず、民設民営の２６１万円よりも低いという結果になっています。こうした現状で、その地域のＮＰＯに対する支援を行えという方に無理があると言わざるを得ません。

ＮＰＯの将来

新しい公共の担い手としてのＮＰＯの役割は、今後ますます重要になってきます。現代社会に生起する問題は、いずれも現れた現象だけを見ていては解決できないものばかりです。他の分野の問題と複雑に絡み合って、支えきれなくなったところから膿が噴出して大きな社会問題になっているのが現状です。

特に「貧困」の問題は、日本が直面する最大の社会問題になっています。アメリカのサブプライムローン問題がマスコミでも取り上げられていますが、金融機関の損失だけが大きく報じられているに過ぎません。ローンが払えず、せっかく手に入れた家を追い出された人たちのことは、あまり報道されません。堤未果さんは、「そこに浮かび上がってくるのは、国境、人種、宗教、性別、年齢などあらゆるカテゴリーを超えて世界を二極化している格差構造と、それをむしろ糧として回り続けるマーケットの存在、私たちが今まで持っていた、国家単位の世界観を根底からひっくり返さなければ、いつのまにか一方的に呑み込まれていきかねない程の恐ろしい暴走型市場原理システムだ。そこでは『弱者』が食いものにされ、人間らしく生きるための生存権を奪われた挙げ句、使い捨てにされていく」と述べています（堤未果著『ルポ貧困大国アメリカ』岩波新書）。アメリカの後追いをしている日本が、いずれ行き過ぎた「民営化」のために、市場の論理で『貧困』層に貶められる人々の問題に直面することになるのは時間の問題でしょう。

　これらの問題解決は、行政だけに委ねておけるものではありません。ましてや、「教育」「暮らし」「いのち」という私たちの生活の根幹部分を「民営化」してきた政府が、本気で貧困問題に取り組むとも思えません。そんな中、いち早く生活困窮者の支援を始めたのもＮＰＯです。こうした動きは、あらゆる分野で起こっています。そうしたＮＰＯの動きを大きくしていくことが、私たちの生活をより豊かにしていくことにつながります。そうした環境を整えるための提案をしたいと思います。

○　ＮＰＯ側の政策提案能力を高める。

いくらいい活動をしていても、社会的評価を受けていくためには、身内だけで分かり合うだけではなく、情報公開して社会一般に活動への理解を広げる必要があります。そして、資金計画までつけて政策提言していける能力をつけていかなければなりません。

○　ＮＰＯに対する大きな資金の流れをつくる。

ＮＰＯの活動を安定的に継続して行うには、資金的な裏づけが必要となります。①行政は、政策課題ごとに問題解決に取り組むＮＰＯに対する資金提供を行います。②企業は、ＣＳＲ活動としてその社会的使命に合致する活動をしているＮＰＯに資金提供することが求められます。③市民は、自らの思いを形にしてくれるＮＰＯに「市民ファンド」を通じて資金提供します。

○ゆるやかで大きなＮＰＯのネットワークをつくる。

ＮＰＯが、社会を変える原動力としての力を発揮するためには、活動分野を超えてゆるやかなネットワークを組む必要があります。どこかの団体が命令するという上下関係ではなく、それぞれの独自性を発揮しながらゆるやかにつながって大きなうねりにしていかなければなりません。その力が、大規模地震などの災害時にも大きな威力を発揮することにつながります。

○ＮＰＯ支援のセンターを強化する。

以上の三つのことをトータルして、ＮＰＯをサポートしていくためのセンターが必要になります。そのセンターのあり方をめぐってはさまざまな議論のあるところですが、少なくとも行政からも企業からも独立して、それぞれのセクターに対して対等な立場で議論できるセンターでなければなりません。

こうした条件が整えば、身近な地域で問題解決のためのＮＰＯの活動を後押しすることができ、社会を変えていく原動力としてのＮＰＯが育つ土壌づくりにつながると思います。ＮＰＯが行政や企業と、本当の意味で対等な関係を築き、より豊かな市民社会構築につながることを願っています。

（『奈良　人権・部落解放研究所紀要』第二六号　二〇〇七年度号　（財）奈良　人権・部落解放研究所）

『市民が開く新しい地域社会　―人権ボランティアのススメ』

政権交代と税財政

二〇〇九年、政権交代がありました。国民は歴史的な「チェンジ」を選んだということで、基本的にはいいことだと思います。どんな政権でも、権力というものは長期になればなるほど必ず腐敗する。そういう意味では政権交代を一定評価はしています。ただ、今政治と金の問題でもめていますし、現政権が必ずしもベストということではないと思います。

日本の市民は、タックスペイヤーつまり納税者としての意識が非常に弱い。アメリカとはそこが決定的に違います。アメリカがすべていいというわけではないですが、たとえばアメリカでは行政関係者は、納税者に説明責任を果たさないといけないということは常識になっています。だから必ず情報公開する。けれども日本はそれをしない。納税者の側もそれを要求しないから、行政関係者は説明責任を果たさない。アメリカがそうしているのは、「あなた方が払った税金で、私たちはここまでやっています。これ以上のことを要求するのなら、もっと税金を払いなさい」ということです。日本では、とにかく持っている情報は外に出さない、というのが公務員の体質です。市民と政府がもっといい意味での緊張関係をもたないとダメです。まず自分たちが納めた税でできている政府、という意識を持たないといけません。

税の問題で言うと、サラリーマンは、給与天引きで源泉徴収されているから、税金を払っている感覚がない。だから、面倒くさくても確定申告をするという運動をすればいいと思います。医療費控除とか、住宅取得控除を受けている人は還付を受けるために申告するでしょうが、それ以外の人も確定申告をして、自分がどれくらい税金をはらっているかチェックする、という運動をやればいい。そうすれば、自ずと税金の使い道もチェックするようになる。市民の側が、きっちりと監視活動をして、税が無駄遣いされないようにするということでしょうね。

ＮＰＯへの期待

さらに財政の問題で言えば、今国も地方自治体も破産状態で、合わせて八〇〇兆円を超えるような借金をしているわけですから、民間企業ならとっくに倒産です。奈良県内の自治体も、大半が破綻しています。今までだったら、何から何まで行政がやるということだったけれども、それはもうできない。市民の側もそんなことを要求してもダメだとわかってきた。けれども、自分たちの周りで毎日起こる問題を放っておくわけにはいかない。行政がやってくれないなら、自分たちで解決するしかない、ということで立ち上がったのがＮＰＯです。これからますますそうした課題解決型のＮＰＯが増えていくと思います。

その背景には阪神・淡路大震災以後、ＮＰＯに対する社会の見方が変わったことがあります。ＮＰＯが簡単な認証制度で法人格を取得して活動できるようになったのは大きな前進です。でも、法律ができる前から活動自体はいろいろあった。それに社会のスポットが当たっていなかっただけです。市民活動でもきちんと社会に関わることができるように簡単に法人格を取得できる制度が必要だと言うことを私たちはずっと前から言っていました。それがようやく実現したということです。そういう意味では、底流としては市民が地域を変えるといううねりはずっとあった。それが阪神・淡路大震災をきっかけに制度化されたということです。何かのきっかけで社会的にスポットがあたって、大きく発展するけれど、それまでにずっと底流があるからこそ、そうなるわけで、そうでなかったら変わらない、そういうことだと思います。

ＮＰＯへの支援

ただ、法人格の有無を問わずＮＰＯの組織は脆弱で、運営は大変です。トータルとしてＮＰＯにシフトはするけれども、財政面を含めて支援をしなければやっていけない。ここでもアメリカの例が全面的によいというわけではないという条件付きででですが、アメリカではタックス（税）として行政に必要最小限のお金を出す。その上でドネーション（寄附）として、自分はやりたいけれどもできない、それを代わりにやってくれるＮＰＯなどにお金を出すということが当たり前になっています。つまりＮＰＯに資金が流れる仕組みがある。日本でも、少なくとも税として集めた何割かは、自分が選んだＮＰＯに流せるような仕組みづくりをしないとダメだと思います。最近はハンガリーのやり方を学んで、１％制度というものが千葉県市川市を始め自治体レベルでは広がってきています。個人市民税の一％相当額を自分が選んだＮＰＯに寄附できるというもので、奈良市でも来年度からそうした制度を導入する予定になっていますが、一％といわず一割から二割がそうした形に振り向けられるようになればいいと思います。そうすると、日本の社会を大きく転換することにつながると思います。

もうひとつは、今ある認定ＮＰＯ法人制度をもっと生かすことです。現状では全ＮＰＯ法人の〇・三％ぐらいにしか認められていませんが、税の寄附金控除が認められる措置を、少なくともＮＰＯ法人の半数位が利用できるように税制を改めるべきです。今は、制度を受けられるＮＰＯ法人の認定を国税庁がやっている、そのこと自体が間違っていると思います。脱税を取り締まろうとしている役所が、税の軽減を認めようという矛盾した行動は取れない。そうではなく市民サイドで、お互いに認定し合えるような制度に改めないとダメです。そういうふうに大きな仕組みを作り替えないとNPO法人も立ち行かなくなります。

NPOと行政とのパートナーシップ

また、行政はNPO法人を安上がりの下請け機関というような扱いをしていることも多いですね。その典型が、指定管理者制度です。行政が作って来たハコモノの管理を、民間に安くやらせようということになっています。問題なのは、その施設の設置目的に沿った運営ができないということです。安く維持管理を任せるというだけではなく、本来建物を設置した目的をきっちりと果たしてもらうということでないと施設は生きてこない。安上がりの管理だけでよいという発想が行政側にあるということです。その辺を改めないと、いい意味での行政とNPOとのパートナーシップにならない。維持管理だけでなく、設置目的に見合う自主事業ができるような費用をプラスして管理運営をNPO法人に任せるべきです。協に働くという協働ということが言われますが、行政側は施設管理を安くあげるためにNPO法人を利用しているとしか思えないようなケースが多々あります。事業目的を達成するためには、行政がやろうが、民間がやろうが、事業資金はきちんと提供することでないといけないと思います。

CSR、持続可能な開発

最近はCSRや持続可能な開発といったことが言われています。企業活動にしろ市民の活動にしろ、行政の活動にしろ、今や地球規模でものを考えないと何も動かないという時代になっています。企業が儲けだけを追及していたのでは生き残れないという時代になっています。だから企業は率先して地域貢献活動をする。これからは市民の側も、意識的にそういう努力をしている企業の製品を買う、投資もそういう企業にする、そういう時代になっていくだろうと思います。日常生活においても、太陽光発電を取り入れるとか、電気自動車も値段が下がって、家庭用のコンセントで手軽に充電できるようになれば、もっと普及するでしょう。

増える無縁死

よく言われることですが、どんな指標でも奈良県は全国の数字のだいたい一%です。そのことに甘んじている。なおかつ、全国四七都道府県のうちの四六番目とか四七番目の数字であっても、「まあそんなものだ」とあきらめというか、そんな感覚が行政の側にも市民の側にもある。四七番目だったら、一位になるまでの無限の可能性がある、と見ることもできるのですが、そういう見方ではなく、まあしょうがないなと見てしまう。どうしたら改革できるかという動きにならないところが残念なところですね。

それと、奈良県の北部にばかり目が向いていて、東部や南部の山間地は注目されていない。それを生かす方策を考えるというのが一番の課題だと思います。全国的に限界集落と言われるような過疎化の極端な進行がある。自殺者が毎年三万人を超えていることはよく言われます。自殺者を別にして今、無縁死つまり身寄りがなくて行政的には行旅死亡人と言われる人たちが三万二千人もいる。最近NHKで特集していましたが、そういう人たちは市町村が火葬して無縁仏として共同墓地に埋葬しているという状態だというのです。田舎で生活していては食べていけないので、若い人たちが都会に出る。高齢の人たちが残された田舎は限界集落になって、高齢の人たちが亡くなったら、今度は都会に出ていった人たちが帰るところをなくして孤独死するというのが大半ということのようです。だから、大きな断絶が起こっている。都会に出て、会社人間で働いてきて、会社との縁が切れたら、田舎にも帰れない、地域とのつながりもない、一人孤独にアパートで生活をしていて、死後一か月ほど経ってから発見されるという状態が頻発しているのです。

限界集落にこそ可能性

これを奈良県の現状との関係で言えば、限界集落になっている地域を含め県全体の七割の山間地を見捨てるような行政になっているのではないか、そういうことがずっと続いて来ているのではないか、と思うのです。でも、逆に七割の山間部をもつ奈良県が、そういうところを一番の注目地域にするような施策なり活動を起こせば、全国的にも注目されるいいチャンスだと、そういうふうに考えるべきではないでしょうか。そのためのとっかかりとして、今鳩山政権が強調している雇用問題ともからめて、林業や農業を若者にとって魅力ある産業に作り替える。そうすることによって、雇用を創出し、もっと生きがいのある、持続可能な社会にしていくことができるのではないでしょうか。食料自給率も五〇％にすると言っていますが、そのベースになるような施策を打ち出して、第一次産業に携わる若者たちを増やさないといけない。潜在的に可能性があるというのは基本的なところで言えば農業です。今は本当に季節感もなくなって、年中いろんな野菜や食べ物がありますが、こんなことは長続きしない。やはり旬のものを旬のときに食べるというのがいちばんいいわけだし、農薬なども使わないで、人間に優しい、安全安心なものを身近なところで地産地消するのがいちばんいい。それには、地域の潜在力を生かしていかないと成り立たない。林業でもそうです。やはり第一次産業が見直されることになると思います。

奈良は、そのために十分なベースがある。林業でも、間伐できずに荒廃してしまっている山が増えているけれども、県産の吉野材を使って住宅を建てる、そこに太陽光発電等の最新設備をして、エコロジカルで持続可能な住宅に仕上げていく、そういう発想が必要です。そうすると奈良はものすごく発展する可能性をもった地域になる。

求められる変革

奈良県内でも、次々に新しい首長が誕生して来ていますが、私は必然的な動きだと思っています。やはり新しい人がでてくるというのはいいことだと思いますし、今はそういう時期ではないでしょうか。去年の三三歳の奈良市長の誕生に象徴されるように、変革を求めるマグマのようなものがあって、昨年の総選挙の時にもそうした動きが反映された。変えたい、変わるべきだと思っているマグマは、奈良でもあるし強まっているということでしょう。

奈良には、地元にいっぱいいいものがあるのに、それを生かせていない。ＪＡＬの再生で会長になった稲森さんは、自分は燃やす人だと言っています。それに反応して燃える人がいないと、自分だけががんばっても変わらない、と。これを言い換えると風の人と、土の人、二種類の人が必要だということです。風の人というのは外からやって来た人で、それまでとは違う発想で、外からの見方を持ち込んで変えていこうとする人です。それに応える土の人がいる。土の人はいろいろな地元の人のつながりや資源を持っている。その二種類の人が反応してはじめて新しいものが産まれる。風の人と土の人、両方が必要なのです。

サムシング・ニュー

私のベースの活動である「たんぽぽの家」の運動でも、運動が成り立つための原理原則がいくつかあります。そのひとつがさっきの風の人、土の人ではないですが、いろんな立場の人が運動に加わっているということです。「障害者問題」というのは、障害のある人たちの側の問題ではない、周りの社会が変わらないと解決しない問題ですから、社会を構成するいろんな立場の人が関わらないといけない。だから運動は常にオープンにして、いろんな人が入れるようにする。そうすると、いろんな発想が積み重なって、組織に新しいエネルギーが加わって、また運動が次の展開に入る、いい意味での相乗効果が生まれます。常にオープンに、ということは考えておいた方がいい。そしていつも何か新しいものを取り入れていく。たとえば、わたぼうし音楽祭は今年35回目を迎えます。同じことをやっているだけでは、マンネリ化して、ここまで続かなかったと思います。毎回、新しいことを取り入れているんです。コアになる、障害のある人が書き綴った詩にメロディを付けて発表する音楽祭だと言う部分は変わらないけれども、アトラクションはいろんな視点でやってもらう。サムシング・ニューということで毎回いろんな工夫をしています、だから三五回も続いている。なおかつそれがどんどん広がっている。今はアジア・太平洋地域の各都市でも開催していますが、その都市に行ったらその地域の障害のある人たちに光があたるように、という形で持ち回りしています。毎回いろんなドラマがあって、共感を広げていっています。音楽祭を開催することによって、自分たちの国の障害のある人たちの状況を変えることにつながる、だからウチでもやりたいという国が次々に出てくるんです。これからもそういうイベントとして続けていきたいと思っています。

イエス・バットの発想

それから、まずイエスというのか、ノーというのかも問われます。奈良の人は、まずノーと言ってその理由を説明するノー・ビコーズ型の人が多い。何か新しい事を言っても、まず「そんなことは、できっこない」と否定してしまう人が多い。そうすると、あとは延々となぜできないのか理由づけをすることになってしまう、人が足りないとか、お金がないとか。行政にもそういうタイプの人が多いです。でも、何か問題提起を受けて「あ、それ面白い」というふうに考えてみる。そうすると、その実現のために必要な課題はこういうところにあるから、どうクリアするかを考えるイエス・バット型の発想になる。ここはあの人に頼もうとか、この部分は彼が得意だとか、まずイエスと言うことが必要なんだと思います。でも現実には圧倒的にノー・ビコーズ型の人が多いです。

新しい時代の発信

今年、奈良県は平城遷都一三〇〇年の記念の年でさまざまなイベントがありますが、行政も、企業も、市民サイドも発信力が弱いと思う。一三〇〇年というのは一つの通過点でしかない。これから先一〇〇年をどういうふうにするのか、これから奈良が何をするのか、ということを発信するいちばんいいチャンスなんです。たとえば一三〇〇年をきっかけに、奈良は持続可能な、エコロジカルな地域づくりをめざすんだ、その出発の年なんだというアピールをする。一三〇〇年祭で使う車はすべて電気自動車にする。以後奈良公園に入れる車は、ハイブリッド車か電気自動車だけというふうにするとか、吉野材でエコロジカルな一〇〇年住宅を推進するとか、それぐらいのことをやればいいと思います。それを打ち出せるのは今年しかないと思うのですが、そういう計画もない。一過性のイベントで終わっては、もったいないですよ。

私たちも、市民サイドの発想で何かやってはどうですかという提案はしましたが、どうもそういう気構えや発想が事業協会側にはないですね。ボランティアは、安上がりでお手伝いしてもらうための存在という位にしか考えていない。いっしょに企画段階から協働してやろう、とは考えてないのでしょう。

市民が公益を担う社会

ところで現在政権を担っている民主党のマニフェストでは「市民が公益を担う社会を実現する」「特定非営利活動法人をはじめとする非営利セクター（NPOセクター）の活動を支援する」ことを掲げています。あえて「NPOセクター」と言及していることからみても、民主党は本気で市民が主役になる社会を想定しているものと思われます。そして、非営利セクターの活動を支援することが、市民が公益を担う社会にとって不可欠だと表明している、画期的なマニフェストになっています。

また民主党が「地方」を使わずあえて「地域主権」を掲げていることにも着目する必要があります。地方自治体の範囲を想定せず、それよりも私たちの生活感覚に根ざした、いわば生活圏域ともいうべき「地域」のことは「地域」が決めるという原則をはっきりと打ち出したものと受け止めています。中央集権からの脱却を鮮明にしていることは、大いに歓迎すべきことです。いずれにせよ、このマニフェストが忠実に実行に移されるよう注意深く見守っていく必要があります。

NPOを支える人たち

ボランティアは、ボランタリーに活動に参加するということで、無償制が原則だとされている。けれども、その運動に必要な人であれば、費用を払ってでも来てほしい、その人の能力を買ってでも、運動に関わってほしい、ということがあります。その人の能力を買う、という意味で費用をはらう、というのを有償ボランティアと呼ぼうが、非常勤スタッフと呼ぼうが、それは呼び方の問題でしかない。むしろ有償ボランティアというような言い方をするからややこしくなるので、スタッフということでいいんじゃないかと思います。必要な人ならお金をはらってでも来てほしい、ということだし、この部分は対価をもらうけれど、ここはいいよとか、そういうのもありなので、呼び方の問題にこだわることはないと思います。

ただ、基本的にＮＰＯの現場は労働基準法違反の職場と言われても仕方がないような状態にあります。これは過渡期としてしょうがないと思います。そういう活動が必要だと言う思いや、使命感やモチベーションがあってはじめて成り立つことです。そういうことがなかったら、何もそんな安い給料で働く必要はない。その人を突き動かしているものがある、社会的意義がある、と思って取り組むわけですから。ところが、それをずっと続けているというのも、あまりよくない。いかに思い入れがあっても、長く働いていると、若い時の思いだけでできる状況ではなくなってくる。結婚し、子どももできて、子どもが進学して、となってくると安い月給ではやっていけないということになります。そういう人たちの生活を保障していくということが必要です。そのためには、最初に言ったように、ＮＰＯに資金が流れるような仕組みをつくることが絶対に必要です。それも多様な支え方があってしかるべきだと思います。税として徴収してＮＰＯに還元する、ドネーションをする、あるいは融資、ＮＰＯバンクというようなものにする方法、民間財団からの助成、などいろいろなチャンネルで資金確保ができるような仕組みが作れたらいいと思います。ＮＰＯがもっと役割を果たしていくためには、そうしたあたりも整理されないといけないと思います。

市民が支え合う仕組み

奈良でも、社会変革につながる活動をしている人はたくさんいる。でも残念なことに、点としての存在であまり広がらない。いろんな人たちとの情報共有で、いい市民活動が広がっていくという道筋をつけていくのが奈良ＮＰＯセンターの役割でもあるし、そういう大きな流れを作っていかないと奈良は変わらない。たとえば「なら・未来創造基金」というものを奈良ＮＰＯセンターでやっていますが、これは全国的にも珍しい、純粋に民間で運営している助成金制度なんです。奈良を元気にし、豊かに暮らせる地域社会をつくり上げるための知恵と工夫は、身近な問題に直面し、その解決に腐心しているＮＰＯの中にこそ求められます。その知恵と工夫を集める研究と、それを実現するためのプロジェクトを応援するという「なら・未来創造基金」の趣旨にふさわしい活動が毎年選ばれています。バラエティに富んだ興味深いテーマばかりです。私たちの身近な地域で、地道な活動を続けているＮＰＯがたくさんある、しかも奈良を支えているのがこうしたＮＰＯだということを示しているといっても過言ではありません。奈良中央信用金庫にメイン・スポンサーになってもらっていますが、ここで助成させていただいた活動が、以後どんどん大きく広がって社会的評価を受けるようになっているということがあります。そういう例を積み上げていって、奈良での新しい動きを今後も後押しできればいいなと思っているんです。

この基金が、他の企業や多くの市民の間にも広がって、NPO支援の動きがどんどん活発になることを期待しています。たとえば、環境問題に取り組む団体を支援したいとか、ぜひ子育てグループを応援したいとか、問題関心のある分野を限定した寄附も積極的に呼びかけていきたいと思います。もちろん、資金面だけではなく、物品の提供や、ボランティアとして活動に参加することによってNPO活動が多重的に支えられる社会をつくっていかなければならないと考えています。

絆の結び直し

今の時代、さまざまな絆が分断されています。人が人として生きていく上で必要なつながりが、あらゆる分野あらゆるレベルで断ち切られています。田舎と都会、家族の間、隣近所や地域とのつながり、それらをもう一度どうつなぎ合わせていくか、ということが求められていると思うんです。昔のように濃厚な関係づくりというのはムリがあるにしても、新しい発想で自分たちの暮らす地域社会を持続可能にして、いろんな立場の人が地域の中で対等に暮らしていける地域社会にしなければいけません。将来に向かって環境も子育ても、食も人権も、あらゆる分野で活躍する人たちが、新しい発想の地域社会をどうつくりあげていくか、それはいろんな意味での結び直しではないかと思います。そのときに、キーになるのはやはり私も含めた団塊の世代ではないでしょうか。でも、団塊の世代というのはわがままですから、「これからは好きなように生きる」という人が圧倒的に多い。エネルギーを地域に、といってもなかなか簡単にはいかないでしょう。しかしそのうちの何割かでも、地域のために自分で取り組んでくれるような人が掘り起こせれば、地域社会は変わると思います。団塊の世代の人たちが、いかに地域の絆を結び直すことに取り組めるか。特に奈良は、7割を超える山間部の問題があるわけで、第一次産業を振興するのに、コアになる人たちが力を発揮してほしいと思います。そういう人たちが次の若い世代の人たちとタッグを組んで新しい農業や林業を起こす、新しい地域づくりに取り組むということになれば、大きなうねりになって社会変革の力になります。そういう風にしていかないと奈良は変わらないと思います。

※事務局がインタビューしテープ起こししたものに、村上が加筆しました。
（『ボランティアのススメ〝じんけん〟再発信　―この熱き思いを紡ぐ―』
奈良県人権教育人材活用調査研究委員会　二〇一〇年三月　事務局（財）奈良　人権・部落解放研究所）

合理的配慮とインクルージョン

二〇一六年四月一日から「障害を理由とする差別の解消の推進に関する法律」（いわゆる「障害者差別解消法」）が施行されました。「障害者虐待防止法」の施行、「障害者基本法」「障害者総合支援法」の改正などとともに国連の「障害者の権利に関する条約」批准に向けた国内法の整備の一環として制定されたものです。

障害者権利条約ができるまでについてちょっと触れます。一九八一年はみなさんもご記憶の「国際障害者年」でした。「完全参加と平等」を掲げて、世界的に障害のある人たちに対する関心を高めてもらうための言わばキャンペーンの年でした。一九八三年から一九九二年までは「国連障害者の十年」で「障害者に関する世界行動計画」の実施が国連加盟各国に求められました。一九九三年には「障害者の機会均等化に関する基準規則」が第四八回国連総会で採択されます。これは、障害のある人たちの生活の質並びに完全参加と平等を達成するために重要な二二の規則からなっています。しかし、条約のように批准した各国が遵守すべきとする強制力はありませんでした。そこで条約化がめざされ、二〇〇六年一二月の第六一回国連総会において「障害者の権利に関する条約」が採択されます。二〇か国が批准し、二〇〇八年五月三日に発効しました。日本は、条約が求める水準まで国内法を整備する必要があったため、二〇一四年一月二〇日に至ってようやく批准書を寄託しました。

この条約の根底に流れるのが「合理的配慮」という考え方です。社会の中にあるバリアを取り除くための対応を障害のある人たちが求めた場合、過重な負担とならない範囲で対応することが求められます。

そしてもう一つ重要な考え方がインクルージョンです。条約では「地域社会への障害のある人たちの完全なインクルージョン」という言い方になっています。これまで障害のある人たちが地域社会から排除されてきた歴史から、どんな障害があっても地域社会で生活することができるよう地域社会の側が適切な措置をとることが求められます。この考え方はソーシャル・インクルージョンとして世界的に広まっています。どのような施策を企画立案し実行する場合であっても、ハード面でもソフト面でも、地域社会には障害のある人たちが生活していることを前提に行う必要があります。

福祉を変える奈良の動き

ところで、福祉制度をめぐってはこの四月からもう一つ大きな動きがありました。それは社会福祉法人は地域における公益的な取組を実施する責務があるとされたことです。二〇〇〇年の高齢者に対する介護保険制度の導入、二〇〇六年の障害者に対する支援費制度の導入以降、それまで福祉の担い手であった社会福祉法人だけではなく株式会社やＮＰＯ法人などが福祉の担い手として登場してきました。それに伴って、福祉施設の中だけで完結するのではなく、社会福祉法人が地域社会とどう関わっていくのかが問われることになります。

そうした状況の中で、合理的配慮もソーシャル・インクルージョンも身近な地域社会で実現されてこそ意味があります。そこで本号（『自治研なら』一一六号）では、これまでの福祉の概念を変える、注目に値する奈良の動きを特集することにしました。

ＣＬＴという今注目の木造建築材を利用した福祉ビルの取組、地域密着の障害のある人たちの住まいづくり、障害のある人たちの新しい働き方の提案、きっちりと仕事をする人として障害のある人たちを受け入れる試み、宿泊施設の少ない奈良で障害のある人たちも安心して泊まれるホテルづくりの試み、アートに特化した障害のある人たちの支援の動き、さまざまな業種の人たちが障害のある人たちの仕事づくりにチャレンジする取組の七つの動きを紹介します。いずれも、これからの進化と深化が期待される奈良での動きと言えます。

障害のある人たち

本号（『自治研なら』一一六号）に投稿いただいた方々は、「障害のある人たち」のことを「障害者」「障害のある方」「障害のある人」「障がい者の方」などさまざまに表現されています。あえてそのまま掲載させていただきました。それぞれ思い入れがあって、そのように表現されていると考えたからです。

かつて「精神薄弱者」という言葉が使われていたことがあります。そう呼ばれた当事者たちが「私たちは精神が薄くも弱くもない」と声を上げ、長い運動の末に時の政府もそれを認めて法律用語を変更しました。「精神薄弱者」は「知的障害者」となりました。しかし、もうお分かりのように「障害」という言葉は使われています。

地方公共団体の中には「害」という字を使うのは好ましくないとのことで、「障がい」と表記するところがあります。なぜ「害」を平仮名にするのでしょうか。「害」は悪いイメージや負のイメージがあって不快に感じるというのがその理由のようです。しかし、それならば「害」とともに「障」の字を使うことも差し「障」りがあるのではないでしょうか。

私も「障害」や「障害者」という表記が適切だとは思っていません。それに替わる良い言葉がないかと思います。しかし、まだ適切、的確な日本語が生み出されていないのが現状です。近い将来、「障害」に替わる適切な言葉が考え出されることを待ちたいと思います。

ちなみに、私自身は「障害のある人たち」と表記することにしています。これは〝people with disabilities〟を念頭において使っています。つまり、まず人ありきだということです。障害があることによって何らかのケアが必要かも知れません。しかし、必要なケアが受けられれば、潜在的に持っているさまざまな能力を発揮する人たちでもあります。その能力を発揮できなくしているのは、むしろ周りの社会の側であって、その障壁を取り除く必要があります。単に「害」を平仮名に替えたところで、生きにくい社会環境や行政の施策が行き届かないことで起きている不自由さは何一つ変わるわけではありません。社会の側に合理的配慮が求められる所以でもあります。

（『自治研なら』一一六号　二〇一六年六月三〇日　奈良県地方自治研究センター）

奈良が楽しくなる仕掛け　～地域にあるものを活かす奈良づくり～

奈良市の中心市街地で歴史的町並みが残る「ならまち」に新しいギャラリーやカフェ、レストランが次々に生まれている。奈良県南部・東部にアーティストがアトリエを構えたり、古民家を改築したシェアオフィスが生まれている。奈良県内各地の町家をアートを通して魅力的な町にしようとする動きがある。「寝たきり」にさせない介護を追求し続ける事業所が奈良県内に増殖している。

こうした新しい風が吹いている奈良県ですが、身近な地域にあるものを活かして、もっと奈良を元気にしよう。奈良はおもしろそうだ、一度行ってみなくては、楽しそうなことが起こっていると聞くけどどうなっているの、と他府県の人たちが振り向くような新しい奈良にしよう。奈良に住む自分たちもいっしょに奈良を楽しめるような新しい仕掛けづくりを一緒に考えてみませんか。その議論のきっかけとなる提案をしたいと思います。

① 「はじまりの丘」（木質バイオマス活用施設群）をつくろう

② 「ヒミコ・ホール」をつくろう

という大きな二つの提案です。

◆地域にあるものを活かす

［1］地域にあるものを活かす

二〇一七年三月二〇日（月・祝）、私は岡山県真庭市にいました。「杜の都まにわ［初公開］ＣＬＴ建築物見学ツアー」に参加するためです。

真庭市は「岡山県北部で中国山地のほぼ中央に位置しており、北は鳥取県に接し、東西に約三〇km、南北に約五〇kmの広がりを見せています。総面積は約八二八㎢で、岡山県の約一一、六％を占める県内で最も大きな自治体です」（真庭市公式ホームページより）。

実は私は二〇一四年五月にも真庭市を訪れています。奈良県地方自治研究センターが実施した「バイオマスツアー真庭」に参加し、木質バイオマスの供給拠点、木質バイオマス発電施設、バイオディーゼル事業などを見学しました。その際、建設途中だった本格的な一〇〇〇〇kWの木質バイオマス発電所やＣＬＴ製造工場の話を聞き、機会があればぜひ見てみたいと考えていました。たまたま三月に岡山に行く機会ができ、同じ時期に「ＣＬＴ建築物見学ツアー」が催されることを知り、参加することにしたのです。見学した主な施設は、

①　ＣＬＴ工場
②　バイオマス発電所
③　ＣＬＴ利用建築物

［2］CLT

CLTとは、Cross Laminated Timber の頭文字を取った略称でひき板を並べた層を、板の繊維方向が層ごとに直交するように重ねて接着した大判のパネルのことをいいます。新しい木質構造用材料として一九九〇年代からオーストリアを中心に発展してきました。（一社）日本CLT協会のパンフレットによれば、「現在では、オーストリアだけではなくヨーロッパ各国でも様々な建築物に利用されており、また、カナダやアメリカでも規格作りや実際の建物が建てられるなど、CLTの利用は近年になり各国で急速な伸びを見せてい」るそうです。

ヨーロッパではすでにCLTを使った中高層（七〜一〇階）建築物が盛んに建てられており、カナダでは三〇階建てのものまで計画されているといいます。

日本でも、二〇一三年一二月に「直交集成板」として日本農林規格（JAS）もでき、木造の高層建築物を可能にする大型厚板パネルの構造用材料として、今注目を集めています。二〇二〇年東京オリンピック・パラリンピックのメイン会場となる新国立競技場にも、建築家隈研吾さんがデザインした「杜のスタジアム」が採用されCLTが使われることになっています。

奈良でもCLTを利用した五階建てのビルがすでに完成しています。『自治研なら』一一六号四ページ以下で紹介している「CLT工法による木造ぷろぼの福祉ビルの建設」がそれです。

そのCLTを本格的に製造する日本初の工場が、銘建工業株式会社のCLT工場です。二〇一六年三月に完成し、最大で（厚）三〇〇㎜×（幅）三〇〇〇㎜×（長）一二〇〇〇㎜のCLTを製造することができます。銘建工業が上げているCLTのメリットは、

■高い寸法安定性、優れた断熱・耐火・耐震性
■持続可能な木質資源の利用による環境性能の高さ
■プレファブ化やシンプルな接合部による施工の速さ
■RC造などと比べた場合の軽量性

です。このCLTで私が注目しているのは、二番目のメリットに通じますが、その材料です。一般的に、木材にはA材、B材、C材とランクが付けられています。A材は角材がとれるまっすぐな木材で主に製材用に利用され木造建築の部材として取引されます。B材は主に集成材や合板用に利用されます。そしてC材は角材や合板に適さない細い木や曲がった木、というランクです。CLTには、このいわゆるB材が原材料として利用できるのです。間伐材もCLTの材料となることから、間伐も進むものと思われます。

［3］木質バイオマス発電所

さらに木質バイオマス発電所では、木を伐りだす際に山林に捨て置かれる小枝等の林地残材も燃料となります。間伐材、製材の際に出る木くずなどもすべて燃料となるため、森林の整備が進むことになります。

真庭では、これらの材料を種類に応じて買い取るシステムが確立され、山林所有者にきっちりお金が回るシステムになっています。

真庭バイオマス発電（株）のパンフレットによれば、「真庭バイオマス発電所は二〇一五年四月に稼働を開始しました。燃料としては真庭地域の間伐材をはじめとする未利用材、製材所で発生する製材端材な

ど合わせて年間約一四八〇〇〇トン使用します。

これにより地域の林業・木材産業の拡大・雇用の創出、森林機能の回復、観光振興など、中山間地域の活性化も期待されています。

発電出力は一〇〇〇〇kWで、一般家庭の約二二〇〇〇世帯分に相当します。この電力は『再生可能エネルギーの固定価格買取制度』を利用して電力会社に販売されるほか、地域内への電力供給の仕組みづくりも目指しています」。

［4］CLT利用建築物

CLTは構造用材料なので、壁材、床材として利用できるため、在来の木造建築物のように直角にこだわらない自由な設計が可能となります。

「久世駅CLTモデル建築物」は、駅併設のトイレにサイクリングステーション・更衣室などを備えた施設でした。「木テラス」と名付けられたその建物は、建築・延床面積六九・七九㎡と小さいもののお洒落な空間となっています。

「木テラス」説明パンフレットによれば、「材料も技術も、地域に持つ真庭市ならではのプロジェクトとして計画され、女性建築士を対象とした設計コンペで選定されたCLTモデル建築物である。新しい木の素材CLTの特性を活かし、可能性を見せる魅力的な木の空間をつくること、日常の中でその大きさや温かみ、手触りを感じられ、まちづくりにもつなげていく事を目指してプロジェクトを進め、コンペでの提案がほぼそのまま形を得て、『木テラス』として竣工した。駅前のパブリックトイレとしてだけでなく、サイクリングステーションやまちの賑わいの起点として、気持ちのよい人の居場所となるよう、桜に面してゆったりしたテラスを設けた。三枚の大きな壁と大きな庇、壁の孔が特徴である。間仕切やライニングまでCLTとし、全体が家具のような雰囲気を持つ。CLTでベンチやサイクルラックも設置し、駅前を公園のように人が過ごせる広場として設えた」。

もう一つCLTを使った建築物として「真庭シティホテルサンライズCLT棟」を見学しました。ビジネスホテルとして利用される、一階シングル五室＋ツイン一室（バリアフリー）、二階シングル六室＋ラウンジ（展示コーナー）という二階建てのこじんまりとした建物でした。木の香りがただよいとても心地よい空間になっていました。

◆「はじまりの丘」をつくろう

［1］真庭から学ぶべきポイント

以上のように、中国山地のど真ん中にある岡山県真庭市、人口五万人にも満たない市が取り組んでいる「バイオマスタウン」づくりは注目に値します。

真庭市と奈良県の森林資源の状況は、ほぼ似通っています。真庭市の方が若干国有林は多いですが、人工林が六〇％で針葉樹が圧倒的なのはそっくりです。真庭市は人工林の七二％が桧で、奈良県は五八％が杉という違いはありますが、美作桧、吉野杉というブランド力があるところは共通です。

決定的に違うのは、真庭市ではいち早く「バイオマスタウン」を標榜し、産官学一体となって幅広いバイオマス利用に取り組んでいることです。私が注目するのは、大きく次の三点です。

① 長年の市民主体の議論がベースになっている。

② 木質バイオマスだけではなく、家畜排泄物や食品廃棄物等もバイオマスとして活用した地域づくりを目指している。

③ バイオマス見学ツアーもパッケージで売り出している。

第一点が重要なのは、「市民主体」だからです。行政主導ではなく、地元の若手経営者や各方面のリーダーが中心となって、二〇年以上も前から将来の真庭づくりの議論を重ねてきていることです。その中心にいるのが銘建工業株式会社社長の中島浩一郎さんです。「二十一世紀の真庭塾」はＮＰＯ法人化され、中島さんが理事長です。銘建工業は外材を輸入して集成材を製造販売していることで批判も受けているようですが、中島さんは木質バイオマス発電やペレット製造にいち早く取り組み、地元の未利用材を活用し二〇一五年四月に操業開始した真庭バイオマス発電株式会社の社長でもあります。真庭市など官民一〇団体が出資してつくった会社で、木質バイオマスでは国内最大の一〇〇〇〇kWの発電を行っています。

第二点は、木質バイオマスだけではなく、幅広いバイオマス利用を視野に入れていることです。食廃油や家畜排泄物、食品廃棄物、下水汚泥などの利用を目指して、実用化も進んでいます。いち早く国の「バイオマスタウン」の認定も受けています。市民向けのタウンミーティングや体験学習で、バイオマスタウンの浸透を図っているといいます。

第三点は、こうしたバイオマスタウン真庭を積極的に外に売り込んでいることです。一般社団法人真庭観光連盟が「バイオマスツアー真庭」として売り出しています。希望に応じたバイオマス関連施設を案内し、担当者が説明するコースを設定し、歴史的町並み見学や湯原温泉の宿泊もアレンジしてくれます。ツアーの全行程をガイドがついて案内してもくれます。ツアー参加者はバイオマスタウンの説明に納得して、所期の目的は達成します。と同時に、地元の温泉に泊まって、お土産物を買って、喜んでお金を落としてくれます。このツアーも真庭市の大きな売りの一つになっているのです。

[2]「はじまりの丘」をつくろう

感心ばかりはしていられません。真庭の取り組みから学んだものを奈良にどう生かしていったらいいのかが次に問われます。条件が似通っている奈良でこそ、木質バイオマス発電やペレット製造につながる動きを起こしたいと思います。

そこで、再生可能エネルギーを活かした一大拠点「はじまりの丘」づくりを提案したいと思います。中核になるのは、

①　木質バイオマス発電所

②　ＣＬＴ製造工場

③　ペレット製造工場

です。

木質バイオマス発電所では、間伐材や林地残材などの未利用材を中心に、バーク（木の皮）や製材所から出る端材のチップが主燃料となります。ＣＬＴ製造工場から出るプレナー屑も燃料になります。

ＣＬＴ製造工場は、主に間伐材からＣＬＴを作ります。奈良県内の公共建築物はすべてＣＬＴで建てるという時代になればと思います。

木質ペレットは、燃焼によってＣＯ2を発生させますが、化石燃料（石油、石炭、天然ガスなど）の燃焼とは異なり炭素循環の枠内でその総量を増加させるものではないため、統計上は排出しないものとして取り扱うことができます（カーボンニュートラル）。地域全体で化石燃料の暖房からペレット・ストーブの暖房に切り替えることで、地域のものを活かしたエネルギーの自給を目指すことができます。

そして、将来的には「はじまりの丘」で生み出されるエネルギーを活用して、

④　木の文化ギャラリー

⑤　入浴施設「はじまりの湯」

⑥　貸農園

⑦　ハウス栽培農園

⑧　農産物直売所

⑨　産直レストラン

⑩　レストハウス

⑪　野外劇場

などが近隣に次々とできて、人々が集える憩いの空間にもなることが想定されます。

木の文化ギャラリーは、森林の果たす役割、林業の振興、木質バイオマスの活用などの展示を行うとともに、木を活かした家具、彫刻、工芸品などの展示スペースとなります。

「はじまりの湯」は、木質バイオマス発電所から出る温水を活用して、地元の人たちの癒しの空間となります。

耕作放棄地を活用する貸農園は、大阪など都市に住む家族に利用してもらうのがねらいで、種や苗を植える時期と収穫時に家族連れで訪れてもらいます。普段は近くの農家の人たちを中心に管理をします。収穫時に来れないときは、収穫を代わりに行ってできたものを送ってもらえるようにします。契約農家の農産物も格安で購入できる、産直レストランも会員料金で利用できる、などの工夫で親子が楽しめる農業をめざします。

ハウス栽培農園は、木質バイオマス発電所からの温水を活用して新たなハウス栽培野菜・果物の開発をめざすものです。農産物直売所も産直レストランも、ハウス栽培農園でとれた野菜や果物をメインで活用します。

レストハウスは、貸農園に併設した宿泊施設で、田植えや収穫の時だけではなく、週末を利用して畑の手入れにくる家族連れの宿泊にも利用されます。

野外劇場は、収穫祭をはじめさまざまなお祭りシーンに活用できる祝祭の広場です。

［3］エネルギーの自給をめざす

「域際収支」という言葉があります。モノやサービスを地域外に売って得た金額と、逆に外から購入した金額の差を示した数字のことです。国で言えば貿易黒字や貿易赤字ということになりますが、それを都道府県別に示した数字です。

「東京や大阪など、大都市圏が軒並みプラスなのに対し、高知や奈良など農漁村を多く抱える県は、流出額が巨大である。こうした地域がなぜ貧しいのか。それは、働いても、働いても、お金が地域外に出て行ってしまうからである」。（『里山資本主義―日本経済は「安心の原理」で動く』藻谷浩介・NHK広島取材班　著／角川書店　一七五ページ）

中でも圧倒的な赤字になっているのが石油や電気、ガスなどのエネルギーを買うことによるものです。さらに農漁業などの一次産業は盛んなのに、それを加工した二次産品は外から買っているのが赤字の原因だということです。

「里山資本主義は、こうした赤字部門の産業を育てることによって、外に出て行くお金を減らし、地元で回すことができる経済モデルであることを示してきた」。（同上、一七七ページ）

その中心は、水と食料とエネルギーの自給です。中でも、エネルギーの自給ができれば、外に出ていくお金を大幅に減らすことができます。原子力や化石燃料でつくられた電気を外から買うのではなく、身近な地域にある間伐材や林地残材などで発電すれば、外へお金を出さなくても済みます。さらに、ペレット・ストーブを普及させれば、外から灯油などを買う必要もなくなります。

地域で生み出されたエネルギーを買うことによって、お金が地域内を循環し、林業が生まれ変わり、エネルギーを生み出す人たちの雇用にもつながります。

[4] みんな喜ぶ方式

「はじまりの丘」で中心となる木質バイオマス発電所をつくり上げる際の留意点は、以下の五点です。

① 多様な主体が取り組む。
② 小規模発電をめざす。
③ 未利用材の活用がカギ。
④ ペレット製造、CLT製造と組み合わせる。
⑤ みんな喜ぶ方式がいい。

第一点は、いわゆる林業や製材の事業者やその団体、発電の専門家だけが関わるのではなく、農業、工業、商業などに携わる人たち、さまざまな分野のNPO、行政など幅広い立場の人たちが、将来の奈良のエネルギー需給を話し合い、奈良の特性を生かした木質バイオマス発電に取り組むことが重要だということです。

第二点は、地域密着型の小規模発電（一二〇〇kW程度）のものを複数配置することをめざすということで、おおよそ三〇km圏内の未利用林地残材がメインの原料となるよう拠点づくりを行うことをめざします。

第三点は、発電だけのために木を伐り出すのではなく、用材とともに切り出された間伐材や切り捨てられた林地残材などが発電の原料となるよう工夫することで森林保全にも役立てることが重要だということです。

第四点は、木質バイオマス発電だけではなく、間伐材を活用してＣＬＴを製造し、その製材廃材を発電に利用したり、発電の際に出る熱をペレット製造に生かすなど、複合的なシステムを構築する方がより有効だということです。

第五点は、さまざまな立場の人たちが関わることによって生まれるメリットでもありますが、関わった人すべてが喜びを味わうことができるということです。林地残材の活用で、多少でも山林所有者の収入につながります。吉野材の銘木としての売り込みと同時に間伐材を活用したＣＬＴを新たな奈良ブランドとして売り込めます。ペレットを地域の人たち向けに安く提供できれば、暖房の主力にもなります。発電で生まれる熱を農業用ハウスや温水プールなどの施設に利用することもできます。あわよくば、これらの施設をめぐるバイオマスツアーを仕掛けることも可能です。奈良には有名な神社仏閣をはじめとする観光スポットがどの地域にもあるので、ツアーに組み込むところには事欠きません。

要は、木質バイオマス発電そのものが目的ではなく、それをきっかけにさまざまな分野の人たちが関わる地域づくりが始まることです。真庭市は二〇一四年三月、国の七府省から「バイオマス産業都市」に選定され、バイオマスを活用した産業創出と地域循環型エネルギーの強化に取り組んでいます。真庭市にできて、奈良でできないはずはありません。

◆「ヒミコ・ホール」をつくろう

［1］ヒミコとは

突然ですがみなさんは、「ヒミコ」と名付けられた謎の古代天体があるのをご存知でしょうか。

ヒミコは「くじら座」の方向、一三〇億光年離れた遠方にある非常に明るい巨大な天体で、二〇〇五年から二〇〇七年にかけて行われたハワイ島にあるすばる望遠鏡での観測で日本人天文学者、大内正己さんによって発見されました。ビッグバンによる宇宙の誕生が、今から一三八億年前と言われています。その宇宙誕生からわずか八億年後に生まれたのが「ヒミコ」です。

ヒミコは一直線に並んだ三つの星団を巨大な水素ガス雲が包み込んでいる構造をしていて、その大きさは直径五五〇〇〇光年もあるといいます。私たちの太陽系がある〝天の川銀河〟の半径にも匹敵する大きさで、同時期に存在した一般的な天体に比べて約一〇倍も大きく、さらに太陽の数百億倍という大質量をもつことが大内さんたちの研究でわかってきたといいます。

「古代の宇宙にこれほど巨大でまぶしい銀河は、いまのところこれひとつしか見つかっていません。

そこでわたしは、

『日本（日本のすばる望遠鏡の探査天域で発見した）』

『古代（宇宙の古代にある）』

『際立つ存在』
『謎』
といったキーワードの連想から、この天体をヒミコと名づけました。そう、三世紀頃に存在したとされる邪馬台国の女王・卑弥呼の名前をつけたのです。卑弥呼の存在は、邪馬台国の場所がどこかという議論がいまも激しく続いているように、日本の古代史最大のミステリーです。そんな神秘的な古代の女王の名が、この天体には相応しいと考えたのです」。（『宇宙の果てはどうなっているのか？　～謎の古代天体ヒミコに挑む～』大内正己　著／宝島社　一三～一四ページ）

［2］ＣＬＴで「ヒミコ・ホール」をつくろう　～国のはじまりの地に「木」のランドマークを～

中国の史書『魏志倭人伝』に登場する邪馬台国については、その場所がどこかをめぐって論争がありますが、私たちは畿内説の通り奈良県桜井市の纒向遺跡周辺が古代の邪馬台国と信じて疑いません。そして、宇宙の古代に存在する天体が日本人の手によって発見され、日本の古代邪馬台国の女王卑弥呼の名がつけられたのです。このヒミコを活かさない手はない、こんな願ってもないチャンスはそうあるものではありません。そこで、ＣＬＴで「ヒミコ・ホール」をつくろう、というのが次の提案です。

古代国家発祥の地・奈良で邪馬台国の女王卑弥呼を彷彿とさせる展示ができ、さらに宇宙誕生初期の巨大銀河ヒミコを最新の観測成果を基に観ることができる、しかも奈良の地にふさわしいＣＬＴを活用した木造高層建築物が「ヒミコ・ホール」です。

この「ヒミコ・ホール」に入る主な施設は、

①　ヒミコ・プラネタリウム
②　ヒミコ・ミュージアム
③　ヒミコ・ホテル
④　ヒミコ・レストラン
⑤　iセンター
⑥　スーベニア・ショップ

です。

ヒミコ・プラネタリウムでは、宇宙誕生初期の巨大銀河ヒミコの最新観測成果を3Dで鑑賞できます。もちろん、最新鋭のプラネタリウムで全宇宙を映し出すこともできます。さらに毎年定期的に、最新の研究成果を披露し議論するフォーラムを開催します。

ヒミコ・ミュージアムは、纏向遺跡の本格的な大型模型とともにこれまでの発掘調査の成果を魅せる施設です。纏向学研究センターと連携して、邪馬台国の女王卑弥呼に関する最新研究の成果を共有するフォーラム、研修会、講演会、スタディツアーなどの拠点となります。同時に、「ヒミコの里・ソムリエ」(仮称)を設定して、観光ボランティアの人たちも活躍します。

ヒミコ・ホテルは、奈良を訪れる人たちの観光拠点になります。もちろん、ヒミコ・プラネタリウムやヒミコ・ミュージアムが行うフォーラムや講演会などには翌日のスタディツアーとセットで参加者を募集することで、滞在型の観光につながります。

ヒミコ・レストランは、ヒミコ・ホールの最上階にあり、国のはじまりの地を見下ろしながら食事を楽しむことができます。もちろん、食材は地元産のものを使い、ヒミコをイメージしたメニューも開発されます。

iセンターではヒミコ・ホールの情報提供だけではなく、さまざまな観光情報を手に入れることができます。山の辺の道の散策や万葉歌碑めぐりも、ここからスタートします。スーベニア・ショップでは、ヒミコにちなんだ洗練された土産物を手に入れることができます。

［3］ＣＬＴで建てることがカギ

ヒミコ・ホールはＣＬＴで建てるというのがこの計画の眼目です。前述したことですが、ヨーロッパではすでにＣＬＴを使った中高層（七～一〇階）建築物が盛んに建てられており、カナダでは三〇階建てのものまで計画されているといいます。日本でも、ようやく中高層建築物がＣＬＴを使って建てられるようになります。

そのヨーロッパでＣＬＴを使った中高層建築物を設計している著名な日本人建築家もいます。坂茂（ばんしげる）さんです。スイス・チューリッヒに二〇一三年に完成したタメディア新本社は坂さんが設計しＣＬＴを用いた木造五階建ての建築物です。日本の伝統建築の技法を取り入れ釘を使わないで建てた木造ガラス張りの省エネ型ビルだといいます。（坂茂建築事務所のホームページ）

チューリッヒの新ランドマークになるに違いないと言われています。「日本の国のはじまりのまち」にふさわしいランドマークは、ぜひＣＬＴで建てたいものです。

［4］市民の力が重要

この素案を基に市民がラウンドテーブルを囲んで議論する、参加する市民の夢を持ち寄って、かたちにするための議論が始まります。全体計画も、建設計画も、資金計画も、利用計画も、すべて市民主体の議論からスタートします。

市民が建設計画の最初の段階から関わることで、市民みんなの夢をかたちにできるという達成感を得ることができます。

この提案は、奈良だからこそできるものです。他の都道府県では、ヒミコを取り上げる親和性がありません。「ヒミコ」に興味を持って共感してくれる人たちの輪が広がることを願っています。

◆構想実現のカギ

［1］チャレンジしてみる価値はある

こういう提案をすると決まって、おもしろそうだけどお金はどうするの、一体誰がそれをやるの、と否定的な意見がすぐに出てきます。

確かに私は林業の専門家でもなければ、天文家でもありません。ましてや実業家でもありませんので、事業化する際のリスク等についての知識は全くと言っていいほど持ち合わせてはいません。

しかし、これは実現できる《夢》だと確信しています。実現するためのプロセスも見えています。でも私一人でできるわけもありません。同じ《夢》を共有できる仲間ができて、資金を少しずつでも出し合おうという輪が広がれば必ず実現できます。

その方法をみなさんと考えるヒントを次に掲げておきます。ここから議論が巻き起こって、奈良を変える大きなうねりになることを願っています。

[2] 市民が主体

一緒に《夢》を見ることのできる市民の集まりが、まず必要になります。それはおもしろい、と一緒に楽しんでくれる集団です。それに必要な情報を持っている人を知っているよ、それはあの人に頼めばやってくれるよ、あそこで同じようなことをやっている人がいるよ、と情報が広がればしめたものです。

定期的に集まって、ああでもないこうでもないという議論が続いて、進むべき方向性が見えてきます。そういう人たちが、この指とまれ方式で集まればいいと思います。

[3] 「お金がない」からがスタート

夢の話に乗れない人の多くは、理想はいいけどお金はどうするの、実現するには膨大な資金がいるじゃないか、と言います。その通りです。でも、お金があればみんなこの夢に投資するかと言えばそんなことはありません。リスクがあるところにはなかなか資金はきません。

「お金がない」からがスタートです。お金がなければどうしたらいいかについても、先ほどの市民集団での議論の中からアイデアが生まれてきます。

例えば、今注目を集めているのがクラウドファンディングです。例えば、「ヒミコ・ホール」の建設資金を集めるのに、クラウドファンディングを活用するとします。「ヒミコ・ホール」のうち「ヒミコ・プラネタリウム」の建設資金をクラウドファンディングで集めるとします。一口一〇万円の資金を提供していただいた人には、「ヒミコ・ホール」に併設のホテルの宿泊クーポンを一〇年間送る、とか「ヒミコ・プラネタリウム」や「ヒミコ・ミュージアム」の永久無料入場券を送る、などの夢をプレゼントします。毎年、「ヒミコ」の新たな発見を披露するシンポジウムに参加するために奈良に来て、宿泊観光してもらえます。毎年、新たな発見を楽しみにして通ってくれるリピーターができます。

もちろん、卑弥呼をめぐる邪馬台国論争にも参加していただいて、古代ロマンに想いを馳せて奈良の地を巡っていただきます。要は、奈良応援団を奈良以外の地でどれだけつくることができるかにかかっています。

［4］持続せる意思

こうした構想を実現するためには、時間と労力がかかります。私たちの世代で実現できないかも知れません。でも、叫び続けることが必要です。いずれ理解してくれる人たちの輪が広がって実現に向けて一歩を踏み出します。私はそう信じて、今も周りの人たちに《夢》の話をし続けています。

◎参考文献

☆『和の国富論』
　藻谷浩介　著／新潮社
☆『下り坂をそろそろと下る　あたらしい「この国のかたち」』
　平田オリザ　著／講談社現代新書
☆『しんがりの思想　―反リーダーシップ論―』
　鷲田清一　著／角川新書
☆『人口減少社会という希望』
　広井良典　著／朝日新聞出版
☆『里山資本主義　―日本経済は「安心の原理」で動く』
　藻谷浩介・ＮＨＫ広島取材班　著／角川書店
☆『しなやかな日本列島のつくりかた』
　藻谷浩介　著／新潮社
☆『里海資本論　日本社会は「共生の原理」で動く』
　井上恭介・ＮＨＫ「里海」取材班　著／ＫＡＤＯＫＡＷＡ
☆『地域の力で自然エネルギー！』
　鳥越皓之　小林　久　海江田秀志
　泊　みゆき　山崎淑行　古谷桂詩信　著／岩波書店（岩波ブックレット）

☆『地域開発　２０１６．８．９　Ｖｏｌ．６１５』（２０１６年9月1日発行）
　一般財団法人　日本経済研究所
☆『宇宙の果てはどうなっているのか？　～謎の古代天体ヒミコに挑む～』
大内正己　著／宝島社
（『自治研なら』一二〇号　二〇一七年七月二五日　奈良県地方自治研究センター）

難民支援のあり方

ウクライナからの避難民

二〇二二年二月二四日、ロシアがウクライナに軍事侵攻した。国連安保理の常任理事国が国連憲章に反する侵略を行ったことに世界中が驚かされるとともに、非難の声が上がった。五か月が経っても停戦には至らず、戦争が長期化する様相だ。

国連難民高等弁務官事務所（ＵＮＨＣＲ）の六月一六日の発表によると、住む場所を失ってウクライナ国内で避難した人が七〇〇万人超に、国外に逃れた人が六〇〇万人超に上ったという。人口四一五九万人のおおよそ三割もの人たちが避難を余儀なくされていることになる。

このうち日本に避難してきたウクライナの人たちは一五六五人（出入国在留管理庁七月一八日現在の速報値）に上る。

手厚い支援策

この間、国、地方自治体、民間団体、企業等がウクライナから日本へ避難してきた人たちに対する支援を行っている。

国は、日本に避難する際の政府専用機利用やポーランドとの直行便を運行する民間航空機の座席借り上げを行った。

日本に親族や知人のいない避難民が一時滞在施設を出て生活を始める際、一時金として一六万円を支給、生活費として一二歳以上の人に一日当たり二四〇〇円を六か月間支給するなどの支援を行っている。さらに在留資格についても九〇日間の「短期滞在」から就労可能な「特定活動（一年）」への変更も認めている。

また、各地の地方自治体においても、住宅の確保、生活支援金の支給、生活物資等の支援、就労・就学支援等が行われている。企業も、社員寮の提供や就業機会の提供などで支援をしている。支援のための募金もさまざまな形で行われている。

これらあらゆるレベルのウクライナ避難民に対する支援は必要であり継続して行われることが期待される。

他の国からの避難民は？

翻って、ウクライナ以外の国々から同様な事情で住み慣れた故国を脱出して日本にやって来た人たちの支援はどうなっているのだろうか。

例えば、二〇二一年八月に政権が崩壊し、イスラム主義勢力タリバンが権力を掌握したアフガニスタンからの避難民についてはどうか。外国で教育を受けた経験がある人やアメリカなどの支援を受けていた前政権に仕えた人たちをタリバンは敵視している。その人たちが日本に避難したいと考えても、短期滞在ビザの取得に高い条件が課され、渡航できずにいるという。

昨年二月、ミャンマーで国軍がクーデターで実権を握り、民主派勢力を排除した。このクーデターによる迫害で国を出ざるを得なくなった人たちの受け入れはどうなっているのか。この人たちについては緊急避難措置として、在留や就労が認められることになった。

少なすぎる難民認定

五月一三日の出入国在留管理庁の発表では、二〇二一年中に七四人が難民認定された。一九八二年に制度ができて以来、最多だった。このうちミャンマーから逃れた人が三二人と最も多かった。その他に難民とは認定しなかったものの人道的な配慮を理由に在留を認めた人が五八〇人はいるとしている。

ウクライナから逃れてきた人たちは難民認定するのではなく避難民として在留を認めていることになる。

国連難民高等弁務官事務所の「グローバル・トレンズ・レポート」によると、二〇二一年末時点で紛争、暴力、迫害、人権侵害により故郷を追われた人の数は八九三〇万人に達している。今年に入り、ロシアのウクライナ侵略による難民が九〇〇万人を超え、アフリカ、アフガニスタンなど各地で発生している危機も加わり、故郷を追われた人が一億人を超えるという衝撃的な数字となっている。国連難民高等弁務官事務所が支援対象とする難民も、二七一〇万人に達している。

この膨大な難民に対して、昨年日本が受け入れている難民の数はわずかに七四人。この世界中の難民と日本が受け入れている難民の数字の落差に愕然とする。桁が違いすぎている。

仕組みを変える

その最大の理由は、難民認定を「出入国在留管理庁」が行っていることにある。不法入国や不法滞在などの取り締まりを中心に「管理」を行う役所が難民の認定を行う、という今の制度に根本的な問題があると言わざるを得ない。昨年、名古屋市にある入管施設で収容中に亡くなったスリランカ人のウィシュマ・サンダマリさんの例を挙げるまでもなく、これまで入管施設での長期収容などの問題が数多く指摘されてきた。どうしても違反を取り締まらなければならないという基本的な立場から判断することになり、根本的な問題解決は望むべくもない。

これを難民認定は難民を支援するという基本的な立場の役所が行うように改める必要がある。所属も法務省ではなく厚生労働省の外局として、さしずめ「難民支援庁」としてはどうかと考える。ここが難民認定からその後の定住支援までを担う。当面の間滞在できる施設、日本語の習得支援、住宅の確保や生活支援金・生活物資等の支援を地方自治体と協力して行う。特にアジアの国々からの難民については、日本が積極的に受け入れる必要がある。

寛容な国に

日本は今人口減少と少子・高齢化が続き、アジアの国々から「外国人介護人材」を受け入れざるを得ない状況になっている。外国人技能実習生の劣悪な労働環境も問題になっている。本来、外国人が日本で学んだ技術を自国で役立ててもらうという技能実習だが、実態は劣悪な低賃金労働の温床になっていて「外国人搾取」と国際社会から批判されている。実習生の多くは、強制的に帰国させられることに怯え、低賃金やパワハラといった問題があっても声を上げられないという。

さらに、今回のロシアによるウクライナ侵略はロシア人の祖国離れも引き起こしている。しかも高学歴、高収入な人ほど脱出に向かう傾向が強いという。三〇万人を超えるというその「頭脳流出」を各国が呼び込む競争にしのぎを削る。

一方日本は移民受け入れに消極的で、優秀な人材を海外から受け入れる環境整備ができていないと言われる。難民であれ移民であれ、その受け入れ先として日本が選ばれるような寛容な国でありたいと思う。

（『自治研なら』一三五号　二〇二二年八月三一日　奈良県地方自治研究センター）

あとがき

二〇二一年二月、奈良県川上村のダム湖で奈良県立明日香養護学校に通う娘さんを父親が溺れさせて命を奪うという事件が起きました。その父親が、現在私の住む奈良県宇陀市の人だということで大きなショックを受けました。

いくつかの意味でショックだったのです。

まず、私がたんぽぽの家づくり運動に関わるきっかけの一つになった一九七〇年前後に頻発した親による障害児殺しを思い起こさせる事件だったことです。

一九七〇年に起きた母親による脳性マヒの長女（当時二歳）を殺害した事件では、介護に疲れ果てた末の犯行だとして世間の同情が集まり、減刑嘆願運動が起きました。こうした動きに脳性マヒ当事者の団体「青い芝の会」が猛抗議する事態となり、大きな社会問題となりました。私も、これでは障害のある子どもの親たちに対して子殺しを奨励していることになる、障害のある子どもの命の意味はどうなるのかと激しい憤りを覚えたことを思い出します。

また、亡くなった娘さんが通っていたのが明日香養護学校だったことです。

どんなに重い障害があっても、地域で自律した生活ができるような〝家〟をつくりたいという〝たんぽぽの家〟づくり運動は、正に明日香養護学校に通う子どもたちの親が声を上げることによって「奈良たんぽぽの会」としてスタートしました。私もその運動に共鳴し、当初事務局が図書室に置かれていた明日香養護学校に休みごとに通っていました。その運動の中心を担った親たちのほとんどは現在八〇歳を超え、念願だった自律の家「コットンハウス」で生活するその子どもたちも還暦を過ぎる年代となりました。

半世紀前と現在とでは、障害のある人たちを取り巻く状況も大きく変化しました。社会福祉をめぐる制度面、交通をはじめとする社会インフラの充実、教育面、親の会を含め支援する団体の拡大など目を見張る進展がありました。

私の周りでも、重い障害がありながら、さまざまな分野でその才能を発揮し、充実した人生を歩んでいる人たちを数え切れないくらい見てきました。その障害のある我が子に突き動かされて、運動にのめり込んで豊かな人間関係を築き充実した人生を歩む親たちも数え切れないくらい見てきました。

その結果として、冒頭の事件に遭遇した時のショックは計り知れないものがあります。地域社会をめぐる状況は半世紀前と変わらず、時計の針が止まったままなのかという歯がゆさと言えばいいのか憤りと言えばいいのか複雑な思いなのです。事件の状況は徐々に明らかにされると思いますが、父親を娘さんを死に至らしめるまで追いやってしまう状況が、未だに社会の側にあることを痛感します。

『障害者の権利条約』では、障害のある人たちを福祉施策の対象者ではなく、人権の主体として捉える障害者観に立っています。「障害問題」の原因と責任が障害のある人たちの側にあるとする「障害の医学モデル」から脱却して、「障害問題」の原因と責任が社会の側にあるという「障害の社会モデル」の考え方が貫かれています。従って「過重な負担のない個別に必要な変更・調整」を意味する「合理的配慮」を社会の側に求め、それを否定することが障害差別であると明記されました。

さらに条約では、障害のあるすべての人に対し、地域社会で生活する平等の権利が認められます。何ができるかできないかで障害認定をするのではなく、そのできない原因の理由を明らかにして、それを取り除く責任が社会の側にあると言っているのです。

一人ひとりが障害のあるなしに関わらず、自分の思いを遂げる人生を歩める社会をめざさなければなりません。「あなたは、あなたの人生の主人公」、そのための不断の努力の積み重ねが必要だと改めて痛感しました。

二〇二三年四月、学生時代を仙台で共に生活する機会を得た井坂さん、井坂さんと最初に出会った下宿に住んでいた荻野正朗さん、井坂さんの下宿によく来ていた仙台在住の佐藤裕一さんと何十年ぶりかの再会を果たしました（井坂さんらとの仙台の学生時代のことについては、第一部参照）。仙台市内の懐かしい場所を巡り、仙台城跡から見た仙台市内中心部は、五〇年の歳月を経てすっかり変貌を遂げていました。高いビルと言えば、東北電力の電力ビルだけだったのですが、その電力ビルさえ確認できないほど高層ビルが林立しています。東日本大震災で被災した女川町や石巻市を見て回り、奥松島を訪れる二泊三日の旅でした。

私にとって、二〇二三年四月にはもう一つうれしい出来事がありました。三五年前に出会った友人と二五日京都で再会できたのです。

現在はサンフランシスコ在住のジェシカ・リップナックさん。その娘ミランダさん、その夫ジェイさんと二人の子どもフィン君とレイク君。ミランダさん家族はオーストラリアのパースに住んでいます。

出会いは一九八八年。『ネットワーキング』の執筆者だったジェシカさんは、今は亡き共同執筆者の夫ジェフリー・スタンプスさんと娘ミランダさん（当時一一歳）と友人のイライザさん（当時九歳）の四人で来日しました。「第一回日本ネットワーカーズ会議」に招かれました。東京、たんぽぽの家、大阪で会議が開かれましたが、奈良滞在中の数日間、ミランダさんとイライザさんは我が家にホームステイしました。私の二人の娘、美佐（当時一三歳）、暁子（当時一一歳）と年齢が近かったこともあり両親が会議に参加している間、子どもたちで交流が盛り上がっていました。

それが縁で二年後には美佐と暁子が当時ジェシカさん家族が住んでいたボストンでホームステイしてクリスマスを楽しみました。その後も子どもたちは連絡を取り合ってきたようです。

それが今回ジェシカさんが日本に旅行に来て、京都滞在中にミランダさん家族が合流することになって、ぜひ私にも会いたいということになりました。

美佐、美佐の子ども奏人（かなと）、暁子、私のパートナー石田幸余、私の五人とジェシカさんたち五人の合わせて一〇人で食事をしました。私たちは思い出話に花が咲くし、孫たちはスマートフォンの翻訳アプリで会話をしながらゲームも楽しんでいました。三五年を経てそれぞれに歳を重ねてお互いに孫を持つ身になっても共通の話題で話ができるのはうれしいことでした。

そのジェシカさんとその後の話をしているうちに、ジェシカさんが「それはぜひ本にするべきよ」と言い出しました。その言葉に大いに背中を押されたことが今回この本を出版する動機になりました。

この本の出版に至るまでにはたくさんの人たちの応援がありました。特に査読にご協力いただいた後安美紀さん、デザインを担当していただいた松浦孝司さん、編集を担当していただいた風詠社の大杉剛さん、富山公景さんには大変お世話になりました。また、カバーと帯にはたんぽぽの家のアーティストでエイブルアート・カンパニー登録アーティストでもある山村晃弘さんの絵画作品を使わせていただきました。とても気に入っている作品です。

みなさんに感謝申し上げます。

村上　良雄（むらかみ よしお）

1949 年、奈良県桜井市生まれ。東北大学法学部卒業。

奈良県桜井市役所勤務を経て、身体障害者通所授産施設たんぽぽの家施設長、財団法人たんぽぽの家常務理事、社会福祉法人わたぼうしの会副理事長を務めた。

また、さまざまな分野の市民活動を活発にする基盤づくりにも取り組み、ＮＰＯ法人奈良ＮＰＯセンターの事務局長、副理事長、理事長を務めた。

現在、奈良県宇陀市に住み、社会福祉法人わたぼうしの会監事、一般財団法人奈良人権部落解放研究所理事、奈良県地方自治研究センター理事を務めている。
同時に、奈良県人権施策協議会会長、北和地区（奈良市・大和郡山市・生駒市）福祉有償運送共同運営協議会副会長、第 51 回奈良県人権・部落解放研究集会実行委員会副委員長を務めている。

カバーと帯
作　　品／山村晃弘（たんぽぽの家　アートセンター HANA／Able Art Company）
デザイン／松浦孝司

あなたは今、輝いていますか。- 絆の結び直しの物語 -

2024 年 11 月 8 日　第 1 刷発行

著　者　　村上良雄
発行人　　大杉　剛
発行所　　株式会社 風詠社
〒 553-0001 大阪市福島区海老江 5-2-2 大拓ビル 5 - 7 階
Tel 06（6136）8657　https://fueisha.com/
発売元　　株式会社 星雲社（共同出版社・流通責任出版社）
〒 112-0005 東京都文京区水道 1-3-30
Tel 03（3868）3275
装　幀　　松浦孝司デザイン事務所
印刷・製本　シナノ印刷株式会社

ISBN978-4-434-34427-5 C0036